BERICHTIGUNGEN

Seite 51	16. Zeile v. o.:	statt: auch	lies: euch
Seite 70	12. Zeile v. o.:	statt: Recht	lies: Reich
Seite 84	18. Zeile v. o.:	statt: zu fahren	lies: zufahren
Seite 115	8. Zeile v. u.:	statt: dachte	lies: achte
Seite 116	23. Zeile v. o.:	statt: ob	lies: wenn
Seiten 35, 119, 193		statt: Pfarrherren	lies: Pfarrherrn
Seite 225	8. Zeile v. o.:	statt: könnten	lies: konnten

VI/2/14 390/8 PfG 02/63

DEUTSCHE AKADEMIE DER WISSENSCHAFTEN ZU BERLIN

SCHRIFTEN
DES INSTITUTS FÜR WIRTSCHAFTSWISSENSCHAFTEN

Nr. 15

GÜNTER FABIUNKE

MARTIN LUTHER ALS NATIONALÖKONOM

ANHANG:

Martin Luther:
An die Pfarrherrn wider den Wucher zu predigen,
Vermahnung · 1540

AKADEMIE-VERLAG · BERLIN

1963

Diese Schrift ist die überarbeitete Fassung der Habilitationsschrift „Dr. Martin Luther (1483–1546) – Deutschlands ältester Nationalökonom", die der Autor an der Wirtschaftswissenschaftlichen Fakultät der Martin-Luther-Universität Halle-Wittenberg am 14. 11. 1961 öffentlich verteidigte. (Die Veröffentlichung erfolgt mit Genehmigung der Wirtschaftswissenschaftlichen Fakultät der Martin-Luther-Universität Halle-Wittenberg.)

Erschienen im Akademie-Verlag GmbH, Berlin W 8, Leipziger Straße 3–4

Lizenznummer: 202 · 100/13/63
Gesamtherstellung: IV/2/14 · VEB Werkdruck Gräfenhainichen · 2012
Bestellnummer: 2071/15 · ES 5 B 2 · Preis: DM 19,–

INHALT

EINLEITUNG

AUFGABE UND BEDEUTUNG EINER MARXISTISCHEN ANALYSE DER ÖKONOMISCHEN LEHREN LUTHERS

Die deutsche Arbeiterklasse, die in der Deutschen Demokratischen Republik im Bündnis mit der Bauernschaft und allen Werktätigen die Macht ausübt, ist die rechtmäßige Erbin aller progressiven Traditionen der deutschen Nationalgeschichte. Sie bewahrt das nationale Kulturerbe des deutschen Volkes und verteidigt es gegen den antinationalen und kulturfeindlichen westdeutschen Imperialismus. Wie auf allen Gebieten der Wissenschaft und Kultur erwächst uns daraus auch auf dem Gebiet der Wirtschaftswissenschaften die ehrenvolle Pflicht zur kritischen Würdigung des ökonomischen Denkens in der deutschen Vergangenheit.

Indem wir als marxistische Wirtschaftswissenschaftler zur Klärung und Aufhellung wichtiger Perioden der Geschichte des ökonomischen Denkens in Deutschland beitragen und die progressiven, aber auch reaktionären Seiten im ökonomischen Denken und Wirken großer historischer Persönlichkeiten unseres Volkes ins rechte Licht rücken, fördern wir die Vertiefung und Festigung eines echten deutschen Nationalbewußtseins. Hierbei ist die wissenschaftliche Analyse vor allem jener Perioden und Persönlichkeiten der deutschen Geschichte von besonderer Bedeutung, die seitens der reaktionären bürgerlichen Geschichtsschreibung bisher am stärksten verdunkelt und unserem Volke seit Jahrzehnten aus einseitig nationalistisch-chauvinistischer Sicht dargestellt wurden. Dies gilt auch für eine der bedeutendsten und bis heute einflußreichen Persönlichkeiten der deutschen Geschichte: Dr. *Martin Luther*. In der vorliegenden Arbeit stellen wir uns daher die Aufgabe, die ökonomischen Lehren Luthers vom Standpunkt der Arbeiterklasse und ihrer Wissenschaft einer umfassenden Analyse zu unterwerfen.

Es erhebt sich zunächst die Frage nach der Notwendigkeit und Berechtigung einer solchen Untersuchung. Schon die Verwunderung, die ein solches Vorhaben im allgemeinen immer wieder auszulösen pflegt, bestätigt recht drastisch seine Dringlichkeit. In der Tat ist Luther dem deutschen Volk bis heute kaum oder gar nicht und wenn, so doch nur höchst unzulänglich als ökonomischer Denker bekannt.

Luther als Reformator des Christentums und Begründer der evangelischen Kirche in Deutschland; Luther als glänzender Bibelübersetzer und Schöpfer der deutschen Nationalsprache; – all dies und manches andere in dieser Richtung klingt durchaus vertraut. Auch Luthers Haltung während des großen deutschen Bauernkrieges ist heute im wesentlichen recht gut bekannt. Doch Luther als Ökonom oder gar als der erste bedeutende bürgerliche Ökonom Deutschlands überhaupt, das klingt fremd und unwahrscheinlich. Dennoch aber trifft es im vollen Maße zu.

Allein schon der Zusammenhang zwischen dem allgemein bekannten Wirken Luthers als Reformator des Christentums einerseits und dem ökonomischen Denken andererseits ist in mehrfacher Hinsicht recht augenscheinlich. Die von Luther in Deutschland eingeleitete Reformation des Christentums erwuchs doch nicht zuletzt auch aus ganz bestimmten objektiven Erfordernissen des ökonomischen Seins; ganz abgesehen davon, daß auch schon ihr unmittelbarer Anstoß – der von der römisch-katholischen Kirche damals zum wirtschaftlichen Schaden Deutschlands betriebene Ablaß-Handel – eine ausgesprochen ökonomische Tatsache war. Auch im religiösen Denken Luthers selbst widerspiegelten sich daher keineswegs zufällig ganz bestimmte ökonomische Verhältnisse. Umgekehrt wirkte selbstverständlich auch das religiöse Denken Luthers in einer ganz bestimmten Weise auf die weitere Entwicklung der ökonomischen Verhältnisse Deutschlands zurück. Es beeinflußte schließlich nicht unwesentlich auch das wirtschaftliche Denken und Verhalten der in seinem Geiste erzogenen Menschen, Schichten und Klassen Deutschlands.

Allein nur die Aufdeckung dieser elementaren Zusammenhänge ist daher von größtem historischen Interesse und zugleich auch von höchst aktueller Bedeutung. Sie zeigt, welchen überaus aktiven Einfluß die religiösen Lehren Luthers auf die Bewußtseinsbildung des deutschen Volkes ausübten und auch heute noch ausüben.[1] Sie deckt wichtige Aspekte für das Verständnis der typisch „deutschen Ideologie“ in der Vergangenheit auf und bietet damit zugleich auch wichtige Anhaltspunkte für die richtige Beurteilung und Gestaltung des Verhältnisses zwischen Marxisten und Christen im heutigen Kampf unseres Volkes für Frieden, nationale Wiedergeburt und Sozialismus. Doch nicht das allein und nicht einmal dies in erster Linie ist Aufgabe der vorliegenden Untersuchung.

Das von Luther im bürgerlichen Sinne reformierte Christentum war und ist als Ideologie nicht nur auf eine indirekte Weise mit dem wirtschaftlichen Leben als seiner in letzter Instanz entscheidenden materiellen Basis einerseits, mit dem von ihm beeinflußten ökonomischen Denken und Handeln der Menschen, Schichten und Klassen andererseits verbunden. Wie die ursprüngliche christliche Ideologie in der Auflösungsperiode der antiken Sklaverei unmittelbar aus den damals gegebenen wirtschaftlichen Verhältnissen herauswuchs und daher auch unmittelbar zu wirtschaftlichen Fragen Stellung nahm – die später entstandene Bibel widerspiegelt dies sehr deutlich –, so äußerte sich auch Luther in außerordentlicher Breite und Tiefe direkt zu den wirtschaftlichen Problemen seiner Zeit. Keine Geschichte des ökonomischen Denkens in Deutschland, die auf Wissenschaftlichkeit Anspruch erheben will, kann daher an den von Luther unmittelbar zum Ausdruck gebrachten ökonomischen Gedanken achtlos vorübergehen. Luther war in der Tat der erste bedeutende ökonomische Denker Deutschlands an der Schwelle des bürgerlichen Zeitalters. Karl Marx, der Luther in den meisten seiner Werke so häufig als Autorität anführte und auf diese Weise die erstrangige Bedeutung vieler ökonomischer Gedanken Luthers würdigte, nannte Luther keineswegs zufällig den „ältesten deutschen Nationalökonomen“ [2].

Leider müssen wir jedoch feststellen, daß gerade diese Seite der ideologischen Aktivität Luthers bisher kaum genügend erforscht worden ist. Wenn wir von einigen immer wiederkehrenden, genauso drastischen wie derben, leider aber nicht in jedem Falle einwandfrei interpretierten Luther-Zitaten absehen, ist das ökonomische Denken Luthers bis heute dem deutschen Volk in einer völlig unzulänglichen Weise bekanntgemacht worden. Auch die moderne marxistische ökonomische und historische Literatur weist in dieser Hinsicht eine ernsthafte Lücke auf. Lediglich in den verdienstvollen Arbeiten von Behrens, Kuczynski und Stollberg zur Geschichte der politischen Ökonomie finden sich einige wertvolle Hinweise zum ökonomischen Denken Luthers.[3] Sie beschränken sich jedoch im wesentlichen auf die Hervorhebung einiger besonders wichtiger Seiten des ökonomischen Denkens Luthers. Eine umfassende Würdigung Luthers vom marxistisch-leninistischen Standpunkt fehlt.

Diese Feststellung wiegt um so schwerer, wenn wir beachten, daß die ökonomischen Auffassungen Luthers in ihrer Gesamtheit wie auch im einzelnen nicht nur zur Zeit Luthers von Einfluß und Bedeutung waren, sondern in vieler Hinsicht auch noch in der späteren deutschen Geschichte weiter wirkten und einige von ihnen selbst heute noch eine durchaus beachtliche Rolle spielen. Die ideologischen Vorstellungen Luthers im allgemeinen und insbesondere seine ökonomischen Auffassungen waren darüber hinaus von erstrangiger Bedeutung für die Entwicklung des ökonomischen Denkens überhaupt. Sie bildeten wichtige und leider bisher kaum beachtete Voraussetzungen für die spätere Herausbildung der klassischen bürgerlichen politischen Ökonomie. Wenn daher Friedrich Engels 1892 in einem Brief an Kautsky schrieb, „daß eine Darstellung Luthers aus seinen Taten und Schriften eine sehr nötige Arbeit wäre“ [4], so gilt dies im Hinblick auf den „Ökonomen“ Luther auch heute noch im besonderen Maße.

Die Bedeutung einer wissenschaftlichen Einschätzung der ökonomischen Lehren Luthers wird durch einen besonderen Umstand noch nachdrücklich unterstrichen. Das ist die Tatsache, daß die im recht großen Umfang vorliegende bürgerliche Luther-Literatur u. a. nicht wenige Abhandlungen aufweist, die speziell den ökonomischen Lehren Luthers gewidmet sind. Bis in die jüngste Zeit hinein traten immer wieder bürgerliche Autoren auf, die sich die Interpretation des wirtschaftlichen Denkens Luthers zur Aufgabe stellten. Viele dieser Autoren machten sich hierbei durch emsiges und gewissenhaftes Zusammentragen der überaus zahlreichen und weit verstreuten Äußerungen Luthers zu ökonomischen Fragen durchaus verdient. Wir wollen ihnen für die von ihnen hierbei geleistete und uns außerordentlich dienlich gewordene Vorarbeit nicht unseren Dank versagen. Einigen von ihnen können wir darüber hinaus auch bestätigen, daß ihnen in bestimmten wichtigen Einzelfragen durchaus so manche gute und wertvolle Erklärung des ökonomischen Denkens Luthers gelungen ist. An entsprechender Stelle werden wir darauf noch zurückkommen.

Zieht man aber das Fazit aus allen bisher zu dieser Frage vorliegenden bürgerlichen Abhandlungen, dann kommt man nicht um die Feststellung herum, daß es den bürgerlichen Autoren im Grunde genommen bis heute nicht gelungen ist, ein wissenschaftlich stichhaltiges Bild vom ökonomischen Denken Luthers zu entwerfen. Sowohl in der Beurteilung einzelner ökonomischer Auffassungen Luthers – etwa seiner Vorstellungen von Handel, Wucher und Zins, seiner Lehren von der Arbeit und vom Eigentum – als auch in der Einschätzung des allgemeinen gesellschaftlichen und historischen Charakters der ökonomischen Vorstellungen Luthers gibt es in der bürgerlichen Literatur fast ebenso viele Meinungen wie Autoren. Auch im Falle des Ökonomen Luther bestätigt sich damit die Richtigkeit der einst von Rosa Luxemburg getroffenen Feststellung, wonach es der bürgerlichen Ökonomie nicht möglich ist, eine wissenschaftliche Darstellung ihrer eigenen Geschichte zu geben.[5]

Als die eindeutig wichtigste Ursache für dieses Versagen der bürgerlichen Luther-Historiker erweist sich die von ihnen aus klassenmäßigen Gründen eingenommene idealistisch-metaphysische Haltung. Die meisten von ihnen negieren kurzerhand die für das Verständnis des ökonomischen Denkens Luthers entscheidende Verbindung zwischen der gesellschaftlichen Wirklichkeit, die Luther umgab und in letzter Instanz auch sein gesamtes Denken bestimmte, und seinen ökonomischen Anschauungen selbst. In einer geradezu peinlichen Weise flüchten die bürgerlichen Luther-Autoren in die abstrakte und lebensfremde Welt des „reinen Gedankens". Dabei erklären sie mit Vorliebe das ökonomische Denken Luthers einseitig vom theologisch-religiösen Standpunkt aus. Ein markantes Beispiel aus jüngster Zeit liefert hierfür u. a. auch Ernst Ramp. Dieser Verfasser einer teilweise recht interessanten, vor allem faktenreichen Arbeit über die Zinsvorstellungen Luthers, Zwinglis und Calvins betonte 1949 ausdrücklich, er wolle „vom kirchengeschichtlichen Standpunkt aus das theologische Grundanliegen der Reformatoren in ihrer Stellung zum Zins zur Darstellung bringen" [6]. Um sein idealistisches Vorgehen zu rechtfertigen, bezieht sich Ramp auf die angeblich „gerechte Wertung der wirtschaftlichen und sozialen Anschauungen Luthers", die er bei Ernst Troeltsch, einem seiner älteren idealistischen Lehrmeister, gefunden haben will.[7] Tatsächlich brachte Troeltsch bereits 1912 in einer geradezu klassischen Formulierung jene typische idealistische Wertung Luthers zum Ausdruck, die seither der gesamten bürgerlichen Luther-Literatur ihren Stempel aufdrückt. Er schrieb, Luthers religiöse Idee sei „nicht als Reflex sozialer oder gar wirtschaftlicher Umwandlungen entstanden, sondern hat ihren wesentlichen selbständigen Grund in der Initiative des religiösen Gedankens, aus dem die sozialen, wirtschaftlichen und politischen Konsequenzen hervorgehen" [8].

Auf die gleiche Weise wie Troeltsch und dessen Schüler Ramp ging auch, um ein weiteres modernes Beispiel zu nennen, Hans Wangemann an die Erklärung der Lutherschen Zinsvorstellungen heran. Schon im ersten Absatz seiner 1948 entstandenen Arbeit finden wir die eigenartig „logisch" anmutende Feststellung, daß Luthers wirtschaftliche Auffassungen eigentlich gar keine wirtschaftlichen Auffassungen waren, weil sie nämlich, wie Wangemann meinte, nicht von wirtschaftlichen, sondern von religiösen Gesichtspunkten aus erklärt werden müßten. „Luther" – so schreibt Wangemann – „war kein Nationalökonom; er – wie auch die öffentliche Meinung – dachte nicht einmal wirtschaftlich." [9] Oder noch krasser:

„Luther dachte nicht wirtschaftlich, auch wenn er über wirtschaftliche Dinge sprach.“ [10] Wie Troeltsch wählt also auch Wangemann ausdrücklich die „religiöse Blickrichtung“ [11] und glaubt, nur auf diese Weise Luthers Zinslehren begreifen zu können. – Das mag vorerst genügen, um den eindeutig idealistischen Charakter der zu unserer Fragestellung vorliegenden bürgerlichen Luther-Literatur sichtbar zu machen.

Der „zu Luthers Würdigung allein zu wählenden religiösen Blickrichtung“ [12], die uns Wangemann verordnen zu müssen glaubt und der er auch selbst in seiner gesamten Darstellung, von einigen Ausnahmen abgesehen, verhaftet bleibt, wollen und können wir jedoch unsererseits nicht folgen, wenn wir ein objektives Bild des „Ökonomen“ Luther vermitteln wollen. So naheliegend es durchaus sein mag, in Luther in erster Linie den Theologen, Religionserneuerer und Kirchenstifter zu sehen, so wichtig es auch ist zu beachten, daß Luther tatsächlich die ökonomische Wirklichkeit seiner Zeit vom religiösen Blickpunkt aus erfaßte, sie gewissermaßen durch die religiöse Brille sah, und so sehr es deshalb auch zutrifft, daß Luthers Äußerungen zu wirtschaftlichen Fragen eine ausgesprochen religiöse Färbung tragen, so wenig darf sich aber gerade die wissenschaftliche Analyse des ökonomischen Denkens Luthers von diesen sicher gewichtigen ideologischen Tatbeständen ablenken und verwirren lassen. Ihre wichtigste, allerdings auch ihre schwierigste Aufgabe besteht gerade darin, den religiösen Schleier zu lüften, in den Luther ja nicht zufällig seine ökonomischen Gedanken hüllte. Wenn man aber wie Troeltsch, Ramp, Wangemann und auch die meisten anderen bürgerlichen Autoren das ökonomische Denken Luthers allein nur aus der „Initiative des religiösen Gedanken“ heraus erklären will, wenn man seinen Blick durch idealistisch-metaphysische Scheuklappen einengt und borniert auf die Wissenschaftlichkeit der „allein zu wählenden religösen Blickrichtung“ schwört, wenn man es beharrlich ablehnt, das ökonomische Denken Luthers als einen „Reflex sozialer oder gar wirtschaftlicher Umwandlungen“ anzuerkennen, dann darf man allerdings auch nicht erwarten, im Ergebnis solcher Untersuchungen ein wahres Bild vom ökonomischen Denken Luthers zu erhalten. Die sich geradezu extrem widersprechenden Urteile, die uns in der bürgerlichen Literatur über Luthers ökonomisches Denken begegnen und deren Widersprüchlichkeit an sich schon recht sinnfällig die ganze Haltlosigkeit der bürgerlichen Luther-Interpretation offenbart, sind das unverkennbare Resultat des idealistisch-metaphysischen Herangehens der bürgerlichen Luther-Autoren. Unter ihrer Hand wird zwangsläufig jeder ökonomische Gedanke Luthers dogmatisch verzerrt, mißdeutet und schließlich gar verfälscht; mag er sachlich und wörtlich auch völlig einwandfrei wiedergegeben worden sein und darf seine literarische Feststellung auch durchaus als das Verdienst redlicher Forschertätigkeit anerkannt werden. Alle Ansätze zu echter wissenschaftlicher Analyse, die sich gelegentlich auch in den Schriften bürgerlicher Luther-Autoren finden lassen, werden daher letzten Endes immer wieder im dogmatisch-mystischen Dunkel religiös-theologischer Vorstellungen erstickt. Das Bild des „Ökonomen“ Luther wird damit jedoch entstellt und eklektizistisch deformiert. Es stand und steht dann nicht selten im Dienste reaktionärer Kräfte des deutschen Kapitalismus und Imperialismus; wovon auch heute, gewollt oder ungewollt, nicht wenige Vertreter der „christlichen Soziallehren“ evangelischer Prägung in Westdeutschland ein deutliches Zeugnis ablegen.

Was unsere eigene Darstellung des ökonomischen Denkens Luthers von allen bürgerlichen Darstellungen prinzipiell unterscheidet, das ist die materialistisch-dialektische Erklärung, die wir vom ökonomischen Denken Luthers zu geben beabsichtigen. Indem wir vom Standpunkt der wissenschaftlichen Weltanschauung der Arbeiterklasse und in Anwendung des dialektischen und historischen Materialismus durch die Staubwolken des religiösen Mystizismus hindurchstoßen, die bisher sowohl von der evangelischen als auch von der katholischen bürgerlichen Luther-Literatur aufgewirbelt wurden, wollen wir, in einem Satz gesagt, in strenger Objektivität zeigen, auf welchem Boden realer gesellschaftlicher Verhältnisse die ökonomischen Ansichten Luthers einstmals entstanden, welche Gestalt und spezifisch religiöse Form sie zwangsläufig annahmen und wie sie ihrerseits dann schließlich wieder auf die gesellschaftliche Wirklichkeit zurückwirkten. Hierbei werden uns die vielen Hinweise, die uns Marx und Engels zur grundsätzlichen Einschätzung Luthers hinterlassen haben, sowie auch eine Reihe wertvoller marxistischer Analysen des politischen und ideologischen Wirkens Luthers Richtung und Hilfe geben.

Wenn wir auf diese Weise an die Analyse der ökonomischen Auffassungen Luthers herantreten, wird es uns möglich sein, alle bürgerlichen Vor- und Fehlurteile in dieser Frage aus dem Wege zu räumen und ein wirklich wissenschaftlich begründetes Bild des „Ökonomen“ Luther zu entwerfen. Ein solches Bild kann unsere Vorstellungen von der einzigartigen historischen Rolle Luthers in der deutschen Geschichte um wichtige Gesichtspunkte bereichern. Es kann uns helfen, weitere Einblicke in die allgemeinen Entstehungsbedingungen des bürgerlichen ökonomischen Denkens überhaupt zu gewinnen. Insofern kann sich ein objektives Bild des „Ökonomen“ Luther als ein Beitrag zur Klärung der Vorgeschichte der wissenschaftlichen politischen Ökonomie erweisen. Es wird uns insbesondere wertvolle Erkenntnisse von der an Komplikationen und Widersprüchen so überaus reichen und u. a. von Luther nicht nur eröffneten, sondern auch weiterhin sehr nachhaltig beeinflußten Geschichte des bürgerlichen ökonomischen Denkens in Deutschland vermitteln können.

Haben wir damit die Aufgabe dieser Arbeit im wesentlichen umrissen und ihre Bedeutung in groben Strichen skizziert, so wollen wir jetzt den Weg bestimmen, auf dem wir glauben, ihrer Lösung am nächsten kommen zu können.

Im ersten Kapitel dieses Buches werden wir zunächst versuchen, die allgemeinen Grundlagen und Bedingungen darzustellen, die für die Herausbildung und Entwicklung des ökonomischen Denkens Luthers entscheidend waren. Diese sehen wir zunächst (I, 1) ganz allgemein in der gesellschaftlichen Situation, in die Luther hineingestellt war und aus der heraus auch sein ökonomisches Denken erwuchs. Hier wollen wir die wichtigsten objektiven Entwicklungen sichtbar machen, die das ökonomische Denken jener Periode vor neue Aufgaben stellten. Auf diese Weise werden wir uns einen ersten objektiven Maßstab für die Beurteilung des ökonomischen Denkens Luthers schaffen. Im Anschluß daran wollen wir dann (I, 2) prüfen, in welchem Umfange und auf welche Weise Luther selbst unmittelbar mit der wirtschaftlichen Praxis seiner Zeit verbunden war. Bei dieser Gelegenheit wollen wir unseren Lesern zugleich auch einen ausreichenden Überblick über den Lebensweg Luthers zu geben versuchen, allerdings nur insoweit, als dies für das Verständnis der ökonomischen Lehren Luthers von Bedeutung ist. Diese Betrachtungen ergänzen wir dann dadurch (I, 3), daß wir die Haltung Luthers zu den verschiedenen gesellschaftlichen Kräften, Schichten und Klassen in seiner Zeit klarstellen. Die Kennzeichnung der Klassenposition Luthers wird uns den entscheidenden Ausgangspunkt für das Verständnis seines ökonomischen Denkens liefern. Zum Abschluß dieses Kapitels (I, 4) werfen wir dann noch einen Blick auf das System der theologischen Vorstellungen Luthers. Dies ist notwendig, damit wir gewissermaßen die religiöse Brille etwas näher kennenlernen, durch die hindurch Luther das ökonomische Leben seiner Zeit betrachtete. Hier müssen wir insbesondere den Platz zeigen, den das „Diesseits", die gesellschaftliche Wirklichkeit und darunter nicht zuletzt auch die Wirtschaft in dem von Luther reformierten Christentum einnimmt.

Im zweiten Kapitel unserer Arbeit analysieren wir dann die wichtigsten ökonomischen Auffassungen Luthers zunächst im einzelnen. Hierbei werden wir uns nicht, wie es die meisten bürgerlichen Autoren bisher zu tun pflegten, auf eine begrenzte Auswahl einiger besonders markanter ökonomischer Fragen beschränken, zu denen uns Äußerungen Luthers vorliegen. Da es uns im Endergebnis unserer Untersuchung auf die Gesamteinschätzung des ökonomischen Denkens Luthers ankommt, werden wir in diesem Kapitel alle Hauptrichtungen des ökonomischen Denkens Luthers einer ins einzelne gehenden Analyse unterziehen. Hierbei werden wir so vorgehen, daß die gegenseitige Verkettung der einzelnen ökonomischen Ansichten Luthers weitgehend berücksichtigt wird. Auf diese Weise können wir bereits in diesem Kapital die Gesamtstruktur des ökonomischen Denkens Luthers klarer hervortreten lassen.

Im abschließenden dritten Kapitel dieser Arbeit werden wir dann die Ergebnisse unserer vorangegangenen Einzelanalyse zusammenzufassen versuchen. Hierbei sollen die wichtigsten gesellschaftlichen und historischen Kennzeichen des ökonomischen Denkens Luthers präzise herausgearbeitet und damit zugleich auch der Platz Luthers in der Geschichte der ökonomischen Lehren möglichst exakt bestimmt werden.

Unsere Arbeit schließt mit einem Versuch zur näheren Bestimmung der Haltung, die die Arbeiterklasse heute zum Erbe Luthers auf dem Gebiet des ökonomischen Denkens einnimmt.

Um zu einer möglichst originalgetreuen Wiedergabe der ökonomischen Anschauungen Luthers kommen zu können, werden wir in unserer Arbeit, wo immer dies möglich ist, Luther in direkter Rede sprechen lassen. Aus dem gleichen Grunde hielten wir es auch für angezeigt, unserer Arbeit einen der wichtigsten ökonomischen Texte Luthers unverkürzt beizugeben. Auf diese Weise vermeiden wir jene subjektivistischen Entgleisungen, die uns leider nicht selten in der bürgerlichen Luther-Literatur entgegentreten, sobald uns deren Autoren ihre eigenen Ansichten als die Ansichten Luthers aufzutischen versuchen. Wir wählen die möglichst unmittelbare Wiedergabe der Äußerungen Luthers zu ökonomischen Fragen nicht zuletzt auch deshalb, weil es sich bei der kraftvollen und ausdrucksreichen Sprache Luthers um die Sprache des Schöpfers unserer deutschen Nationalsprache handelt. Die deutsche Sprache, die Luther im Guten wie im Bösen, im Zarten wie im Groben so vortrefflich zu meistern wußte, und die er bekanntlich „dem Volke vom Maul" ablas, legt ihrerseits bereits – als unmittelbarer Träger der Gedanken Luthers – ein sehr beredtes Zeugnis über Herkunft und Charakter so mancher ökonomischer Vorstellungen Luthers ab. Wir werden es uns hierbei allerdings gestatten, die Schreibweise und gelegentlich auch die Wortfolge der verwendeten Luther-Zitate unserem heutigen Sprachgebrauch weitgehend anzupassen, um auf diese Weise zur besseren Lesbarkeit und Verständlichkeit beizutragen.

Kommen wir zur Darstellung selbst!

I. GRUNDLAGEN UND BEDINGUNGEN DES ÖKONOMISCHEN DENKENS LUTHERS

1. Die gesellschaftliche Situation Deutschlands zur Zeit Luthers – der historische Rahmen seiner ökonomischen Auffassungen

Die Zeit, in der Luther wirkte und aus deren objektiven gesellschaftlichen Bedingungen heraus sein ökonomisches Denken in erster Linie erklärt und verstanden werden muß, umspannt einen der bedeutsamsten und folgenreichsten Abschnitte nicht nur der deutschen, sondern der europäischen und Menschheitsgeschichte überhaupt. Ihr Hauptinhalt war, wie Engels bemerkte, der Beginn der „größten progressiven Umwälzung, die die Menschheit bis dahin erlebt hatte“ [13]. Es war der in Europa damals einsetzende Übergang der Gesellschaft vom Feudalismus zum Kapitalismus. „Das Vorspiel der Umwälzung, welche die Grundlage der kapitalistischen Produktionsweise schuf“ – so bestimmte Karl Marx den Charakter dieser Epoche –, „ereignet sich im letzten Dritteil des 15. und den ersten Dezennien des 16. Jahrhunderts.“ [14]

In den meisten europäischen Ländern hatte der Feudalismus damals seit langem schon den Höhepunkt seiner Entwicklung erreicht und überschritten. Seit der Mitte des 15. Jahrhunderts war er mehr und mehr in eine umfassende und allgemeine – wirtschaftliche, politische und ideologische – Krise hineingeraten. Die jetzt immer häufiger und heftiger werdenden Bauernaufstände in allen Ländern Europas ließen die historische Überlebtheit des Feudalismus auf das deutlichste hervortreten. Während einerseits der Feudaladel als bisher herrschende Klasse immer überflüssiger und reaktionärer zu werden begann, entwickelte sich andererseits das städtische Bürgertum zum wichtigsten Träger des weiteren gesellschaftlichen Fortschritts. Hatte das Bürgertum bisher lediglich im lokalen Rahmen und mit eng begrenzter Zielstellung gegen den Feudaladel gekämpft, so begann es nunmehr seinen antifeudalen Kampf mehr und mehr im nationalen Maßstab zu entfalten. Sein gesamtes Streben und Wirken richtete sich objektiv auf die Vorbereitung des Kapitalismus. War der Übergang vom Feudalismus zum Kapitalismus in Europa zur Hauptaufgabe der gesellschaftlichen Weiterentwickelung geworden, so ergaben sich hieraus auch für das ökonomische Denken völlig neue Aufgaben. Unter diesen Bedingungen konnte es nur in dem Maße objektiven und fortschrittlichen Charakter tragen, wie es sich aus den Fesseln der von der katholischen Geistlichkeit repräsentierten feudalen Ideologie löste und den Übergang auf die Positionen des Bürgertums vollzog. Hierin besteht die entscheidende gesellschaftliche Tatsache, die bei der Beurteilung des ökonomischen Denkens Luthers, seiner Voraussetzungen und Wirkungen, Beachtung finden muß. Unsere Analyse des ökonomischen Denkens Luthers muß daher in erster Linie klarstellen, in welcher Weise das ökonomische Denken Luthers die beginnende gesellschaftliche Umwälzung vom Feudalismus zum Kapitalismus widerspiegelte und wieweit es hierbei selbst den Übergang von feudalen zu bürgerlichen ökonomischen Vorstellungen vollzog und somit den objektiven Erfordernissen des gesellschaftlichen Fortschritts entsprach.

Da die revolutionäre Bewegung des europäischen Bürgertums gegen den Feudalismus zu Beginn des 16. Jahrhunderts in Deutschland ihren ersten glänzenden Höhepunkt erlebte und Luther hierbei zu einem der wichtigsten Initiatoren der antifeudalen bürgerlichen Bewegung wurde, bedarf die soeben getroffene Feststellung noch einer näheren Bestimmung. Die von Luther durch seinen Wittenberger Thesenanschlag vom 31. Oktober 1517 in Deutschland eingeleitete Reformation trug unmittelbar bürgerlichen und antifeudalen Charakter. Sie richtete sich direkt gegen die römisch-katholische Kirche und damit gegen das wirtschaftliche, politische und vor allem ideologische Hauptbollwerk des europäischen Feudalismus. Die luthersche Reformation der Kirche und ihre unmittelbaren Folgen in Deutschland – der Aufstand des niederen Adels unter Franz von Sickingen (1523) und der große deutsche Bauernkrieg unter Führung Thomas Müntzers als Gipfelpunkt der revolutionären Bewegung in Deutschland (1525) – waren die erste große europäische Entscheidungsschlacht im Kampf zwischen Kapitalismus und Feudalismus.[15] Da sich das deutsche Bürgertum jedoch, aus später noch näher zu erläuternden Gründen, als zu schwach erwies, um alle anderen antifeudalen nationalen Kräfte Deutschlands – die städtischen Plebejer, den niederen Adel und vor allem seine natürlichen Hauptverbündeten, die deutschen Bauern – zum gemeinsamen Kampf gegen den Feudalismus zu führen, da es diese im Verlauf des Kampfes vielmehr der Reihe nach schmählich im Stich ließ und an die feudale Reaktion verriet, endete dieser erste Akt der antifeudalen Revolution in Europa mit einer Niederlage der revolutionären Kräfte und einem Sieg der partikularistisch-absolutistischen deutschen Landesfürsten. Im Ergebnis dessen kam es in Deutschland erneut und auf Jahrhunderte hinaus zum Erstarken des Feudalismus.

Sowohl an der Auslösung als auch am Scheitern der antifeudalen bürgerlichen Bewegung, vor allem aber an der grausamen Niederschlagung des revolutionären nationalen Kampfes der deutschen Bauern sowie auch besonders an der Stärkung der partikularistischen landesfürstlichen Territorialgewalten in Deutschland hatte Luther als der führende und einflußreichste Repräsentant des deutschen Bürgertums nicht unbedeutenden persönlichen Anteil. Der äußerst widerspruchsvolle – teils progressive, teils konservative und reaktionäre – Charakter der antifeudalen bürgerlichen Bewegung in Deutschland ist daher die zweite gesellschaftliche Haupttatsache, die bei einer objektiven Bewertung des ökonomischen Denkens Luthers berücksichtigt werden muß.

Weitere wichtige Anhaltspunkte zur Beurteilung des ökonomischen Denkens Luthers vermittelt uns ein Blick auf die wesentlichen wirtschaftlichen Entwicklungen in jener Zeit und damit auf den eigentlichen Gegenstand des ökonomischen Denkens Luthers selbst. Entwicklungsstand und Charakter der damaligen *Produktivkräfte* einerseits, die in dieser Periode gegebenen *Produktionsverhältnisse* andererseits und schließlich die damals zwischen beiden bestehenden Wechselbeziehungen bilden den Angelpunkt zum Verständnis der ökonomischen Situation Deutschlands zur Zeit Luthers. Welche ökonomischen Grundzusammenhänge gilt es hier als objektive Maßstäbe für die Beurteilung des ökonomischen Denkens Luthers zu beachten?

Seit der Mitte des 15. Jahrhunderts gerieten die feudalen Produktionsverhältnisse in einen immer tieferen Widerspruch zu den stürmisch vorwärtsdrängenden gesellschaftlichen Produktivkräften. Sie hörten auf, Entwicklungsformen der Produktivkräfte zu sein und wurden statt dessen mehr und mehr zum Haupthindernis für deren weitere Entfaltung. Ist die Steigerung der Produktivität der menschlichen Arbeit die unerläßliche ökonomische Grundbedingung für die Entwicklung des gesellschaftlichen Lebens, so wurde die Überwindung der zu eng gewordenen feudalen Produktionsverhältnisse nunmehr zum ökonomischen Haupterfordernis für die Weiterentwicklung der Gesellschaft. Das allgemeine ökonomische Bewegungsgesetz der Gesellschaft forderte in dieser Periode die Schaffung von Produktionsverhältnissen, die dem Charakter und Entwicklungsstand der Produktivkräfte entsprachen. Zum wichtigsten objektiven Kriterium für die Fortschrittlichkeit des ökonomischen Denkens wurde daher in dieser Periode seine *Stellung zur Arbeit und ihren gesellschaftlichen Entwicklungsformen.* – Eine der entscheidenden Fragen, die unsere Analyse des ökonomischen Denkens Luthers beantworten muß, ist deshalb die Frage, ob und inwieweit das ökonomische Denken Luthers unter den Bedingungen des beginnenden Übergangs vom Feudalismus zum Kapitalismus zur Entwicklung der gesellschaftlichen Arbeitsproduktivität beitrug oder aber diese behinderte. Die Art und Weise, in der Luther zur Arbeit und damit zur wichtigsten ökonomischen Grundkategorie Stellung nahm, zeigt uns am unmittelbarsten den gesellschaftlichen Charakter seines ökonomischen Denkens.

Da die jeweilige Form des *Eigentums an Produktionsmitteln* Kern und Grundlage der Gesamtheit der Produktionsverhältnisse ist und es in dieser Periode vor allem um die Aufhebung und Überwindung des feudalen durch das bürgerliche Eigentum ging, trat die Eigentumsfrage als Kernfrage des ökonomischen Denkens zur Zeit Luthers besonders in den Vordergrund. Ein entscheidender objektiver Maßstab zur Beurteilung des ökonomischen Denkens Luthers ist die von ihm eingenommene *Haltung zum Eigentum.* Indem wir prüfen, im Rahmen welcher Eigentumsformen Luther die menschliche Arbeit verwirklicht und entwickelt sehen wollte, erfassen wir den gesellschaftlichen und historischen Hauptinhalt seines ökonomischen Denkens.

Unter den Bedingungen des beginnenden Übergangs vom Feudalismus zum Kapitalismus spielte die Entwicklung der *Warenproduktion* und insbesondere ihr Verhältnis zur sterbenden feudalen Produktionsweise einerseits und zu der im Schoße des Feudalismus herankeimenden kapitalistischen Produktionsweise andererseits eine Hauptrolle. Da sich die Warenproduktion in dieser Periode beschleunigt entwickelte und hierbei zur allgemeinen Voraussetzung und zum historischen *Ausgangspunkt der kapitalistischen Produktionsweise* zu werden begann, wurde zwangsläufig auch das gedankliche Erfassen der vielfältigen, komplizierten und äußerst widerspruchsvollen ökonomischen Prozesse und Erscheinungen der Warenproduktion zu einer Hauptaufgabe des sich auf dieser Grundlage nunmehr herausbildenden bürgerlichen ökonomischen Denkens. Unsere Analyse des ökonomischen Denkens Luthers muß daher mit besonderer Gründlichkeit zeigen, ob und wie Luther zur Entwicklung und Rolle der Warenproduktion in seiner Zeit Stellung nahm. Damit erschließen wir uns weitere wichtige Einblicke in den gesellschaftlichen und historischen Charakter seines ökonomischen Denkens. Von hier aus erhalten wir vor allem die Möglichkeit zur näheren Bestimmung des Platzes, den Luther in der Geschichte des ökonomischen Denkens einnimmt, insbesondere zur Erfassung des bürgerlichen Inhalts seines ökonomischen Denkens.

Welchen Entwicklungsstand hatte die Warenproduktion zur Zeit Luthers erreicht? In welcher Weise übte sie Einfluß auf die Veränderung der ökonomischen Struktur der damaligen Gesellschaft aus? Wollen wir auf diese für das Verständnis des ökonomischen Denkens Luthers entscheidenden Fragen an dieser Stelle eine zunächst grundsätzliche, später noch in wichtigen Punkten näher zu präzisierende Antwort geben, so müssen wir folgendes sagen: Die im Rahmen der feudalen Produktionsweise, gewissermaßen in deren Poren, seit dem 10. Jahrhundert allmählich und seit dem 12. Jahrhundert dann im beschleunigten Tempo herangereiften Verhältnisse der Warenproduktion und -zirkulation, die sich zunächst noch völlig in den naturalwirtschaftlichen Charakter des „reinen" Feudalismus einordneten und daher auch noch für lange Zeit aktiv der Entwicklung der feudalen Ökonomik dienten, stießen zur Zeit Luthers bereits in einem immer stärkeren Maße auf die Schranken der feudalen Produktionsverhältnisse. Sie begannen schließlich – zuerst in den Städten, dann auch auf dem Lande – die feudalen Produktionsverhältnisse aufzulösen und zu zersetzen. Das Geld als das höchste Produkt der einfachen Warenproduktion und -zirkulation löste mehr und mehr die bis dahin vorherrschenden feudalen Naturalbeziehungen auf und ersetzte sie durch ökonomische Beziehungen, die als Geldbeziehungen schon nicht mehr rein feudalen, sondern bereits bürgerlichen Charakter, gewissermaßen Übergangscharakter trugen.

> „Lange ehe die Ritterburgen von den neuen Geschützen in Bresche gelegt", – schrieb Engels – „waren sie schon vom Geld unterminiert; in der Tat, das Schießpulver war sozusagen bloß der Gerichtsvollzieher im Dienst des Geldes. Das Geld war der große politische Gleichmachungshobel der Bürgerschaft. Überall, wo ein persönliches Verhältnis durch ein Geldverhältnis, eine Naturalleistung durch eine Geldleistung verdrängt wurde, da trat ein bürgerliches Verhältnis an die Stelle eines feudalen." [16]

Die in Holland, Belgien und auch in weiten Teilen Deutschlands einsetzende Umwandlung der bisherigen feudalen Arbeits- und Produktenrente in Geldrente und die dadurch bewirkte Umorientierung immer größerer Teile der bäuerlichen Produktion von der Eigenversorgung – einschließlich der Naturalversorgung ihrer feudalen Ausbeuter – auf den Warenaustausch zwecks Erlangung von Geld für die Zahlung der Rente ist eine der sichtbarsten und tiefgreifendsten Formen des damals beginnenden Übergangs von der rein feudalen Naturalwirtschaft zur bürgerlichen Geldwirtschaft. Hauptträger und Hauptnutznießer dieser Entwicklung war das Handels- und Wucherkapital. Beide Vorformen des Kapitals beherrschten die Zirkulationssphäre. Wenn auch auf unterschiedliche Weise, spielten sie eine objektiv progressive Rolle bei der allseitigen Zersetzung der feudalen Produktionsverhältnisse und halfen sie, wichtige materielle und gesellschaftliche Voraussetzungen für die kapitalistische Produktionsweise zu schaffen. Vor allem das Handelskapital begann jetzt, zur Zeit Luthers allerdings nur in den ersten Anfängen, zur Ziehmutter des industriellen Kapitals zu werden.

Stark gefördert durch diese Entfaltung der Warenproduktion und -zirkulation hatte auch in Deutschland seit der 2. Hälfte des 14. Jahrhunderts eine zwar langsame, dennoch aber recht beachtliche Entwicklung der Produktivkräfte eingesetzt. Es kam zur Verbesserung der Antriebsmittel in Form der verschiedenen „Mühlen"; zur Vervollkommnung der Arbeits- und Transportmittel; zur Erfindung des Schießpulvers und des Buchdrucks; zur Einführung neuer Produktionsverfahren; zur Herausbildung neuer handwerklicher Berufe; zum Anbau neuer landwirtschaftlicher Kulturen usw. Vor allem Textilproduktion, Bergbau und Metallverarbeitung nahmen damals in Deutschland einen Aufschwung. Auf diese Weise wuchs die Spezialisierung der Produktion und die Arbeitsteilung weitete sich umfassender aus.

War die Entwicklung der Arbeitsproduktivität in erster Linie ein Resultat der sich entfaltenden Warenproduktion und -zirkulation, so wirkte sie ihrerseits wiederum aktiv auf diese zurück. Im Ergebnis dessen bildeten sich im immer größeren Umfang Übergangsproduktionsverhältnisse heraus, in denen sich noch feudale, aber auch bereits kapitalistische Elemente miteinander verbanden. Die einfache Warenproduktion selbst wuchs mehr und mehr in die kapitalistische Warenproduktion hinüber. Einerseits wurden große Handwerksmeister Kaufleute und Kapitalisten; andererseits begannen Teile des Handelskapitals mit der unmittelbaren Unterordnung der Produktion unter ihre Profitinteressen und verwandelten sich hierbei in industrielles Kapital.

Die Weiterentwicklung der einfachen und zunächst noch feudal eng beschränkten Warenproduktion bewirkte vor allem im Bereich der handwerklichen Produktion in den Städten, aber auch in der bäuerlichen Produktion auf dem Lande eine zunehmende Arbeitsteilung und Spezialisierung der Produktion. Der feudale Zunftzwang in den Städten, der anfangs das Wachstum der handwerklichen Produktivkräfte durchaus gefördert hatte, wurde jetzt von der sich ausdehnenden einfachen Warenproduktion mehr und mehr durchlöchert. Ein Hauptergebnis davon war die verstärkte soziale Differenzierung der Zunftproduzenten. Es kam zur Vertiefung der Unterschiede zwischen großen und kleinen, reichen und armen Meistern und vor allem auch zur Erweiterung der Kluft zwischen Meistern und Gesellen. Hierbei entstanden in doppelter Hinsicht Voraussetzungen für den Übergang der einfachen zur kapitalistischen Warenproduktion: einerseits entwickelten sich viele der an der Spitze der feudalen Zunfthierarchie stehenden großen und vermögenden Meister direkt zu industriellen Kapitalisten; andererseits verwandelten sich viele der nichtselbständigen Zunftmitglieder, Gesellen und von der Konkurrenz erdrückte kleine Meister direkt oder indirekt in kapitalistische Lohnarbeiter.

Die im Zuge der Entfaltung des Warenaustauschs fortschreitende räumliche Trennung von Produktion und Markt förderte diese Entwicklung sehr wesentlich. Sie lieferte die große Masse der einfachen Warenproduzenten in den Städten, besonders aber auf dem Lande immer stärker dem Fernhandels- und Wucherkapital sowie auch einzelnen großen Handwerksmeistern aus, die als Produzenten-Kaufleute auftraten und sich hierbei die übrige arbeitsteilige Produktion unterordneten. Auf dieser Basis eigneten sich große Handwerksmeister, Handels- und Wucherkapitalisten einen ständig größer werdenden Teil des in der handwerklichen und bäuerlichen Produktion geschaffenen Mehrprodukts als Mehrwert in Form von Handelsprofit und Wucherzins an. Die fortschreitende, mehr und mehr kapitalistischen Charakter annehmende Ausplünderung der kleinen Warenproduzenten führte schließlich zur völligen Aushöhlung der feudal-zünftigen Produktionsverhältnisse im Handwerk. Im Zuge dieser Entwicklung, wenn auch in Deutschland zur Zeit Luthers nur erst recht spärlich, entstanden der Verlag und die ursprüngliche Manufaktur als Hauptformen des Übergangs von feudalen zu kapitalistischen Produktionsverhältnissen in der gewerblichen Wirtschaft.

Im Bergbau und Hüttenwesen führte das Eindringen des Handels- und Wucherkapitals in die Produktion – teils durch Erwerb der bisherigen gewerkschaftlichen oder genossenschaftlichen Anteile (Kuxen), teils durch Übernahme des Eigentums an Grund und Boden von verschuldeten Feudalherren – am stärksten zur Vernichtung der feudalen und am weitesten zur Herausbildung kapitalistischer Produktionsverhältnisse. Die bis dahin durch Zunft, Gewerkschaft oder Genossenschaft gebundenen, aber auch gesicherten handwerklichen Bergleute und Hüttenproduzenten wurden hierbei zu kapitalistischen Lohnarbeitern, während sich die progressivsten Teile des Handels- und Wucherkapitals auch hier in Industriekapital verwandelten. Die Produktivkräfte erhielten auf diese Weise neue Möglichkeiten und Antriebe zur Weiterentwicklung. Hatten sie im Erzbergbau im Rahmen der feudalen Produktionsverhältnisse allerorts zu stagnieren begonnen, so entfalteten sie sich im Rahmen der entstandenen kapitalistischen Produktionsverhältnisse in einem bis dahin unbekannten Tempo.

Eine der weitreichendsten ökonomischen Auswirkungen der Arbeitsproduktivitätssteigerung im Erzbergbau übrigens, auf die in diesem Zusammenhang besonders hingewiesen werden muß, war die gewaltige Vermehrung und Verbilligung des Geldmaterials, vor allem des Silbers in Deutschland. Die Entwicklung wurde durch die steigenden Silbereinfuhren aus den neu entdeckten überseeischen Gebieten noch ganz wesentlich verstärkt. Auf diesem Wege erhielt nicht nur die ständig wachsende Geldwirtschaft das für ihre Ausdehnung notwendige Geldmaterial. Im Ergebnis der steigenden Produktivität in der Silbergewinnung und -beschaffung begann vor allem jene zur Zeit Luthers schnell fortschreitende allgemeine Wert- und Preisrevolution, die in einer gewaltigen Teuerungswelle und allgemeinen Massenverelendung ihren spürbarsten Ausdruck fand und noch durch weitere objektive Ursachen wesentlich verstärkt wurde (Bevölkerungsvermehrung, Erntekatastrophen, systematische Münzverschlechterung durch „Kippen" und „Wippen" usw.)

Diese hier in ihren wesentlichen Zügen gekennzeichnete Entfaltung der Waren- und Geldwirtschaft, die Ausweitung des Handels und der Ausbau des mit dem Handel untrennbar verbundenen Geld- und Kreditwesens, die Kräftigung des Handels- und Wucherkapitals und das fortschreitende Eindringen des Handelskapitals in die Produktion und deren progressive Umgestaltung führten zur allgemeinen Unterminierung der feudalen Produktionsweise und zur Entstehung wichtiger Voraussetzungen der kapitalistischen Produktionsweise. Unsere Analyse des ökonomischen Denkens Luthers wird daher zu zeigen haben, ob und inwieweit sich diese bedeutsamen ökonomischen Prozesse im Bewußtsein Luthers widerspiegelten und welche Haltung er zu ihnen einnahm.

Um jedoch in dieser Hinsicht ein wirklich zutreffendes Urteil finden zu können, müssen wir sehr genau beachten, daß die Fortschritte in der Entwicklung der bürgerlichen Waren- und Geldwirtschaft, so beachtlich sie durchaus waren, dennoch nicht überschätzt werden dürfen. Diese Verhältnisse waren durchaus das Neue und Fortschrittliche in der Ökonomik des damaligen Deutschland. Sie waren in qualitativer Hinsicht zwar durchaus entscheidend, in quantitativer Hinsicht jedoch noch keineswegs überwiegend.

> „Die Zivilisation in Deutschland" – so charakterisierte Engels die damalige ökonomische Lage Deutschlands – „existierte nur sporadisch, um einzelne Zentren der Industrie und des Handels gruppiert; die Interessen dieser einzelnen Zentren selbst gingen weit auseinander, hatten kaum hier und da einen Berührungspunkt. Der Süden hatte ganz andere Handelsverbindungen und Absatzmärkte als der Norden; der Osten und Westen standen fast außer allem Verkehr. Keine einzige Stadt kam in den Fall, der industrielle und kommerzielle Schwerpunkt des ganzen Landes zu werden, wie London dies z. B. für England schon war. Der ganze innere Verkehr beschränkte sich fast ausschließlich auf die Küsten- und Flußschiffahrt und auf die paar großen Handelsstraßen von Augsburg und Nürnberg über Köln nach den Niederlanden und über Erfurt nach dem Norden. Weiter ab von den Flüssen und Handelsstraßen lag eine Anzahl kleinerer Städte, die vom großen Verkehr ausgeschlossen, ungestört in den Lebensbedingungen des späteren Mittelalters fortvegetierten, wenig auswärtige Waren brauchten, wenig Ausfuhrprodukte lieferten.
>
> Von der Landbevölkerung kam nur der Adel in Berührung mit ausgedehnteren Kreisen und neuen Bedürfnissen; die Masse der Bauern kam nie über die nächsten Lokalbeziehungen und den damit verbundenen lokalen Horizont hinaus.
>
> Während in England und Frankreich das Emporkommen des Handels und der Industrie die Verkettung der Interessen über das ganze Land und damit die politische Zentralisation zur Folge hatte, brachte Deutschland es nur zur Gruppierung der Interessen nach Provinzen, um bloß lokale Zentren, und damit zur politischen Zersplitterung; einer Zersplitterung, die bald darauf durch den Ausschluß Deutschlands vom Welthandel sich erst recht festsetzte." [17]

Die Tatsache, daß Deutschland, genauer gesagt, daß eigentlich nur die größeren Städte im Süden und Norden Deutschlands mit dem damaligen mittelalterlichen „Weltmarkt“ verbunden waren, darf uns also nicht darüber hinwegtäuschen, daß es in Deutschland damals noch keineswegs einen entwickelten inneren Markt gab, der alle Teile Deutschlands wirtschaftlich miteinander verbunden hätte. Zwar gab es ökonomische Verbindungen zwischen den wichtigsten städtischen Handels- und Produktionszentren innerhalb Deutschlands selbst. Doch diese innerdeutschen Marktbeziehungen trugen eher den Charakter des Außen-, denn des Binnenhandels. Allein die außerordentlich groteske Vielfalt der damaligen deutschen Maß-, Münz- und Gewichtssysteme zeigt dies sehr deutlich. Lediglich die einzelnen deutschen Städte mit ihren damals übrigens noch überaus niedrigen Einwohnerzahlen [18] waren mit ihrer näheren ländlichen Umgebung durch lokale Marktbeziehungen wirtschaftlich verbunden. Sie bildeten daher nichts weiter als winzige marktwirtschaftliche Inselchen im weiten Meer der auch in dieser Periode noch in Deutschland – vor allem in dem für die Bewußtseinsbildung Luthers entscheidenden Nordostdeutschland – nach wie vor eindeutig überwiegenden feudalen Naturalwirtschaft. Etwa 75 bis 90 Prozent aller Einwohner Deutschlands lebten damals schätzungsweise noch nahezu vollkommen von der landwirtschaftlichen und handwerklichen Eigenproduktion.[19]

Aus diesem spezifischen Entwicklungsstand der Warenproduktion und -zirkulation in Deutschland – dem einseitigen Überwiegen des Fernhandels bei völlig unentwickeltem Binnenhandel – ergaben sich übrigens auch sehr wesentlich der Charakter und Verlauf der antifeudalen Bewegung des deutschen Bürgertums. Einerseits erwuchs dem deutschen Bürgertum aus seiner relativ starken Anteilnahme am profitbringenden Fernhandel die Kraft, um den ersten Ansturm gegen das feudale System zu beginnen; andererseits aber fehlte ihm gerade auf Grund der relativen Unentwickeltheit des Binnenmarktes und der darauf fußenden politischen Zerrissenheit Deutschlands die Fähigkeit, seinen antifeudalen Kampf unter Einbeziehung aller revolutionären Kräfte konsequent zu Ende zu führen. – Auf die Entwicklung der Klassen und der Klassenkampfsituation im damaligen Deutschland, wie sie durch die soeben charakterisierten Veränderungen in der ökonomischen Basis bedingt war, wollen wir jedoch erst bei Bestimmung der Klassenposition Luthers näher eingehen.

Von besonderem Einfluß nicht nur schlechthin auf die Entwicklung der Wirtschaft Deutschlands, sondern zugleich auch von sehr unmittelbarer Bedeutung für das Auftreten Luthers als Reformator, Politiker und Ökonom war die ökonomische Rolle, die die damalige römisch-katholische Kirche in Deutschland spielte.

Mit der fortschreitenden Umwandlung der feudalen in die kapitalistische Produktionsweise wurde zunächst einmal ganz offensichtlich das *Mönchswesen*, eine der wichtigsten Einrichtungen der mittelalterlichen feudalen Kirche, überflüssig und hinderlich. Es geriet in Widerspruch zu den Erfordernissen der weiteren Arbeitsproduktivitätssteigerung.

> „Die Klöster“ – so schreibt Franz Mehring – „waren überflüssig geworden als landwirtschaftliche Musteranstalten, als Lehrer der Bevölkerung, als Be-

schützer der Armut, als Bewahrer von Kunst und Wissenschaft. Sie ernährten Tausende von müßiggängerischen Mönchen, statt sie aufs Pflaster zu werfen und als Lohnsklaven dem Kapital zur Verfügung zu stellen. Ohne jede Funktion im gesellschaftlichen und staatlichen Leben, roh, träge, unwissend, dabei unermeßlich reich, versanken die Mönche immer tiefer in Gemeinheit, in Liederlichkeit und alle möglichen Laster. Sie wurden ein Gegenstand der allgemeinen Verachtung." [20]

Vom Standpunkt der bürgerlichen Entwicklung Deutschlands wurde vor allem aber das *Papsttum* selbst, die wichtigste Einrichtung der streng feudal-hierarchisch gegliederten römisch-katholischen Kirche, zum ernsthaftesten Hindernis für jeden weiteren gesellschaftlichen Fortschritt. War die römische Papstkirche das internationale Zentrum des europäischen Feudalismus, so geriet sie gerade als solches in Widerspruch mit der auf bürgerlicher Grundlage in den ersten Anfängen einsetzenden Entwicklung Deutschlands zur Nation.

Mit ihrer geistlichen Feudalhierarchie, mit zahllosen Erzbischöfen, Bischöfen, Äbten, Prioren und sonstigen Prälaten sowie auch unter Einsatz ihrer ständig wachsenden „Gendarmerie von Mönchen" übte die römisch-katholische Kirche über große Teile Deutschlands die unmittelbare politische Herrschaft aus. Hierbei erwies sie sich als der feudale Hauptausbeuter Deutschlands.

„Diese hohen Würdenträger der Kirche" – so erklärt uns Engels – „waren entweder selbst Reichsfürsten, oder sie beherrschten als Feudalherren, unter der Oberhoheit anderer Fürsten, große Strecken Landes mit zahlreichen Leibeigenen und Hörigen. Sie exploitierten ihre Untergebenen nicht nur ebenso rücksichtslos wie der Adel und die Fürsten, sie gingen viel schamloser zu Werke.

Neben der brutalen Gewalt wurden alle Schikanen der Religion, neben den Schrecken der Folter alle Schrecken des Bannfluchs und der verweigerten Absolution, alle Intrigen des Beichtstuhls in Bewegung gesetzt, um den Untertanen den letzten Pfennig zu entreißen oder das Erbteil der Kirche zu mehren.

Urkundenfälschung war bei diesen würdigen Männern ein gewöhnliches und beliebtes Mittel der Prellerei. Aber obgleich sie außer den gewöhnlichen Feudalleistungen und Zinsen noch den Zehnten bezogen, reichten alle diese Einkünfte noch nicht aus. Die Fabrikation wundertätiger Heiligenbilder und Reliquien, die Organisation seligmachender Betstationen, der Ablaßschacher wurden zu Hilfe genommen, um dem Volk vermehrte Abgaben zu entreißen, und lange Zeit mit bestem Erfolg." [21]

Die ökonomische Rolle der römisch-katholischen Kirche in Deutschland, des bis dahin größten feudalen Grundeigentümers Deutschlands übrigens, bestand jedoch nicht nur darin, daß sie als einer der schlimmsten feudalen Hauptausbeuter auftrat. Die von ihr mit größter Schamlosigkeit betriebene Ausplünderung der Volksmassen war keine rein nationale innerdeutsche Angelegenheit. Es war gewissermaßen eine antinationale fremdländische Ausraubung Deutschlands.

In dem Maße wie andere Länder – vor allem England, Frankreich und Spanien – sich mit Hilfe einer starken nationalen Zentralgewalt der wirtschaftlichen Ausbeutung durch die römische Kirche zu widersetzen wußten, wurde das politisch zerrissene und ohnmächtige Deutschland zwangsläufig zum Hauptobjekt der ökonomischen Ausplünderung durch die Papstkirche. Nach Rom flossen nicht nur aus den unmittelbar von der Kirche beherrschten Gebieten, sondern aus allen Teilen Deutschlands gewaltige Summen von Kirchensteuern in Form des sogenannten Peterspfennigs. Nicht genug damit entwickelte die geldgierige Rom-Kirche auch noch zum ganz besonderen Schaden Deutschlands einen raffinierten geistlichen „Spezialhandel". Das „Warensortiment", das sie hierbei für Deutschland bereitstellte, wies eine außerordentliche Breite auf. Einer der „Hauptartikel" waren die kirchlichen Ämter in Deutschland selbst. Im Ergebnis des „Handels" mit Ämtern strömten alljährlich Riesensummen in Form von Annaten nach Rom, die für die Ernennung, Anerkennung oder Bestätigung der Erzbischöfe, Bischöfe, Äbte usw. in Deutschland bezahlt werden mußten. Schließlich aber „handelte" die römische Kirche entsprechend ihrer „alleinseligmachenden" Funktion auf Erden mit allen möglichen Formen der „Sündenvergebung". Für jede „Sünde", die sie erdichtete, lieferte sie auch gegen bare Zahlung die notwendige Absolution. Zu diesem Zweck hatten gerissene Theoretiker der päpstlichen Kurie eine spezielle „Akkumulationstheorie" entwickelt, die uns Karl Marx, gestützt auf Schlosser, folgendermaßen erläutert:

> „Die vielen Märtyrer und Heiligen der Kirche hätten einen solchen Überfluß des Verdienstes bei Gott erworben, daß daraus ein Vorrat entstanden sei (ganz wie aus der ‚Surplusarbeit' der Vorfahren der Kapitalisten), den das Haupt der sichtbaren Kirche, der Papst, an andere Gläubige, die zu wenig Verdienst oder gar schwere Sündenlast (minus) hätten, verschenken oder verkaufen könnte." [22]

Gemäß dieser „Theorie" handelten die Päpste vor allem gegenüber dem sündigen Deutschland; wobei jeder folgende Papst seinen Vorgänger an Skrupellosigkeit und Raffinesse in den Schatten zu stellen versuchte. Nach Rom gingen daher große Geldmengen, die aus dem schwunghaften „Handel" der Kurie mit seligmachenden Reliquien, erlösenden Heiligenbildern und unzähligen anderen frommen „Waren" in Deutschland herrührten. Nach Rom wanderten endlich jene unermeßlichen Summen, die auf dem Wege des schändlichen Ablaß-„Handels" aus Deutschland herausgepreßt wurden. Zehntausende einfältiger Pilger aus allen Teilen Deutschlands nahmen der Kirche hierbei auch noch die Mühen und Risiken des Geldtransportes nach Rom ab und schleppten Monat für Monat – vor allem in den von den Päpsten eingerichteten „Jubeljahren" – ihre letzten Groschen nach Rom vor den päpstlichen Stuhl, um sich und die liebe Verwandtschaft von Sünden und Geld gleichermaßen „erlösen" zu lassen.

„Diente" nun aber die Geldwirtschaft der feudalen Produktionsweise insgesamt auf höchst widerspruchsvolle Art dadurch, daß sie ihre naturalwirtschaftliche Basis zerfraß und somit ihre Überwindung vorbereitete, so „half" sie auch der feudalen Papstkirche, indem sie im Endergebnis schließlich zu deren Vernichtung als allumfassende feudale Weltmacht beitrug. Der erste Anstoß hierzu ging nicht zufällig von dem Lande aus, das auf lange Zeit die wichtigste „Geldquelle" des römischen

Papsttums war. Von hier aus erklärt sich also die Tatsache, warum gerade Deutschland zum Schauplatz der ersten großen Entscheidungsschlacht zwischen Kapitalismus und Feudalismus in Europa wurde.

Plünderte die Papstkirche zwar alle christlichen Länder Europas aus, so trieb sie es doch mit dem politisch uneinheitlichen Deutschland am ärgsten. War es den anderen Ländern gelungen, sich wenigstens die schlimmsten Auswüchse der kirchlichen Ausbeutung vom Halse zu schaffen, so hatten sie ihrerseits daraufhin nicht nur keinerlei Interesse mehr an der Vernichtung der feudalen Papstkirche, sondern versuchten sogar – wie z. B. Frankreich und Spanien – sich mit ihrer Hilfe andere Länder und vor allem Deutschland botmäßig zu machen. (Ganz zu schweigen davon, daß Italien unmittelbar von der päpstlichen Geldwirtschaft profitierte und daher dringend an der Aufrechterhaltung der internationalen päpstlichen Zentralgewalt interessiert war.) Völlig anders jedoch in Deutschland. Die ins Gigantische gesteigerte Ausplünderung Deutschlands durch die römische Kirche führte hier unmittelbar zum Anwachsen der antifeudalen Bewegung.

Die antifeudale Bewegung in Deutschland richtete sich in ihrer Spitze nicht zufällig direkt gegen die feudale Papstkirche. Hieraus ergab sich eine charakteristische Besonderheit dieser Bewegung, die wir beachten müssen. Die römische Ausplünderung Deutschlands verstärkte nicht nur die Ausbeutung der Volksmassen in Stadt und Land und weckte deren antikirchliche und antifeudale Empörung. Sie erregte auch mehr und mehr den Widerwillen der „heimischen" feudalen Ausbeuter. Vor allem die deutschen Landesfürsten, die zwar die Kirche als Unterdrückungsmittel brauchten, sie aber möglichst auf die weniger „kostspielige" ideologische Sphäre beschränkt sehen wollten, begannen sich gegen die kirchliche Plünderung ihrer „eigenen" Ausbeutungsobjekte zur Wehr zu setzen. Immer häufiger sperrten sie den Ablaßkrämern und Heiligenbilder-Verkäufern Roms die Grenzen und untersagten die Ausstellung von Reliquien in ihren Gebieten. Die schamlose Ausbeutung Deutschlands durch die römische Kirche weckte nicht zuletzt auch das Nationalgefühl des deutschen Adels – „des damals nationalsten Standes", wie Engels bemerkte.[23] – Am antifeudalen Kampf in Deutschland, soweit er sich gegen die römisch-katholische Kirche richtete und insofern echt nationalen Charakter trug, beteiligten sich also paradoxerweise auch feudale Kräfte. Dieser Umstand begünstigte einerseits die Auslösung der antifeudalen Bewegung, setzte ihr aber andererseits zugleich auch enge Schranken.

Eine weitere charakteristische und ebenso paradoxe Besonderheit der antifeudalen Bewegung in Deutschland war in diesem Zusammenhang die Haltung, die das deutsche Bürgertum als antifeudale Hauptkraft zur antinationalen römisch-katholischen Kirche einnahm. Diese war keineswegs einheitlich ablehnend. Empörten sich zwar die städtischen Plebejer – oft unter Führung ihrer örtlichen Geistlichen – kompromißlos gegen die Kirche und geriet auch der überwiegende Teil der mittleren und reichen Bürgerschaft in eine immer schärfere Konkurrenz-Opposition zu ihr, so gab es doch gleichzeitig auch – vor allem in den oberdeutschen Städten – gewisse Teile des Patriziats, insbesondere die großen Handels- und Wucherkapitalisten, die an den antinationalen wirtschaftlichen Transaktionen der römisch-katholischen Kirche selbst unmittelbar beteiligt waren und aus dieser Beteiligung gewaltige Profite zogen. Sie unterstützten skrupellos den Handel der Kirche mit geistlichen Pfründen und organisierten den Geldabfluß aus Deutschland nach Rom, wo und wann immer es ihnen profitabel erschien.

Der Ablaß beispielsweise, gegen den Luther 1517 auftrat, diente u. a. der Abdeckung eines Kredits, den der nach einträglichen Ämtern jagende Albrecht von Brandenburg – bereits Erzbischof von Magdeburg und Bischof von Halberstadt – in Höhe von 21 000 Dukaten bei den Augsburger Fuggern aufgenommen hatte, um dem römischen Papst auch noch seine Ernennung zum Erzbischof von Mainz für bares Geld abkaufen zu können. Mit dem Dominikanerpater Tetzel, der die vom Papst bewilligten Ablaßbriefe damals als „ambulanter Händler" unter marktschreierischer Reklame an den ihm bereits gesperrten Grenzen Kursachsens – in Jüterbog und Zeitz – verkaufte, sowie auch mit den anderen Ablaßpredigern, die Albrechts Herrschaftsgebiete durchzogen, reisten daher auch nicht zufällig Beauftragte der Fugger, die als Kassierer fungierten und alle einkommenden Gelder sofort an sich nahmen.[24]

Die von Luther im Kampf gegen den Ablaßwucher entfachte nationale bürgerliche Opposition gegen die römisch-katholische Kirche richtete sich daher paradoxerweise zugleich auch unmittelbar gegen die objektiv progressivsten Teile des deutschen Bürgertums, nämlich gegen die Mehrzahl der kapitalistischen Kaufleute und Geldhändler in den oberdeutschen Städten, so weit diese mit der römisch-katholischen Kirche ökonomisch verfilzt waren. Diese blieben ihrerseits dann auch nicht zufällig nach erfolgreichem Beginn der Reformation mit der römisch-katholischen Kirche eng verbunden und finanzierten später sogar nicht unwesentlich die Gegenreformation.

In diesem Zusammenhang scheint es kein Zufall zu sein, wenn einer der ersten Versuche, den die Papstkirche zur Besänftigung des rebellierenden Luther unternahm – wir meinen die Verhandlungen des Kardinals Cajetan mit Luther vom 12. bis zum 14. Oktober 1518 während des Augsburger Reichstages – ausgerechnet im Hause der vom plötzlichen Rückgang des Ablaßhandels finanziell schwer getroffenen Fugger stattfand.[25]

Prüfen wir aber nun erst einmal, welche unmittelbaren Verbindungen Luther selbst zu der von uns in diesem Abschnitt in ihren Grundzügen gekennzeichneten gesellschaftlichen, vor allem aber ökonomischen Praxis seiner Zeit hatte!

2. Luthers Beziehungen zum wirtschaftlichen Leben seiner Zeit – eine wichtige Quelle seines ökonomischen Denkens

Nachdem wir uns eine vorerst zureichende Vorstellung vom allgemeinen gesellschaftlichen und ökonomischen Inhalt jener geschichtlichen Epoche verschafft haben, in die Luther hineinwuchs und an deren Gestaltung er so hervorragenden Anteil nahm, nachdem wir damit zugleich auch die allgemeinen Voraussetzungen,

Bedingungen und Aufgaben des ökonomischen Denkens in dieser Epoche kennengelernt haben, wollen wir unsere Aufmerksamkeit nunmehr der Person Luthers selbst zuwenden, um zu sehen, welchen Platz der Ökonom Luther in diesem historischen Gesamtzusammhang einnahm.

Die gewaltige, alle Bereiche des gesellschaftlichen Lebens erfassende progressive Umwälzung, die sich zur Zeit Luthers vollzog, erforderte und erzog Menschen von höchster und vielseitiger Aktivität und Schöpferkraft. Es war, wie Engels sagte, „eine Zeit, die Riesen brauchte und Riesen zeugte, Riesen an Denkkraft, Leidenschaft und Charakter, an Vielseitigkeit und Gelehrsamkeit".

> „Was ihnen aber besonders eigen," – so fügte Engels hinzu – „das ist, daß sie fast alle mitten in der Zeitbewegung, im praktischen Kampf leben und weben, Partei ergreifen und mitkämpfen, der mit Wort und Schrift, der mit dem Degen, manche mit beidem. Daher jene Fülle und Kraft des Charakters, die sie zu ganzen Männern macht. Stubengelehrte sind die Ausnahme: entweder Leute zweiten und dritten Ranges oder vorsichtige Philister, die sich die Finger nicht verbrennen wollen." [26]

Einer der ganz großen Heroen jener Zeit, auf den diese Charakteristik vollauf zutrifft und den Engels daher auch an gleicher Stelle – neben Leonardo da Vinci, Albrecht Dürer und Macchiavelli – ausdrücklich hervorhebt, war gerade Martin Luther.

> „Luther" – so schrieb Engels – „fegte nicht nur den Augiasstall der Kirche, sondern auch den der deutschen Sprache aus, schuf die moderne deutsche Prosa und dichtete Text und Melodie jenes siegesgewißen Chorals (‚Ein feste Burg ist unser Gott' – G. F.), der die Marseillaise des 16. Jahrhunderts wurde." [27]

Da es uns in dieser Arbeit um die Analyse des ökonomischen Denkens Luthers geht, wollen wir jetzt den Lebensgang Luthers vor allem insoweit verfolgen, als er ihn in unmittelbare praktische und geistige Berührung mit den ökonomischen Problemen seiner Zeit brachte. Der einzig richtigen Einsicht, daß man zur Erklärung des ökonomischen Denkens Luthers nicht zuletzt auch das wirtschaftliche und soziale Milieu des Reformators selbst berücksichtigen muß, konnte sich übrigens auch einer der jüngsten bürgerlichen Autoren auf diesem Felde, Helmut Kahlert, nicht verschließen.

> „Von der Vielfalt des Wirtschaftslebens einer Zeit" – so schreibt Kahlert richtig – „wird immer nur ein Teilausschnitt an die einzelnen Menschen herangetragen. In verstärktem Maße gilt das, wenn in der Wirtschaft nur eine periphere Erscheinung gesehen wird und andere Lebensbereiche die vorzügliche Aufmerksamkeit in Anspruch nehmen. Dies trifft bei Luther und Melanchthon zu. Aber deshalb ist es zum richtigen Verständnis der Wirtschaftsauffassung, wie sie uns in den Schriften der beiden Reformatoren entgegentritt, trotzdem wichtig, diesen Teilbereich, von dem sie ihre Eindrücke empfangen haben, kennenzulernen. Denn das wirtschaftliche und soziale Milieu, das den Menschen umgibt, vermag auf seine geistige Haltung bedeutsam einzuwirken." [28]

Prüfen wir zunächst, ob, in welchem Maße und vor allem auf welche Weise Luther mit dem wirtschaftlichen Leben seiner Zeit verbunden war! Aus methodischen Gründen wollen wir hier vorerst noch – so weit dies sachlich vertretbar ist – von einer umfassenden Kennzeichnung der Klassenposition Luthers absehen. Da wir in der Haltung, die Luther zu den gesellschaftlichen Klassen und Kräften im damaligen Deutschland einnahm, die entscheidende Grundlage seines gesamten ökonomischen Denkens sehen, wollen wir sie im folgenden Abschnitt dann einer besonders eingehenden Betrachtung unterziehen.

Martin Luther wurde im Jahre 1483 – vermutlich am 10. November – in der Stadt Eisleben geboren. Sein Vater, ein thüringischer Bauernsohn aus dem kleinen Dorf Möhra zwischen Marksuhl und Salzungen, war wenige Monate zuvor mit seiner Frau Margarete – einer Bauerntochter aus der Eisennacher Gegend – in die Grafschaft Mansfeld eingewandert, um im dortigen Erzbergbau zunächst als einfacher Berghäuer eine bessere wirtschaftliche Existenz finden zu können. „Wen Gott lieb hat, dem gibt er eine Wohnung in der Grafschaft Mansfeld!“ – so etwa lautete damals ein Sprichwort, mit dem der Volksmund die Tatsache hervorhob, daß der mansfeldische Erzbergbau in jener Zeit bereits eine schnelle frühkapitalistische Entwicklung nahm.[29] An diesem wirtschaftlichen Aufschwung nahm auch der im Frühjahr 1484 von Eisleben direkt nach Mansfeld übersiedelte Vater Luthers einen gewissen Anteil. Durch härteste Arbeit und äußerste Entbehrung einerseits, ehrgeiziges Streben und bäurische Schläue andererseits gelang es ihm schon nach kurzer Zeit, von den Mansfelder Grafen zunächst einen, bald sechs Kupferschächte und zwei Schmelzöfen zu pachten. Das Geld dazu erhielt er vermutlich von einem Kupferhändler geliehen.[30] Bald darauf stieg er, nachdem er anfangs als Gewerke in Gemeinschaft mit anderen gearbeitet hatte, zum selbständigen Hüttenmeister und genossenschaftlichen Teilhaber an mehreren Schächten und Hütten auf. Als solcher wurde er zeitweilig auch zum „Vierherren“, d. h. zum Vertreter der kleineren und mittleren Mansfelder Bürgerschaft neben dem patrizischen Rate gewählt. Des öfteren war er persönlicher Ratgeber der Mansfelder Grafen in Hüttenfragen. Als er 1534 starb, hinterließ er seinen Erben ein für damalige Zeiten recht ansehnliches Vermögen von mindestens 1250 Gulden.[31]

Dieser wirtschaftliche und soziale Aufstieg des Vaters vom einfachen Tagelöhner zum selbständigen und bereits zur Hälfte kapitalistisch wirtschaftenden Unternehmer wurde bestimmend für den weiteren Lebensgang Luthers. Er schuf nicht nur materielle Voraussetzungen für die spätere Gelehrtenlaufbahn Luthers. Er übte auch nachhaltigen Einfluß auf seine gesamte geistige und politische Haltung aus. Hier liegt die früheste Wurzel der kleinbürgerlichen Ideologie Luthers, die auch, wie wir noch sehen werden, sein gesamtes späteres ökonomisches Denken charakterisiert.

In der fleißigen und strebsamen Familie, in der Luther zunächst in sehr beschränkten, geradezu ärmlichen und kümmerlichen[32], später jedoch materiell einigermaßen gesicherten Verhältnissen aufwuchs und deren kleinbürgerliches Milieu ihm wesentliche und bleibende Charakterzüge einprägte, spielten auch bäuerliche Überlieferung und Lebensführung eine gewichtige Rolle. Gerade diese bäurische Abkunft Luthers dürfen wir nicht übersehen, wenn wir zum Verständnis seines späteren Denkens und Handelns gelangen wollen. Luther selbst betonte mit Stolz: „Ich bin eines Bauern Sohn; mein Vater, Großvater, Ahnherr sind rechte Bauern gewesen.“ [33] Sehr zutreffend kennzeichnete daher auch Maxim Gorki einmal bestimmte Lehren Luthers als die Lehren eines sächsischen Bauern, dessen Vorfahren im Laufe vieler Jahrhunderte unter einem unvorstellbar blutigen Joch kleiner Fürsten, der Kirche, der Ritterschaft und des Landadels gelebt hatten.[34] Auch Kautsky und Mehring sagten von Luther, daß er in seinem späteren Leben über dem Doktor und Professor der Theologie niemals den Bauernsohn vergaß.[35] Die ererbte und im Elternhaus anerzogene bäuerliche Grobschlächtigkeit und Dickschädlichkeit, die urwüchsige Zähigkeit und Rauflust, das naturgemäße und bildhafte Denken und Sprechen, eine gute Portion Bauernschläue und -pfiffigkeit, aber auch so manche bäurische Kurzsichtigkeit und Naivität sind Faktoren, die auch das ökonomische Denken Luthers in Form und Inhalt sehr nachhaltig bestimmten. Die von Engels bewunderte „kräftige Bauernnatur Luthers“ [36] ist daher auch eines der hervorstechendsten Charaktermerkmale des Ökonomen Luther. – Wenn sich in Luthers Charakter und in seinem gesamten Auftreten echt bäuerliche und typisch kleinbürgerliche Züge so eng miteinander verbanden, so hat das nicht zuletzt seinen Grund in der sozialen Herkunft Luthers, in den ersten Eindrücken, die er im Elternhaus und auch fernerhin von dorther empfing.

Die intellektuelle Aufgewecktheit, die Luther schon in frühester Kindheit zeigte, vor allem aber der Wunsch seines strebsamen Vaters, aus ihm einmal „etwas Besseres“ werden zu lassen, ermöglichten ihm vom siebenten bis zum vierzehnten Lebensjahr den Besuch der Lateinschule in Mansfeld (1490–97). Hier bekam er durch einen äußerst geist- und lieblosen, sowohl mechanisch und dogmatisch-formelhaft als auch mit tyrannischer Strenge und barbarischer Rohheit betriebenen Unterricht Lesen, Schreiben, Rechnen, Singen und auch etwas Latein beigebracht, genauer gesagt, eingebläut. „Solche Lehrer und Meister haben wir müssen allenthalben haben“, erzählte Luther später von seiner Mansfelder Schulzeit, „die selbst nichts gekonnt und nichts Gutes und Rechtes haben lehren mögen, ja auch die Weise nicht wußten, wie man doch lernen und lehren sollte.“ Oder: „Eine Hölle und Fegefeuer war unsere Schule, darinnen wir gemartert wurden und doch nichts denn eitel nichts gelernt haben durch so viel Stäupen, Zittern, Angst und Jammer.“ [37] Was den in typischer mittelalterlich-katholischer Weise auf Äußerlichkeiten gerichteten und systematisch Furcht und Schrecken einflößenden religiösen Unterricht auf dieser Schule betrifft, so bezeichnete ihn Luther später öfters selbst sehr treffend als ein einziges „Schweiß- und Angstbad“ [38]. Es darf hierbei übrigens wohl mit Recht als eine frühe und unmittelbare Verbindung Luthers zur wirtschaftlichen Praxis gewertet werden, wenn sich der Knabe Luther seinen Lebensunterhalt während der Schulzeit in Mansfeld und auch später in der Regel erbetteln oder durch Singen vor den Türen reicherer Leute verschaffen mußte.

Sein letztes Schuljahr absolvierte Luther in Magdeburg auf einer dortigen Schule der „Brüder des gemeinsamen Lebens“. Bei den „Brüdern des gemeinsamen Lebens" handelte es sich um eine von Gerhard Groot in Deventer gegründete Gemeinschaft von Geistlichen und Laien, die sich während des 15. Jahrhunderts über ganz Norddeutschland verbreitet hatte. Im Gegensatz zu den üblichen faulenzenden und bettelnden Mönchsorden jener Zeit versuchten die Mitglieder dieser Gemeinschaft, sich ihren Lebensunterhalt durch redliche Arbeit, vor allem durch Abschreiben von Büchern und Erteilung von Unterricht, zu verdienen. Auf der von ihnen 1482 in Magdeburg eingerichteten und verhältnismäßig verbildlich geführten Schule kam Luther erstmalig auch mit oppositionellen religiösen Ideen in Berührung, die in ihm den Boden für reformatorische Gedanken vorbereiteten. Seine dortigen Lehrer trugen auch sehr wesentlich zur Festigung der positiven Einstellung zur Arbeit bei, die Luther bereits im Elternhaus anerzogen bekommen hatte, – ein Umstand, der für das spätere ökonomische Denken Luthers von allergrößter Bedeutung sein sollte.

Von Magdeburg, wo Luther erstmalig sehr lebhafte Eindrücke von einer für damalige Zeiten verhältnismäßig großstädtischen, wirtschaftlich schon hoch entwickelten und den Wissenschaften zugewandten bürgerlichen Welt erhielt, ging er 1498 als Fünfzehnjähriger nach Eisenach. Die Veranlassung zu diesem erneuten Schulwechsel gab sein „sparsamer" Vater, der gehofft hatte, seinen Sohn bei dort lebenden Verwandten seiner Frau etwas „billiger" als in Magdeburg unterbringen zu können. Da sich diese Hoffnung jedoch nicht erfüllte, mußte sich Luther auch in Eisenach seinen Unterhalt weiterhin durch Singen verdienen. „Ich bin", so bekennt er später, „auch ein solcher Parthekenhengst gewesen und habe das Brot vor den Häusern genommen; sonderlich zu Eisenach, meiner lieben Stadt." [39]

Auf der von einem pädagogisch tüchtigen Humanisten geleiteten Schule der städtischen Pfarrkirche von St. Georg zu Eisenach entwickelte Luther während eines dreijährigen Studiums hervorragende Fähigkeiten zur wissenschaftlichen Arbeit. Hier erlernte er u. a. das Lateinische so vollkommen, daß er diese Sprache nicht nur in beiden Richtungen einwandfrei übersetzen, sondern in ihr auch fließend reden und sogar dichten konnte. – In Eisenach, dessen wirtschaftliche Entwicklung damals stagnierte, gewann Luther jedoch kaum allzu wichtige Einblicke in ausgebildete wirtschaftliche Verhältnisse. Immerhin hatte er aber dort Gelegenheit, bei den Kaufmannsfamilien Cotta und Schwalbe, in deren Häusern er zeitweise als Tischgast freundlich aufgenommen wurde, die satten Lebensverhältnisse des patrizischen Bürgertums der damaligen Zeit aus unmittelbarer Anschauung kennenzulernen.

Im Frühjahr 1501 bezog Luther mit $17^1/_2$ Jahren die Universität Erfurt, um Jurist und – nach dem Wunsch seines ehrgeizigen Vaters – „etwas Rechtes, am besten Bürgermeister" zu werden. In Erfurt geriet Luther in eine materielle und geistige Umwelt, deren Einflüsse für seine gesamte spätere Entwicklung von größter Bedeutung werden sollten. – Erfurt, die „reiche Schmalzgrube", wie es im Volksmund genannt wurde, war damals die ökonomisch am weitesten entwickelte Stadt ganz Thüringens.[40] Hier, wo zahlreiche Handelswege aus allen Himmelrichtungen zusammenliefen, wo vor allem die große Handelsstraße vom Norden nach dem

Süden Deutschlands kreuzte, blühte ein reges wirtschaftliches Leben. Nicht nur im Handel, der Erfurt berührte, sondern auch bereits in der sich mehr und mehr auf den Warenaustausch orientierenden Produktion Erfurts selbst – vor allem in seinem berühmten und äußerst lukrativen Waid-Anbau[41] – zeigten sich die charakteristischen Merkmale einer frühen kapitalistischen Entwicklung.

In Erfurt stieß Luther aber nicht nur durch unmittelbare Anschauung und praktische Erfahrung auf die neuesten Erscheinungen des wirtschaftlichen Lebens seiner Zeit. Erfurt mit seinen damals 22 Klöstern, 23 Kirchen, 36 Kapellen, 6 Hospitälern und vor allem mit seiner 1392 gegründeten und zu dieser Zeit von etwa 2000 Studenten belegten Universität war damals auch das bedeutende kulturelle und geistige Zentrum Thüringen. „Wer recht studieren will", so sagte ein Sprichwort, „der ziehe nach Erfurt!"

Hier kam der junge und lernbegierige Student Luther in engste persönliche Berührung mit Vertretern des Humanismus. Die bürgerlich-kritischen Anschauungen der weltoffenen und lebensfrohen Erfurter Humanisten übten einen starken Einfluß auf den bis dahin in katholischer Strenge erzogenen Luther aus. Die Erfurter Humanisten, die unter Führung Mutians (Gotha) der Kirche mutig die Wissenschaft entgegenstellten, vermittelten dem jungen Luther nicht nur wichtige Lehren der klassischen antiken Philosophie Griechenlands und Roms. Sie brachten ihm auch so manche der damals modernen und geradezu ketzerischen Auffassungen vom wirtschaftlichen Leben und seiner Notwendigkeit für die menschliche Existenz nahe.

Luthers Verbindung mit den Erfurter Humanisten wurde um so enger, als er bereits im September 1502 – nach einem knapp zweijährigen Philosophie-Studium – die unterste Stufe akademischer Würden erreichte und Bakkalaureus wurde. Als solcher war er Mitglied des Lehrkörpers der Erfurter Universität und bekam zunächst die Anleitung der jüngeren Studenten übertragen. Nachdem Luther im Februar 1505 im Ergebnis intensiv und fleißig betriebener Philosophie-Studien den akademischen Grad eines „Magisters der freien Künste" erworben hatte – ein Grad, der etwa dem heutigen Doktor der Philosophie entspricht –, begann er, wie es sein Recht, nun aber auch seine Pflicht schon war, selbst philosophische Vorlesungen zu halten, und zwar zunächst über die Lehren des Aristoteles. Gleichzeitig intensivierte er auf Drängen seines Vaters das Studium der Rechtswissenschaften, um sich auf einen „einträglicheren" Beruf als den eines Hochschullehrers vorzubereiten.

Auch die ausgedehnten juristischen Studien, denen Luther nach einem philosophischen Grundstudium an der Erfurter Universität nachging, vermittelten ihm recht gründliche Einblicke in wichtige Zusammenhänge des gesellschaftlichen Lebens seiner Zeit. Sie erschlossen ihm auch so manche wertvolle Erkenntnis auf ökonomischem Gebiet. Dies gilt besonders für die höchst komplizierten Fragen des damaligen Kreditwesens, über die ihn die Rechtsquellen sowohl der heidnischen Antike als auch die kanonischen Rechtslehren des katholischen Mittelalters eingehend unterrichteten. Viele der später dann von Luther vertretenen ökonomischen Auffassungen können in der Tat nur richtig gewürdigt werden, wenn man neben den unmittelbar praktischen wirtschaftlichen Erfahrungen, die Luther sammeln konnte, zugleich auch Umfang und Charakter seiner Erfurter Jura-Studien berücksichtigt. Ein ausgeprägt starker traditionalistischer Zug seines ökonomischen Denkens hat gerade in diesen Studien seine Wurzeln.

In Erfurt kam Luther jedoch noch auf eine andere – geradezu paradoxe – Weise in engere geistige Berührung mit wirtschaftlichen Problemen seiner Zeit. Als er nämlich nach einem vierjährigen erfolgreichen und recht lebensfrohen Studentenleben[42] die Universität Erfurt sehr plötzlich verließ und am 17. Juli 1505 als Novize in das dortige Kloster der Augustiner-Eremiten eintrat – „als sich", wie Kautsky treffend bemerkte, „nach der Fröhlichkeit der Katzenjammer einstellte und Martin den Entschluß faßte, (aus der Welt zu scheiden und) ins Kloster zu gehen"[43] –, kam er auch dort mit einer Literatur in Berührung, die durchaus geeignet war, ihn mit den politischen und wirtschaftlichen Vorstellungen seiner Zeit eingehender vertraut zu machen. Das gilt vor allem für die damals modernen Schriften von Wilhelm von Occam († 1347), Gabriel Biel (1430–1495), Pierre d'Ailly und Johannes Gerson († 1429), die Luther im Erfurter Augustiner-Kloster las. In den Schriften dieser Spät-Scholastiker und Nominalisten fand Luther neben der theologischen Unterweisung und religiösen Erbauung auch sehr ausführliche Darstellungen wirtschaftlicher Probleme, die dort meist, wie bei Biel, zum Zwecke der Beichtpraxis näher erläutert wurden.

Als Augustiner-Mönch zunächst in Erfurt, später in Wittenberg erhielt Luther jedoch nicht nur auf dem Umweg über die geistliche Literatur Einsicht in wirtschaftliche Zusammenhänge. Gerade als Mönch kam er auch unmittelbar mit dem wirtschaftlichen Leben in Kontakt. Sehen wir von den ihm zu Beginn seiner Klosterzeit zunächst recht häufig übertragenen, bald jedoch auf Grund von Interventionen seitens der Erfurter Universität erlassenen Bettelwanderungen ab – obwohl Luther auch hierbei, mit dem Bettelsack auf dem Rücken, in einer ganz bestimmten ökonomischen Funktion tätig war und dabei übrigens auch, neben Naturalien und Geld für sein Kloster, sehr vielfältige wirtschaftliche Erfahrungen für sich selbst sammeln konnte –, so sind es vor allem zwei Umstände während Luthers Kloster- und Mönchszeit, die sehr erheblich zur Erweiterung seiner eigenen ökonomischen Erfahrungen beigetragen haben: 1. Eine mehrmonatige *Reise nach Rom*, die er im Auftrage seines Ordens unternahm (1510–11); 2. Eine dreijährige Tätigkeit als *Distriktsvikar des Augustiner-Ordens in Wittenberg* (1515–18). – Beginnen wir mit der Rom-Reise Luthers, da sie ihren Ausgangs- und Endpunkt in Erfurt hatte!

Auf der berühmten Reise, die Luther vom Herbst 1510 bis zum Februar 1511 nach Rom unternahm, um dort strittige Ordensangelegenheiten entscheiden zu lassen – Ordensangelegenheiten, die übrigens u. a. auch wesentlich wirtschaftlicher Natur waren –, gewann er eine Vielzahl unmittelbarer Einblicke in einige der markantesten und reifsten ökonomischen Erscheinungen seiner Zeit.[44] Es ist bezeichnend, daß der stark auf das Praktische gerichtete wirtschaftliche Sinn Luthers ihm weniger die grandiose Naturschönheit der durchwanderten Alpen als vielmehr die vorbildlichen Straßen der Schweiz und insbesondere die Fruchtbarkeit der Po-Ebene zum Erlebnis werden ließ. In den oberdeutschen und norditalienischen Städten, die er auf seiner Fußwanderung berührte, sah er hoch entwickelte, wirtschaftlich, politisch und kulturell blühende bürgerliche Gemeinwesen, denen selbst das ihm bekannte Erfurt erheblich nachstand.

In Rom selbst aber lernte Luther nicht nur die Denkmäler der antiken Kultur- und Wirtschaftsentwicklung, sondern vor allem auch das wirtschaftliche und politische Zentrum der kirchlichen Macht- und Prachtentfaltung aus unmittelbarer Anschauung kennen. Hier sah er den aufs äußerste gesteigerten Luxus des Papsttums und die grenzenlose moralische Verkommenheit der höchsten geistlichen Würdenträger. Hier lernte der bäurisch aufmerksam beobachtende und allen belehrenden Gesprächen eifrig lauschende Luther viele der ihm bisher verborgen gebliebenen inneren Zusammenhänge bestimmter gesellschaftlicher Erscheinungen kennen. So war es nicht etwa, wie es viele Legenden wahr haben wollen, eine „innere Stimme“ oder gar die „Stimme Gottes“ selbst, sondern höchst reale weltliche Beobachtung, durch die Luther schon während seines damaligen Aufenthaltes in Rom von den ausgedehnten und später von ihm so heftig bekämpften Finanztransaktionen der Augsburger Fugger und von ihren für Deutschland so nachteiligen Geldbeziehungen zum päpstlichen Hof Kenntnis erhielt.[45]

Die exakte Geschäftsführung der päpstlichen Kurie, mit der Luther bei Abrechnung seiner Reisegelder Bekanntschaft machte, beeindruckte ihn besonders nachhaltig. Als späterer Distriktsvikar versuchte er dann, eine genau so peinlich-exakte wirtschaftliche Rechnungsführung in seinem Bereich einzurichten.

Nach dreijährigem Aufenthalt im Erfurter Kloster wurde Luther im Herbst 1508 vom Ausgustiner-Orden an die 1502 gegründete und bald Leipzig und Erfurt überstrahlende Universität Wittenberg entsandt, wo er weiterhin als Angehöriger des dortigen Augustiner-Klosters zunächst als Professor der Philosophie, seit März 1509 als Bakkalaureus und seit Oktober 1512 als Lizentiat, Doktor und schließlich als Professor der Theologie akademische Lehrämter bekleidete. Der Wittenberger Stadtrat berief den schnell erfolgreichen jungen Hochschullehrer Luther 1514 zugleich auch noch als Prediger an die Stadtkirche zu St. Marien, wo er neben seiner umfangreichen Vorlesungstätigkeit an der Universität im Jahr damals etwa 170 Predigten hielt.

Die Stadt Wittenberg, in der Luther – abgesehen von einer anderthalbjährigen Rückberufung nach Erfurt (1509–11) – bis ans Ende seines Lebens wohnen blieb, konnte ihm in wirtschaftlicher Hinsicht jedoch nur äußerst bescheidene Eindrücke vermitteln. In seinen späteren Tischreden erwähnte Luther wiederholt, welchen enttäuschenden wirtschaftlichen Eindruck Wittenberg auf ihn zunächst machte.[46] Wittenberg gehörte zu jenen kleinen Städten, von denen Engels in unserem vorn wiedergegebenen Zitat sagte, daß sie abseits vom Verkehr in den Lebensbedingungen des späteren Mittelalters dahinvegetierten, wenig auswärtige Waren brauchten und auch wenig Ausfuhrprodukte lieferten. Es war eine kleine Landstadt mit unbedeutendem Lokalgewerbe. In seinen Mauern leben damals – einschließlich der Studenten – nicht mehr als 2800 Einwohner, meist Ackerbürger und kleine Handwerker. Vom später dank Luther dort aufblühenden Buchhandel abgesehen, gab es keinen nennenswerten Handel. Es lag am Rande der Zivilisation – „in termino civilitatis", wie Luther selbst sagte.[47] Der eng naturalwirtschaftlich begrenzte und lediglich durch einen geringfügigen Warenaustausch etwas aufgelockerte Wittenberger Horizont beschränkte in ganz entscheidender Weise das ökonomische Denken Luthers. Viele seiner ökonomischen Vorstellungen erwuchsen unmittelbar auf dem Boden der wirtschaftlichen Rückständigkeit Wittenbergs und seiner ländlichen Umgebung.

Ohne Berücksichtigung der Wittenberger Verhältnisse als unmittelbare Grundlage des ökonomischen Denkens Luthers verschließen wir uns das Verständnis für seine ökonomischen Theorien. In Wittenberg kam Luther jedoch zunächst erst einmal zu einer sehr beachtlichen Erweiterung seiner ökonomischen Erfahrungen. In seiner Eigenschaft als Prior und Distriktsvikar des Augustiner-Ordens, zu dem er 1515 gewählt worden war, hatte er die Aufsicht über 11 Klöster in Thüringen und Meißen zu führen. In dieser Funktion als Ordensprovinzial war er gezwungen, sich neben der Regelung rein geistlicher Fragen auch mit vielerlei rechtlichen und wirtschaftlichen Angelegenheiten näher zu befassen.[48] Hierbei oblag es ihm, die gesamte und teilweise sehr komplizierte Wirtschaftsführung, vor allem aber das Rechnungswesen der ihm unterstellten Klöster zu kontrollieren. Die oft recht umfangreichen kommerziellen und finanziellen Geschäfte, die damals gerade von den Klöstern durchgeführt wurden, unterlagen seiner Aufsicht. So überwachte er beispielsweise sehr genau die ordnungsgemäße Abführung der Fische aus dem Leitzkauer Klosterteich. Persönlich griff er in einen Rechtsstreit ein, der 1516 über die Zugehörigkeit der Kirche von Herzberge zum dortigen Kloster geführt wurde.

Mit gutem Grund läßt sich sagen, daß Luther in dieser verantwortlichen Funktion seines Ordens geradezu ein „Manager" seiner Zeit war. Sein Tagesablauf war in jenen Jahren – neben seiner laufenden Arbeit als Theologie-Professor und Prediger – mit emsiger praktischer und administrativer Tätigkeit ausgefüllt. Nicht weniger als zwei ständige Schreiber waren es, die Luther in diesen Jahren zeitweise beschäftigte, um allein nur seine vielfältige wirtschaftlich-kommerzielle Korrespondenz bewältigen zu können.

Die gewissenhafte *Gründlichkeit*, mit der sich Luther immer wieder zeit seines Lebens um das Verständnis weltlicher und besonders wirtschaftlicher Angelegenheiten bemühte, bezeugen viele Tatsachen. So ließ er sich einmal eigens von dem Kurialen v. d. Wieck einen genauen Bericht über die päpstliche Finanzwirtschaft erstatten, um diese sachkundig kritisieren zu können. Als er 1534 begann, das Alte Testament in die deutsche Sprache zu übertragen – vorher hatte er eigens hierfür Hebräisch gelernt –, scheute er sich nicht, wiederholt Wittenberger Handwerker in ihren Werkstätten aufzusuchen, um sich von ihnen an Ort und Stelle ihm fremde wirtschaftliche Fachausdrücke erklären zu lassen.[49] So ließ er sich einmal von einem Wittenberger Fleischermeister eigens ein Rind schlachten und zerlegen, um einerseits die dabei zur Ausführung kommenden Handgriffe und andererseits auch die verschiedenen Glieder und Organe des Tieres selbst fachgerecht und sprachlich einwandfrei bezeichnen zu können. Die Bibelübersetzung, bei der Luther bekanntlich „dem Volke aufs Maul“ schaute, zwang den äußerst gewissenhaft arbeitenden, nicht schematisch Wort für Wort, sondern sinngemäß übersetzenden Luther in einer kaum vorstellbaren Breite auch zum sprachlichen und damit gedanklichen Erfassen wirtschaftlicher Vorgänge. So etwa, wenn er Geldbeziehungen, Austauschverhältnisse, Produktionsverfahren und zahllose andere ökonomische Erscheinungen, die Gegenstand der biblischen Darstellung sind, dem deutschen Leser seiner Zeit in einer verständlichen Sprache nahezubringen hatte. Seine hierbei entwickelte und geschärfte Beobachtungsgabe darf als eine der wichtigsten Quellen seines gesamten ökonomischen Denkens angesehen werden.

In seiner späteren Eigenschaft als Begründer der neuen, von Rom freien evangelischen Landeskirche Sachsens und als viel gefragter Ratgeber bei der Bildung evangelischer Landeskirchen und Gemeinden in anderen Teilen Deutschlands und Europas war Luther keineswegs nur vor geistige Probleme theologisch-religiöser Art gestellt. Er stand hierbei auch recht handfesten materiellen Sorgen und wirtschaftlichen Aufgaben gegenüber, die sich aus der Kirchengründung ergaben. Schließlich war es nicht damit getan, daß die christliche Lehre als solche reformiert, eine unmittelbar auf das Evangelium gestützte Gottesdienstordnung begründet, ein neues inneres geistiges Verhältnis zwischen Kirche und Gläubigen geschaffen, an die Stelle des offiziellen Priestertums als Vermittler zu Gott das allgemeine Priestertum aller Gläubigen, die unmittelbare Beziehung jedes einzelnen Christen zu Gott, gesetzt und sonstige Neuregelungen des eigentlich geistlich-religiösen Lebens (Abendmahl usw.) eingeführt wurden. Das von Luther reformierte Christentum als Ideologie bedurfte selbstverständlich auch einer entsprechenden materiellen Institution, eben der evangelischen Kirche, die es tragen konnte. Diese Kirche aber und ihre offiziellen Repräsentanten (Pfarrer, Prediger usw.) wiederum mußten nicht nur auf religiösem Gebiet unterwiesen werden. Sie mußten zugleich auch materiell gesichert werden. Ganz vordergründig ausgedrückt: auch die evangelischen Pfarrer der entstehenden Luther-Kirche lebten nicht vom Brot allein und schon gar nicht nur vom Worte Gottes, das sie täglich verkündeten. Sie bedurften entsprechender Bezüge und Gehälter, um ihr Leben erhalten und ihr Amt versehen zu können. Anders gesagt: das Leben der neuen Kirche als Institution und die Existenz ihrer Repräsentanten mußten auf reale materielle Grundlagen gestellt werden. Nicht nur das: sie mußten auf eine *völlig neue materielle Grundlage* gestellt werden, da ja die bisherigen materiellen Grundlagen der alten römisch-katholischen Kirche, vor allem ihre ständigen Einnahmen durch Meßopfer, Ablaß, Zinsen, Zehnten usw. sowie auch ihre Einkünfte aus ihrem großen, inzwischen aber weitgehend von Fürsten und Städten enteigneten Grundbesitz, vernichtet waren.

Im Bemühen um die Schaffung materieller Grundlagen für seine neue christliche Kirche wandte sich Luther daher nicht zufällig am 31. Oktober 1525 in einer Eingabe an seinen Landesherren, um ihn von der mißlichen ökonomischen Lage zu unterrichten, in der sich die meisten der neu entstandenen evangelischen Kirchengemeinden befanden. Indem er seinen Landesherrn bei dieser Gelegenheit de facto zum obersten Kirchenherrn, zum „Notbischof“, wie er sagte, ernannte, schlug er ihm die Durchführung einer *Kirchenvisitation* vor, in deren Ergebnis dann „eine tapfere Ordnung und stattliche Erhaltung der Pfarrer und Predigtstühle" hergestellt werden sollten.[50] Im November 1526 machte er seinem Kurfürsten den ergänzenden Vorschlag, die Besichtigungskommissionen möglichst aus vier Personen zusammenzusetzen, von denen „zween auf die Zinse und Güter, zween auf die Lehre und Person verständig sind" [51]. An der 1527 dann schließlich zustande gekommenen sächsischen Kirchenvisitation, die tiefe Einblicke in die materiellen Lebensverhältnisse nicht nur der evangelischen Pfarrer und Prediger, sondern auch der Gläubigen aller Stände und Berufe in den großen und kleinen kursächsischen Gemeinden erschloß, hatte Luther selbst höchst aktiven Anteil. Diese Kirchenüberprüfung lieferte ihm ein überaus konkretes Bild von der gesamten damaligen wirtschaftlichen Lage in Sachsen. Ihre Protokolle sind auch heute noch, trotz ihres vorwiegend geistlich-religiösen, rein kirchengeschichtlich wichtigen Inhalts sehr bedeutsame und noch längst nicht ausgewertete wirtschaftshistorische Dokumente. – Die ökonomischen Einsichten, die Luther hierbei gewann, trugen entsprechend den in Sachsen vorherrschenden Verhältnissen ausgesprochen naturalwirtschaftlichen Charakter. Sie gaben daher auch seinem ökonomischen Denken eine gleiche Richtung.

Die Sorge um die materielle Sicherung seiner Kirche ließ der in dieser Hinsicht durchaus praktisch denkende Luther zeit seines Lebens nicht aus dem Auge. Aus zahllosen Berichten evangelischer Pfarrer, die ihm immer wieder aus allen evangelisch-reformierten Teilen Deutschlands zugingen und in denen nicht selten sehr gründlich auf vielfältige wirtschaftliche Fragen eingegangen wurde, die mit dem Leben der Pfarrer und ihrer Gläubigen zusammenhingen, gewann Luther sehr konkrete wirtschaftliche Kenntnisse, die sich schließlich auch sehr deutlich in vielen seiner Sendschreiben, Briefe, Predigten und anderen Werken niederschlugen.

Das geistliche Amt des *Seelsorgers*, das Luther seit seinem Eintritt in das Kloster bis zu seinem Lebensende, ja bis zu seiner letzten Stunde in einem sehr breiten Maße und mit großer Intensität versah, war schließlich ebenfalls eine der wichtigen unmittelbaren Quellen, aus der er ökonomische Erfahrungen schöpfte. Es brachte ihn in den verschiedensten Formen mit den mannigfaltigsten wirtschaftlichen Fragen seiner Zeit in engste Verbindung; vor allem natürlich, nachdem er in ganz Deutschland, besonders aber in Mittel- und Nordostdeutschland zum anerkannten Führer des Protestantismus geworden war. Verlangten die Gläubigen aller Schichten und Klassen früher von ihren katholischen Beichtvätern Rat und Beistand auch in ihren wirtschaftlichen Sorgen und Nöten, so forderten sie das nach der bürgerlichen Reformation des Christentums noch weit mehr von den neuen, viel enger mit dem Volk verbundenen Pfarrern der evangelischen Kirche und in erster Linie natürlich von Luther selbst. Zahllose mündliche und schriftliche Darstellungen und Anfragen, die Luther von vielen Seiten und aus allen Gesellschaftskreisen Deutschlands zugingen, vermittelten ihm sehr konkrete Vorstellungen vom ökonomischen Geschehen in seiner Umwelt. Mit ihrer Hilfe gelang es Luther, in einigen Fragen den engen Lokalhorizont Wittenbergs zu überschreiten.

Die vielfältigen Verbindungen, die Luther mit den Pfarrern und Gläubigen seiner Kirche hatte, orientierten ihn aber nicht nur passiv über wirtschaftliche Vorgänge. Sie stellten ihn zugleich auch stets aufs neue vor die Aufgabe, die auftauchenden wirtschaftlichen Probleme sorgfältig theoretisch zu durchdenken und praktische Entscheidungen zu fällen. Als moderner bürgerlicher Seelsorger, Prediger und Verfasser religiöser Schriften war sich Luther der Notwendigkeit einer engen Verbindung mit der gesellschaftlichen Wirklichkeit durchaus bewußt: „Wer ein Lehrer oder Prediger in der Kirche sein will," so erklärte er, „der muß auch in der Welt gewesen sein und ihren Handel gesehen oder wenigstens zum Teil erfahren haben; denn es tut's nicht, daß ein Mensch etwas mit Klostergedanken regieren wollte." [52] Aus dieser richtigen, dem anbrechenden bürgerlichen Zeitalter vollauf gerecht werdenden Erkenntnis heraus bemühte sich Luther auch von sich aus ständig um enge Verbindungen zur wirtschaftlichen Praxis seiner Zeit.

Als im Frühjahr 1539 in Wittenberg und seiner Umgebung auf dem Boden der allgemein einsetzenden Wert- und Preisrevolution und verstärkt noch durch eine vorangegangene Dürre sowie infolge der systematischen Zurückhaltung des Getreides durch Spekulanten zwecks Durchsetzung höherer Preise sowie auch im Ergebnis der damals von der kursächsischen Regierung betriebenen Politik ständiger Münzverschlechterungen eine allgemeine Teuerung und Hungersnot ausbrach, war diese unmittelbare Anschauung für den von einem fixen Gehalt lebenden Luther Anlaß, sich erneut den Fragen des Wuchers zuzuwenden, die er bereits früher einmal aufgegriffen und damals in mehreren theologischen Streitschriften, vor allem in seinem „Kleinen und Großen Sermon vom Wucher" (1519/20) sowie in seinen Büchern „Von Kaufhandlung und Wucher" (1524) einer heftigen Kritik unterzogen hatte. In einer Predigt vom 13. April 1539 brandmarkte er die Wucherer als die schlimmsten Feinde des Landes, als „des Geizes und Mammons abgöttische Diener", als „leibhaftige Teufel"[53]. Gleichzeitig begann er unter dem unmittelbaren Eindruck der durch die Teuerung beschleunigten Verelendung der Bevölkerung mit der Ausarbeitung seiner schärfsten Streitschrift gegen Wucher und monetaristischen Geiz. Sie erschien Anfang 1540 als „Vermahnung an die Pfarrherren, wider den Wucher zu predigen" [54]. Wir haben sie als ein klassisches Dokument des ökonomischen Denkens Luthers im Anhang dieses Bandes vollständig wiedergegeben. – Sein früheres Eingreifen in den 1523 in Eisenach entstandenen Wucherstreit und sein reger Briefwechsel mit dem dortigen evangelischen Pfarrer Jakob Strauss über diese ökonomischen Probleme zeigen ebenfalls die enge Verbindung des protestantischen Geistlichen und bürgerlichen Ökonomen in der Person Luthers.

Eine der wichtigsten, meist aber übersehenen oder doch stark unterschätzten Quellen, aus der Luther überaus vielfältige und unmittelbare wirtschaftliche Erfahrungen sammelte, war schließlich sein eigener großer Wittenberger *Familienhaushalt*, den er nach seiner Verheiratung mit der ehemaligen Nonne Katharina von Bora am 13. Juni 1525 in dem ihm vom sächsischen Kurfürsten Johann zunächst mietfrei überlassenen, später ganz und gar geschenkten alten Wittenberger Augustiner-Kloster führte. Es war seine wirtschaftliche überaus tüchtige Frau, deren geradezu bewundernswertes ökonomisches Geschick es immer wieder fertigbrachte, das recht schmale Prediger- und Professoren-Gehalt Luthers von anfangs 100, später 200 und zuletzt 300 Gulden pro Jahr trotz ständiger Geldentwertung und allgemein fortschreitender Teuerung erheblich aufzubessern. (Nebenbei sei bemerkt, daß Luther für seine außerordentlich umfangreiche literarische Produktion, die mit der von ihm übersetzten Bibel an der Spitze außerordentlich hohe Auflagen und große Verbreitung fand, grundsätzlich kein Geld als Honorar annahm.)

Durch einen eigenen umfangreichen sowohl auf die Selbstversorgung wie auch auf preisgünstigen Verkauf der überschüssigen Produkte gerichteten Gartenbau, durch eine eigene Haus-Bierbrauerei, durch Viehhaltung und eine eigene Fischzucht in mehreren gepachteten Teichen sowie auch durch die einigermaßen einträgliche Beköstigung und Unterbringung von Studenten im Hause gelang es der tüchtigen Gattin Luthers, das Familien-Einkommen so zu ergänzen, daß nicht nur die vielfältigen Ausgaben und Einnahmen dieses ersten evangelischen Pfarrhauses in Deutschland im ständigen Gleichgewicht standen, sondern sich überdies auch noch im Laufe der Jahre ein ansehnliches Vermögen von immerhin 9000 Gulden bildete, über das sie beim Tode Luthers verfügte. Selbstverständlich erhielt Luther als vorbildlicher Ehegatte und Familienvater sehr eingehende Kenntnis von den mannigfaltigen wirtschaftlichen Problemen, Sorgen und Erfolgen, mit denen sich seine resolute und „geschäftstüchtige“ Frau tagtäglich bei der Leitung des – 1540 auf ihren Wunsch sogar noch um das Gut Zülsdorf bei Kieritzsch erweiterten – Haushaltes abzugeben hatte.[55]

Es verwundert daher auch nicht, wenn man bei Durchsicht seiner Schriften feststellen muß, daß Luther so manche seiner täglichen oder zumindest allsonntäglichen Wittenberger Predigten zum Anlaß nahm, um den aufmerksam lauschenden Gläubigen eine Fülle von konkreten Anleitungen für ihr wirtschaftliches Verhalten zu geben. In manchen Predigten erweist sich Luther geradezu als *Wirtschaftsberater seiner Gemeinde*. Die kräftigen Scheltworte, die er oft genug von seiner Kanzel auf die Wittenberger Bäcker herabprasseln ließ, um sie wegen ihrer immer kleiner und gleichzeitig teurer werdenden Brote zu rügen, seien dafür nur als ein Beispiel von vielen genannt.

Wollten wir an dieser Stelle zunächst erst einmal sichtbar machen, in welcher Breite Luther unmittelbar mit dem Wirtschaftsleben seiner Zeit verbunden war, und dürfen wir diese Aufgabe jetzt wohl als hinreichend gelöst ansehen, so bedarf es doch noch einer abschließenden einschränkenden Bemerkung, wenn Mißverständnisse vermieden werden sollen. Obwohl bereits mehrfach angedeutet, sei doch noch einmal ausdrücklich betont, daß Luther nach dem Reichstag von Worms (1521), der über ihn bekanntlich die sein Leben bedrohende Reichsacht verhängt hatte, keine Gelegenheit mehr bekam, die mächtig aufblühenden wirtschaftlichen Zustände außerhalb des protestantisch werdenden Mittel- und Norddeutschland – insbesondere in den oberdeutschen Städten – aus eigener Anschauung näher kennenzulernen. Seine unmittelbaren persönlichen Beobachtungen und Erfahrungen blieben daher nach 1521 im wesentlichen auf den sächsisch-thüringischen

Wirtschaftsraum, insbesondere auf Wittenberg und Umgebung beschränkt. Viele der in Süddeutschland und noch mehr in Italien, Frankreich, Holland und England vor sich gehenden wirtschaftlichen Entwicklungen, die das 16. Jahrhundert bereits zur „kapitalistischen Ära" werden ließen, *existierten in den Luther näher bekannten Gebieten Deutschlands entweder nur erst in wenigen vereinzelten Keimformen oder aber noch gar nicht.* Es ist in diesem Zusammenhang sehr aufschlußreich, wenn wir feststellen müssen, daß damals selbst in dem ökonomisch durchaus hochentwickelten Erfurt im wesentlichen nur einfacher Warenhandel bestand, während die höheren Formen des Geldhandels noch unentwickelt waren.[56]

Eine gewisse Grundlage für einige reifere ökonomische Erfahrungen Luthers bildeten die relativ bereits etwas weiter entwickelten Zustände in der Grafschaft Mansfeld. Mit diesem Gebiet, in dem Luther als Kind aufwuchs, in dem sein Vater bis 1534 lebte und wirtschaftete, in dem zahlreiche Verwandte, Freunde und Bekannte Luthers lebten, blieb Luther zeit seines Lebens stets auf das allerengste verbunden. Hier verstarb er auch am 15. Februar 1546 in seinem Geburtsort Eisleben, und zwar während einer Reise, die er bezeichnenderweise nicht so sehr als Seelsorger oder Kirchenmann, sondern vielmehr als ökonomischer Ratgeber zwecks Schlichtung von rechtlichen und wirtschaftlichen Streitigkeiten zwischen den beiden Linien der Mansfelder Grafen angetreten hatte. Die wirtschaftlichen Verhältnisse des Mansfelder Gebiets bilden daher eine der wichtigsten Quellen des ökonomischen Denkens Luthers. Aber so relativ fortgeschritten auch der Mansfelder Erzbergbau war, blieb er doch noch für längere Zeit im engen handwerklich-zünftigen Rahmen gebunden. Die komplizierten Probleme der modernen Finanzierung und Leitung der Produktion durch das Kapital blieben Luther daher mehr oder weniger fremd.

Wollen wir also die ökonomischen Ansichten Luthers gerecht beurteilen, dann müssen wir beachten, daß ihm trotz des gezeigten Umfangs und der außerordentlichen Breite und Vielfalt seiner ökonomischen Erfahrungen letzten Endes doch die aus unmittelbarer Anschauung gewonnene Kenntnis von den am höchsten entwickelten, bereits kapitalistischen Wirtschaftsformen seiner Zeit weitgehend abging. *Ihm fehlte insbesondere die Anschauung von der Entwicklung des industriellen Kapitals.* Seine Fähigkeit zur Beurteilung der neuesten ökonomischen Erscheinungen seiner Zeit war daher eng begrenzt. Natürlich kannte Luther sehr gut die Wucherpraxis der Geldleiher in seiner Zeit. Er selbst rühmte sich einmal seiner Kenntnisse vom Wucher in den folgenden Sätzen, die sich in seiner „Vermahnung zum Gebet wider die Türken" (1541) finden:

> „Ich habe des Wuchers vergessen. Ach wie gar sicher lebt und wütet derselbe, als wäre er selber Gott und Herr in allen Landen. Niemand könne ihm wehren. Als ich wider ihn schrieb, verlachten mich die heiligen Wucherer und sprachen, der Luther weiß nicht, was Wucher ist; er mag seinen Matthäum und Psalter lesen. Nun wohlan, bin ich denn ein Prediger Christi und ist mein Wort Gottes Wort, woran ich keinen Zweifel habe, so soll dich verfluchter Wucher entweder der Türke oder sonst ein anderer Zorn Gottes

lehren, daß der Luther wohl verstanden und gewußt hat, was Wucher ist – das gelte einen guten Gulden.“ [57]

Luther kannte auch durchaus die Handelspraxis seiner Zeit. Er war bestens orientiert über die Warenfälschungen, die verschiedenen Formen des betrügerischen Bankrotts, die raffinierten Methoden der monopolistischen Preissteigerung. Er wußte vor allem sehr gut um die raffgierigen, bereits typisch kapitalistischen Geschäftspraktiken der großen Handelsgesellschaften seiner Zeit – der „Gesellschaften Monopolia“. Aber alle diese ökonomischen Erscheinungen sah Luther in erster Linie aus der *Perspektive des Konsumenten und einfachen Warenproduzenten*, also aus den Bedingungen seiner eigenen ökonomischen Position sowie der ökonomischen Position der überwiegenden Mehrzahl seiner Gläubigen im Wittenberger Bereich.

Wenn Engels sagte, daß die gewaltig gärende Zeit, in der Luther lebte, Männer von höchster Aktivität brauchte und sie auch hervorbrachte, und wenn er es als ein besonderes Charakteristikum dieser Männer hervorhob, daß sie mitten im Leben, im praktischen Kampf standen, daß sie keine von der Wirklichkeit isolierten Stubenhocker und Buchgelehrten waren, sondern aktiv Partei ergriffen und mitkämpften in Wort und Tat, so glauben wir, hat unsere kurze Darstellung schon ausreichend deutlich gemacht, daß diese Kennzeichen auch weitgehend auf den Ökonomen Luther zutreffen. Das kann mit um so mehr Berechtigung ausgesprochen werden, als wir hier lediglich in großen Zügen die unmittelbaren Verbindungen andeuteten, die Luther zur wirtschaftlichen Praxis seiner Zeit hatte. Bei der Behandlung der ökonomischen Auffassungen Luthers werden wir diese Darstellung selbst noch um wesentliche Gesichtspunkte zu erweitern haben.

Schon jetzt läßt sich erkennen, wie offensichtlich unrichtig es ist, wenn Ramp beispielsweise in idealistischer Befangenheit behauptet: „Luther redet immer als Theologe und nicht als Volkswirtschaftler; seine Ausführungen sind das Resultat des Bibelstudiums und nicht irgendwelcher schlechten Erfahrungen...“ [58] Unsere Darstellung dürfte schon jetzt klargestellt haben, welche überragende Bedeutung gerade Luthers praktische Erfahrungen – gleich, ob gute oder schlechte – für die Herausbildung und Entwicklung seiner ökonomischen Auffassungen gehabt haben. Luther selbst schließlich wies nicht selten, wie wir gesehen haben, auf seine eigenen wirtschaftlichen Erfahrungen hin, wenn er zu dieser oder jener ökonomischen Frage Stellung nahm. „Ohne Übung und Erfahrung“ – erklärte er mit Recht – „kann niemand gelehrt sein.“ [59] Bereits unsere stark eingeschränkte Darstellung, mit der wir wirklich nur einen winzigen Ausschnitt aus der umfangreichen wirtschaftlichen Erfahrung und Wirksamkeit Luthers erfassen konnten, beweist hinreichend, daß der frühere Augustinermönch und spätere Philosophie- und Theologie-Professor Luther keineswegs als ein weltfremder Gelehrter und Bücherwurm angesehen werden kann. Luthers ökonomisches Denken entstand weder in der stickigen Luft einer Studierstube, noch entsprang es etwa „allein aus der Initiative einer göttlichen Idee“, wie Ramp und andere bürgerliche Autoren es hinstellen wollen.

Eine gewisse Einschränkung unserer Feststellungen zur Praxisnähe des ökonomischen Denkens Luthers, die hier jedoch nicht von Belang ist, werden wir allerdings im folgenden Abschnitt noch zu berücksichtigen haben.

Haben wir gezeigt, daß Luther mitten im pulsierenden Leben seiner Zeit stand und dabei auch äußerst enge Berührung mit den wirtschaftlichen Zuständen in seiner Umwelt hatte, so bedarf diese Feststellung nun allerdings einer entscheidenden Ergänzung, wenn sie für die Analyse des ökonomischen Denkens Luthers ausreichende wissenschaftliche Aussagekraft gewinnen soll. Diese Ergänzung besteht darin, daß wir nunmehr näher prüfen, auf welcher Seite Luther in den gesellschaftlichen Auseinandersetzungen und Kämpfen seiner Zeit stand: Es kann uns nicht genügen, schlechthin zu wissen, *daß* Luther mit den wirtschaftlichen Entwicklungen seiner Umwelt verbunden war und *in welchem Umfang* dies der Fall war. Mit der Beantwortung dieser gewiß wichtigen, aber nicht genügend tiefgreifenden Frage pflegen sich im allgemeinen die fortgeschrittensten und der Wahrheit am nächsten kommenden bürgerlichen Luther-Forscher zu begnügen. Wir jedoch müssen weitergehen, wenn wir zum vollen Verständnis des Ökonomen Luther gelangen wollen. Wenn wir den gesellschaftlichen und historischen Charakter des ökonomischen Denkens Luthers erfassen wollen, dann müssen wir vor allem und in erster Linie den *gesellschaftlichen Standpunkt* kennen, von dem aus Luther wirtschaftlich dachte und politisch handelte. Schließlich gibt es und gab es zu keiner Zeit der menschlichen Geschichte ein „neutrales" ökonomisches Denken; – auch nicht im religiös-theologischen Gewand. Immer und unter allen Umständen berührt ökonomisches Denken materielle, gesellschaftliche, in letzter Instanz Klasseninteressen, die objektiv zur Parteinahme zwingen; mag sich der einzelne ökonomische Denker darüber nun im klaren sein oder nicht, mag er persönlich unparteiisch sein wollen oder nicht. Wollen wir also den ökonomischen Denker Luther theoretisch und historisch richtig begreifen, dann müssen wir wissen, für wen bzw. gegen wen er objektiv Partei ergriff, ob er auf der Seite des gesellschaftlichen Fortschritts oder auf der Seite der Reaktion kämpfte. Erst im Ergebnis dieser Prüfung gewinnen wir das entscheidende Kriterium zur wissenschaftlichen Beurteilung und historischen Würdigung der ökonomischen Auffassungen Luthers.

Die Prüfung der Haltung Luthers gegenüber den verschiedenen gesellschaftlichen Kräften seiner Zeit, die Feststellung seiner eigenen Klassenposition, ist Aufgabe des nun folgenden Abschnitts.

3. Luthers Klassenposition – die entscheidende Grundlage seiner ökonomischen Anschauungen

Die subjektive Haltung Luthers gegenüber den gesellschaftlichen Kräften seiner Zeit wie auch die objektive Rolle seines klassenmäßigen Auftretens in Wort und Tat weisen in den verschiedenen Abschnitten seines Lebens so wesentliche Veränderungen und Wandlungen auf, daß jeder Versuch, zu einer summarischen Kennzeichnung der Klassenposition Luthers zu kommen, von vornherein scheitern muß. Der Luther des Jahres 1517 vertrat andere gesellschaftliche Auffassungen als etwa der Luther des Jahres 1525, – um hier nur zwei für die Bestimmung der klassenmäßigen Haltung Luthers besonders markante Jahre zu nennen. Das Auftreten Luthers wirkte 1517 auch objektiv anders als sein Auftreten einige Jahre später. Eine voreilig generalisierende und dogmatisch vereinfachende Bestimmung der Klassenhaltung Luthers würde uns daher mit Sicherheit den Blick für den äußerst komplizierten gesellschaftlichen Charakter des ökonomischen Denkens Luthers trüben und verzerren.

Wollten wir uns etwa damit begnügen, Luther lediglich als *bürgerlichen Ideologen schlechthin* zu charakterisieren, so verschlösse uns das jedes wirkliche Verständnis für den spezifischen historischen Charakter seines bürgerlichen ökonomischen Denkens. Es ließe vor allem die ideologische Entwicklung des Ökonomen Luther selbst völlig außer acht. Ein solches Vorgehen würde faktisch bedeuten, das ökonomische Denken Luthers in ein starres Schema zu pressen. Dabei müßte dann zwangsläufig alles das übersehen werden und unerklärt bleiben, was sich nicht in einen solchen unhistorischen dogmatischen Rahmen hineinzwängen ließe. Das wäre eine wissenschaftlich unzulässige Methode, die uns in mancher Hinsicht in die nächste geistige Nachbarschaft mit der idealistischen bürgerlichen Luther-Interpretation bringen müßte.

Bürgerliche Luther-Autoren in nicht geringer Zahl und aller Jahrgänge, Jahrzehnte und Jahrhunderte, versuchen in der Tat, uns weiszumachen, daß die ökonomischen Vorstellungen Luthers zu allen Zeiten und unter allen Umständen immer die gleichen gewesen wären, daß sie sich nie geändert hätten. Ein solches unhistorisches und lebensfremdes Vorgehen können wir hinsichtlich seiner objektiven Wirkung nur als eine plumpe Verfälschung der ökonomischen Auffassungen Luthers werten; – auch wenn die jeweiligen Autoren durchaus lautere Absichten damit verfolgt haben sollten. Ein solches Vorgehen entspricht vollkommen dem idealistisch-dogmatischen Grundcharakter der bürgerlichen Ideologie. Weil der Bibeltext, auf den sich Luther im starken Maße immer wieder ausdrücklich beruft, im Jahre 1517 selbstverständlich der gleiche gewesen ist wie etwa in den Jahren 1525 oder 1540 – von der dank Luther inzwischen veränderten sprachlichen Fassung abgesehen –, seien auch die ökonomischen Auffassungen Luthers immer die gleichen geblieben! Auf diese offensichtliche Seichtbeutelei laufen in der Tat nicht wenige bürgerliche Argumentationen in dieser Frage hinaus. Dabei ist es bereits offenkundig, daß beispielsweise zu genau der gleichen Zeit und unter genau den gleichen Bedingungen Luther und Müntzer genau den gleichen Bibelstellen einen durchaus anderen Sinn, eine andere „Auslegung" gaben. Die luthersche „Auslegung" der Bibel auf der einen, die müntzersche auf der anderen Seite ergaben sich dabei aber nicht einfach, wie es bürgerliche Historiker immer wieder hinzustellen pflegen, aus einem unterschiedlichen theologischen Verständnis der Bibel, sondern aus den recht verschiedenen Klassenpositionen, die beide bei der „Auslegung" der Bibel einnahmen. Daß Luther übrigens selbst die gleiche Bibel 1517 ganz anders auslegte als etwa 1525 oder 1540, mag zwar einigen theologischen „Systematikern" des ökonomischen Denkens Luthers nicht in den Kram passen, entspricht jedoch vollkommen den Tatsachen, wie wir noch zeigen werden. Auch hierfür ist jedoch nicht einfach Luthers „wachsendes Verständnis" für die Bibel oder sein „reifendes religiöses Empfinden", sondern sein jeweils konkreter und daher in den verschiedenen Situationen auch veränderter Klassenstandpunkt als die entscheidende Ursache anzusehen. So stellte sich beispielsweise Wangemann in seiner Luther-Arbeit die Aufgabe: „Ich ... hoffe nachweisen zu können, daß Luther trotz scheinbarer Widersprüche einen festen Standpunkt seiner Ansichten (über das Zinsproblem – G. F.) vertritt." [60] Wangemann brachte es dabei sogar fertig, eigens eine spezielle „Tabelle" der angeblich „konstanten" ökonomischen Auffassungen Luthers zum Zins zu konstruieren.[61] Diese „Tabelle" ist fürwahr ein geradezu klassisches Beispiel und Symbol des nach „Exaktheit" strebenden bürgerlichen Dogmatismus.

Augenscheinlich verkennt Wangemann die für jede ernsthafte wissenschaftliche Forschung doch so selbstverständliche Tatsache, daß Luther allein schon auf Grund seiner mit den Lebensjahren wachsenden ökonomischen Erfahrungen zwangsläufig zur Erweiterung und Vertiefung, in jedem Falle aber doch wohl zu einer Veränderung seiner ökonomischen Vorstellungen kommen mußte. Eine Tatsache, deren hartnäckige Leugnung Zweifel an der wissenschaftlichen Ernsthaftigkeit des Autors hervorrufen muß. Noch viel fester aber verschließt Wangemann seine Augen vor der Tatsache, daß Luther entsprechend der sich um ihn herum entwickelnden gesellschaftlichen Wirklichkeit, vor allem aber auf Grund der sich stürmisch wandelnden Klassenkampfsituation, eine deutlich wahrnehmbare ideologische Entwicklung durchmachte, die ihren Ausdruck nicht zuletzt auch in seinen ökonomischen Lehren fand. Wenn uns Wangemann statt dessen – selbstverständlich aus seiner „religiösen Blickrichtung" heraus – eine besondere „Standfestigkeit" und „Konsequenz" oder bestenfalls doch „nur scheinbare Widersprüche" im ökonomischen Denken Luthers vorzugaukeln versucht, dann wohl deshalb, weil ihm sein sozialer Auftrag als Ideologe der heutigen, auf Tarnung ihrer überlebten Klasseninteressen bedachten Bourgeoisie dazu zwingt, uns in Luther einen klassenmäßig „neutralen" ökonomischen Denker zu zeigen. Wangemann will uns Luther als einen Ökonomen darstellen, der sich aus „purer Religiosität" zum Verfechter dieser oder jener ökonomischen Auffassungen machte. – Die tiefere Ursache für diese irreführende idealistische Fehlbeurteilung Luthers, die wir nicht nur bei Wangemann antreffen, liegt in erster Linie in der bewußten oder unbewußten Negierung der klassenmäßigen Bedingtheit des ökonomischen Denkens.

Wenn der bürgerliche Luther-Interpret F. G. Ward 1898 in seiner in mancher Hinsicht recht wertvollen Abhandlung über Luthers Ansichten vom Staat und seinen wirtschaftlichen Aufgaben [62] die der Wahrheit immerhin wesentlich näherkommende Feststellung traf, daß sich Luthers ökonomische Auffassungen im Laufe der Zeit doch auch erheblich geändert hätten, so ist das durchaus anerkennenswert. Hierin unterscheidet sich Ward sehr positiv von Wangemann und vielen seiner späteren bürgerlichen Fachkollegen, die mit der sturen Verbissenheit des verknöcherten Brotgelehrten auf die „Unwandelbarkeit" und „Beständigkeit" der ökonomischen Auffassungen Luthers schwören.

Doch die Antwort, die uns Ward dann auf die Frage erteilt, warum sich denn nun die ökonomischen Ansichten Luthers eigentlich entwickelt und verändert hätten, kann ihrerseits wissenschaftlichen Ansprüchen keineswegs genügen. Sie lautet nämlich: „Die Unbeständigkeit in seinen (Luthers – G. F.) eigenen Ansichten je nach den verschiedenen und veränderten Zeiten kann hier nicht weiter erklärt werden als auf Grund der Weiterentwicklung seiner eigenen Anschauungen." [63] Luthers „Ansichten" änderten sich also, so hören wir von Ward, weil sich seine „Anschauungen" änderten – fürwahr ein weises, ein geradezu salomonisches Urteil! Die in erster Linie klassenbedingten materiellen Ursachen für die Entwicklung der ökonomischen Ansichten und Anschauungen Luthers sah Ward nicht und wollte oder konnte sie offensichtlich nicht sehen. Ihnen aber müssen wir uns zuwenden, wenn wir die ideologische Entwicklung und Haltung des Ökonomen Luther wissenschaftlich eindeutig erklären wollen.

Im Gegensatz zu den auf den „Heiligen Geist" und „Göttliche Intuition" gegründeten bürgerlichen „Offenbarungen" über das ökonomische Denken Luthers kommt es uns darauf an, von der realen Klassenbezogenheit Luthers her das Wesen und die historische Bedeutung seiner ökonomischen Gedanken aufzudecken. In der Klassenposition Luthers sehen wir das entscheidende Kriterium für die objektive Beurteilung seines ökonomischen Denkens. Das ist der Grund, weshalb wir uns bemühen, diese Klassenposition Luthers in ihrer historischen Entwicklung, so kompliziert sie auch gewesen sein mag, aus den jeweiligen historischen Situationen heraus so sorgfältig wie möglich zu erfassen, bevor wir an die eigentliche Analyse der ökonomischen Lehren Luthers selbst herantreten.

Der so außerordentlich tiefgreifende und höchst widerspruchsvolle Prozeß der gesellschaftlichen Umwälzung, der alle Klassen und Schichten des deutschen Volkes damals erfaßte und ummodelte und in den auch Luther so aktiv mit einbezogen war, führte zu außerordentlich starken und schnellen Veränderungen der Klassensituation. Diese Veränderungen der Klassensituation widerspiegelten sich selbstverständlich auch im Denken und Handeln aller Klassen und Schichten im damaligen Deutschland. Die große revolutionäre Bewegung jener Epoche, die im deutschen Bauernkrieg ihren glänzenden Höhepunkt erreichte, stellte die Zeitgenossen vor die unausweichliche Entscheidung, entweder auf der Seite des gesellschaftlichen Fortschritts oder aber auf Seiten der Reaktion zu kämpfen. Inkonsequenzen und Halbheiten hatten in der scharfen Atmosphäre jener Zeit keinen Bestand. „Die Freiheit und das Himmelreich gewinnen keine Halben!", sang damals Ulrich von Hutten. Jeder Versuch, sich selbst etwa vermittelnd zwischen die kämpfenden Parteien zu stellen, jedes Bemühen, sich auf reformistische Weise zwischen den kämpfenden Fronten hindurchzulavieren, mußte früher oder später offenbar werden und letzten Endes scheitern. Ein neutrales Abseitsstehen oder passives Abwarten war unmöglich in einer geschichtlichen Epoche, in der sich in Europa der Übergang vom Feudalismus zum Kapitalismus mit elementarer Gewalt zu vollziehen begann.

In dieser Hinsicht mag sich uns Heutigen das Verständnis für die gesellschaftliche Situation jener Zeit wohl leichter erschließen als allen vorangegangenen Geschlechtern. So wie unsere heutige Epoche, in der sich der gewaltige und begeisternde Übergang der Menschheit vom Kapitalismus zum Sozialismus-Kommunismus, von der letzten Ausbeutungsordnung zur ausbeutungsfreien und daher wahrhaft menschlichen Gesellschaftsordnung vollzieht, unzweideutige Parteinahme für das Neue und entschlossenen Kampf gegen das Alte fordert, so wie die historische Entwicklung heute alle jene unerbittlich zerreibt und vernichtet, die den reaktionären Utopien eines „Dritten Weges" zwischen den beiden Welten nachhängen, gerade so stand ihrem Wesen nach auch die Frage nach der gesellschaftlichen Entscheidung zur Zeit Luthers in Deutschland; auf einer zwar tieferen Stufe der gesellschaftlichen Entwicklung, unter teilweise aber auch noch weitaus komplizierteren, weil weniger klar und eindeutig erkennbaren Bedingungen als heute! Sehen wir, welche Stellung Luther in den gesellschaftlichen Kämpfen seiner Zeit bezogen hat!

Der zur Beurteilung der klassenmäßigen Haltung Luthers entscheidende Zeitraum umspannt etwa die Jahre von 1517 bis 1525. Das öffentliche Auftreten Luthers in diesen Jahren größter gesellschaftlicher Bewegungen in Deutschland bedarf daher der näheren Beleuchtung. Gestützt auf die Hinweise von Marx und Engels, von Mehring, Kautsky, Smirin, Meusel und anderen marxistischen Historikern wollen wir uns dieser Aufgabe jetzt zuwenden.[64] Als Luther am 31. Oktober 1517 seine berühmten 95 Thesen „Zur Erklärung der Kraft der Ablässe" an das Portal der Wittenberger Schloßkirche nagelte, tat er zunächst durchaus nichts Ungewöhnliches. Wie es die gelehrten Mönche und Professoren jener Zeit im allgemeinen zu tun pflegten, forderte er in dieser Form zum Meinungsstreit in religiösen Fragen heraus. Die Fragen, die er hierbei zur Diskussion stellte, trugen auch ihrem Inhalt nach keinen außergewöhnlichen oder gar revolutionären Charakter. Sie richteten sich in ihrem Kern – wie bereits zahllose Diskussionen und Schriften jener Zeit – gegen den *Mißbrauch* des Ablaßwesens der katholischen Kirche – also noch nicht einmal gegen das Ablaßwesen selbst. „Wer wider die Wahrheit des päpstlichen Ablaßes redet," – so verteidigte Luther in seiner 71. These sogar noch ausdrücklich das Recht des Papstes zum Ablaßschacher – „der sei im Fluch und vermaledeit." [65]

Auch in ihrer sprachlichen Fassung waren die ursprünglich lateinisch geschriebenen Thesen Luthers keineswegs etwa überaus ketzerisch oder scharf formuliert. Lange schon vor Luther hatte es zahlreiche Stimmen gegeben, die in weitaus schärferer Form und viel prinzipieller gegen wesentliche Dogmen der katholischen Kirche aufgetreten waren.

Kautsky nennt uns z. B. den Erfurter Universitätsprofessor Johann von Wesel, der schon 1481 – also zwei Jahre vor der Geburt Luthers – auf der Folter der Inquisition starb, weil er mit Entschiedenheit gegen den Papst – „diesen bepurpurten Affen", wie er ihn nannte – zu Felde gezogen war. Von der Kanzel herab hatte Wesel öffentlich gegen die römisch-katholischen Lehren vom Ablaß und von der Heiligenverehrung gewettert. Rücksichtslos war er zum Angriff auf Beichte, Abendmahl, letzte Ölung und andere „Firlefanzereien“ der katholischen Kirche vorgegangen. „Wenn der heilige Petrus das Fasten eingesetzt hätte“, so argumentierte er einmal in einer seiner Predigten gegen das Fasten, „so hätte er es wohl getan, um seine Fische besser verkaufen zu können.“ [66] Derartig scharfe Worte lassen sich in den geradezu zahmen akademischen Thesen Luthers keineswegs finden.

Einige Jahre vorher wäre im Ergebnis des Lutherschen Thesenanschlags sicher nichts weiter als eines der üblichen Mönchsgezänke jener Zeit herausgekommen; eben weil der Hauptgegenstand der herausgeforderten Diskussion – das Ablaßwesen – bereits seit Jahrzehnten heftig umstritten war und insofern durchaus nichts Neues darstellte. Völlig neu aber waren jetzt die Bedingungen von Ort und Zeit, unter denen Luther zum theologischen Meinungsstreit über dieses an sich eben schon alte Thema aufrief. Völlig neu war die in ihren Widersprüchen aufs äußerste zugespitzte gesellschaftliche Situation in Deutschland, in die Luther mit seinen Thesen geradezu hineinplatzte. War es auch seine wohldurchdachte Absicht, wenn er sich als Zeitpunkt für seinen Thesenanschlag den Vorabend des großen katholischen Feiertages „Allerheiligen“ auswählte, um auf diese Weise an die in Massen zur Wittenberger Schloßkirche strömenden Gläubigen heranzukommen; zielte Luther als kluger Agitator also von Anfang an bewußt darauf ab, größere Volksmassen mit seinen Auffassungen bekannt zu machen und für sich zu gewinnen, so übertraf allerdings das Ergebnis seines Thesenanschlags bei weitem die kühnsten seiner Erwartungen.

Luthers Angriff, der ja nicht nur die kirchlichen Dogmen von der Sündenvergebung traf, sondern weitaus wirksamer die darunter als objektive ökonomische Ursache verborgene Geldgier des Vatikans, rief sofort den schärfsten Widerstand der Kurie selbst und des mit ihr verbundenen Handels- und Wucherkapitals in den oberdeutschen Städten hervor. Alle läppischen Versuche der katholischen Hierarchie, Luther den Mund zu stopfen, um größeres Aufsehen zu vermeiden, verfehlten ihr Ziel. Sie erreichten das genaue Gegenteil. Sie prallten nicht nur an dem bäuerlichen Dickschädel Luthers ab, sondern trieben diesen nur noch stärker in Opposition. War Luther zu Beginn des Ablaßstreites durchaus noch ein loyaler Mann der Kirche und treuer Anhänger des Papstes gewesen, war er selbst noch bis 1519 zur Aussöhnung mit dem Papst bereit, so steigerte ihn sein bäuerlicher Trotz, nachhaltig unterstützt durch die Zustimmung, die er in weiten Kreisen fand, bald in eine außergewöhnliche Schärfe gegen den Papst hinein, den er kurzerhand als den „Allersündigsten und Antichrist“ lästerte und dessen Gewalt er als „teuflisch“, als „Ausgeburt des bösen Geistes“ beschimpfte. Das Finanzregiment, mit dem der römische Papst Deutschland bis zum äußersten schröpfte, brandmarkte er als „Jahrmarkt, Schindanger und Hurenhaus“. Die Titel, die er hierbei dem Papst beilegte, umfaßten nahezu vollständig das gesamte Tierreich.

Luther selbst charakterisierte später einmal seine anfänglich noch durchaus zahme Haltung gegen Rom mit folgenden Worten:

„Als ich die Sache wider den Ablaß anfing, da war ich voll und trunken, ja so ersoffen in des Papstes Lehre, daß ich aus großem Eifer bereit gewesen wäre, wenn es in meiner Macht gestanden hätte, zu morden. Oder ich hätte wenigstens Gefallen gehabt und mitgeholfen, daß ermordet würden alle, die dem Papst im geringsten Worte nicht hätten gehorsam und unterworfen sein wollen.“ [67]

Kurz danach aber äußerte sich bereits die derbe Bauernnatur Luthers in der folgenden ungestümen Weise gegen Rom:

„Wenn ihr (der römischen Pfaffen – G. F.) rasend Wüten einen Fortgang haben sollte, so dünkt mich, es wäre schier kein besserer Rat und Arznei, ihm zu steuern, denn daß Könige und Fürsten mit Gewalt dazutäten, sich rüsteten und diese schädlichen Leute, die alle Welt vergiften, angriffen und einmal des Spiels ein Ende machten – mit *Waffen, nicht mit Worten.* – Wie wir Diebe mit Strang, Mörder mit Schwert, Ketzer mit Feuer strafen, warum greifen wir nicht diese schädlichen Lehrer des Verderbens – Päpste, Kardinäle, Bischöfe und das Geschwärm der römischen Sodoma – nicht viel mehr an *mit allerlei Waffen und waschen unsere Hände in ihrem Blut?*“ [68]

Die außerordentliche schnelle und starke Zuspitzung des Kampfes zwischen Luther und der römischen Papstkirche – eines Kampfes, der zunächst auf rein theologischem Felde begonnen hatte, bald aber seinen sehr materiellen wirtschaftlichen und politischen Inhalt offenbarte – erregte die Aufmerksamkeit aller nationalen Gegner des Papsttums in Deutschland. Diese scharten sich sofort um Luther und trieben ihn nun ihrerseits weiter voran. „Die Bannbulle, die der Papst 1520 gegen Luther erließ“, schreibt Kautsky, „war ein Schlag ins Wasser; sie wurde in Deutschland nur so weit beachtet, daß sie Luthers Popularität vermehrte und ihn drängte, auf dem einmal betretenen Wege fortzuschreiten.“ [69]

Aus dem ursprünglich erwarteten Rede-Duell zwischen dem Augustinermönch Luther und dem Dominikanerpater Tetzel – dem übelsten Ablaßkrämer jener Zeit – war auf diese Weise schnell ein Duell zwischen Luther und dem Papst und schließlich ein Kampf zwischen der deutschen Nation und dem Papsttum geworden. Gewollt oder ungewollt, hatte Luther seine erste Entscheidung gefällt. Sie trug nicht nur theologisch-religiösen, sondern eindeutig politischen Charakter. Luther war an die Spitze der nationalen deutschen Unabhängigkeitsbewegung gegen Rom getreten und auf diese Weise zur großen historischen Persönlichkeit geworden. Seine Thesen waren zum Funken geworden, der das im Herbst 1517 bis zum Bersten mit sozialem Zündstoff angefüllte Pulverfaß Deutschland zur mächtigen Explosion brachte. „Die Thesen des thüringischen Augustiners,“ so schreibt Engels, „zündeten wie ein Blitz im Pulverfaß.“ [70]

Materiell sehr wesentlich gefördert durch das kurz zuvor entstandene neue Kommunikations- und Nachrichtenmittel – die Drucktechnik – und dank der Anwendung des in ganz Deutschland weithin verständlichen obersächsischen Dialekts ging der von Luther in seinen Thesen anfänglich noch recht zahm ausgesprochene, dann aber in seinen folgenden Reformationsschriften immer entschiedener werdende Protest gegen die Mißstände in der römisch-katholischen Kirche wie ein Lauffeuer durch ganz Deutschland. Er vereinigte in Windeseile alle oppositionellen Kräfte der Nation zur breiten Protest- und Widerstandsbewegung gegen die allgemeine Ausplünderung und Knechtung Deutschlands durch Rom und die mit Rom verbündeten Mächte, vor allem Spanien und Frankreich. Die große mobilisierende Rolle und nationale Bedeutung der Lutherschen Thesen, ihre organisierende und revolutionierende Wirkung auf die gesellschaftlichen Kräfte Deutschlands kennzeichnet uns Engels in folgenden Sätzen:

> „Die mannigfaltigen durcheinanderkreuzenden Bestrebungen der Ritter wie der Bürger, der Bauern wie der Plebejer, der souveränitätssüchtigen Fürsten wie der niederen Geistlichkeit, der mystifizierenden verborgenen Sekten wie der gelehrten und satirisch-burlesken Schriftstelleropposition erhielten in ihnen einen zunächst gemeinsamen, allgemeinen Ausdruck, um den sie sich mit überraschender Schnelligkeit gruppierten. Diese über Nacht gebildete Allianz aller Oppositionselemente – so kurz ihre Dauer war – enthüllte plötzlich die ungeheure Macht der Bewegung und trieb sie um so rascher voran." [71]

Luthers Thesen waren die Plattform der plötzlich aufbrechenden nationalen Einheitsfront gegen Rom. Sehr wesentlich ergänzt und sowohl ideologisch wie politisch vertieft durch viele seiner grundlegenden reformatorischen Schriften aus den Jahren 1518, 1519 und 1520 stellten sie *das erste nationale Manifest des deutschen Volkes* dar, weniger wegen ihres religiösen Inhalts und ihrer theologischen Form als vielmehr wegen ihrer revolutionären gesellschaftlichen Auswirkung auf Deutschland. Ihre historische Rolle bestand zum Beginn der nationalen Bewegung in der zunächst einmal notwendigen *Vereinigung aller oppositionellen Elemente der Nation* und in der *Freisetzung aller angesammelten revolutionären Energien des deutschen Volkes.* „Der Blitz schlug ein, den Luther geschleudert hatte", – so sagte Engels und fuhr fort: „Das ganze deutsche Volk geriet in Bewegung. Auf der einen Seite sahen Bauern und Plebejer in seinen Aufrufen wider die Pfaffen, in seiner Predigt von der christlichen Freiheit das Signal zur Erhebung, auf der anderen schlossen sich die gemäßigteren Bürger und ein großer Teil des niederen Adels ihm an, wurden selbst Fürsten vom Strom mit fortgerissen." [72]

Die *nationale Unabhängigkeits- und Freiheitsbewegung des deutschen* Volkes, die von Luther ausgelöst worden war, richtete sich klassenmäßig unmittelbar gegen das *konservativ-katholische antinationale Lager.* Das konservativ-katholische Lager vereinigte alle gesellschaftlichen Kräfte, die – wenn auch aus sehr verschiedenen Gründen – an der Erhaltung der bestehenden gesellschaftlichen Ordnung interessiert waren. Hierzu gehörte die Reichsgewalt: der spanische König und mit spanischem Geld zum deutschen Kaiser „gewählte" Karl V. – Sohn Philipps des Schönen und Johanna der Wahnsinnigen –, der in der römisch-katholischen Kirche sein ideologisches und politisches Hauptherrschaftsinstrument bedroht sah. Hierzu gehörten die meisten geistlichen Fürsten Deutschlands, ein Teil der weltlichen

Fürsten vor allem in Süddeutschland, der reiche Adel, die aristokratische Fraktion der Geistlichkeit und das reiche städtische Patriziat, das die Bevormundung durch die weltlichen Territorialfürsten abschütteln wollte und enge Beziehungen finanzieller Art zur katholischen Kirche unterhielt.

Diesem konservativ-katholischen antinationalen Lager gegenüber bildete sich unter dem Einfluß der Lutherschen Agitation das *zunächst einheitliche* nationale *Lager der Reformation.* Es stand anfangs unter der unbestrittenen geistigen Führung Luthers. Die von Luther gegen die römisch-katholische Kirche, gegen die wichtigste Machtposition des Feudalismus in Europa, ins Leben gerufene einheitliche Bewegung aller nationalen Kräfte – so gewichtig und bedeutsam sie zunächst auch war – konnte jedoch auf Grund ihres widerspruchsvollen *sozialen Inhalts* nur von sehr begrenzter Dauer sein. In dieser nationalen Freiheitsbewegung hatten sich gesellschaftliche Kräfte vereinigt, deren soziale Lage und soziales Streben ein Zusammengehen für längere Zeit ausschlossen. Je schneller und mächtiger sich diese nationale Bewegung entfaltete und je breitere Schichten des Volkes sie erfaßte, desto stärker entwickelten sich zwangsläufig auch die in ihr anfangs noch verborgenen Keime des sozialen Zwiespalts. Da auf Grund der komplizierten Klassenstruktur Deutschlands zu Beginn des 16. Jahrhunderts keine einzige Klasse in der Lage sein konnte, irgendein allgemeines und dauerhaftes nationales Programm zu formulieren und als führende Kraft in der Nationalbewegung für seine Verwirklichung zu sorgen, mußte die durch Luthers Auftreten zunächst im Handumdrehen gebildete Allianz aller oppositionellen Elemente zerfallen, sobald sich die politische Position jedes dieser Elemente klarer abzuzeichnen begann.[73]

Während sich alle nationalen Kräfte einig waren im Kampf gegen die katholische Hierarchie und gemeinsam für die Beseitigung der wirtschaftlichen Ausraubung und politischen Unterdrückung Deutschlands durch Rom eintraten, gingen die Vorstellungen über die Art und Weise sowie über das Ausmaß der notwendigen *gesellschaftlichen* Veränderungen und Reformen entschieden auseinander. Während die allseitig unterdrückten und ausgeplünderten bäuerlichen und plebejischen Massen des Volkes in Stadt und Land mit allen ihren großen und kleinen Bedrückern radikal aufräumen wollten und daher auch am konsequentesten auftraten, um das von Luther verkündete „Reich Gottes“ auf Erden zu errichten, wollten die bürgerlichen, adligen und fürstlichen Kräfte der Reformation zwar die ihnen lästige Bedrückung durch Rom – ihren großen Nebenbuhler und Konkurrenten – abschaffen und sich durch Enteignung des Kirchengutes bereichern, nicht aber auf ihre eigene Ausbeuterherrschaft selbst verzichten.

Die von Luther angefachte nationale Reformationsbewegung begann sich daher bald sozial zu differenzieren. Sie schied sich nun ihrerseits in zwei große Lager. Auf der einen Seite entstand das *Lager der Volksreformation,* auf der anderen das *Lager der bürgerlichen gemäßigten Reformation.*

Im Lager der gemäßigten bürgerlichen Partei standen die besitzenden Elemente der Opposition, der Großteil des niederen Adels, die städtischen Zunftbürger sowie ein Teil der weltlichen Fürsten, denen es gleicherweise um die Aneignung des Kirchengutes wie um die weitere Loslösung von Kaiser und Reich ging.

Dieser Partei schroff gegenüber formierte sich die revolutionäre Partei der Bauern und städtischen Plebejer – teilweise durch niedere Geistliche geführt –, der es um die Abschaffung jeglicher Ausbeutung überhaupt ging.

Luther war nunmehr gezwungen, sich zum zweiten Male – diesmal jedoch viel eindeutiger noch politisch als religiös-theologisch – zu entscheiden. Er mußte wählen, auf welcher Seite er weiterkämpfen wollte, ob an der Spitze der *nur reformierenden* Partei oder als Führer der *gründlich revolutionierenden Partei.*

Als Luther 1517 gegen die Mißstände der katholischen Kirche aufbegehrte, trug seine Opposition noch einen sehr allgemeinen und breiten nationalen Charakter. „Ohne über die Forderungen der früheren bürgerlichen Ketzerei hinauszugehen" – so erklärte Engels diese erste oppositionelle Regung Luthers –, „schloß sie keine einzige weitergehende Richtung aus, und konnte es nicht." [74] *Der soziale Inhalt der nationalen Frage hatte sich zu dieser Zeit noch nicht offen genug gezeigt. Er war durch die nationale Form, in der er auftrat, weitgehend noch verdeckt.* Nunmehr aber wurde Luther durch die sich zuspitzenden und immer offener zutage tretenden sozialen Konflikte zwischen dem revolutionären Flügel und den lediglich reformistischen Kräften der Reformation gezwungen, seine Klassenposition näher zu präzisieren.

Ein erster deutlicher Wandel in der Entwicklung der reformatorischen Ideen und im klassenmäßigen Auftreten Luthers vollzog sich im Jahre 1520 unter dem Druck der Verhältnisse. Bis zur Mitte dieses Jahres repräsentierte Luther durchaus noch die konzentrierte nationale Opposition gegenüber dem Papsttum und das herrschende politische und soziale System. Sein Sendschreiben „An den christlichen Adel deutscher Nation von des christlichen Standes Besserung", das am 23. Juni 1520 handschriftlich von ihm fertiggestellt worden war und Mitte August erstmalig in 4000 Exemplaren gedruckt und innerhalb von acht Tagen bereits vergriffen war [75], ist *eines der ersten Dokumente der politischen Agitation Luthers in deutscher Sprache.* Es bildete einen glänzenden *Höhepunkt des nationalen Auftretens Luthers.* In diesem Sendschreiben predigte Luther geradezu die *nationale* Revolution. Hier verfocht er die Interessen der nationalen Kräfte des niederen Adels und der Bauern, brandmarkte er die feudalen Ausbeuter und die mit ihnen verfilzten kapitalistischen Großhändler und Wucherer, forderte er eine demokratische Organisation der Kirche. Hier schleuderte der deutsche Patriot Luther dem Papst – dem „Teufel zu Rom" und „Fürsten der Hölle" [76] – den *schärfsten nationalen Protest* entgegen, beschuldigte er ihn offen der maßlosen materiellen Aussaugung des deutschen Volkes und der ständigen Einmischung in nationale Angelegenheiten Deutschlands. Hier proklamierte Luther: „Der Papst soll über den Kaiser keine Gewalt haben." [77] Hier erklärte er, daß der deutsche Kaiser als höchster Repräsentant der deutschen Einheit und Souveränität „dem Papst nicht hulde und treue Untertänigkeit schulde, wie die Päpste unverschämt fordern, als hätten sie ein Recht dazu" [78].

„Der Papst", so forderte Luther, „lasse unser Land frei von seinen unerträglichen Schätzen und Schinden, gebe zurück unsere Freiheit, Gewalt, Gut, Ehre,

Leib und Seele und lasse es (Deutschland – G. F.) ein Kaisertum sein, wie einem Kaisertum gebührt."

„O edle Fürsten und Herren" – so appellierte Luther an die deutschen Bürger und Adligen – „wie lange wollt ihr euer Land solchen reißenden Wölfen offen und frei lassen?" [79]

Das war durchaus nicht mehr nur die Sprache eines um kirchliche Dogmen streitenden Theologen. Das war die Stimme eines um die nationale Freiheit und Einheit ringenden deutschen *Patrioten.* Das war keineswegs mehr die Stimme eines zahmen Priesters und Mönchs, sondern die eines streitbaren und mutig bis zur letzten Konsequenz gehenden *nationalbewußten Deutschen.* Man höre nur die folgenden Sätze, die er im gleichen Zusammenhang schrieb:

„Alle, die dazu tun, die Leib, Gut und Ehre daran setzen, daß die Bistümer zerstört und der Bischöfe Regiment vertilgt werde, das sind liebe Gotteskinder und echte Christen, sie streiten wider des Teufels Ordnung.

Es soll ein jeglicher Christ dazu helfen mit Leib und Gut, daß ihre Tyrannei ein Ende nehme. Er soll fröhlich den Gehorsam gegen sie mit Füßen treten. Das sei meine, Doktor Luthers Bulle, die Gottes Gnade zur Lehre allen gibt, die ihr folgen." [80]

Mit der Veröffentlichung seines Sendschreibens „An den christlichen Adel deutscher Nation" erreichte Luthers nationale Opposition ihren Höhepunkt. Danach offenbarte sich dann jedoch immer klarer seine im Grunde genommen *lediglich gemäßigte bürgerliche Klassenhaltung.* Ihre Keime waren allerdings auch schon in seinen 95 Thesen und in seinen Werken aus den Jahren 1518 und 1519 verborgen.

An die Stelle der ursprünglichen Aufrufe zum *gewaltsamen* Sturz der Pfaffenherrschaft, an die Stelle der einstigen *radikalen* Aufforderungen, die „deutschen Hände endlich im römischen Blut zu waschen", trat nunmehr die gemäßigte reformistische Haltung Luthers in den Vordergrund. Einerseits beruhigt durch einige Anfangserfolge der Reformation, andererseits aber vor allem erschreckt durch die radikalen Konsequenzen, die der revolutionäre Flügel der Reformation aus seinen Lehren zu ziehen begann, predigte Luther nunmehr die weitere „friedliche Entwicklung" und einen lediglich „passiven Widerstand".

„Ich möchte nicht", so begründete er Anfang 1521 seine Ablehnung, an der von Hutten und Sickingen geführten Adelserhebung gegen Pfaffen und Fürsten teilzunehmen, „daß man das Evangelium *mit Gewalt und Blutvergießen verfechte.* Durch das Wort ist die Welt überwunden worden; durch das Wort ist die Kirche erhalten und durch das Wort wird sie auch wieder in den Stand kommen. Der Antichrist, wie er Seines ohne Gewalt bekommen, wird ohne Gewalt fallen." [81]

Durch diese Schwenkung wurde Luther mehr und mehr zum Repräsentanten einer bürgerlich gemäßigten Reformation, die den allmählichen und gesetzlichen Fortschritt im Rahmen der bestehenden Ordnung verkündete. Von diesem klassenmäßigen Standpunkt vor allem dachte Luther dann auch ökonomisch, wie unsere Analyse seiner ökonomischen Auffassungen noch im einzelnen zeigen wird.

„Von dieser Wendung oder vielmehr von dieser bestimmteren Feststellung der Richtung Luthers" – so erklärt uns Engels – „begann jenes Markten und Feilschen um die beizuhaltenden oder zu reformierenden Institutionen und Dogmen, jenes widerwärtige Diplomatisieren, Konzedieren, Intrigieren und Vereinbaren, dessen Resultat die Augsburgische Konfession (1555 – G. F.) war, die schließlich erhandelte Verfassung der reformierten Bürgerkirche." [82]

Befriedigt von den zunächst erreichten Ergebnissen der Reformation und in wachsender *Angst vor dem revolutionären Druck der Volksmassen* – des „Herrn Ommnes", wie er verächtlich sagte – versuchte Luther von nun ab den *Vermittler* zwischen beiden Lagern der Reformation zu spielen. Er wurde zum Prediger einer angeblich „notwendigen Einheit aller reformatorischen Kräfte". Hinter dieser Predigt von der „Einheit" der reformatorischen Kräfte verbarg sich jedoch nichts anderes als der Versuch, die radikale plebejische und bäuerliche Partei der bürgerlich gemäßigten Partei der Städte, des Adels und der Fürsten unterzuordnen. Luthers Vermitteln zielte darauf ab, die revolutionäre Bewegung in reformistische Bahnen zu leiten. Hierbei hatte Luther die Illusion, die katholische Reaktion auf diese Weise von der Unterdrückung der „geeinten" reformatorischen Bewegung abschrecken zu können. Sein Versuch, nach geringen Anfangssiegen mit Hilfe des gesetzlichen Fortschritts zwischen der Scylla der Revolution und der Charybdis der Restauration hindurchzulavieren, wie es Engels nannte [83], mußte jedoch an der Elementargewalt der in Bewegung geratenen gesellschaftlichen Kräfte zerschellen.

Je deutlicher sich die plebejischen und bäurischen Massen von dem immer inkonsequenter und feiger werdenden Luther abwandten und unter die revolutionäre Fahne Thomas Müntzers traten, desto schneller geriet die nun von Luther geführte bürgerlich gemäßigte Partei auf Grund der allgemeinen gesellschaftlichen und politischen Verhältnisse im damaligen Deutschland unter die ausschließliche *Kontrolle und Führung der reformierten deutschen Landesfürsten.* In diesem Prozeß entwickelte sich Luther, der besondere Schützling seines Landesherrn – des „weisen" Kurfürsten Friedrich von Sachsen – immer eindeutiger zu jenem ausgesprochenen *Fürstendiener,* als den ihn nachher das Volk beschimpfte und schließlich in der thüringischen Stadt Orlamünde sogar, als er für „friedliche Entwicklung" agitieren wollte, mit Steinwürfen verfolgte.[84]

Als Luther 1521 noch in einem wahren Triumphzug von Wittenberg nach Worms reiste, um sich dort vor dem Reichstag zu verantworten, war er bereits in starkem Maße auf die Position des bürgerlichen Fürstendieners übergegangen. Sein Auftreten gegenüber dem deutschen Kaiser – der, nebenbei bemerkt, nicht einmal der deutschen Sprache mächtig war – und den geistlichen Fürsten, die seine bedingungslose Unterwerfung unter den Papst forderten, war gewiß unerschrocken und mutig. Der Mut aber, den Luther in Worms zeigte, war zugleich auch die einzig mögliche Konsequenz, die ihm in dieser Lage geblieben war. Seine Unterwerfung hätte seine Feinde nicht versöhnt, sondern sicher, wie im Falle Hus, mit seiner Verbrennung auf dem Scheiterhaufen der Inquisition geendet. Sie hätte aber andererseits auch seine bisherigen fürstlichen Gönner und Freunde verbittert, nachdem diese bereits ihre Hände nach dem Kirchengut reckten und angefangen hatten, die Unabhängigkeit von Rom und Reich zu schmecken. Mit Recht verspottete Thomas Müntzer Luther, als dieser nicht müde werden wollte, seinen in Worms vor Kaiser und Reich gezeigten „Heldenmut" in allen Tonarten zu preisen:

> „Über deinem Rühmen möchte einer wohl entschlafen vor deiner unsinnigen Torheit, da du zu Worms vorm Reich gestanden bist. Dank hab dafür der deutsche Adel, dem du das Maul also wohl bestrichen hast und Honig gegeben, denn er wähnte nicht anders, du würdest mit deinen Predigen behäimische Geschenke* geben, Klöster und Stifte, welche du jetzt den Fürsten verheißest. *So du zu Worms hättest gewankt, wärest du eher vom Adel erstochen worden denn losgegeben*; weiß es doch ein jeder." [85]

Luther selbst war sich durchaus darüber im klaren, welchen Wert sein Auftreten für die Sicherung des Lebens und der Herrschaft der deutschen Territorialfürsten hatte. An die Adresse der Fürsten gerichtet, erklärte er während des Bauernkrieges:

> „Wenn ihr Ohren hättet, die da hörten, ich wollte auch etwas Seltsames sagen. Wie, wenn des Luthers Leben vor Gott so viel gälte, daß, wo er nicht lebte, von euch keiner seines Lebens oder Herrschaft sicher wäre, und daß sein Tod euer aller Unglück sein würde?" [86]

Um sich von dem Verdacht zu reinigen, daß die revolutionäre Bewegung im plebejisch-bäuerlichen Lager der Reformation etwa sein Verschulden sei, appellierte Luther während des Bauernkrieges an die Fürsten in folgender Weise:

> „Ihr und jedermann muß mir Zeugnis geben, daß ich in aller Stille gelehrt habe, heftig wider den Aufruhr gestritten und zu Gehorsam und Ehre – auch euer tyrannischen und tobenden Obrigkeit gegenüber – die Untertanen angehalten und ermahnt habe mit höchstem Fleiß, so daß dieser Aufruhr nicht kann aus mir kommen, sondern die Mordpropheten (gemeint sind Müntzer, Karlstadt und andere – G. F.), welche mir ja so feind sind wie euch, sind unter diesen Pöbel gekommen, womit sie nun länger als drei Jahre umgegangen sind, und niemand hat dem so sehr gewehrt und widerstanden als ich allein ... Wenn ich Lust hätte, mich an euch zu rächen, so könnte ich mir jetzt ins Fäustchen lachen und den Bauern zusehen oder mich sogar zu ihnen schlagen und die Sache noch ärger machen helfen. Aber davor hüte mich Gott, wie bisher!" [87]

Sehr richtig offenbarte Luther damit selbst, worauf seine reformistische Versöhnlerhaltung objektiv abzielte und wie weit er inzwischen von seinen eigenen früheren „Mordaufrufen" abgerückt war. Alfred Meusel hat vollkommen recht, wenn er sehr feinsinnig bemerkt, daß die äußeren Wandlungen Luthers auf der Wartburg – wo er vom 4. Mai 1521 bis zum 1. März 1522 als „Junker Jörg" auftrat, die Tracht eines Ritters anlegte, seine Mönchstonsur zuwachsen und sich einen Bart stehen ließ – von symbolischer Bedeutung waren. Meusel fügt hinzu:

* behäimische Geschenke – ein Hinweis auf die Reformation in Böhmen, die zugunsten des Adels und des Patriziats verlief.

„Als der Reformator wieder ins öffentliche Leben trat, wandte er sich nicht mehr gegen rechts, sondern gegen links, nicht mehr gegen die Papisten und „Romanisten“, sondern gegen die Kräfte, die die Reformation weitertreiben, das heißt zunächst einmal mit anderen Mitteln durchführen wollten, als es den Fürsten und besitzenden Schichten des Stadtbürgertums recht war.“ [88]

Anlaß für das Verlassen der Wartburg und für die offene Einnahme seiner reformistischen, die revolutionäre Entwicklung direkt hemmenden Position gaben ihm die Erhebungen der städtischen Kleinbürger und Plebejer in einigen sächsischen und thüringischen Orten, darunter auch in Wittenberg selbst. Diese zielten darauf ab, der Herrschaft der römisch-katholischen Kirche ein radikales Ende zu bereiten. Von den Vorgängen, die sich damals in Wittenberg abspielten, lesen wir bei v. Bezold:

„Wittenberg selbst schien die Pflanzstätte eines evangelischen Radikalismus werden zu sollen, dessen erste Äußerungen genügten, um den Reformator ein für allemal von den revolutionären Elementen der Bewegung zu scheiden.“ [89]

War der beunruhigte Luther bereits im Dezember 1521 für einige Tage – geheim und in ritterlicher Kleidung – nach Wittenberg gegangen, um sich persönlich von der Ernsthaftigkeit der dort von Karlstadt geführten revolutionären Entwicklung zu überzeugen, schrieb er dann sofort nach seiner Rückkehr auf die Wartburg „Eine treue Vermahnung zu allen Christen, sich zu verhüten vor Aufruhr und Empörung“, worin er jegliche Gewaltanwendung seitens der Volksmassen als Mittel zur Durchsetzung der Reformation streng verwarf und allein der Obrigkeit dieses Recht zusprach, begann er schließlich noch eine weitere „Vermahnung“ an seine Wittenberger Gemeinde zu schreiben, so zwang ihn die weitere Entwicklung sehr schnell schon zum unmittelbaren Eingreifen; zumal Wittenberg damals im Mittelpunkt der Aufmerksamkeit ganz Deutschlands stand.

Als der vom Papst gebannte und vom Reich geächtete Luther am 1. März 1522 auf Grund eines Notrufs von Melanchthon den Entschluß faßte, seine Bibel-Übersetzung und andere theoretisch-theologische Arbeiten beiseite zu schieben, trieb ihn dazu sein bürgerlicher Klasseninstinkt. Die zur Ruhe mahnenden und jegliche Gewaltanwendung von unten strikt verurteilenden Predigten, die Luther seit dem 6. März 1522 eine Woche lang täglich hielt, zeigen, daß er nach Wittenberg zurückgekehrt war, um „das Schlimmste“ zu verhindern. Wenn er beim Verlassen der sicheren Wartburg die ihm persönlich aus Acht und Bann drohenden Gefahren für Leib und Leben in den Wind schlug, so tat er es wohl in dem richtigen Gefühl, daß er ja nunmehr gewissermaßen auch wieder in die Dienste jener Kräfte zurückkehrte, die ihn gebannt und geächtet hatten. In der Tat vollzogen sich in jenen Märztagen des Jahres 1522 entscheidende Wandlungen in der Entwicklung der Klassenhaltung Luthers wie auch in der Entwicklung der deutschen Reformation selbst.

Die progressive nationale Bewegung, zu der Luther den ersten Anstoß gab und an deren Spitze er für einige Zeit stand, wurde genau in dem Maße, wie sich ihr tiefer sozialer Inhalt offen zu zeigen begann, von Luther zunächst preisgegeben, dann verraten und schließlich sogar auf das heftigste bekämpft. Der fortschrittliche bürgerliche Patriot Luther verwandelte sich in einen zunächst konservativen und schließlich sogar – auf dem Höhepunkt des Kampfes, während des großen deutschen Bauernkrieges – in einen ausgesprochen reaktionären Luther. Der zur „Besonnenheit“ und „Mäßigung“ aufrufende Reformist Luther, der sich im März 1522 als Renegat entpuppte, vollzog die weiteren Schritte seiner Entwicklung vom Reformisten zum extremen Reaktionär zwangsläufig mit der weiteren Zuspitzung der gesellschaftlichen Widersprüche in Deutschland. Er durchlief diese Entwicklung relativ schnell, weil sich auch der Klassenkampf im damaligen Deutschland äußerst schnell verschärfte und sehr bald schon in den offenen Bürgerkrieg überging.

Als 1525 der große deutsche Bauernkrieg, diese „radikalste Tatsache der deutschen Geschichte“ (K. Marx) [90] begann und damit die Fronten zwischen den gesellschaftlichen Lagern klarer denn je zuvor wurden, bezog Luther zunächst noch einmal die typische Position des bürgerlichen Vermittlers, dem es um die Erhaltung der bestehenden Ordnung als des einzigen Bodens für mögliche bürgerliche Reformen ging. Luthers „Ermahnung zum Frieden auf die zwölf Artikel der Bauernschaft in Schwaben“ – seine erste Reaktion auf den Bauernkrieg am 16. April 1525 – bringt bereits in typischer Weise seine auf „Versöhnung“ abzielende reformistische Klassenhaltung zum Ausdruck. Beiden Parteien, den Fürsten und Herren einerseits, den Bauern andererseits machte der scheinbar neutrale Luther energische Vorwürfe. Den Fürsten und Herren erklärte er, in der Widerstandsbewegung der rebellierenden Bauern zeige sich Gott selbst, der über die „zu arge“ Bedrückung, die sie den Bauern auferlegt hätten, erzürnt sei. Den Bauern aber erklärte er, ihr gewaltsames Vorgehen sei gottlos, gegen Gottes Gebot und wider das Evangelium; es könne nicht zum Guten führen. Doch hören wir Luther selbst!

An die Adresse der Fürsten gerichtet, erklärte er:

> „Erstlich mögen wir niemanden auf Erden danken für solchen Unrat und Aufruhr als euch Fürsten und Herren, sonderlich euch blinden Bischöfen und tollen Pfaffen und Mönchen, die ihr noch heutigen Tages verstockt seid und nicht aufhört zu toben und zu wüten wider das Heilige Evangelium, obgleich ihr wißt, daß es recht ist und ihr es auch nicht widerlegen könnt. Im weltlichen Regiment tut ihr nicht mehr, denn daß ihr schindet und schatzt, um eure Pracht und euren Hochmut zu vollführen, bis der arme gemeine Mann es nicht kann noch mag länger ertragen. Das Schwert ist euch auf dem Halse; noch meint ihr, so fest im Sattel zu sitzen, daß man euch nicht werde ausheben können. Solche Sicherheit und verstockte Vermessenheit wird euch den Hals brechen; das werdet ihr sehen. Ich habe es euch zuvor vielmals verkündigt: ihr sollt euch hüten vor dem Spruch, Psalm, 107, 40: ‚Effundit contemptum super prinzipes – er schüttet Verachtung über die Fürsten.‘ Ihr ringt danach und wollt auf den Kopf geschlagen sein, da hilft kein Warnen und Vermahnen …

Ist euch noch zu raten, meine Herren, so weicht um Gottes Willen ein wenig (!) dem Zorn. Einem trunkenen Mann soll ein Fuder Heu ausweichen; wieviel mehr sollt ihr das Toben und die störrige Tyrannei lassen und mit Vernunft gegen die Bauern handeln – wie gegen Trunkene oder Irre. Fanget nicht Streit mit ihnen an, denn ihr wißt nicht, wo das Ende bleiben wird. Versucht's zuvor gütlich, weil ihr nicht wißt, was Gott tun will – auf daß nicht ein Funke angehe und ganz Deutschland anzünde, daß es niemand mehr löschen könnte."

An die Bauernschaft gerichtet, erklärte Luther dann:

„Die Obrigkeit tut Unrecht, das ist wahr, indem sie euch das Evangelium nimmt und euch beschwert durch Wegnahme zeitlichen Guts. Aber viel mehr (!) tut ihr Unrecht, daß ihr Gottes Wort nicht allein wehrt, sondern auch mit Füßen tretet und ihm in seine Gewalt und in sein Recht greift und auch über Gott her fahret. Dazu nehmt ihr auch der Obrigkeit Gewalt und Recht. Das aber ist alles, was sie hat; denn was behält sie, wenn sie die Gewalt verloren hat...

Daß ihr aber diese seid, die Gottes Namen unnütz führen und schänden, ist leicht zu beweisen. Und daß euch darum zuletzt auch alles Unglück begegnen wird, ist auch nicht zweifelhaft; Gott wäre denn nicht wahrhaftig. Denn hier steht Gottes Wort und spricht durch den Mund Christi (Matth. 26, 52): ‚Wer das Schwert nimmt, der soll durch das Schwert umkommen'. Das heißt nicht anderes, als daß niemand mit eigenem Frevel sich der Gewalt unterwinden soll, sondern wie St. Paulus sagt (Römer 13, 1): ‚Eine jegliche Seele soll der Obrigkeit untertan sein in Furcht und Ehren.'

Ja, sprecht ihr: die Obrigkeit ist böse und unleidlich, denn sie will uns das Evangelium nicht lassen. Sie drücken uns zu hart in zeitlicher Güterbeschwerung, verderben uns an Leib und Seele. Da antworte ich: daß die Obrigkeit böse und unrecht ist, entschuldigt keine Zusammenrottung noch Aufruhr. Denn die Bosheit zu strafen gebührt nicht einem jeden, sondern der weltlichen Obrigkeit, die das Schwert führt, wie Paulus (Römer 13, 4) und Petrus (1. Apostelgeschichte 2, 13) sagt, daß sie zur Strafe der Bösen von Gott verordnet ist."

Schließlich mahnte Luther beide Seiten zum „Frieden", zur „Versöhnung":

„Darum wäre mein treuer Rat, daß man aus dem Adel etliche Grafen und Herren, aus den Städten etliche Ratsherren erwählte und die Sachen freundlicherweise verhandeln und stillen ließe und zwar so, daß ihr Herren euren steifen Mut herunter ließt, welchen ihr zuletzt doch lassen müßt, ihr wollet oder wollet nicht, und ihr wichet ein wenig von eurer Tyrannei und Unterdrückung, daß der arme Mann auch Luft und Raum gewönne, um zu leben. Wiederum, daß die Bauern sich auch weisen ließen und etliche Artikel, die zu viel und zu hoch greifen, aufgäben und fahren ließen, auf daß also die Sache, wenngleich sie nicht in christlicher Weise verhandelt werden kann, doch nach menschlichem Recht und Vertrag gestillt werde." [91]

Beiden kämpfenden Parteien legte Luther damit in selten naiver Beschränktheit und historischer Blindheit nahe, sich unter Einschaltung des Bürgertums als Schiedsrichter „gütlich“ zu einigen. Bei aller scheinbaren Objektivität und trotz aller Stimmgewalt, die Luther gegen die Fürsten und Herren aufbot, richtete sich sein Hauptvorwurf von Anfang an jedoch eindeutig gegen die Bauern.

Luther wußte oder spürte doch immerhin recht gut, daß er den Fürsten und Herren am besten durch Vorspiegelung einer scheinbaren Neutralität dienen konnte.

> „Luthers demagogische Talente“ – so bemerkte Meusel sehr richtig – „sind nur von ganz wenigen Deutschen erreicht, geschweige denn übertroffen worden. Er begriff, daß er die Fürsten angreifen mußte, wenn er sie verteidigen wollte.“ [92]

Daher also die unerhört „scharfen“ Angriffe gegen die „tollen und tobenden Fürsten, diese größten Narren und ärgsten Buben auf Erden“, von denen Gott die Menschheit doch recht bald erlösen möge. Wohlgemerkt Gott, nicht aber etwa die Bauern selbst, der „Herr Ommnes“, die Volksmassen, sollten die Ausbeuter abschaffen.

Den wortreichen Schimpfkanonaden gegen die Fürsten, die niemandem ernstlich weh taten, wohl aber Luthers Popularität bei rückständigen und kurzsichtigen Volksschichten sicherten, folgten dann nur wenig mildere, dafür aber weitaus wirksamere Beschimpfungen der Bauern:

> „Die Obrigkeit nimmt euch unbillig euer Gut. Das ist eine Sache. Ihr aber nehmt derselben ihre Gewalt, darin all ihr Gut, Leib und Leben steht. Darum seid ihr viel größere Räuber denn sie.“ [93]

Den Fürsten und Herren legte Luther lediglich die ihm wenig opportun erscheinende *Übertreibung* der Ausbeutung, keineswegs aber etwa die Ausbeutung selbst zur Last. Geradeso wie er einstmals dem Papst lediglich die Übertreibung des Ablaßhandels, nicht aber den Ablaßhandel selbst zum Vorwurf gemacht hatte, predigte er jetzt den feudalen Machthabern:

> „Weichet ein wenig von eurer Tyrannei und Unterdrückung, auf daß der arme Mann auch Luft und Raum gewönne, um zu leben.“ [94]

Mit seiner Aufforderung zur bedingungslosen Unterwerfung unter die Obrigkeit stellte sich Luther in dieser Situation ausdrücklich auf den Boden der feudalen Vorstellungen von der Gewalt. Durch sie verteidigte er unter diesen Bedingungen die feudale Gesetzmäßigkeit der Ausbeutung und Unterdrückung der Bauern als ein „natürliches Recht“, als ein „Gebot Gottes“. Die Macht gehöre nun einmal den Herren wie auch all ihr Eigentum. Diesen Herren aber den Gehorsam zu verweigern, sei ein unchristlicher Eingriff in die von Gott gesetzte „natürliche Ordnung“. Ob die Obrigkeit gerecht sei oder ungerecht, das ginge den Christen nichts an; und sei sie vom Teufel, er müsse sich ihr in jedem Falle unterordnen.

Diese Lehre Luthers vom unbedingten passiven und leidenden Gehorsam des Christen mußte später selbst ein solcher reaktionärer deutscher bürgerlicher Historiker wie Heinrich von Treitschke als „unsittlich“ bezeichnen und von ihr sagen, „daß sie den Lutheranern das Mark des Willens aus den Knochen gesogen habe." Wir selbst aber haben in unserer Generation die furchtbaren historischen Folgen dieser unsittlichen Lehre Luthers vom passiven und leidenden Gehorsam gegenüber jeglicher Obrigkeit, gleich ob diese gerecht oder ungerecht ist, erlebt, als große Teile des deutschen Volkes den braunen „Herren" Gehorsam leisteten. Viele ehrliche Deutsche stützten sich in der Nazizeit neben anderen Ideologien auch auf ihren lutherischen Glauben. Sie beschwichtigen mit ihm ihre eigenen Gewissen, als sie verbrecherischen Befehlen und Anordnungen Folge leisteten und dabei dann selbst objektiv zu Verbrechern an der Menschheit und am eigenen Volk wurden.

Auf die Frage, was die Untertanen tun sollen, wenn sie von ihrem Fürsten oder Staat nicht wüßten, „ob er recht hat oder nicht", gab Luther zur Antwort: „Solange sie es nicht wissen, mögen sie ohne Gefahr der Seelen folgen." [95] Für den Fall aber, daß sie von ihrem Staat wüßten, daß er ein Unrechtsstaat sei und von ihnen Unrecht zu tun fordere, gebot Luther, selbst Verbrechen „gehorsam" zu begehen:

> „In solchem Falle muß man das Gesetz Moses brauchen. Ex. 21 (1. Mose, 21, 13), wenn er schreibt, wie ein Mörder, der in Unwissenheit und *wider Willen* jemand tötet, durch die Flucht in eine Freistadt und durch das Gericht losgesprochen werden soll. *Denn der Teil, der hier erschlagen wird, ob er recht hat oder unrecht, muß es als eine Strafe Gottes aufnehmen.* Der aber in solcher Unwissenheit erschlägt und gewinnt, muß sein Erschlagen so ansehen, als fiele jemand vom Dach und schlüge einen anderen tot, und *muß Gott die Sache anheimstellen.* Denn es gilt bei Gott gleich viel, ob er dich durch einen gerechten oder ungerechten Herrn um dein Gut und deinen Leib bringt. Du bist seine Kreatur und er kann es mit dir machen, wie er will, wenn nur dein Gewissen unschuldig ist." [96]

Mit seiner Predigt vom bedingungslosen Gehorsam gegen jegliche Obrigkeit – „und sei sie vom Teufel" – fiel der ausdrucksgewaltige Luther, gestützt auf die ihm passenden Bibelstellen, über die deutschen Bauern her, um sie zu verwirren und von ihrem historisch berechtigten Kampf abzuhalten. „Denn sie (die Fürsten und Herren) sind Gottes Stockmeister und Henker. Sein göttlicher Zorn gebraucht sie, um die Bösen zu strafen und den äußerlichen Frieden zu erhalten." [97] Seine ganze Schärfe richtete Luther dabei vor allem gegen den anerkannten Führer der revolutionärsten Fraktion des bäuerlich-plebejischen Lagers, Thomas Müntzer, den er als „Aufrührer" und „Antichrist", als „Erzteufel" und „Mordpropheten" beschimpfte. Das positive politische Programm Müntzers aber verschwieg Luther, weil es die Befreiung des Volkes von Ausbeutung und Unterdrückung (vom Bösen), die Vernichtung der bisherigen feudalen Staats- und Gesellschaftsordnung, die Übergabe der Macht an das gemeine Volk, die Verwirklichung des „Reiches Christi auf Erden" und die radikale Liquidierung aller Ursachen des Bösen in der Welt verkündete. – Mit Recht bezeichnete Müntzer Luther jetzt als „heuchlerischen Fürstendiener", als „Gevatter Leisetritt", „Philister" und „Bruder Sanftleben", als den „Doktor Lügner", „Erzbuben" und „tückischen Kolkraben", der sich erschreckt von den irdischen Konsequenzen abwandte, die das Volk aus seinen himmlischen Lehren zu ziehen versuchte.[98]

Luther fühlte sehr genau, daß sich die Hauptgefahr des Bauernaufstandes aus dem tiefgreifenden sozialen Charakter der Bewegung ergab, den sie in erster Linie durch ihre Verbindung mit der revolutionären evangelischen Ideologie Müntzers erhielt. Mit feinem Instinkt spürte er, daß er es hier mit einer Bewegung zu tun hatte, die sich auf ganz Deutschland erstrecken und zur revolutionären Neuordnung der gesellschaftlichen Zustände in ganz Deutschland führen konnte. Darum warnte er die Fürsten und Herren in seiner „Ermahnung zum Frieden...“: „... auf daß nicht ein Funke angehe und ganz Deutschland anzünde, daß es niemand mehr löschen könnte“ [99]. Klar erkannte er, daß es sich bei der von Müntzer geführten Bauernbewegung nicht „nur“ um eine Gotteslästerung handelte:

> „Der andere Schaden ist, daß Deutschland verwüstet werden wird; und wenn einmal ein solches Blutvergießen angeht, wird es schwerlich aufhören, es sei denn alles zerstört.“ [100]

Als Luther nach seiner „Ermahnung zum Frieden“ sehr schnell – „ehedem ich mich umsehe“ – erkennen mußte, daß seine erste Schrift nichts fruchtete, im Gegenteil, die Bauern jetzt zum entschlossenen Widerstand gegen die mit Heimtücke und brutaler Gewalt vorgehende Adelspartei übergingen, vollzog er den letzten und zugleich häßlichsten Schritt in seiner Entwicklung zum Reaktionär. Angesichts der beharrlichen Weigerung der Bauern, die Unwandelbarkeit der bestehenden Ordnung anzuerkennen, war Luther zur völligen Entlarvung seiner Klassenposition gezwungen. Jetzt zeigte es sich mit der letzten Deutlichkeit, daß alles kompromißlerische Lavieren zwischen den Fronten des Klassenkampfes letzten Endes nur ins Lager der äußersten Reaktion führen konnte.

Wenn der medizinische Begutachter Luthers, der dänische Nervenarzt P. J. Reiter, von dem ausgebildeten Talent Luthers – „eine Lösung auf dem Mittelweg des Kompromisses zu finden“ – spricht und von Luther sagt, daß er eine Neigung hatte, „die äußersten Konsequenzen zu umgehen“ [101], so trifft dies zwar insgesamt auf Luther als ideologischen Repräsentanten des unentschlossenen und wankelmütigen deutschen Bürgertums zu. Es gilt übrigens auch für sein im wesentlichen bürgerliches ökonomisches Denken. Die Haltung, die Luther jedoch im weiteren Verlauf des Bauernkrieges einnimmt, zeigt sehr unzweideutig, daß er unter dem Druck der Verhältnisse auch durchaus in der Lage war, die äußersten Konsequenzen zu ziehen.

In seinem Pamphlet „Wider die räuberischen und mörderischen Rotten der Bauern“ vom 6. Mai 1525 ließ der treue Gottesmann Luther in der Tat alle bisher geübte „Mäßigung“ fallen, rief er in hemmungsloser Wut des *Renegaten* zur schonungslosen und barbarischen Vernichtung der um ein besseres und glücklicheres Leben und nicht zuletzt für christliche Ideale kämpfenden Aufständischen auf. Hier beschimpfte er die deutschen Bauern als „treulose, meineidige, lügenhafte, ungehorsame Buben und Bösewichter, die rauben, toben und tun wie die rasenden Hunde“, bezeichnete er sie als „öffentliche Straßenräuber und Mörder“, als „die allergrößten Gotteslästerer und Schänder seines Namens, die dem Teufel unter dem Schein des Evangeliums dienen, wofür sie wohl zehnmal den Tod verdienen an Leib und Seele." Als „treulose, meineidige, ungehorsame, aufrührerische Mörder, Räuber und Gotteslästerer" sollten die Bauern erbarmungslos vernichtet werden:

„Darum soll hier zuschmeißen, würgen und stechen, heimlich oder öffentlich, wer da kann, und gedenken, daß nichts Giftigeres, Schädlicheres, Teuflischeres sein kann als ein aufrührerischer Mensch; gleich als wenn man einen tollen Hund totschlagen muß; schlägst du nicht, so schlägt er dich und das ganze Land mit dir!" [102]

„Hundertfachen Tod sollte ein frommer Christ leiden, ehe er ein Haarbreit in der Bauern Sache willigte!"

So tobte Luther, der nunmehr – insofern es um die Aufrechterhaltung der Ausbeutungsordnung schlechthin ging – auf die gleichen volksfeindlichen reaktionären Positionen angelangt war wie der früher von ihm so heftig beschimpfte Papst und die ganze Pfaffenhierarchie. Wie sich später in der bürgerlichen Revolution von 1848 das vor der Arbeiterklasse erschreckte deutsche Bürgertum in die Arme der junkerlichen Reaktion rettete und seine eigene Revolution verriet, flüchtete sich Luther zu den überlebten feudalen Gewalten, um mit ihrer Hilfe der revolutionären deutschen Bauernschaft den Garaus zu machen.

„Drum liebe Herren" – und in seinem Appell an die „Herren" waren ausdrücklich auch die „Herren" von der konservativ-katholischen Seite der feudalen Reaktion mit eingeschlossen – „erlöset hier, rettet hier, helft hier, erbarmt euch der armen Leute – steche, schlage, würge hier, wer da kann! Bleibst du drüber tot, wohl dir, seligeren Tod kannst du nimmermehr erlangen. Denn du stirbst im Gehorsam göttlichen Wortes und Befehls (Römer 13,5 ff.) und im Dienste der Liebe, deinen Nächsten zu retten aus der Hölle und des Teufels Banden ...

Solche wunderlichen Zeiten sind jetzt, daß ein Fürst den Himmel mit Blutvergießen verdienen kann; besser denn andere mit beten." [103]

Es klingt geradezu wie Hohn, wenn uns ein angesehener Theologe der heutigen evangelischen Kirche in Deutschland, Lizentiat Franz Lau, hierzu bestätigend und zugleich bemäntelnd erklärt: „Dies war Luthers eigentliches Wort im Bauernkrieg; nicht eine Stellungnahme zu den Parteien war Luthers Anliegen, sondern das einfache Veto (!) gegen jede Revolution. Die gefährdet die Ordnungen und den Bestand der Welt." [104] Immerhin war es die brutalste und alle Menschenwürde aufs tiefste verletzende Gewaltanwendung gegen die revolutionären Bauern, die Luther hier mit seinem „einfachen Veto" befürwortete. Die in der Tat keineswegs neutrale, sondern sehr eindeutig parteiliche Stellungnahme gegen die Bauern und für ihre Ausbeuter, die Lau bei Luther durch Hinweis auf dessen „einfache Ablehnung jeder Revolution" zu verschleiern sucht, wird doch sehr offenkundig, wenn man nur einmal liest, wie Luther in einer kaum zu überbietenden Mördermanier schrieb:

„Ein Aufständischer ist nicht wert, daß man ihm mit Vernunft antwortet, denn er nimmt's nicht an. Mit der Faust muß man solchen Mäulern antworten, daß der Schweiß zur Nase ausgehe. Die Bauern wollten auch nicht hören, ließen sich gar nichts sagen. Da muß man ihnen die Ohren ausklopfen mit Büchsensteinen, daß die Köpfe in die Luft springen." [105]

Man ist versucht, in diesen blutrünstigen Haßtiraden Luthers eine historische Anleitung für das rücksichtslose und jeder Menschlichkeit hohnsprechende Vorgehen der deutschen Reaktion bis in die jüngste faschistische Vergangenheit hinein zu sehen. Nicht anders lauteten doch die Mordrufe der militaristischen Reaktion, deren blutbesudelter Soldateska Rosa Luxemburg, Karl Liebknecht und zahllose Kämpfer der deutschen November-Revolution von 1918 erlagen. Nicht anders lauteten auch die Terror- und Vernichtungsbefehle der faschistischen Reaktion, die Millionen Menschen das Leben kosteten und ganz Deutschland und Europa in Angst und Grauen, Blut und Tränen ersterben ließen. – Noch immer war es das beste Zeichen für die historische Verworfenheit und grenzenlose Verruchtheit einer Klasse, wenn sie die brutale Gewalt an die Stelle der Vernunft und Menschlichkeit setzte. Luther tat es im Namen des deutschen Bürgertums, als dieses – gerade erst in die Geschichte eintretend – seine besten und natürlichsten Verbündeten, die deutschen Bauern, der schwärzesten Reaktion ans Messer lieferte und damit eine Entwicklung in der deutschen Nationalgeschichte einleitete, die Deutschland auf Jahrhunderte hinaus und, genau genommen, bis in die westdeutsche Gegenwart hinein belasten sollte.

Die Tatsache, daß die aufständischen deutschen Bauern ihr Recht auf Freiheit vom feudalen Joch unter ausdrücklichem Hinweis auf die Bibel, insbesondere auf das Alte Testament, verteidigten und dabei noch nicht einmal übermäßig weitgehende, sondern nur relativ bescheidene Forderungen verfochten – Forderungen, deren Bescheidenheit und Berechtigung Luther in seiner „Ermahnung zum Frieden" übrigens noch selbst bestätigen mußte –, veranlaßte ihn, mit besonderem Eifer die Bibel nach all jenen Stellen zu durchsuchen, die geeignet waren, die Bauern in ihrer revolutionären religiösen Überzeugung zu verwirren. So heißt es in Luthers Pamphlet „Wider die räuberischen und mörderischen Rotten der Bauern" u. a. auch an einer Stelle:

„Es hilft auch den Bauern nichts, daß sie vorgeben, laut 1. Moses 1,23 und 2,5 seien alle Dinge frei und gemeinsam und daß wir alle gleich getauft seien. Denn im Neuen Testament hält und gilt Moses nicht, sondern da steht unser Meister Christus und unterwirft uns mit Leib und Gut dem Kaiser und weltlichen Recht, da er spricht (Luk. 20,25): ‚Gebt dem Kaiser, was des Kaisers ist.' So spricht auch Paulus (Römer 13,1) zu allen getauften Christen: ‚Seid untertan aller menschlichen Ordnung.' Dieser Lehre sind wir schuldig zu leben, wie der Vater im Himmel gebietet und sagt: ‚Dies ist mein lieber Sohn, den höret' (Matth. 17,5)." [106]

Wie Luther die Bibel durchaus auch anders auslegen konnte, mag folgende Stelle zeigen, die der soeben zitierten im Hinblick auf die Gültigkeit des Alten Testaments direkt widerspricht. „Denn Zeit und äußerlicher Wandel“ – sagt Luther hier – „macht unter den Christen keinen Unterschied. Auch ist es nicht wahr, daß das Alte Testament in dem Sinne aufgehoben sei, daß man es nicht halten müßte, oder daß unrecht täte, wer es allzumal hielte.“ [107] Gleichartige Hinweise auf die Gültigkeit oder doch zumindest Brauchbarkeit der alttestamentarischen Verhältnisse – übrigens auch der dort fixierten wirtschaftlichen Reglungen – finden sich an zahlreichen Stellen des Lutherschen Werkes.[108] Unter den Bedingungen des Bauernkrieges und der revolutionären Auslegung des Alten Testamentes lehnte er dieses jedoch ab, erklärte er: „Das Gesetz Moses ist tot!“ [109] Auf diese Weise wollte er verhindern, daß die Volksmassen revolutionäre Schlußfolgerungen aus der Bibel ziehen.

Unter Anwendung von Advokatenkniffen also rechtfertigte Luther das auf Leibeigenschaft der Bauern beruhende feudale Ausbeutungssystem, das die deutsche Geschichte und nicht zuletzt das damals in seine Entwicklung eintretende deutsche Bürgertum selbst auf viele Jahrhunderte hinaus noch belasten sollte und dessen historische Nachwirkungen wir auch heute noch nicht in ganz Deutschland überwunden haben. Damit aber verriet Luther schließlich auch sein eigenes großartiges nationales Werk – die Übersetzung der Bibel in die deutsche Sprache, durch die er dazu beitrug, nicht nur unserem Volke die Nationalsprache als das mächtige Vereinigungsmittel zu schaffen, sondern der zu seiner Zeit lebenden Generation auch eine Orientierung zu geben für den Kampf um den gesellschaftlichen Fortschritt, für die Freiheiten und Rechte des werktätigen Menschen. Friedrich Engels schließt in seinem Werk zum deutschen Bauernkrieg seine Bemerkungen über Luther mit einem Hinweis ab, den wir an dieser Stelle wiederholen wollen:

> „Luther hatte der plebejischen Bewegung ein mächtiges Werkzeug in die Hand gegeben durch die Übersetzung der Bibel. In der Bibel hatte er dem feudalisierten Christentum der Zeit das bescheidene Christentum der ersten Jahrhunderte, der zerfallenden Feudalherrschaft das Abbild einer Gesellschaft entgegengehalten, die nichts von der weitschichtigen, kunstmäßigen Feudalhierarchie wußte. Die Bauern hatten dieses Werkzeug gegen Fürsten, Adel, Pfaffen, nach allen Seiten hin benutzt. Jetzt kehrte Luther es gegen sie und stellte aus der Bibel einen wahren Dithyrambus auf die von Gott eingesetzte Obrigkeit zusammen, wie ihn kein Tellerlecker der absoluten Monarchie je zustande gebracht hat. Das Fürstentum von Gottes Gnaden, der passive Gehorsam, selbst die Leibeigenschaft wurde mit der Bibel sanktioniert. Nicht nur der Bauernaufstand, auch die ganze Auflehnung Luthers selbst gegen die geistliche und weltliche Autorität war hierin verleugnet; nicht nur die populäre Bewegung, auch die bürgerliche war damit an die Fürsten verraten.“ [110]

Damit wollen wir die Betrachtungen jenes Zeitraumes von 1517 bis 1525 abschließen. In diesen Jahren vollzogen sich die für die Beurteilung der Klassenposition Luthers entscheidenden Wandlungen sowohl im gesellschaftlichen Leben Deutschlands als auch im Auftreten, Denken und Handeln Luthers selbst. Ohne einer dogmatischen Vereinfachung das Wort reden zu wollen, dürfen wir als

Zusammenfassung dieses Abschnittes eine ursprünglich von Kautsky stammende, später von Mehring übernommene Feststellung wiedergeben, die kurz und bündig besagt, daß Luther, nachdem er von 1517 bis 1522 mit allen demokratisch-revolutionären Elementen geliebäugelt hatte, diese dann von 1522 bis 1525 der Reihe nach im Stich ließ und verriet; – zuerst die ritterliche Opposition unter Sickingen und Hutten, dann die bäuerlich-plebejische unter Müntzer.[111] – Wir treffen diese etwas summarische und gewiß stark vereinfachende Feststellung zum Abschluß dieses Abschnittes, weil wir glauben, daß unsere ins einzelne gehende Darstellung von der klassenmäßigen Entwicklung Luthers zwischen 1517 und 1525 genügend Anhaltspunkte geboten hat, um die außerordentliche Kompliziertheit der ideologischen Haltung und Entwicklung Luthers in dieser Periode der deutschen Geschichte verständlich werden zu lassen.

Die Entwicklung Luthers vom umjubelten und beherzten Wortführer der Nation zum verhaßten und feigen Verräter an den revolutionärsten Kräften der deutschen Nation verlief natürlich keineswegs geradlinig. Sie läßt sich auch nicht etwa in einen starren Terminplan zwängen; etwa in der Art, daß man sagen könnte, alles das, was Luther vor 1522 schrieb und redete, wäre eindeutig progressiv, alle seine späteren Äußerungen aber wären genauso eindeutig reaktionär gewesen. Luthers ideologische Entwicklung weist sehr erhebliche Schwankungen und Widersprüche auf, wie Schwankungen und Widersprüche ja überhaupt ein allgemeines Kennzeichen aller *Reformisten* – nicht nur der bürgerlichen Reformatoren – sind. In der ideologisch so äußerst widerspruchsvollen Entwicklung Luthers gab es Rückfälle sowohl in die eine wie auch in die andere Richtung. So manches progressive ideologische Element vermengte sich in Luthers Denken – darunter auch in seinem ökonomischen Denken – untrennbar mit reaktionären Elementen oder umgekehrt. Jede voreilige Vereinfachung muß daher wohl oder übel zu Fehlurteilen führen, die uns das Erfassen des *spezifischen feudal-bürgerlichen Übergangscharakters der Lutherschen Ideologie* unmöglich machen.

Hat man die so überaus komplizierte gesellschaftliche Situation und ihre höchst widerspruchsvolle Entwicklung im Auge, sieht man „die Verwirrung der Interessen, Ansichten und Bestrebungen", „die große Zerklüftung der Nation, in der sich nur wenig Konsequenz entdecken läßt", diese „Durcheinanderwürfelung aller Stände und Klassen unter den so verwickelten Verhältnissen des 16. Jahrhunderts" (Engels)[112], wovon die Ideologie Luthers selbst ja nur ein Ausdruck war; und beachtet man dabei auch noch mit der gebührenden Aufmerksamkeit, daß alle ideologischen Vorstellungen Luthers in einer äußerst stark religiös-theologisch sublimierten Form auftraten, d. h. daß sie außerordentlich stark deformiert waren, dann wird eine hinreichend genaue und jeder Simplifizierung entgegenwirkende Vorstellung von der klassenmäßigen Haltung Luthers und seiner ideologischen Entwicklung das Ergebnis sein.

Da sich alle wesentlichen Elemente der Klassenposition Luthers in den Jahren von 1517 bis 1525 auf das deutlichste enthüllt hatten, können wir es uns ersparen, an dieser Stelle noch ausführlicher auf die weitere Entwicklung der klassenmäßigen Haltung Luthers von 1525 bis zu seinem Tode im Jahre 1546 einzugehen. Der große Vertreter des nordischen Protestantismus, Sören Kierkegaard, charakterisierte einmal sehr treffend das behäbige und kleinbürgerlich-saturierte Dasein Luthers in den späteren Jahren seines Lebens mit folgenden Sätzen:

> „Wenn er (Luther – G. F.) auch einige Jahre seines Lebens das Salz war, so ist sein späteres Leben nicht frei vom Schalen, wofür die Tischreden ein Beispiel sind: ein Mann Gottes, der in biederer Gemütlichkeit von bewundernden Anbetern umgeben sitzt, die glauben, wenn er nur einen Furz läßt, dann sei das eine Offenbarung oder die Folge einer Eingebung.“ [113]

Luther blieb bis zum Ende seines Lebens der Ideologe eines Bürgertums, dem die Kraft zur nationalen Einigung Deutschlands unter seiner Führung fehlte und das deshalb sein Geschick und das Geschick des ganzen deutschen Volkes in die Hände der Territorialfürsten legte. Er blieb der ideologische Repräsentant einer bürgerlichen Entwicklung, die stark durch feudale Elemente bestimmt war und in deren Gefolge sich die Grundherren allmählich in Gutsherren, die Ritter in Warenproduzenten umwandelten und die Bauern für lange Zeit noch das schwere Joch der „zweiten Leibeigenschaft“ aufgebürdet bekamen. Die der nationalen Zentralgewalt widerstrebenden und nach eigener Souveränität drängenden deutschen Landesfürsten waren die Herren Luthers. Sie wurden auch die Herren seiner Kirche. Obwohl die Lutherkirche ursprünglich als nationaler Protest gegen Rom entstanden war, ging ihr späterhin als Landeskirche deutscher Zwergstaaten die Fähigkeit verloren, einen wesentlichen Beitrag zur nationalen Vereinigung Deutschlands zu leisten. Damit hatte Luther selbst, der dem deutschen Volk zwar jenes mächtige Mittel zur nationalen Vereinigung – die Nationalsprache als Grundlage der deutschen Nationalkultur und Volksbildung – geschaffen hatte, zugleich auch wesentlichen Anteil an der staatlichen Zersplitterung Deutschlands, die so folgenschwere Auswirkungen auf die deutsche Geschichte hatte.

Haben wir nunmehr die wichtigsten objektiven Grundlagen und materiellen Bedingungen des ökonomischen Denkens Luthers erfaßt, so wollen wir uns jetzt der hierdurch bestimmten Ideologie Luthers selbst, insbesondere seiner Weltanschauung, etwas eingehender zuwenden. Als erstes gilt es hierbei den Platz zu erkennen, den das gesellschaftliche und insbesondere das wirtschaftliche Sein im Rahmen des theologischen Systems Luthers einnimmt. Wir erfassen damit den religiösen Ausgangspunkt der ökonomischen Lehren Luthers.

4. Der Platz der gesellschaftlichen Wirklichkeit im theologischen System Luthers – der religiöse Ausgangspunkt seiner ökonomischen Lehren

War das gesamte Denken der Menschen im Mittelalter nahezu ausschließlich von der Theologie beherrscht, mußte sich daher auch ihr ökonomisches Denken zwangsläufig in religiösen Formen äußern, so gilt diese Feststellung auch noch weitgehend für den beginnenden Übergang vom Mittelalter zur Neuzeit, vom Feudalismus zum Kapitalismus. Jede gesellschaftliche und politische Bewegung, jede ökonomische Vorstellung während des Mittelalters und zum Beginn der Neuzeit mußte daher zunächst ganz zwangsläufig die allgemein anerkannte und auch einzig geübte religiös-theologische Form annehmen. Wie alle Gebiete des menschlichen Denkens in dieser Zeit, so war auch die „Ökonomie" lediglich eine Unterabteilung, ein Bestandteil der Theologie. Erst das bürgerliche kapitalistische Zeitalter machte die Verweltlichung des ökonomischen Denkens möglich und notwendig und führte schließlich zur Herausbildung der klassischen politischen Ökonomie als einer selbständigen Wissenschaft.

> „Den ausschließlich mit Religion gefütterten Gemütern der Massen" – so sagte Engels – „mußten ihre eigenen Interessen in religiöser Verkleidung vorgeführt werden." [114]

In diesem Zusammenhang sollten wir nicht übersehen, daß selbst auch heute noch bei vielen ansonsten sehr modernen Menschen eine beachtlich starke religiöse Befangenheit anzutreffen ist, die u. a. auch keinen geringen Einfluß auf ihr wirtschaftliches Denken und Handeln ausübt. Über die sehr verschiedenartige Richtung – teils bedingt progressive, teils extrem reaktionäre Wirkung – dieses von den verschiedenen christlichen Kirchen unmittelbar oder mittelbar gesteuerten Einflusses auf das wirtschaftliche Verhalten und Denken der Menschen soll uns, soweit es das von Luther reformierte und von der evangelischen Kirche getragene Christentum angeht, die folgende Analyse einige Aufschlüsse vermitteln.

Der von Seiten der römisch-katholischen Kirche seit Jahrhunderten allen Unterdrückten und Ausgebeuteten mit allen verfügbaren Mitteln der Massenbeeinflussung eingehämmerte Glaube an den göttlichen Ursprung ihres irdischen feudalen Jochs hinderte die Volksmassen, ihre Klasseninteressen klar zu erkennen. Als sich aber die unterdrückten und zur Passivität erzogenen Massen dann schließlich unter dem Einfluß der im ökonomischen Bereich einsetzenden bürgerlichen Entwicklung mehr und mehr ihrer Klassenlage und Kraft bewußt zu werden begannen, als sie – nicht zuletzt durch die neuen, auf Werte-Beziehungen gegründeten ökonomischen Verhältnisse der Warenproduktion und -zirkulation, durch Handel und Geldwirtschaft gezwungen – in neuen Bahnen ökonomisch zu denken begannen, da geschah das zunächst erst einmal vorwiegend in den vorgefundenen und überlieferten religiös-theologischen Denkformen. Dieser religiöse ideologische Ausdruck der materiellen Interessen der bürgerlichen und bäuerlichen Kräfte des Volkes war notwendigerweise nur unvollkommen und sehr begrenzt. Er konnte den zutiefst revolutionären Charakter der antifeudalen Bestrebungen der Volksmassen keineswegs ausreichend widerspiegeln.

Dennoch bedeutete die auf der Höhe des Mittelalters allmählich einsetzende und bald sehr stark um sich greifende Tendenz zur Neuformulierung der Auffassungen vom Christentum, zur Umbildung der christlichen Gottesvorstellungen – im Sinne des mehr oder minder heftigen Bruchs mit den alten, geheiligten und in äußeren Formen erstarrten katholischen Vorstellungen – den Beginn des antifeudalen ideologischen Kampfes in der Geschichte. Die jetzt neu entstehenden religiösen Ideen näherten sich immer mehr der neuen gesellschaftlichen Wirklichkeit an, die in ökonomischer Hinsicht insbesondere durch die fortschreitende Zersetzung und Aushöhlung der hierarchisch gegliederten feudalen Naturalbeziehungen durch die „gleichmachenden" und in diesem Sinne demokratischen bürgerlichen Ware-Geld-Beziehungen gekennzeichnet war. Es handelt sich hierbei um jene Stufe in der gesellschaftlichen Entwicklung, auf der der Kampf zwischen Ausbeutern und Ausgebeuteten, zwischen den alten und den neuen Kräften in der Gesellschaft, wie Lenin bemerkte, „in Gestalt des Kampfes der einen religiösen Idee gegen die andere vor sich ging" [115]. Im Ergebnis dieses religiösen Kampfes, der sich gegen das überlebte geistige und geistliche Monopol der römisch-katholischen Kirche richtete, lösten sich die Volksmassen mehr und mehr von der ihnen durch das feudalisierte Christentum anerzogenen Passivität, fanden sie zum Bewußtsein ihrer eigenen Stärke.

Die Opposition des aufkommenden Bürgertums gegen die feudalen Zustände in Wirtschaft, Politik und Ideologie, die seine weitere Entwicklung zur Selbständigkeit behinderten, richtete sich in erster Linie und ganz besonders in Deutschland, wie wir gesehen haben, gegen das große internationale politische, wirtschaftliche und ideologische Zentrum des Feudalsystems: die römisch-katholische Kirche. Diese war in der Tat nicht nur die größte wirtschaftliche und stärkste politische Macht des europäischen Feudalismus, wie wir es in unserer bisherigen Darstellung gezeigt haben. Sie war vor allem auch dessen entscheidende ideologische Bastion.

Der mittelalterliche Katholizismus war der wichtigste, geradezu allumfassende Bestandteil des ideologischen Überbaues der feudalen Gesellschaft. Er sicherte aktiv die ökonomische Basis des feudalen Systems; auch und gerade als diese bereits in Zersetzung überzugehen begann. Der theologisch-religiöse Protestantismus, der sich zunächst innerhalb des Katholizismus selbst entwickelte, war daher in klassenmäßig-ideologischer Hinsicht im wesentlichen nichts anderes als die religiöse Hülle für die antifeudalen materiellen Interessen des heranwachsenden Bürgertums. Es war die unter diesen Bedingungen erste überhaupt mögliche Form des ideologischen Kampfes gegen den Feudalismus.

Kamen im mittelalterlichen Katholizismus die ökonomischen Verhältnisse des Feudalismus ideologisch zum Ausdruck, entsprach das im Zuge der Entwicklung vollkommen veräußerlichte, streng hierarchisch gegliederte Christentum als Ideologie der Ausbeuterklassen durchaus der politischen und wirtschaftlichen Struktur der feudalen Gesellschaft – was sich auch schon im rein äußeren Aufbau der römisch-katholischen Kirche selbst niederschlug –, so widerspiegelte der aufkommende religiöse Protestantismus mit seinen deutlichen Tendenzen zur Demokratisierung des Christentums, mit seinen Forderungen nach Abschaffung der zahllosen äußerlichen – irdischen und himmlischen – Vermittler zwischen dem Gläubigen und Gott, mit seinem Kampf für die „Verinnnerlichung" und gegen jede formale Veräußerlichung des Christentums die sich mehr und mehr durchsetzenden ökonomischen Verhältnisse der Warenproduktion, die sich zum Ausgangspunkt der neuen kapitalistischen Produktionsweise und damit auch zur Basis der ihr entsprechenden sozialen und politischen Struktur der Gesellschaft herausbildeten.

Die erste umfassende tiefgreifende und geschichtsbildende Äußerung dieses religiös gefärbten bürgerlich-antifeudalen ideologischen Kampfes – von den im einzelnen zwar ebenfalls höchst beachtlichen, im großen gesehen aber doch recht wirkungslos bleibenden protestantischen „Ketzereien“ während des Mittelalters abgesehen – war die von Luther in Deutschland ausgelöste Reformation. Sie zerbrach die bis dahin uneingeschränkte ideologische Autorität der römisch-katholischen Kirche, vernichtete deren geistiges und geistliches Monopol und führte zur Bildung einer neuen selbständigen, von Rom unabhängigen und wesentlich bürgerlichen christlichen Kirche auf evangelischer Grundlage. Die von Luther ausgelöste und maßgeblich gestaltete Reformation des christlichen Glaubens- und Kirchenwesens war die religiöse Verkleidung, in der sich im 16. Jahrhundert der erste Akt der bürgerlichen Revolution in Europa vollzog.

Das oppositionelle religiöse Denken Luthers – seine neue protestantische Theologie– reflektierte die ihn umgebende gesellschaftliche Wirklichkeit. Sie widerspiegelte die materiellen Interessen und die besondere Klassenlage des deutschen Bürgertums in ausgesprochen religiöser Form, daher mystifiziert und ideologisch extrem verzerrt.

Um nun zum Begreifen der uns hier vor allem interessierenden Vorstellungen Luthers gelangen zu können, müssen wir als erstes einmal den Platz kennen lernen, den Luther der gesellschaftlichen Wirklichkeit – darunter auch der Wirtschaft – im Rahmen seines theologischen Systems und seiner gesamten religiösen Vorstellungswelt einräumte. Auf diese Weise gewinnen wir einen weiteren Ausgangspunkt für die konkrete Analyse der ökonomischen Lehren Luthers.

Wie wir bereits andeuteten, ist die Klärung gerade dieser Frage keineswegs nur von rein historischem oder bloß theoretischem Interesse. Ihre höchst aktuelle und äußerst praktische Bedeutung wird klar, wenn wir beachten, daß auch die überwiegende Mehrzahl der gläubigen Deutschen *von heute* noch in einem außerordentlich starken Maße unter dem Einfluß der evangelischen christlichen Lehren Luthers steht. Die durch Luther direkt oder indirekt – im eigentlich religiös-geistlichen, aber auch im weltlichen Sinne – erzogenen Deutschen von heute nehmen in vieler Hinsicht, wie wir noch nachweisen werden, auf typisch Luthersche Weise – oft sogar, ohne daß ihnen dies selbst bewußt ist – zur ökonomischen und gesellschaftlichen Wirklichkeit Stellung.

Wir behaupten nicht zu viel, wenn wir sagen – um hierfür nur ein drastisches Beispiel von vielen anzuführen –, daß Luther der einflußreichste geistige Ahnherr jener weit verbreiteten, typischen spießbürgerlich deutschen Mentalität und politischen Moral ist, die in dem auch heute noch so oft gebrauchten und in seinen politischen Konsequenzen so verhängnisvollen – scheinbar gar nicht religiös oder theologisch begründeten – Slogan „Dienst ist Dienst und Schnaps ist Schnaps“ zum Ausdruck kommt. Wir werden diese durchaus nicht etwa weithergeholte Behauptung sofort beweisen!

Prüfen wir jedoch zunächst erst einmal, welche Stellung eigentlich die protestantische Theologie Luthers der gesellschaftlichen, darunter auch der wirtschaftlichen Wirklichkeit, grundsätzlich einräumt! Der entscheidende Springpunkt zum Verständnis aller theologisch verbrämten Auffassungen Luthers von der gesellschaftlichen Wirklichkeit und damit zugleich auch der entscheidende Ausgangspunkt seines gesamten ökonomischen Denkens ist seine „Lehre von den zwei Reichen“. Sie durchzieht das gesamte schriftlich festgehaltene Werk Luthers und ist einer der wichtigsten Bestandteile seines gesamten theologischen Systems. Sie kennzeichnet am prägnantesten das Neue in dem von Luther im bürgerlichen Sinne reformierten Christentum gegenüber der alten, typisch feudalen christlichen Ideologie des mittelalterlichen Katholizismus. Sie bringt insbesondere die neue, der anbrechenden bürgerlich-kapitalistischen Epoche entsprechende Stellung des Christentums zur diesseitigen irdischen Welt zum Ausdruck. Sie bestimmte die gesamte gesellschaftspolitische Haltung Luthers, auch seine Haltung zur Wirtschaft.

Einen besonderen markanten Ausdruck findet Luthers „Lehre von den beiden Reichen“ in seinen Schriften „Von der Freiheit eines Christenmenschen“ (1520), „Über die Grenzen des Gehorsams gegen die weltliche Obrigkeit“ (1523) sowie in seinem „Sermon von den guten Werken“ (1520).

Luthers „Lehre von den beiden Reichen“ fordert, daß auf das strengste unterschieden werde zwischen dem „geistlichen“ und „weltlichen“ Reich, zwischen der „himmlischen“ und der „irdischen“ Ordnung, zwischen dem „Regiment Gottes“ und dem „Regiment der Welt“, zwischen dem „Jenseits“ und dem „Diesseits“.

> „Zuerst ist zu merken,“ – so schreibt Luther einmal – „daß die zweierlei Adamskinder, von denen die einen in Gottes Reich unter Christo, die anderen in der Welt unter der Obrigkeit sind, zweierlei Gesetze haben. Ohne Gesetze kann kein Reich noch Regiment bestehen, wie das die tägliche Erfahrung zur Genüge dartut.
> Das weltliche Regiment hat Gesetze, die sich nicht weiter erstrecken als über Leib und Gut und das, was auf Erden äußerlich ist. Denn über die Seele kann und will Gott niemanden regieren lassen als sich selbst allein.“ [116]
> Oder an anderer Stelle: „Weltlich Recht regiert das irdische sterbliche wandelbare Reich. Christus Recht regiert das himmlische ewige unwandelbare Reich.“ [117]

Luthers „Lehre von den beiden Reichen“ verlangte also eine strenge Trennung zwischen dem Diesseits und dem Jenseits, wobei der Christ – wohlgemerkt: jeder einzelne Christ – sowohl äußerlich mit Leib und Gut dem Diesseits als auch innerlich mit Seele und Gewissen dem Jenseits zugehört. In beiden „Reichen“ gelten und herrschen nach dieser Lehre Luthers Gesetze und Rechte – hier von der Obrigkeit, dort von Gott gestiftete und überwachte –, die nicht miteinander verwechselt oder vermengt werden dürfen, denen der zweigeteilte Christ als „doppelter Adam" bedingungslos Folge zu leisten hat. Luthers „Lehre von den beiden Reichen" fordert damit wie keine andere religiöse Lehre in dieser Schärfe die unbedingte Anerkennung des Widerspruchs zwischen der religiös-theologischen Theorie und der irdisch-weltlichen Praxis. Der von dieser Lehre ausdrücklich konstatierte Widerspruch zwischen Theorie und Praxis ergibt sich zwangsläufig aus der Anerkennung des „Sündenfalls" und seiner Wirkungen, aus der Gott damit zugeschriebenen Rolle, den Menschen von seinen „Sünden" erlösen zu können.

Diesen Widerspruch zwischen „Jenseits" und „Diesseits", zwischen Theorie und Praxis, zwischen „Gut" und „Böse" aufheben wollen, das hieße, die angeblich von Gott gewollte Spannung zwischen dem dunklen Diesseits und dem hellen Jenseits aufzuheben und damit, wie Meusel treffend erklärt, „die Quelle der Religion zu verschütten".[118] Luthers „Lehre von den beiden Reichen" trennt daher entschieden und vollkommen den geistigen Bereich, das „Reich des Heils", von dem weltlichen, dem „Reich der Natur". Der weltliche Bereich – darunter auch das wirtschaftliche Leben – stellt sich nach Luther, wie auch Kahlert richtig bemerkt, „als eine eigene Sphäre mit eigenen Gesetzmäßigkeiten dar".[119]

Der Kern dieser Lutherschen Lehre besteht darin, daß die weltlichen Zustände unabhängig vom göttlichen Recht sind. Hieraus ergibt sich die wichtige Folgerung, daß die Prinzipien der christlichen Freiheit und Vollkommenheit keineswegs auf die weltlichen Dinge angewandt werden können und dürfen. Luther erklärt ausdrücklich:

> „Christlich und brüderlich handeln gehört nicht ins weltliche Regiment... Christliches und evangelisches Wesen gehört allein zu regieren die Gewissen." [120]
>
> Oder: „Des Menschen Dichten und Trachten ist böse von Jugend auf"; „Der Bösen sind immer viel mehr als der Frommen"; „Die Welt ist zu böse und nicht wert, viele kluge und fromme Fürsten zu haben. Frösche müssen Störche haben"; „Das Volk ist ein wildes Volk, es muß Obrigkeit haben wie das Roß einen Herrn", und deshalb eben kann „die Welt nicht nach dem Evangelium regiert werden." [121]

Luther fordert vom Christen ausdrücklich, wie es uns Smirin erläutert,

> „daß er die weltliche Ordnung in der ihr eigenen Form unterstützt und sich ihr als dem allgemeinen natürlichen Recht (der irdischen Verhältnisse) unterwirft, auf dessen Grundlage allein auch die christliche Freiheit in ihrem eigenen, besonderen, rein geistigen Gebiet möglich ist. Wenn die bestehende weltliche Ordnung den Grundsätzen nicht entspricht, dient sie dennoch der christlichen Ordnung, denn sie gibt dem Christen die Möglichkeit, sich zum geistigen Herrn aller Dinge zu machen. So wird die bestehende weltliche Ordnung, für die die christlichen Normen *nicht* gelten, bei Luther durch die christliche Autorität sanktioniert." [122]
>
> „Der Christ" – so erklärte Luther in seiner „Ermahnung" an die aufständischen Bauern – „läßt rauben, nehmen, drücken, schinden, schaben, fressen und toben, wer da will, denn er ist ein Märtyrer auf Erden."

Oder: „Gebührt es doch keinem Christen zu rechten noch zu fechten, sondern Unrecht zu leiden und das Übel zu dulden.“ [123]

Darin besteht der theologische Sinn der irdischen Welt – dieses „Sündenpfuhls“ und „Vorhofs der Hölle“. Die Leibeigenschaft abschaffen wollen, wie es etwa die schwäbischen Bauern, auf die Bibel gestützt, im dritten ihrer „Zwölf Artikel“ forderten, „weil Christus a l l e befreit hat, das heißt“ – so sagte der theologische „Theoretiker“ Luther – „christliche Freiheit ganz fleischlich machen und aus dem geistlichen Reich Christi ein weltliches äußerliches Reich.“ [124]

Eine historische ideologische Quelle für diese Luthersche „Predigt von den beiden Reichen“ findet sich in den Auffassungen der deutschen Mystiker aus der Schule des Kölner Dominikanermönchs Meister Ekkehardt († 1327). Das ideologische Wirken der deutschen Mystik in der Zeit der antipäpstlichen politischen Bewegung in den größten rheinischen Städten während des 14. Jahrhunderts kündigte bereits deutlich den Beginn der allgemeinen Krise der Papstkirche an. Es ist insofern als ein historisches Vorspiel für die spätere deutsche Reformation zu werten.[125]

Die deutschen Mystiker – vor allem der Straßburger Dominikanerpater Johannes Tauler († 1361) – lehrten, daß man zwischen dem „inneren Menschen“ und dem „äußeren Menschen“ streng unterscheiden müsse.[126] Wie Smirin bemerkte, verbanden sie auf diese typisch kleinbürgerlich-deutsche Weise „die Forderungen der inneren Vollkommenheit auf dem Gebiet der abstrakten Betrachtung mit der Anerkennung der Unvollkommenheit auf dem Gebiet der realen Verhältnisse.“ [127] In der Tat liegt hier wohl der Beginn jenes später von Marx und Engels immer wieder so scharf kritisierten Charaktermerkmals der deutschen Entwicklung, das sich im ständigen Widerspruch zwischen Theorie und Praxis, zwischen Wort und Tat äußert – in einem Widerspruch, der erst heute von der deutschen Arbeiterklasse im Prozeß des Übergangs zum Sozialismus allmählich und endgültig auf der Grundlage der marxistisch-leninistischen Weltanschauung überwunden wird.

> „Die Deutschen“ – so schrieb Marx – „haben in der Politik g e d a c h t, was die anderen Völker g e t a n haben, Deutschland war ihr t h e o r e t i s c h e s G e w i s s e n. Die Abstraktion und Überhebung seines Denkens hielt immer gleichen Schritt mit der Einseitigkeit und Untersetztheit ihrer Wirklichkeit.“ [128]

Dieser Widerspruch, der zum spezifischen ideologischen Charakteristikum der deutschen bürgerlichen Entwicklung wurde, zeigte sich in seinen ersten Keimformen bei den deutschen Mystikern und fand dann in Luthers „Lehre von den beiden Reichen“ erstmals seine volle Entfaltung. Er trat auf, wie Smirin treffend zeigt, als das „Streben des deutschen Kleinbürgertums zum abstrakt-theoretischen Radikalismus, verbunden mit der Anerkennung und Sanktionierung jeglicher reaktionärer Wirklichkeit“.[129] Diese mystische Trennung zwischen Theorie und Praxis entsprach bei gegebener kleinbürgerlich-deutscher Auslegung ideologisch vollkommen jener eigenartigen Klassenlage des deutschen Bürgertums zur Zeit Luthers. (Im Gegensatz zu Luther legte übrigens Thomas Müntzer die Taulersche Lehre vom „inneren und äußeren Menschen“, die er ebenfalls anerkannte und übernahm, bäuerlich-plebejisch, d. h. revolutionär-radikal aus und zog daraus die Schlußfolgerung, das Reich Gottes und die „Lehren Christi" auf Erden schon zu verwirklichen, um endlich den Widerspruch zwischen den beiden Reichen, zwischen Theorie und Praxis zu überwinden.)

Unter dem Druck der historisch einmalig und aufs äußerste zugespitzten Klassengegensätze und des schließlich voll entfalteten und in aller Schärfe entbrannten Klassenkampfes, vor allem aber erschreckt durch den revolutionären Ansturm der deutschen Bauern und Plebejer, die unter dem geistigen Einfluß des revolutionären Theologen Thomas Müntzer mit den evangelischen Lehren vom „Reich der christlichen Gerechtigkeit" und von der „Freiheit eines Christenmenschen" entschieden ernst machten und diese Lehren radikal in die gesellschaftliche Wirklichkeit umzusetzen versuchten, bildete Luther als Repräsentant des verängstigten und feige zurückweichenden deutschen Bürgertums die früher mystischen kleinbürgerlich-deutschen Taulerschen Lehren vom „inneren und äußeren Menschen" weiter aus.

> „Ein Christ" – sagte Luther jetzt – „führet zweierlei Personen, nämlich eine gläubige oder geistliche und eine bürgerliche oder weltliche. Die gläubige oder geistliche leidet alles, isset noch trinket nicht, zeuget nicht Kinder usw.; sie nimmt sich dieses weltlichen Wesens und Tuns nicht an. Die bürgerliche aber ist weltlichen Gesetzen unterworfen und zu Gehorsam schuldig; sie muß sich und die Seinen verteidigen und beschirmen, wie es die Rechte befehlen." [130]

Gleich die ersten beiden Sätze, mit denen Luther seine Schrift „Von der Freiheit eines Christenmenschen" einleitet, charakterisieren den Christen als einen „Bürger zweier Welten" und offenbaren so die ganze Widersprüchlichkeit dieser christlichen Ideologie. Sie lauten:

> „Ein Christenmensch ist ein freier Herr über alle Dinge und niemandem untertan!
> Ein Christenmensch ist ein dienstbarer Knecht aller Dinge und jedermann untertan!" [131]

Diese Scheidung zwischen dem bürgerlich-weltlichen und dem geistlich-gläubigen Menschen in einer Person leitete Luther u. a. aus Paulus 1. Kor. 9 ab, wo es heißt: „Ich bin frei in allen Dingen und habe mich zu jedermanns Knecht gemacht." Sie fand ihre besonders nachhaltige und einprägsame Illustration durch das biblische Gleichnis vom Zinsgroschen – eine politisch-ökonomische Erscheinung übrigens –: „Gebt Gott, was Gottes und dem Kaiser, was des Kaisers ist!" (Matth. 22, 21)[132]

Mit dieser Lehre schuf Luther die theoretisch-theologische Grundlage für einen lediglich theoretisch-abstrakten Radikalismus in Worten bei gleichzeitiger Anerkennung der bestehenden Praxis in Taten. Diese Lehre entsprach den Interessen des gemäßigten und dem konsequenten praktischen politischen Kampf ausweichenden bürgerlichen Flügels der deutschen Reformation. Sie deckte sich mit den materiellen Interessen des deutschen Bürgertums und der deutschen Landesfürsten. Im völligen Gegensatz zum revolutionären Müntzer, der den christlichen Glauben als Richtschnur zum aktiven Handeln im weltlichen Bereich, als eine Aufforderung zum Kampf für soziale Gerechtigkeit mit allen zu Gebote stehenden Mitteln predigte, faßte der reformistische Luther den Glauben als einen lediglich passiven inneren Zustand des Menschen, als ein „Gnadengeschenk“ auf, machte er Märtyrertum, Demut und Passivität, leidenden Gehorsam und bedingungslose Unterwerfung unter die weltlichen und geistlichen Gesetze zu Eckpfeilern seiner Theologie.

In seinem „Sendbrief von dem harten Büchlein wider die Bauern“, den Luther 1525 an den Mansfelder Kanzler Kaspar Müller richtete, um sich wegen seines unbarmherzigen Auftretens gegen die Bauern zu rechtfertigen, findet sich eine der präzisesten Formulierungen seiner „Lehre von den beiden Reichen“. Es heißt dort:

> „Es gibt zweierlei Recht. Eines ist Gottes, das andere ist der Welt Recht. Gottes Recht ist das Recht der Gnade und Barmherzigkeit ... aber das weltliche Recht ist das Reich des Zorns. Hier ist Strafe, Gericht und Urteil. Darum führt es auch das Schwert; und ein Fürst heißt Gottes Zorn oder Gottes Rute in der Schrift (Jesaja 14, 5). Das weltliche Reich, welches ein Vorläufer der Hölle und des ewigen Todes ist, soll nicht barmherzig sein, sondern strenge, ernst und zornig in seinem Amt und Werk. Sein Handzeichen ist nicht ein Rosenkranz oder ein Blümlein der Liebe, sondern ein bloßes Schwert.“
>
> „Wer diese zwei Reiche will ineinander mengen wie unsere falschen Rottengeister tun (Müntzer) der würde Zorn in Gottes Reich und Barmherzigkeit in der Welt Reich setzen. Das wäre: den Teufel in den Himmel und Gott in die Hölle setzen.“ [133]
>
> „So habe ich nun oftmals gelehrt, daß man die Welt nach dem Evangelium und christlicher Liebe nicht soll noch mag regieren, sondern nach strengen Gesetzen mit Schwert und Gewalt.“ [134]

So verfocht Luther die ausschließlich geistige, rein abstrakte Anwendung des Prinzips der christlichen Freiheit, Liebe und Barmherzigkeit. So verwarf er grundsätzlich jede Ausdehnung und Anwendung dieses Prinzips auf die materiellen – sozialen, wirtschaftlichen und politischen – Verhältnisse. Gerade diese theologischen Konzeptionen, die aus der bereits gekennzeichneten Klassenlage des deutschen Bürgertums erwuchsen, bestimmten das uns bereits bekannte praktische Eintreten Luthers gegen die unterdrückten, um Freiheit, Recht und Leben kämpfenden deutschen Bauern. Hieraus ergab es sich, wie Marx in seiner „Einleitung zur Kritik der Hegelschen Rechtsphilosophie“ schrieb, daß die wirklich „radikalste Tatsache der deutschen Geschichte“, der große deutsche Bauernkrieg, an der leider nur theoretisch radikalen, aber praktisch passiven Theologie Luthers und an deren dann allerdings sehr praktischen, nämlich reaktionären Aktivität und Wirksamkeit scheiterte.[135]

Mit welchen Argumenten Luther gegen die Bauern auftrat, haben wir bereits gezeigt. Er predigte den bedingungslosen Gehorsam gegenüber der Obrigkeit. Diese Predigt zur Unterordnung in den weltlichen Dingen, zum bewußten passiven Dulden – die objektiv eindeutig gegen die Volksmassen und für die weltliche „Obrigkeit“ Partei ergriff – wurde schließlich zum Haupttenor aller seiner theologischen Lehren vom Verhalten des Christen in der Welt. Diese Predigt Luthers bestimmt auch das wirtschaftliche Verhalten des Christen. Sie widerspiegelt sich in seinem gesamten ökonomischen Denken.

Luther, der die „innere“ und die „äußere“ Freiheit des Menschen schematisch voneinander trennte, verkündete schließlich, daß die äußere Freiheit für den Christen völlig unwichtig, ja sogar unerwünscht sei, weil sie ihn nur von der „inneren Bewährung vor Gott“ abhalte. Der Christ werde seine „innere Freiheit“ gerade da am stärksten bewähren können, wo er in der größten „äußeren Unfreiheit“ lebe. Es ist nicht die Aufgabe des Christen, das Böse materiell aus der Welt zu entfernen, etwa durch den politischen oder ökonomischen Kampf. Er habe sich vielmehr über das „Böse“ geistig (abstrakt) zu erheben. Daher ist seiner Meinung nach die größte „äußere Unfreiheit“ zugleich auch der beste Boden für das Gedeihen und Blühen der „wahren inneren Freiheit“; – ein Trost übrigens, mit dem sich viele deutsche Luther-Christen in den dreißiger Jahren unseres Jahrhunderts jeder Entscheidung gegen die Hitler-Tyrannei entzogen und stattdessen in die ihnen bereits von Luther empfohlene „innere Emigration“ gingen; ein Trost, der heute wieder viele westdeutsche Christen geduldig einer gefährlichen restaurativen Entwicklung zum klerikal-faschistischen Obrigkeitsstaat zuschauen läßt!

Von Anbeginn an läßt sich also erkennen, warum gerade die Luthersche Theologie eine so überaus wichtige ideologische Stütze des fürstlichen Absolutismus in Deutschland und aller anderen reaktionären politischen Diktaturen bis in die Gegenwart hinein sein konnte. „Arm in Arm“ – schreibt P. J. Reiter – „wanderten die beiden Mächte, die geistliche und die weltliche, als Sieger dem gemeinsamen Ziel entgegen: dem stramm hochkirchlichen, fürstenabsolutistischen Zäsaropapismus.“ [136] Das deutsche Luthertum, so sagte Engels, wurde „ein gefügiges Werkzeug in den Händen deutscher Kleinfürsten.“ [137] Es war Luther, der die theologische Begründung für das in der deutschen Geschichte dann so verhängnisvoll gewordene Bündnis von Thron und Altar, Staat und Kirche mit seiner „Lehre von den beiden Reichen“ geliefert hat.

In dem Maße – so etwa können wir diese von Luther damals vorgenommene Modernisierung des Christentums von der ökonomischen Seite her begründen –, wie der für das feudale Ausbeutungssystem noch charakteristische *außerökonomische, durch brutale Gewaltanwendung verwirklichte Zwang* abgelöst wurde durch den *„stummen Zwang“* der auf Warenproduktion, Geldwirtschaft und schließlich kapitalistischem Privateigentum beruhenden ökonomischen Verhältnisse, durch den inneren eigentlichen ökonomischen Zwang, vollzog sich eine dementsprechende ideologische Wandlung des Christentums, vollzog es den *Übergang von dem stark auf Äußerlichkeiten gerichteten feudalen Katholizismus zum verinnerlichten bürgerlichen Protestantismus.* Indem es den bisherigen *feudalen äußeren Zwang* durch den *bürgerlichen inneren Zwang* ersetzte, paßte sich das Christentum den Bedingungen der neu entstehenden kapitalistischen Ausbeutungsordnung an, entwickelte es sich zum Bestandteil des sich vorbereitenden bürgerlich-kapitalistischen Überbaues der Gesellschaft. Dieses grundlegende Charakteristikum der bereits bürgerlich-christlichen Theologie Luthers hatte Marx im Auge, als er schrieb:

„Luther hat allerdings die Knechtschaft aus Devotion besiegt, weil er die Knechtschaft aus Überzeugung an ihre Stelle gesetzt hat. Er hat den Glauben an die Autorität gebrochen, weil er die Autorität des Glaubens restauriert hat. Er hat die Pfaffen verwandelt in Laien, weil er die Laien in Pfaffen verwandelt hat. Er hat den Menschen von der äußeren Religiosität befreit, weil er die Religiosität zum inneren Menschen gemacht hat. Er hat den Leib von der Kette emanzipiert, weil er das Herz in Ketten gelegt."[138]

Engels drückte den gleichen Gedanken aus, als er in seinem Plan für eine beabsichtigte Überarbeitung seines Buches über den deutschen Bauernkrieg notierte, Luther habe „... die bürgerlich-theologische Revolution so kastriert, daß sie den Fürsten zusagen kann und diese die Leitung in die Hände bekommen".[139] Nicht zufällig notierte Engels an gleicher Stelle auch noch eine weitere Besonderheit der Deutschen, nämlich: „Vorherrschendes Interesse für Dinge, die nicht von dieser Welt sind. Die Abstraktion von der unrühmlichen Wirklichkeit bildet die Basis der späteren theoretischen Überlegenheit der Deutschen von Leibniz bis Hegel." [140]

In der Tat, es war diese theologische Konzeption Luthers, die den bürgerlichen Verrat der deutschen Revolution des 16. Jahrhunderts an die Fürsten rechtfertigte und beförderte. Durch sie wurde, wie Engels bemerkte, den kämpfenden deutschen Bauern und Plebejern das Rückgrat gebrochen, erst geistig-ideologisch und dann in der blutigsten Weise durch die von Luther angefeuerten Henkersknechte der feudalen Reaktion. Trug Luther stark dazu bei, die antifeudale Revolution der deutschen Bauern und Plebejer im Blut der Revolutionäre zu ersticken – Luther selbst rühmte sich einmal, daß all das Blut der erschlagenen, erstochenen, erwürgten und erhängten Bauern auf seinen Hals käme (was Mehring allerdings eine leere Floskel und Prahlerei nannte, da die Fürsten gewiß auch ohne Luther ihr grausames Blutbad unter den Bauern angestiftet hätten) [141], – so war es der Geist der Lutherschen Reformation, der im weiteren Verlauf der deutschen Geschichte entscheidend zur Erziehung jener jämmerlichen Gestalt des furchtsamen und kleinmütigen deutschen „*Untertanen*" beitrug, der sich den schmählichen Ruf der *Servilität* und des blinden *Kadavergehorsams* erwarb. Das reformierte Christentum Luthers wurde damit, wie es Franz Mehring ausdrückte, zur „Religion des beschränkten Untertanenverstandes in den absolutistisch-regierten deutschen Kleinstaaten." [142] Seine politisch-ideologische Wirkung aber reicht bis tief in die Gegenwart hinein.

So schrieb der Schweizer Theologe Karl Barth – wenn auch in Überschätzung der tatsächlichen Möglichkeiten der christlichen Kirche zur Verhinderung des Faschismus – im Jahre 1944 angesichts der faschistischen Schreckensherrschaft über Europa: „Das ganze große Unglück in Deutschland wäre vielleicht nicht möglich geworden, wenn die christliche Kirche sich dort nicht seit Jahrhunderten angewöhnt hätte, von der echten irdischen Gewalt, von Recht und Freiheit zu schweigen, wo sie hätte zeugen und reden sollen." [143] Statt dessen erzog das Luthertum den deutschen Bürger und Kleinbürger und nicht zuletzt auch so manchen deutschen Arbeiter – vor allem in den nordöstlichen (preußischen) Teilen Deutschlands – zur *penetranten Staatsfrömmigkeit*, zumindest aber zum Schweigen.

Die Vertreter des Staates umgab die Luthersche Theologie mit einem Heiligenschein, der ihre Anmaßung ins Grenzenlose steigerte. Sie wurden von ihm geradezu als direkte Organe Gottes beweihräuchert, was sich nicht nur auf die bornierte Haltung deutscher Monarchen an der Spitze, sondern auch auf die des letzten deutschen Amtsgehilfen und Schalterbeamten entsprechend auswirkte.

> „Es ist für Luther so", – erklärt uns aus theologischer Sachkenntnis Lic. Franz Lau – „daß jeder Gehorsamsakt eines weltlichen Untertanen eine Gottesbeziehung in sich enthält. Und zwar besteht die Gottesbeziehung nicht in einer Reflexion darauf, daß Gott ja letztlich der Urheber der Ordnungen und damit auch der konkreten weltlichen Gewalten ist – eine Reihe von Stellen ließe sich so interpretieren –, sondern darin, daß Gott durch die Amtsperson, zu denen ich im Gehorsamsverhältnis stehe, zu mir redet und mich anspricht. Gehorsam gegen Gottes Mittelspersonen ist gleich Gehorsam gegen Gott. ‚Wer aber wider recht streyt, der streyt widder Gott, der alles recht gibt, ordnet und handhabt.'" [144]

An anderer Stelle beteuert Lic. Lau – und ausgerechnet auch noch im Jahre 1933 (!): „... durch dieses positive Recht spricht zu mir Gott, es ist mir jus divinum (göttliches Recht), sein Anspruch unmittelbarer Gottesanspruch an mich".[145]

Das lutherisch-reformierte Christentum wurde auf diese Weise eine der wichtigsten Ideologien, durch die breiteste Kreise des deutschen Volkes zur *politischen Indifferenz* und Gleichgültigkeit gegenüber der jeweiligen politischen Lage und den jeweiligen politischen Machthabern, zur *Widerstandslosigkeit* gegen jegliche Staatsgewalt, zur *bedingungslosen Unterwerfung* unter die jeweilige Obrigkeit und ihrem letzten Vollzugsbeauftragten erzogen wurden. „Mutwillige Widerspenstigkeit gegen die Gewalthaber ist Trotz gegen Gottes Zorn", so lehrte es ja Luther.[146] Dabei fügte er sicherheitshalber auch noch gleich hinzu, daß gerechte, fromme und gute Gewalthaber zu den seltenen Erscheinungen in dieser Welt gehören: „Auch sollst du wissen, daß von Anbeginn der Welt ein kluger Fürst ein gar seltener Vogel ist; ein noch viel seltener ein frommer Fürst." [147]

Der bedeutende protestantische Theologe Karl Barth, der einen mutigen Kampf gegen die Hitlerbarbarei führte, bemerkte angesichts der faschistischen Tyrannei in Deutschland sehr richtig, zu welchen verhängnisvollen politischen Auswirkungen Luthers „Lehre von den beiden Reichen" geführt hatte und machte energisch Front dagegen. In einem Brief schrieb er im Dezember 1939:

> „Das deutsche Volk leidet an der Erbschaft des größten christlichen Deutschen, an dem Irrtum Martin Luthers hinsichtlich des Verhältnisses von Gesetz und Evangelium, von weltlicher und geistlicher Ordnung und Macht, durch den sein natürliches Heidentum nicht sowohl begrenzt und beschränkt, als vielmehr ideologisch verklärt, bestätigt und bestärkt worden ist." [148]

Tatsächlich war es in einem nicht geringen Maße auch die theologische Konzeption Luthers, die der brutalsten und menschenfeindlichsten Gewaltherrschaft der Geschichte, dem deutschen Faschismus, eine ideologische Verklärung, Bestätigung und Bestärkung lieferte. Es war schließlich der bekannte „Ansbacher

Ratschlag“ führender deutscher evangelischer Kirchenmänner (1934), der sich unmittelbar aus den theologischen Konzeptionen Luthers ergab und im weiteren Verlauf dann zur Grundlage für die offizielle Haltung der evangelischen Kirche in Deutschland gegenüber dem Hitler-Staat wurde. In dieser theologischen Begründung und Rechtfertigung des Nazi-Regimes in Deutschland hieß es:

„In dieser Erkenntnis danken wir als glaubende Christen Gott dem Herrn, daß er unserem Volk in seiner Not den Führer als frommen und getreuen Oberherren geschenkt hat und in der nationalsozialistischen Staatsordnung gut Regiment, ein Regiment der Zucht und Ehre, bereiten will.“ [149]

Jeder Deutsche, der die Nazidiktatur erlebte, weiß, daß es die *offizielle* evangelische Kirche in Deutschland fertigbrachte, das faschistische „Regiment von Zucht und Ehre“ und ganz besonders seinen „frommen und getreuen Oberherren“ bis in die letzten Kriegstage hinein in seine allsonntäglichen Fürbitten einzuschließen und zu segnen; – so wie sie heute unter dem Einfluß reaktionärer Kirchenführer in Westdeutschland daher auch konsequenterweise die NATO als Instrument der Atombewaffnung Westdeutschlands segnet. All das sind durchaus irdische, sehr weltliche und zutiefst politische Konsequenzen der Lutherschen Theologie. „Es kann der deutsche Heide (lies: Faschist – G. F.)“ – schrieb Karl Barth im Februar 1940 – „die lutherische Lehre von der Autorität des Staates als christliche Rechtfertigung des Nationalsozialismus gebrauchen und es kann der christliche Deutsche sich durch dieselbe Lehre zur Anerkennung des Nationalsozialismus (und heute der NATO – G. F.) eingeladen fühlen.“ [150]

Die oft gerühmte „Tüchtigkeit“, das übersteigerte Pflichtbewußtsein und die typisch deutsche „Gründlichkeit“ bis hin zur geistlosesten Pedanterie, – all das kennzeichnet nur die eine Seite jenes „Pflicht- und Arbeitsmenschen“, wie man den im Luthergeist erzogenen und von der kapitalistischen Disziplin dann weiter gedrillten Deutschen häufig nannte. Politische Indifferenz und ein absoluter Mangel *an* Zivilcourage bilden aber leider die damit untrennbar verbundene andere Seite jenes „typischen Deutschen“, den gerade der luthersche Geist entscheidend bilden half.

Die politisch so unerhört folgenschwere Gewohnheit des deutschen Spießbürgers, der Obrigkeit und den Vorgesetzten das politische Denken, Handeln und Entscheiden zu überlassen – mit deren oft recht kompakt auftretenden Überresten sich die deutsche Arbeiterklasse auch heute noch beim Aufbau des Sozialismus herumschlagen muß –, geht in der Tat wesentlich auf Luther zurück. Es war doch schließlich Luther, der seine Forderung nach bedingungsloser Unterwerfung des Christen unter die Obrigkeit in einem Satz zum Ausdruck brachte, der später von Generationen preußisch-deutscher Unteroffiziere in Uniform und in Zivil nicht nur hunderttausendfach wiederholt und variiert wurde, sondern gleichzeitig auch mit genau so drakonischen wie geist- und fleischtötenden Zwangsmaßnahmen dem deutschen Volk eingedrillt wurde. Dieser Satz lautet:

„Daß zwei und fünf gleich sieben sind, das kannst du fassen mit der Vernunft, wenn aber die Obrigkeit sagt, zwei und fünf sind acht, so mußt du es glauben, wider Wissen und Fühlen.“ [151]

„Bei dem durch die politische Predigt Luthers unterwiesenen Christen" – so hob es nach dem 2. Weltkrieg schuldbewußt Hermann Diem, ein führender Theologe der protestantischen Kirche Deutschlands hervor – „wird zwangsläufig seine Christlichkeit zurückgedrängt auf seine Innerlichkeit, d. h. auf die persönliche innere Auseinandersetzung mit seinem Gott über seine Mitwirkung an der Durchführung des von ihm u. U. als Unrecht erkannten positiven Rechts, dem er doch wegen des gebotenen Gehorsams gegen die legitime Obrigkeit nicht zuwiderhandeln darf." [152]

Die für den deutschen Spießer so typische Flucht in unwirkliche romantische Träume, in die Welt der schönen, aber leeren Worte und abstrakten Ideen, die Flucht in die „innere Emigration", in die „innere Freiheit" – der „deutschen Freiheit", wie sie im Ausland mit Recht oft verspottet wurde – ist, wie es von einsichtigen Vertretern der evangelischen Kirche Deutschlands heute offen zugegeben wird, ein politischer Ausfluß auch der theologischen Lehren Luthers.

Luthers Predigt „Jedermann sei Untertan der Obrigkeit, die Gewalt über ihn hat, denn sie ist – auch wenn sie teuflisch ist – von Gott verordnet" auf der einen Seite, seine Forderung nach Erringung der „inneren Freiheit" eines jeden Christenmenschen auf der anderen Seite – das ist der historische theologische Boden, auf dem auch jene heute noch so stark verbreitete Ideologie von der Zweiteilung der Welt in die politische und private Sphäre entstand, wobei in beiden Sphären angeblich völlig verschiedene Gesetze und Regeln gelten sollen. Eben: „Dienst ist Dienst und Schnaps ist Schnaps", wie wir bereits bemerkten. „Der kritische Punkt in dem Versagen von Luthers Predigt in den zwei Reichen" – stellte 1947 sehr einsichtsvoll der evangelische Theologe Diem fest – „ist Luthers Unterscheiden von ‚Amt' und ‚Person'." [153]

Nachdem wir nunmehr das unter den spezifischen sozialen Verhältnissen Deutschlands zu Beginn des 16. Jahrhunderts entstandene theologische System Luthers in seinen „theoretischen" Grundzügen und wichtigsten praktisch-politischen Konsequenzen dargestellt und dabei gesehen haben, auf welche Weise Luther die gesellschaftliche Wirklichkeit betrachtete, erhebt sich die Frage, welche Auswirkungen das auf das ökonomische Denken Luthers hatte. Es ist dies zugleich die Frage nach den Auswirkungen des lutherisch-reformierten Christentums auf die Bildung des ökonomischen Bewußtseins der Volksmassen bis in die Gegenwart hinein.

Im allgemeinen könnte man jetzt vielleicht auf Grund unserer Darstellung von der Lutherschen Theologie annehmen, daß Luther selbst sich nur wenig oder gar nicht um die wirtschaftlichen Verhältnisse und ihre Probleme gekümmert hätte. Sie lagen ja außerhalb seines eigentlichen Verantwortungsbereichs als „Seelsorger". Die wirtschaftlichen Verhältnisse gehören ja nach seiner eigenen „Lehre von den beiden Reichen" zum „irdischen Reich des natürlichen Rechts", welches der Christ lediglich passiv, duldend und leidend hinzunehmen hat, an dessen mögliche revolutionäre Veränderung er „um Gotteswillen" nicht denken darf. Eine solche Konsequenz zur Duldsamkeit und Nachgiebigkeit im wirtschaftlichen Leben ist in der

Tat von Luther gepredigt worden. Eine solche Konsequenz wurde auch immer wieder von wirtschaftlich geknechteten und ausgebeuteten lutherischen Christen bis in die Gegenwart hinein gezogen.

In seiner Schrift gegen den Wucher aus dem Jahre 1520 stellte Luther, gestützt auf die Bergpredigt Jesu, *drei Grundforderungen an das wirtschaftliche Verhalten des Christen:*

1. Bedingungslose Bereitschaft zum Leiden bei Verlust irdischer Güter, da ja die „himmlischen Güter" die Hauptsache seien (siehe Matth. 6,19–21).
2. Bedingungslose Barmherzigkeit.
3. Bedingungslose Pflicht zur Gewährung von Darlehen („Wer von Dir bittet, dem gib! Wer von Dir entleihen oder borgen will, von dem kehre Dich nicht." Matth. 5,42)

Je härter das Joch der ökonomischen Knechtung die Werktätigen zu Boden drückt, desto größer werden nach der evangelischen Lehre Luthers ihre Möglichkeiten zur „christlichen Bewährung" vor Gott. Das ist der spezifische Luthersche Tenor vieler christlicher Predigten, auch in der Gegenwart und keineswegs nur im rein kirchlichen Bereich. Diese Predigt tritt immer dann um so deutlicher in den Vordergrund, je mehr die herrschenden Klassen die Schrauben der Ausbeutung anziehen, je stärker das kapitalistische System von wirtschaftlichen Schwierigkeiten geschüttelt wird. Diese dem kapitalistischen System angemessene widerspruchsvolle Konsequenz, die zur *grundsätzlichen* Passivität der Werktätigen im Wirtschaftsleben – trotz gleichzeitiger Mobilisierung ihrer höchsten wirtschaftlichen Aktivität im einzelnen – führt, ergibt sich zwangsläufig aus den theologischen Grundkonzeptionen des lutherisch-reformierten Christentums.

Dabei sind die Vertreter dieser Ideologie – nicht etwa nur Geistliche, sondern zahlreiche höchst „weltliche" Ideologen – nicht einmal gezwungen, sich offen parteiisch und grobschlächtig in wirtschaftliche Streitfragen einzumischen. Viele von ihnen sind sogar selbst ehrlich von der Objektivität und Neutralität ihres ideologischen Auftretens überzeugt und können deshalb keineswegs als subjektive Feinde der arbeitenden Massen angesehen werden. Es ist aber gerade dieser „neutrale", „unparteiische", geradezu „überirdische" Anstrich der von Luther begründeten religiösen Ideologie, der ihre objektive reaktionäre Wirkung auf rückständige Teile der Gesellschaft – darunter auf höchst gebildete Menschen – so nachhaltig werden läßt.

Wollten wir uns aber mit dieser gewiß gewichtigen Feststellung begnügen, so hieße das, die äußerst *aktive Rolle* zu übersehen, die die Luthersche Theologie auch *unmittelbar* im wirtschaftlichen Leben selbst spielte und spielt. Es würde dazu führen, daß wir das *direkte* Eingreifen dieser religiösen Ideologie in ökonomische Streitfragen übersehen und den Kampf dagegen vernachlässigen bzw. mit unzulänglicher Konkretheit führen. Das theologisch begründete aktive und parteiliche Eingreifen des scheinbar so „neutralen" Theologen Luther in die heftigen *politischen* Kämpfe seiner Zeit – denen schließlich sehr reale wirtschaftliche Tatbestände zugrunde lagen –, wie auch die unmittelbaren Auswirkungen, die die scheinbar „neutrale" Luthersche Theologie im *politischen* Bereich hatte und bis zur Stunde noch hat, legen die Schlußfolgerung nahe, daß im *wirtschaftlichen* Bereich ein ähnliches Verhältnis vorliegen muß. Dies ist in der Tat der Fall, wie wir es ja auch bereits bei Betrachtung der unmittelbaren Beziehungen Luthers zur ökonomischen Praxis seiner Zeit in Ansätzen erkennen konnten.

Die von uns schon erwähnte „Tüchtigkeit" und „Gründlichkeit" des „typischen Deutschen", sein Arbeitseifer und Pflichtbewußtsein im Beruf, sein Drang und Hang zur disziplinierten Ein- und Unterordnung – bei gleichzeitiger politischer Indifferenz und Widerstandslosigkeit – sind Eigenschaften, die wir u. a. auch – so weit sie ideologisch verursacht sind – als eine gewisse Folge des Lutherschen Geistes erkannten, insbesondere seiner Lehre vom Christen als den „dienstbaren Knecht", der allen Gesetzen der irdischen Welt bedingungslos Folge leistet und darin seine „verdammte Pflicht und Schuldigkeit" sieht. Diese unter den Bedingungen einer Ausbeuterordnung höchst widerspruchsvollen Konsequenzen sind bereits in unmittelbarer Weise ökonomische Auswirkungen der Lutherschen Theologie. Diese religiösen Lehren Luthers entsprachen nicht zuletzt den objektiven ökonomischen Erfordernissen des sich vorbereitenden und durchsetzenden Kapitalismus; sie entstanden als ideologischer Reflex der sich im Schoße des Feudalismus herausbildenden ökonomischen Basis des Kapitalismus und leisteten ihr aktive Hilfe.

Die direkten Auswirkungen der Lutherschen Theologie auf das wirtschaftliche Leben und Verhalten betrafen und betreffen aber nun nicht etwa nur, wenn auch in erster Linie, die deutschen Bürger, Kleinbürger und Bauern. Es sind ideologisch-ökonomische Auswirkungen, die sich bis zum Sieg der wissenschaftlichen sozialistischen Ideologie in der Arbeiterbewegung auch stark auf die deutsche Arbeiterklasse selbst erstreckten und sich in einem nicht zu unterschätzenden Maße auch heute noch erstrecken. Das klassenspalterische Auftreten sogenannter „Christlicher Gewerkschaften" – seit Jahren nun auch wieder in Westdeutschland feststellbar – bringt das genau so zum Ausdruck wie etwa die Tatsache, daß auch heute noch zahlreiche Arbeiter Anhänger und Wähler, ja Mitglieder sogenannter „Christlicher Parteien" der westdeutschen Großbourgeoisie sind. Das in jüngster Zeit immer aktiver werdende Auftreten der sogenannten „christlichen Soziallehren" in Westdeutschland und deren betonte Ausrichtung auf wirtschaftliche und wirtschaftspolitische Fragen zeigen ebenfalls zu bestimmten Teilen das von Luther reformierte Christentum in einer seiner modernsten ökonomischen Aktionsformen.

Es handelt sich nun aber keineswegs nur um die hier angeführten, mehr oder weniger doch nur indirekten ideologischenAuswirkungen, die sich aus den theologischen Grundkonzeptionen des von Luther reformierten Christentums für das wirtschaftliche Denken und Verhalten des gläubigen Christen ergeben. Luther selbst sah in der wirtschaftlichen Tätigkeit des Menschen etwas durchaus Natürliches und Notwendiges, ja Gottwohlgefälliges. Auch Christus als „Gottessohn auf Erden", sagte Luther einmal, konnte nicht ohne irdische und wirtschaftliche Güter, ja nicht einmal ohne Geld auskommen.[154] Luther selbst hielt es deshalb für geboten, sehr unmittelbar und konkret auch zu wirtschaftlichen Fragen Stellung zu nehmen. Nicht zuletzt, um „falsche" Schlußfolgerungen aus seinen theologischen Lehren – wie sie die Bauern und Plebejer zu ziehen begonnen hatten – zu verhindern, sah sich Luther gezwungen, recht unmittelbar wirtschaftliche Fragen zu erörtern. Gerade das berechtigt und veranlaßt uns, vom „Ökonomen" Luther zu sprechen.

Wir werden uns allerdings nicht von jenem Gedanken leiten lassen dürfen, den Alfred Meusel in seiner im ganzen so vortrefflichen Luther-Darstellung gelegentlich ausspricht und der darauf hinausläuft, das ökonomische Denken Luthers scharf von seinen allgemeinen theologischen Konzeptionen zu isolieren. Meusel betrachtet Luther nämlich, so weit dieser ökonomisch dachte, „gewissermaßen als Privatperson", wie er selbst sagte.[155] Offensichtlich meint Meusel damit, daß der „Ökonom" Luther faktisch unabhängig vom „Theologen" Luther auftrat, daß das ökonomische Denken Luthers gewissermaßen seine „private", „irdische", das theologische Denken aber seine „geistliche", „himmlische" oder „amtliche" Funktion war. Als Beispiel führt Meusel u. a. an, daß der Ökonom Luther, der sich heftig gegen das Zinsnehmen wandte, angeblich unabhängig vom Theologen Luther gehandelt hätte. Denn, so argumentiert Meusel, „nach seiner (Luthers – G. F.) religiösen Auffassung (wird) die Welt nicht besser, wenn keine Zinsen genommen werden, und sie wird nicht schlechter, wenn Zinsen genommen werden".[156]

Dieser Interpretation können wir nicht folgen, weil sie uns bei der Analyse des ökonomischen Denkens Luthers zwangsläufig in die Irre führen müßte. Sie unterstellt in der Tat die faktische, nicht nur die scheinbare Neutralität der Lutherschen Theologie und ihrer Auswirkungen auf ökonomischem Gebiet. Sie läuft darauf hinaus, den „Theologen" Luther für ökonomisch neutral, den „Ökonomen" Luther jedoch für parteilich zu halten. Damit errichtet Meusel zwischen diesen beiden Seiten der ideologischen Aktivität ein und desselben Luther gewissermaßen eine spanische Wand. Meusel, der so glänzend die untrennbaren Zusammenhänge zwischen dem theologischen Denken und dem politischen Auftreten Luthers erfaßte und darstellte, müßte dann in Konsequenz dieser Auffassung auch selbst scharf unterscheiden zwischen dem „Theologen" Luther und dem „Politiker" Luther und letzteren ebenfalls gewissermaßen als „Privatperson" auffassen. Er tut es nicht und mit Recht. Genauso unberechtigt ist es aber, zwischen dem Theologen und dem Ökonomen Luther einen diametralen Gegensatz in der gesellschaftspolitischen Haltung zu konstatieren. Uns scheint, daß Meusel hier – allerdings, das sei betont, nur für einen kurzen Augenblick – selbst der alten mystischen Lehre Taulers vom „inwendigen" und „äußeren" Menschen sowie der Lehre Luthers vom „geistlich-göttlichen" und „bürgerlich-weltlichen" Menschen in einer Person zum Opfer gefallen ist und sie deshalb für einen Moment auch auf Luther selbst anzuwenden müssen glaubte. Von jeder Isolierung zwischen dem „privaten", „weltlichen" Ökonomen Luther und dem „amtlichen", „geistlichen" Theologen Luther werden wir uns in der folgenden Untersuchung des ökonomischen Denkens Luthers genauso freizuhalten haben wie von jenen eingangs schon genannten bürgerlichen Auffassungen, die uns das ökonomische Denken Luthers ausschließlich „aus der religiösen Blickrichtung" erklären wollen.

Haben wir nunmehr im großen und ganzen wohl ausreichend erfaßt, welchen Platz Luther der gesellschaftlichen Wirklichkeit – darunter dem ökonomischen Sein – im Rahmen seines theologischen Systems zuwies, kennen wir damit die religiös getrübte Brille, durch die hindurch Luther die gesellschaftliche Wirklichkeit betrachtete und beurteilte, so wollen wir jetzt feststellen, welche ökonomischen Auffassungen er im einzelnen vertrat.
Wir kommen damit zur Analyse des ökonomischen Denkens Luthers selbst.

II. INHALT UND RICHTUNG DER ÖKONOMISCHEN LEHREN LUTHERS

1. Luthers Lehre vom Staat und seinen wirtschaftlichen Aufgaben

Luthers Auffassungen vom Staat ergeben sich unmittelbar aus seiner „Lehre von den beiden Reichen". Wichtige Aspekte der Lutherschen Staatsvorstellungen haben wir daher bereits im vorhergehenden Abschnitt erfaßt, so daß an dieser Stelle auf eine Wiederholung verzichtet werden kann. Wenn wir die Auffassungen Luthers vom Staat an den Anfang unserer Analyse seines ökonomischen Denkens stellen, so vor allem deshalb, weil sie am prägnantesten den klassenmäßigen und historischen Standpunkt hervortreten lassen, von dem aus Luther ökonomisch dachte. Die Kenntnis der Auffassungen Luthers vom Staat und seiner ökonomischen Rolle eröffnet uns damit zugleich auch den Weg zum Verständnis aller anderen ökonomischen Auffassungen Luthers.

Luther stand an der Wende vom Mittelalter zur Neuzeit. Er lebte in einer Periode der beschleunigten Zersetzung des Feudalsystems und der unmittelbaren Vorbereitung der kapitalistischen Produktionsweise. Aus der fortschreitenden Veränderung der ökonomischen Struktur der Gesellschaft ergab sich die Notwendigkeit einer entsprechenden Veränderung des gesamten politischen und ideologischen Überbaues der Gesellschaft. Die für jede gesellschaftliche Umwälzung entscheidende Grundfrage, die Frage nach der politischen Macht, wurde damit zur Zeit Luthers neu gestellt. Sie mußte beantwortet und in Übereinstimmung mit den Erfordernissen des weiteren gesellschaftlichen Fortschritts gelöst werden. Die Auffassungen vom Staat rückten damit zwangsläufig in den Mittelpunkt des gesellschaftlichen Interesses.

Luther nahm, so sahen wir bereits, in starkem Maße zu den Fragen des Staates – der Obrigkeit – Stellung. Er selbst rühmte sich, daß es seit den Zeiten der Apostel niemanden gegeben hätte, der so viel zur Klärung der Rolle des Staates beigetragen hätte, wie er:

> „Denn ich möchte mich schier rühmen, daß seit der Apostel Zeiten das weltliche Schwert und Obrigkeit nie so klärlich beschrieben und gepriesen worden ist – wie auch meine Feinde bekennen müssen – als durch mich." [157]

Die seit dem 12. Jahrhundert im Zusammenhang mit den Kreuzzügen und dem verstärkten Kirchenbau zur breiten Entfaltung kommende Warenproduktion führte zur Herausbildung nationaler Konkurrenzgegensätze im Welthandel. Mehr und mehr bedurften die Fernhändler des staatlichen Schutzes, um im Konkurrenzkampf bestehen zu können. Über die allmähliche Entwicklung des Binnenhandels schuf die Warenproduktion zugleich auch wesentliche Bildungselemente der künftigen bürgerlichen Nation. Damit entstand die entscheidende ökonomische Grundlage für die Wandlung der gesellschaftlichen Auffassungen vom Staat und für die weitere Entwicklung des Staates zum bürgerlichen Staat schließlich selbst.

Bereits der größte und einflußreichste Vertreter der mittelalterlichen theologischen Scholastik – Thomas von Aquino (1225–1274) – sah sich gezwungen, die feudale Staatsauffassung des Katholizismus durch die Übernahme von realistischen Elementen aus der „heidnischen" Staatslehre der klassischen Antike (Plato, Aristoteles) zu „veredeln", um sie den zu seiner Zeit neu entstehenden gesellschaftlichen Bedingungen besser anzupassen. Im Unterschied zu den primitiven Kirchenlehren des Augustin (354–430), nach denen der Staat ausschließlich das traurige Ergebnis des Sündenfalls und deshalb eigentlich nur „ein Werk des Teufels" war; vor allem aber im völligen Gegensatz zu den noch älteren christlichen Lehren, wonach „die staatliche Gewalt nur ein Ausfluß der sündigen Herrschbegierde und Anmaßung einzelner sei" [158], leitete Thomas von Aquino die Existenz des Staates bereits auch von Gott unmittelbar ab. Gleichzeitig erklärte er die Notwendigkeit des Staates aus der „geselligen Natur" des Menschen. Das war ein erstes Eingeständnis der durchaus irdischen Notwendigkeit des Staates, zu dem sich die Vertreter der katholischen Staatstheorie bequemen mußten. Es bedarf keiner Erläuterung, daß sie damit in keiner Weise die tatsächlich entscheidende Ursache für die Existenz des Staates – die Spaltung der Gesellschaft in antagonistische Klassen – berührten oder etwa gar anerkannten. Es handelte sich hierbei lediglich um die immerhin indirekte Anerkennung des Staates als Instrument u. a. auch zur Sicherung der Profite des erstarkenden Handelskapitals.

Trotz dieser ersten irdischen Beimengung ordneten die Lehren der mittelalterlichen Scholastik den Staat zunächst aber noch ausdrücklich der Kirche als des alleinigen Träger des gesellschaftlichen Lebens unter. Nach wie vor forderten sie die Weihe und Sanktionierung des feudalen Staates und seiner Institutionen durch die Kirche. „Aber trotzdem" – so erklärt uns ein Theologie-Professor die Begründung des monopolistischen Herrschaftsanspruchs der damaligen katholischen Kirche – „bleibt doch das gesamte Gebiet des staatlichen und wirtschaftlichen Lebens der Herrschaft der Sünde und der Dämonen unterworfen ... Müssen (aber) die Menschen innerhalb des profanen, weltlichen, der Sünde und der Herrschaft Satans und der Dämonen unterworfenen Gebietes leben, so ist es Recht und Pflicht der Kirche, die Herrschaft über die ungöttliche Welt auszuüben, die ihrerseits (ihr gegenüber) zum unbedingten Gehorsam verpflichtet ist." [159]

Im Zuge der weiteren Entfaltung der Warenproduktion, die der Verweltlichung des menschlichen Denkens so außerordentlich förderlich war, insbesondere aber seit der einsetzenden Wiederbelebung der geistigen Errungenschaften der klassischen Antike – Renaissance, Humanismus –, seit der Wiederentdeckung des römischen Rechts, der Entwicklung der Naturwissenschaften, der Erfindung des Buchdrucks usw. kam es schließlich zu einer immer stärkeren Betonung der selbständigen und von der Kirche unabhängigen Rolle des Staates – wie der weltlichen Dinge überhaupt. Schon Dante († 1321) faßte den Staat als durchaus ebenbürtig mit der

Kirche auf. Er setzte dem feudalen päpstlichen Universalstaat bereits die entstehenden Nationalstaaten als gleichberechtigt an die Seite. Spätere Ideologen – zunächst noch vorwiegend aus den Reihen der katholischen Intelligenz selbst – forderten dann schließlich die Herauslösung des Staates aus der Vormundschaft der Kirche. Johannes Gerson, dessen Schriften Luther im Kloster gründlich kennen lernte und als dessen Nachfolger und Fortsetzer er sich später wiederholt bezeichnete [160], trat bereits am Anfang des 15. Jahrhunderts offen für die Einengung der kirchlichen und für die Ausweitung der weltlichen Macht in all den Fällen ein, wo sich die staatliche Macht nicht direkt gegen den Glauben richte oder gegen die Kirche vorgehe.[161]

Auch dann, wenn derartige Forderungen nach *Trennung von Kirche und Staat* primär aus religiösen und theologischen Gründen entsprangen und, wie bei Gerson, lediglich darauf abzielten, die Kirche auf ihre eigentlichen geistlichen Aufgaben zurückzuführen, sie von allem weltlichen und äußeren Ballast zu befreien, wirkten sie objektiv zugunsten einer Stärkung des Staates gegenüber der Kirche, förderten sie dessen Verweltlichung und Verselbständigung.

Diese Entwicklung mußte dazu beitragen, den Weg für einen Staat bürgerlichen Charakters freizumachen. Der Verfall und schließlich die völlige Entartung des Papsttums und der gesamten kirchlichen Hierarchie, ihre eigene moralisch-politische Aushöhlung durch die Ware-Geld-Beziehungen, wirkten ebenfalls fördernd auf die Herausbildung oppositioneller Staatsauffassungen bürgerlichen Typs. Dies vor allem in Deutschland, das zum wichtigsten Ausbeutungsobjekt der römisch-katholischen Kirche geworden war und dem – im Gegensatz zu Frankreich und Spanien – die Kraft fehlte, um sich das Papsttum vom Halse zu schaffen oder es sich gar selbst dienstbar zu machen.

Unter dem unmittelbaren Eindruck der politischen Knebelung und wirtschaftlichen Ausplünderung Deutschlands durch die Papstkirche sowie unter dem Einfluß des Studiums älterer oppositioneller Staatstheorien gelangte daher Luther zu der Forderung, daß die materielle politische Gewalt der römischen Kirche gebrochen und ausschließlich in die Hände des Staates, der weltlichen Macht, gelegt werden müßte. Es war insbesondere die vom römischen Papst völlig abhängige politische Stellung des deutschen Kaisers und die unbeschränkte wirtschaftliche und politische Knechtung Deutschlands durch die Papstkirche, wodurch Luther zur nationalen Opposition gegen die überkommenen und geheiligten katholischen Staatslehren gedrängt wurde.

> „Es ist gerade, als müßten die Deutschen vor allen Christen auf Erden" – so formulierte er seinen nationalen Standpunkt des Protestes gegen Rom – „des Papstes und des römischen Stuhls Gockelnarren sein, müßten tun und leiden, was sonst niemand leiden noch tun will." [162]
>
> Oder: „Es gebührt dem Papst nicht, sich über die weltliche Gewalt zu erheben." – „Der Papst soll über den Kaiser keine Gewalt haben ... Das Kapitel Solite, worin die päpstliche Gewalt über die kaiserliche Gewalt erhoben wird, samt allen, die sich darauf gründen oder davor fürchten, ist nicht einen Heller wert." [163]

In diesen Sätzen appellierte Luther an den „christlichen Adel deutscher Nation", forderte er von ihm, gewaltsam mit den kirchlichen Anmaßungen Schluß zu machen und Deutschland aus der Vormundschaft des Papstes zu befreien.

Getrieben durch die heftigen Auseinandersetzungen, die nach seinem Thesenanschlag begannen, ging Luther schließlich noch einen wichtigen Schritt über alle bisherigen Staatsauffassungen hinaus. Er forderte nicht nur Selbständigkeit des Staates gegenüber der Kirche. Er begnügte sich nicht einmal mehr mit der Forderung nach Herstellung der Gleichberechtigung von Kirche und Staat, sondern verlangte nun bereits direkt die *Unterordnung der Kirche unter den Staat.* Er proklamierte damit die entscheidende Ausweitung und Stärkung der staatlichen Autorität.

> „Nun sieh," – so schrieb Luther 1520 – „wie christlich das eingerichtet und gesagt ist, daß die weltliche Obrigkeit nicht über die Geistlichkeit sein und sie auch nicht strafen solle. Das heißt ebensoviel, als wenn die Hand nichts dazu tun soll, wenn das Auge große Not leidet. Ist es nicht unnatürlich, vielmehr unchristlich, wenn ein Glied dem anderen nicht helfen, seinem Verderben nicht wehren soll?... Darum sag ich, man soll, weil die weltliche Obrigkeit von Gott verordnet ist, die Bösen zu strafen und die Frommen zu schützen, ihr Amt frei und ungehindert durch den ganzen Leib der Christenheit hingehen lassen und dabei nicht die Person ansehen, gleichviel wen sie trifft, Papst, Bischof, Pfaffen, Mönche, Nonnen oder was es ist. Denn wenn das genügt, die weltliche Gewalt zu hindern, daß sie unter den christlichen Ämtern geringer als das Amt der Prediger und Beichtiger oder der geistliche Stand ist, so sollte man auch die Schneider, Schuster, Steinmetzen, Zimmerleute, Köche, Kellner, Bauern und alle zeitlichen Handwerke verhindern, dem Papst, den Bischöfen, Priestern, Mönchen Schuhe, Kleider, Häuser, Essen und Trinken zu machen oder Zinsen zu geben... Darum soll die weltliche christliche Gewalt ihr Amt frei und ungehindert üben, ohne darauf zu sehen, ob es der Papst, Bischof oder Priester sei, den sie trifft. Wer schuldig ist, der leide! – Was das geistliche Recht dawider sagt, ist lauter erdichtete römische Vermessenheit." [164]

Damit redete Luther einer Entwicklung das Wort, die objektiv durchaus im Zuge des weiteren gesellschaftlichen Fortschritts lag. Der Staat mußte zu seiner Zeit mit historischer Notwendigkeit zum Machtinstrument des nationalen Bürgertums werden, um aktiv in den Dienst des nationalen bürgerlich-kapitalistischen Fortschritts gestellt werden zu können. Er mußte in die Lage versetzt werden, seine Rolle als Geburtshelfer der neuen Ordnung spielen zu können.

Angesichts dieser wirklich nicht zu übersehenden Zusammenhänge zwischen den objektiven Erfordernissen des gesellschaftlichen Lebens und den von Luther verfochtenen Staatstheorien mutet es geradezu lächerlich an, wenn Wangemann behauptet: „Luthers Ansichten über den Staat sind in erster Linie als eine religiöse Offenbarung zu werten." [165]

Aus den theologischen Konzeptionen Luthers – die ja ihrerseits erst auf dem Boden der neu entstehenden materiellen Lebensverhältnisse der Gesellschaft erwachsen waren – ergab sich schließlich, daß die von Luther geforderte „Verinnerlichung" des religiösen Lebens nur möglich sein konnte, wenn die bis dahin von der katholischen Kirche verwirklichten „äußeren" Funktionen staatlichen Charakters der Kirche entwunden und vom Staat selbst in eigene Regie übernommen wurden.

Entsprechend seiner „Lehre von den beiden Reichen" forderte Luther, daß einerseits die Kirche nur die geistlichen (und keine weltlichen), daß andererseits aber auch der Staat nur die weltlichen (und keine geistlichen) Funktionen übernehmen und verwirklichen sollten.

> „Denn meine ungnädigen (Kirchen- G. F.) Herren, Papst und Bischöfe" – schrieb Luther – „sollten wahre Bischöfe sein und Gottes Wort predigen. Das lassen sie und sind weltliche Fürsten geworden, regieren mit Gesetzen, die nur Leib und Leben betreffen. Fein haben sie es umgekehrt: innerlich sollten sie durch Gottes Wort die Seelen regieren, nun aber regieren sie auswendig Schlösser, Städte, Land und Leute... Ebenso sollten auch die weltlichen Herren (nur) Land und Leute äußerlich regieren. Das lassen sie. Sie konnten nicht mehr als schinden und schaben, einen Zoll auf den andern, einen Zins über den andern setzen... Darum verkehrt auch Gott ihren Sinn, daß sie widersinnig zu fahren und geistlich über Seelen regieren wollen..." [166]

Die von Luther geforderte *Trennung der Funktionen von Staat und Kirche* betonte ausdrücklich die historisch notwendig gewordene Unabhängigkeit des Staates von kirchlicher Bevormundung. Mit dem Bibelwort „Es gibt keine Obrigkeit, die nicht von Gott" (unmittelbar) wäre, insbesondere durch Bezugnahme auf Römer 13,1 und 1. Petrus 2,14 verwarf Luther die Unterstellung der weltlichen Macht unter das Kommando des Papstes. Hiermit schuf er die *theologische Begründung für das unmittelbare fürstliche „Gottesgnadentum"*.

> „Wir müssen zunächst" – so trat Luther für die Festigung der Staatsmacht ein – „das weltliche Recht und Schwert auf einen sicheren Grund stellen, damit nicht jemand daran zweifle, es sei von Gottes Willen und eine Gottesordnung in der Welt." [167]

An die Stelle des bisherigen kosmopolitisch-universalen Absolutismus des Papstes setzte Luther auf diese Weise den territorial-begrenzten fürstlichen Absolutismus. Sofern dieser fürstliche Absolutismus nationalen Charakter trug, sich auf das Territorium der gesamten Nation erstreckte und sich einer zentralistischen Verwaltung bediente, konnte er – wie beispielsweise in Frankreich – zum entscheidenden Machtinstrument bei der Durchsetzung oder doch zumindest Vorbereitung der kapitalistischen Produktionsweise im nationalen Rahmen werden. Wir wissen aber, daß die besonderen sozialen und politischen Verhältnisse Deutschlands in der ersten Hälfte des 16. Jahrhunderts die von Luther anfangs entfachte progressive nationale Bewegung sehr bald wieder erstickten.

Die von Luther ausgelöste Reformation, die ursprünglich zwar auf *ganz* Deutschland abzielte, schließlich aber doch nur uneinheitlich und unvollkommen, politisch und territorial begrenzt zu Ende geführt wurde, führte in Deutschland nicht zur Schaffung eines einheitlichen und zentralisierten Nationalstaates. Statt einer einheitlichen und starken staatlichen Zentralgewalt, die Luther anfangs dem Kaiser anzutragen versuchte, entstanden in Deutschland zahllose von der römisch-katholischen Kirche zwar emanzipierte und einer gewissen bürgerlich-kapitalistischen Entwicklung auch durchaus förderliche, aber territorial äußerst kümmerliche absolutistisch regierte Kleinstaaten, entstand eine partikularistische Dezentralisation der Staatsgewalt, die der weiteren deutschen Nationalentwicklung und der umfassenden Durchsetzung kapitalistischer Produktionsverhältnisse ernsthafte Hindernisse in den Weg legte.

Auf der Grundlage des Augsburger Religionsfriedens vom 25. September 1555, der zunächst zum Abschluß der Reformation in Deutschland führte und den inzwischen erreichten, höchst uneinheitlichen Zustand besiegelte, galt schließlich die Regel „cujus regio, ejus religio". Der jeweilige absolute Herrscher bestimmte damit „souverän", was seine Untertanen zu glauben hatten – was übrigens im völligen Gegensatz zu der von Luther immer wieder geforderten Gewissensfreiheit des Christen stand, die jede Obrigkeit zu garantieren hätte.

War im Ergebnis des Lutherschen Auftretens der Staat von der Kirche frei geworden, war auch die neu entstandene deutsche protestantische Kirche von Rom frei geworden, so war der Staat nunmehr aber zum Herren der Luther-Kirche geworden. War früher der Staat ein Instrument in der Hand der alten Kirche, so wurde jetzt die neue Kirche zum Machtinstrument jedes einzelnen Staates selbst.

Die Entwicklung zur staatlichen Souveränität, zur Befreiung des Staates von der Kirche und schließlich zur Unterordnung der neuen Kirche unter den Staat hatte sich in Deutschland unter dem entscheidenden ideologischen Einfluß der Lutherschen Staatslehren durchgesetzt; allerdings in einer dezentralistisch kleinstaatlich beschränkten Weise, die in Form des Partikularismus viel Unheil über Deutschland bringen sollte.

Hatte Luther die vom Primat der Kirche bestimmte Einheit von Kirche und Staat vernichtet und die Freiheit des Staates von der Kirche durchgesetzt, hatte er dem Staat eine selbständige Aktivität im gesellschaftlichen Leben zuerkannt, so war er nunmehr auch gezwungen, sich näher über die einzelnen Aufgaben des Staates selbst zu äußern. – Welche Aufgaben überantwortete Luther dem Staat?

Der Staat, so meinte Luther, wäre auf Grund der „Bosheit der Menschen" notwendig. Solange es noch nicht allerwärts christlich zuginge auf dieser Welt, müsse der Staat für „Ordnung" sorgen. „Wenn alle Welt rechte Christen, d. h. rechte Gläubige wären, so wäre kein Fürst, König, Herr, kein Schwert noch Recht not oder nütze!" [168] Weil es aber nun leider immer mehr „Böse" denn „Fromme" auf Erden gäbe, meinte Luther, müßte es einen Staat geben, der „Frieden" stiftet und „böse Werke" verhindert. „Aber die Ungerechten tun nichts, was recht ist; darum bedürfen sie des Rechts. Dieses muß sie lehren, zwingen und dringen, wohl zu tun!" [169] Mit der Religion allein wäre hier nichts auszurichten, war Luthers Überzeugung:

„Wer darum ein ganzes Land oder die Welt mit dem Evangelium zu regieren sich unterwinden sollte, das wäre ebenso, als wenn ein Hirte in einen Stall

Wölfe, Löwen, Adler, Schafe zusammentäte und alle frei untereinander gehen ließe." [170]

Ohne Staat, nur mit der Religion, sagte Luther, „würde eins das andere fressen, daß niemand könnte Weib und Kind ziehen, sich nähren und Gott dienen".[171] „Darum muß man diese beiden Regimente mit Fleiß scheiden und beide bestehen lassen: eins, das fromm macht; das zweite, das äußerlich Frieden schafft und bösen Werken wehrt." [172]

Es ist klar, daß Luther, der vom Staat die Erhaltung von „Frieden" und „Ordnung" verlangte, darunter nichts anderes verstand als die Sicherung der zu seiner Zeit „normalen" Ausbeutungsbedingungen, nicht aber etwa die Beseitigung der ihm „natürlich" erscheinenden Ausbeutung selbst. Wir haben bereits gesehen, mit welcher Schärfe er während des Bauernkrieges gegen alle wirklich revolutionären Auffassungen vom „Gemeinwohl" vorgegangen ist. Wir werden noch näher zu zeigen haben, was Luther selbst unter „Gemeinwohl", „Eintracht" und „sozialen Frieden" verstand.

Luther, der den angeblich von Gott selbst verordneten Staat als eine über den Klassen stehende und allen Klassen – Wölfen und Schafen – gleichermaßen dienende gesellschaftliche Einrichtung auffaßte und darstellte, forderte das *aktive Eingreifen des Staates in nahezu alle gesellschaftlichen Verhältnisse und Beziehungen.* Dieses staatliche Eingreifen in alle Bereiche des gesellschaftlichen Lebens – des „äußeren Lebens der Menschen" – sollte nach Luther im Interesse eines allmählichen, friedlichen und angemessenen Fortschritts erfolgen. Es sollte, wenn wir es objektiv betrachten, den bürgerlich gemäßigten gesellschaftlichen Fortschritt aus der feudalen Beschränktheit heraus ermöglichen und damit das möglichst friedliche Heranwachsen des Kapitalismus im Schoße des Feudalismus fördern und sichern.

Hierbei forderte Luther, um jeden „gefährlichen" Sprung in der gesellschaftlichen Entwicklung zu vermeiden, die genaue und sorgfältige Berücksichtigung der konkreten Bedingungen und Traditionen des jeweiligen Landes. Regierungsformen und Rechtsnormen sollten sich organisch den bestehenden Verhältnissen anpassen. Diese Forderung Luthers lief objektiv der in Deutschland notwendig gewordenen nationalen Zentralisierung aller Staatsgewalt entgegen. Sie begünstigte die Entwicklung der deutschen Kleinstaaterei und wirtschaftlichen Zerrissenheit.

Die vollständige und einheitliche Übernahme des der entstehenden kapitalistischen Produktionsweise angemessenen, weil eindeutig auf dem Privateigentum gegründeten römischen Rechts, wurde durch die ausdrückliche Sanktionierung der vielfältigen noch bestehenden feudalen Landesrechte durch Luther wesentlich erschwert. „Es dünkt mich gleich", schrieb Luther an den auf seine Sonderrechte pochenden deutschen Adel, „daß Landrecht und Landsitten den kaiserlichen gemeinen Rechten vorgezogen werden und die kaiserlichen nur zur Not gebraucht werden. Wollte Gott, daß, wie ein jegliches Land seine Eigenarten hat, es auch mit eigenen kurzen Rechten regiert werde ... Die weitläufigen und fern gesuchten

Rechte sind nur Beschwerung der Leute, mehr Hindernis denn Förderung der Sachen.“ [173]

Auch diese Rechtsauffassung Luthers, die der ökonomischen und politischen Einigung Deutschlands entgegenwirkte, stand, wie übrigens Ward – allerdings lobend – richtig feststellt, „im Einklang mit seinem Wunsche, daß der Fortschritt eines Landes nach Maßgabe seiner allmählichen Selbstentwicklung, nicht aber durch Revolution oder Anwendung von Gewaltmaßnahmen (von unten GF.) geschehen sollte“.[174]

Luther ordnete dem Staat zwei Hauptfunktionen zu: das „Wehramt“ und das „Nähramt“. Auf ein drittes wichtiges „Amt“ des Staates, das „Lehramt“, das Luther jedoch vor allem der Kirche vorbehalten wissen wollte, teilweise aber ebenfalls bereits dem Staat übertrug – Volksschule, Gymnasium – sei hier nur am Rande verwiesen; obwohl auch dieses „Amt“ bedeutsame Auswirkungen auf ökonomischem Gebiet – insbesondere durch Hebung des Bildungsniveaus, Steigerung der beruflichen Qualifikationen usw. – hat.

Dem „Wehramt“ – „welches den Unchristen und Bösen wehret, daß sie äußerlich müssen Frieden halten“ [175] – übertrug Luther die *Verwirklichung der Zwangsfunktionen des Staates nach innen und außen.* Dabei wurden von ihm grundsätzlich alle inneren und äußeren Feinde des jeweiligen Staates – ganz gleich, ob sie Christen oder Nichtchristen waren – als „Unchristen“ und „Böse“ denunziert, die bekämpft werden müßten. Wir erinnern uns der wenig schmeichelhaften Titel, die Luther den aufständischen, immerhin aber doch durch und durch christlichen deutschen Bauern beilegte und deren Vernichtung er forderte. Um gar keine Unklarheiten etwa darüber aufkommen zu lassen, daß der Staat berechtigt sei, seine Zwangsfunktion durch Anwendung auch der brutalsten Gewalt zu verwirklichen, erklärte Luther ausdrücklich:

> „Weil das Schwert von Gott eingesetzt ist, die Bösen zu strafen, die Frommen zu schützen und Frieden zu sichern (Römer 13, 1; 1. Petr. 2, 14), so ist es auch gewaltiglich genug bewiesen, daß Kriegen und Würgen von Gott eingesetzt ist; auch alles, was Kriegslauf und -recht mit sich bringt.“ [176]

Wie streitbar der Friedensapostel Luther durchaus sein konnte, zeigte uns bereits sein mordgieriges Auftreten während des deutschen Bauernkrieges. Bei Ausübung der Zwangsfunktion des Staates, vor allem im Krieg nach innen und außen, forderte Luther mit Nachdruck den rücksichtslosesten Einsatz der materiellen Gewalt:

> „Alsdann so laßt’s gehen und hauet drein. Seid denn Männer und beweist euern Harnisch. Da gilt’s denn nicht mit Gedanken kriegen.“ [177]
> Oder: „In solchem Kriege ist es christlich und ein Werk der Liebe, die Feinde getrost würgen, rauben und brennen und alles tun, was schädlich ist, bis man sie nach Kriegsart überwindet.“ [178]

Für den Fall übrigens, daß dem einzelnen Kriegsteilnehmer unklar sein sollte, auf welcher Seite das Recht und vor allem Gott stände, gab Luther die weise, jeden Krieg auch zwischen Christen und „christlichen Staaten“ rechtfertigende und später vom preußisch-deutschen Militarismus im Kampf gegen alle „defätistischen Elemente" immer wieder so arg strapazierte Antwort: „Gott hilft dem Stärksten!"[179] Mit dem Wort „Gott ist da, wo die stärksten Bataillone sind" rechtfertigten die preußisch-deutschen Militaristen schließlich ihre zutiefst unchristlichen Willkür- und Gewaltakte, fordern sie heute die Atombewaffnung der westdeutschen Bundesrepublik.

Das „Wehramt", dessen getreuliche und strenge, „zornige" Verwirklichung Luther dem Staat immer wieder nahelegte, diente letztlich der *Sicherung der ökonomischen Basis der Gesellschaft mit den Mitteln der Gewalt.* Luthers Staatstheorie verkündete auf diese Weise die Geburtshelferrolle der staatlichen Gewalt in jener Periode, als im Schoße des Feudalismus die kapitalistischen Produktionsverhältnisse heranreiften. Leider erwiesen sich die fürstlichen Geburtshelfer als unfähig, in Deutschland einen „gesunden Kapitalismus" auf die Welt zu bringen.

Forderte Luther vom „Wehramt" den Einsatz der nackten Gewalt zur Sicherung des inneren und äußeren Friedens, zur Gewährleistung der allgemeinen Ausbeutungsbedingungen, so stellte er dem *„Nähramt"* die Aufgabe, das gesamte soziale und wirtschaftliche Leben der Gesellschaft aktiv zu gestalten, zu organisieren und zu leiten.

Was bis dahin die römisch-katholische Universalkirche u. a. auch mit Hilfe ihrer allseitigen kanonischen Lehren – beispielsweise mit ihrer „Lehre vom gerechten Preis" oder mit ihren Wuchergesetzen – auf wirtschaftlichem Gebiet leistete bzw. jetzt schon auf Grund der neuen ökonomischen Verhältnisse nicht mehr zu leisten imstande war, das übertrug Luther nunmehr auf den Staat. Die „Nähramts"-Aufgaben, die Luther dem Staat stellte und die er immer wieder sehr eingehend erläuterte, umfaßten schlechterdings das gesamte wirtschaftliche und soziale Leben.[180] Sie bezogen sich auf Handel und Verkehr genauso wie auf das Kredit- und Zinswesen, auf die Armenpflege und das Familienleben genauso wie auf Fragen des Schulwesens – der Heranziehung arbeitstüchtiger Staatsbürger, auf Kleidervorschriften und Luxusbeschränkungen usw. Von der Obrigkeit forderte Luther ganz allgemein und umfassend ausgedrückt, daß sie lehre und sorge, „wie man soll Haus und Hof, Land und Leute regieren, Geld und Gut gewinnen, reich und gewaltig werden – hie zeitlich auf Erden."[181]

Luther orientierte damit ausdrücklich auf die *Entwicklung einer bürgerlich-weltlichen Lehre von der Ökonomie* schlechthin. Er gab auf diese Weise insbesondere einen ersten *Anstoß zur späteren Ausbildung der sogenannten Kameralwissenschaften in Deutschland.* Er erweist sich damit auch in dieser Hinsicht als einer der ältesten und einflußreichsten Nationalökonomen Deutschlands.

Wie Luther die Verwirklichung der „Nähramts"-Funktion des Staates im einzelnen auffaßte, von welchen konkreten ökonomischen Vorstellungen und wirtschaftspolitischen Grundsätzen er sich hierbei leiten ließ, werden wir in den folgenden Abschnitten ausführlich darzustellen haben. Hier genügt uns die Feststellung, daß Luther dem Staat grundsätzlich eine *höchst aktive ökonomische Rolle* zusprach. Er orientierte ihn damit grundsätzlich richtig auf die Förderung der herankeimenden kapitalistischen ökonomischen Basis der Gesellschaft. Das entsprach der historischen Aufgabe des Staates an der Schwelle des Übergangs vom Feudalismus zum Kapitalismus. Die konservativen, teilweise feudal-reaktionären Züge seiner Staatsauffassung, die wir andeuteten, werden hierbei durch ihren vorwiegend progressiven Charakter überschattet.

„Es ist jetzt nicht mehr eine Welt wie vorzeiten, wo ihr die Leute wie das Wild jagtet und triebt" – so orientierte Luther die Fürsten auf die Berücksichtigung des heranwachsenden Neuen in Wirtschaft und Gesellschaft. „Darum laßt euren Frevel und Gewalt, und denkt darauf, recht zu handeln!" Oder: „Der gemeine Mann wird verständig und die Strafe der Fürsten, die Gott contemptum (Verachtung) heißt, geht unter dem Pöbel und gemeinen Mann gewaltiglich daher. Ich habe Sorge, dem werde nicht zu wehren sein, wenn sich die Fürsten nicht fürstlich stellen und wieder anfangen, mit Vernunft und säuberlich zu regieren." [182]

Luther forderte jedoch vom Staat nicht nur eine außerordentlich breite wirtschaftliche und soziale Betätigung, die der „Vernunft" und damit schließlich den objektiven Entwicklungsgesetzen entsprechen sollte. Als ökonomisch und praktisch denkender Theoretiker übersah er auch nicht, daß der Staat selbst ganz bestimmte und sichere *ökonomische Grundlagen und Quellen* für die Aufrechterhaltung seiner Macht und zur Verwirklichung seiner Aufgaben haben müßte: „Darum soll und kann ein Fürst oder Herr nicht arm sein; denn er muß allerlei solche Güter zu seinem Amt und Stand haben." [183] Also forderte er: „Darum muß man auch der Obrigkeit Rent, Zinse und Schoss geben, davon sie sich möge erhalten und also ihres Amtes warten." [184]

Als der Rat der Stadt Erfurt bei Luther einmal Klage wegen der ihm zu groß erscheinenden finanziellen Belastung führte, die ihm das an den Fürsten abzuführende „Schutzgeld" auferlegte, schrieb Luther: „Ich möchte gerne wissen, ob die Stadt Erfurt ihr Geld besser anlegt, wenn sie Schutz und Frieden damit kauft." [185] In dieser Äußerung Luthers zeigt sich sehr prägnant das zu seiner Zeit bestehende Bündnis zwischen dem Stadtbürgertum und dem fürstlichen Absolutismus.

Als sich Bauern einmal bei Luther über die immer größer werdenden Abgaben beklagten, die ihnen nach dem Bauernkrieg von den feudalen Ausbeutern auferlegt wurden, hielt ihnen Luther entgegen: „Aber dagegen sehen sie nicht, daß ihre Äcker und Wiesen, Haus und Hof im guten Frieden sind. Diese Sicherheit macht ihnen die Obrigkeit. Daohne könnten sie nicht eine Stunde lang sicher schlafen in ihren Häusern. Diese Sicherheit und solch großes Gut sieht man nicht." [186] Der auf diese Weise von Luther gerechtfertigte Ausgleich von „Leistungen" und „Gegenleistungen" zwischen dem Staat und seinen Bürgern – genauer gesagt: zwischen Ausbeutern und Ausgebeuteten –, der übrigens von Luther bezeichnenderweise bereits in Geldform „verrechnet" wurde, darf wohl sicher als ein früher historischer Keim jener späteren bürgerlichen Auffassungen vom „Gesellschaftsvertrag" (J. J. Rousseau) betrachtet werden, sofern hierbei der weite historische Abstand und die großen qualitativen gesellschaftlichen Unterschiede, die beide Auffassungen voneinander trennen, gebührend berücksichtigt werden.

Kommen wir aber nun zur näheren Erfassung der ökonomischen Vorstellungen Luthers selbst!

Betrachten wir zunächst die Ansichten, die Luther im engsten Zusammenhang mit seiner Staatsauffassung von der ständischen Gliederung der Gesellschaft vertrat. Sie zeigen uns, welche Einsichten Luther in die Klassenstruktur der Gesellschaft gewann.

2. Luthers Auffassungen von den Ständen und Berufen

Trug Luthers Staatsauffassung bei überwiegend progressiver bürgerlicher Grundtendenz zugleich auch einen ausgeprägt konservativen und in mancher Hinsicht sogar einen ausgesprochen feudalen Charakter, so gilt das gleiche auch für seine Vorstellungen von der Gliederung der Gesellschaft in Klassen, Stände und Berufe. Auch hier kreuzen sich progressive und reaktionäre, vorwärtsweisende und rückwärts gerichtete Gedanken, deren Widersprüchlichkeit am sinnfälligsten dokumentiert, daß wir es bei Luther mit einem Ideologen zu tun haben, der in einer geschichtlichen Übergangsperiode wirkte.

Sprach sich Luther einerseits noch ausdrücklich für die Beibehaltung der typisch feudalen Leibeigenschaftsverhältnisse aus, fand er sie „natürlich“ und „gottgewollt“, so gab er andererseits aber auch – und das ist das entscheidende Neue in seiner Ideologie – den bestehenden und erstarkenden *bürgerlichen* Verhältnissen die „göttliche Weihe“. So reflektierte Luther die bereits stark mit bürgerlichen Elementen durchsetzte feudale Gesellschaftsstruktur seiner Zeit und die ihr eigentümliche ständische Gliederung. Den Sinn des Ständewesens sah Luther darin, „daß also vielerlei Werk alle in eine Gemeinde gerichtet seien, Leib und Seele zu fördern; gleich wie die Gliedmaß des Körpers als eins dem andern dient.“ Im Sinne der christlichen Nächstenliebe erklärte Luther: „Ein jeglicher soll mit seinem Amt oder Werk dem anderen nützlich und dienstbar sein.“ [187] Indem Luther die Notwendigkeit aller bestehenden Funktionen in der Gesellschaft *gleichermaßen* anerkennt – „gleich wie die Gliedmaß des Körpers“ –, verwischt er die wesentlichen Unterschiede zwischen der gesellschaftlichen Arbeitsteilung auf der einen, der ständischen und vor allem klassenmäßigen Gliederung der Gesellschaft auf der anderen Seite. Eine tiefere Einsicht in die Klassenstruktur der Gesellschaft seiner Zeit wird ihm auf diese Weise nicht möglich.

Als Repräsentant des reformierten Christentums verkündete Luther nach der „Gottesliebe“ und untrennbar mit dieser verbunden – diese gewissermaßen bekräftigend und bestätigend – die „Nächstenliebe“ als das wichtigste Gebot Gottes, um dessen Erfüllung der evangelische Christ sich in erster Linie ständig bemühen müsse.[188] Die Nächstenliebe will Luther im weltlichen Leben allseitig aktiv verwirklicht sehen, auch und gerade in der *gewissenhaften Erfüllung der Berufs- und Standespflichten.*

Auf die Frage „Wer ist mein Nächster?“ antwortete Luther in einer Predigt vom 22. August 1529: „Wir nennen Gesell, Obrigkeit, Vater, Mutter, Schwester, Bruder,

Weib, Kinder." [189] Der Begriff „Nächster" schließt damit für Luther jegliche menschliche Beziehung ein. Er ist eine in die religiöse Form gefaßte soziale Kategorie.

Der soziale Inhalt des Lutherschen Begriffs der Nächstenliebe – treffender noch des „Nächstendienstes" – zeigt sich in der von Luther erhobenen Forderung, daß jedes Glied der Gesellschaft, jeder Stand, jeder Beruf dem Ganzen und auch einander wechselseitig – „dem Nächsten oder der Gemeinde" – dienen und helfen müsse.[190] Indem Luther die Nächstenliebe in Form der gewissenhaften und sorgfältigen Erfüllung der Berufs-, Amts- und Standespflichten unmittelbar zum Gottesdienst erklärte, schuf er *äußerst wirksame Antriebe zum aktiven Handeln des Menschen im weltlichen* Bereich.[191] Diese religiöse Predigt Luthers vom Nächstendienst war eindeutig progressiv. Sie stand im diametralen Gegensatz zu der weltabgewandten christlichen Lehre der feudalen katholischen Kirche, die im faulen Müßiggang des Mönchslebens, im bloßen Beten, Fasten, Kasteien sowie in allseitiger naturwidriger Enthaltsamkeit und Passivität das Ideal höchster Religiosität gesehen hatte.

> „Auch" – so lesen wir eine theologisch sachkundige Erklärung der Lutherschen Haltung – „der Staat oder, wie Luther stets sagt, ‚die weltliche Obrigkeit', auch das häusliche und soziale Leben, Ehe, Besitz, Erwerb sind für sich, unabhängig von der Kirche, Gottesordnungen. So wenig ist darum das Priesteramt oder das Mönchstum der einzige göttliche Stand auf Erden, daß vielmehr jeder Hausvater, jeder Arbeiter in irgendwelchen Stand und Beruf Gott auf seine Weise dient, wie der Geistliche in seinem Beruf, ja viel mehr einen göttlicheren Beruf hat als der Mönch mit seiner selbstgewählten Weltflucht, in der er sich den Pflichten gegenüber den Nächsten entzieht." [192]

Luthers diesseitsbezogene, den realen Erfordernissen des natürlichen und gesellschaftlichen Lebens Rechnung tragende Predigt vom aktiven Nächstendienst – die theologisch u. a. auch aus seiner evangelischen Grundlehre von der allgemeinen Priesterschaft der Gläubigen herauswuchs –, sein heftiger Kampf gegen Weltflucht, Faulheit und Müßiggang, seine ständige Aufforderung an die Christen zum aktiven persönlichen Einsatz im weltlichen Leben [193], all das entsprach vollauf dem historischen *Übergang von der ökonomischen Trägheit des feudalen Mittelalters zur wirtschaftlichen Aktivität der bürgerlich-kapitalistischen Neuzeit, von der passiven Lethargie des Feudalismus zur aktiven Ruhe- und Rastlosigkeit des Kapitalismus im wirtschaftlichen Bereich.*

Die religiöse Verschwommenheit des Lutherschen Appells an die allgemeine menschliche Aktivität im weltlichen Leben schloß selbstverständlich nicht die reaktionäre Aktivität aus.

Im Gegensatz zu Thomas Müntzer, der an die im Alten Testament literarisch widergespiegelte jüdisch-patriarchalische Sozialordnung anknüpfte und diese als „gottgewollt" wiederherzustellen versuchte, erkannte jedoch Luther die Notwendigkeit der bestehenden Stände und Standesunterschiede ausdrücklich an, behauptete er, jeder Beruf und jeder Stand – also auch jede Klasse – sei eine

„Stiftung Gottes“. „Das Gesetz Moses ist tot!“ [194], betonte Luther immer wieder, um jede radikale und revolutionäre Schlußfolgerung aus der alttestamentarischen Sozialordnung zu verhindern.[195]

Luther fragte nicht unmittelbar nach der Stellung der Menschen zu den Produktionsmitteln, nach ihrer Rolle in der gesellschaftlichen Produktion und nach der Art und Weise, wie sie Anteil an den Ergebnissen der gesellschaftlichen Produktion nehmen. Er brach lediglich mit der alten scholastischen und zum Hemmnis der weiteren gesellschaftlichen Entwicklung gewordenen Lehre des Katholizismus, die die Passivität des Menschen predigte und besagte, daß es ein direktes Ergebnis des Sündenfalls sei, wenn die Menschen ungleich sind und daher auch verschiedene Positionen in der Pyramide des feudalen Gesellschaftsaufbaus einnehmen.

Die im hierarchischen System des Feudalismus auf das Äußerste ausgebildete und auch rein äußerlich – z. B. in der Kleiderordnung – streng fixierte soziale Ungleichheit der Menschen, die Verschiedenheit ihrer sozialen Lage selbst, vermochte Luther nicht in ihren tiefsten ökonomischen Ursachen zu erfassen. Als Ideologe einer Ausbeuterklasse war ihm der Blick hierfür verschlossen, mußte er die sozialen Gegensätze und Unterschiede als etwas „Natürliches“ und „Gottgewolltes“ auffassen. Was Luther vermochte und worin durchaus seine Leistung in dieser Hinsicht gesehen werden darf, das ist die unmittelbare Zurückführung der sozialen Ungleichheit der Menschen auf Gott. In dieser religiösen Form steckt eine spezifische Annäherung der christlichen Ideologie an die neue, mit bürgerlichen Elementen durchsetzte gesellschaftliche Realität, die wir keineswegs übersehen dürfen.

Gott selbst, so lehrte Luther, habe die Menschen ungleich geschaffen. Aber, so fügte er sogleich hinzu, Gott habe das nicht getan – wie es die katholische Kirche bis dahin gelehrt hatte –, um die Menschen auf diese Weise zu bestrafen oder zu belohnen. Er tat es in der weisen Absicht, so begründet Luther seine *Lehre von der gesellschaftlichen Arbeitsteilung*, um auf diese Weise die Gesellschaft als Ganzes überhaupt erst lebensfähig zu machen und damit auch dem einzelnen Menschen Lebensfähigkeit zu sichern.

Die menschliche Gesellschaft – so reflektierte Luther die Tatsache und Notwendigkeit der Arbeitsteilung in der Gesellschaft seiner Zeit – könne nicht nur aus Fürsten oder nur aus Bäckern, nicht nur aus Schriftgelehrten oder nur aus Schneidern bestehen. Wie der menschliche Körper aus verschiedenen Organen und Gliedern bestehe und jedes für das Leben des ganzen Organismus wichtig sei, so müsse auch von jedem Stand und jedem Beruf „das rechte Maß“ in der Gesellschaft vorhanden sein, wenn sie Bestand haben soll.

> „In der Welt und irdischen Regiment ist's wohl also: da muß es ungleich sein; ein Stand und ein Werk höher, edler und besser denn andere.“ [196]
>
> „Ein Fürst ist eine andere Person denn ein Prediger, eine Magd eine andere Person denn ihre Frau; ein Schulmeister eine andere Person denn ein Bürgermeister. Darum sollen oder können sie nicht einerlei Wesen oder Weisen führen.“ [197]

„Aber nun hat's Gott also geschaffen, daß die Menschen ungleich sind und einer den anderen regieren, einer dem anderen gehorchen soll." [198]

Die Klassenunterschiede und -gegensätze, die Luther unmittelbar mit der gesellschaftlichen Arbeitsteilung identifiziert, werden auf diese Weise gerechtfertigt und als von Gott selbst verordnet gepriesen. Ihre Anerkennung, Beachtung und Erhaltung ist nach Luther ein Gebot Gottes. Gerade in dieser Hinsicht setzte Luther durchaus die antike und mittelalterliche Tradition der christlichen Ideologie als ein wesentliches Moment des Überbaues einer Ausbeutungsordnung konsequent fort, paßte er die christliche Lehre lediglich den neuen gesellschaftlichen Bedingungen an.

Selbst in den Äußerlichkeiten wollte der bürgerliche Schöpfer des „verinnerlichten" evangelischen Christentums die sozialen Unterschiede peinlich genau gewahrt wissen. In geradezu pedantischer Weise forderte Luther die strenge Beachtung der von Gott angeblich selbst verordneten Standes- und Berufsunterschiede bis in das letzte Detail der Lebensführung hinein. Im Hinblick auf Kleidung und Wohnung, Essen und Trinken forderte Luther in noch echt feudaler Weise:

„Ich achte, ein Bauer wäre wohl geschmückt, wenn er zur Hochzeit noch eins so gute Kleider trüge, als er täglich in seiner Arbeit trägt, ein Bürger auch so; und ein Edelmann noch eins so wohl geschmückt als ein Bürger; ein Graf noch eins so als ein Edelmann; ein Fürst noch eins so wohl als ein Graf, und so fort an. Also auch mit Essen und Trinken und Gäste-haben sollte es sich nach der Stände Würde richten." [199]

(Wir werden später noch bei Betrachtung der Lutherschen Auffassungen vom Lohn dem Begriff der „ziemlichen Nahrung" [200] begegnen, der mit den hier wiedergegebenen Vorstellungen Luthers von der streng zu unterscheidenden Standes-Kleidung, Standes-Wohnung und -Haushaltsführung usw. voll identisch ist.)

Immer wieder klagte und jammerte der Apologet der feudalen Ständegliederung, Luther, der alle Christen nur „innerlich", nur „theoretisch" (abstrakt) gleichstellte, sie nur in seiner theologischen Theorie als gleichermaßen wertvolle und gleich liebe „Kinder Gottes" [201] ansah:

„Ein jeglicher will dem anderen gleich sein!" [202]

„Jedermann will Kaufmann und reich werden!" [203]

Diese Rechtfertigung und Verteidigung der Klassenstruktur der noch überwiegend feudalen Gesellschaft seiner Zeit kennzeichnet im wesentlichen die eine, die apologetisch-konservative, ja noch ausgesprochen rückständige Seite der Lutherschen Auffassungen von den Ständen und Berufen. Wollten wir aber bei dieser Feststellung stehenbleiben, so würden wir nicht das Neue und Progressive erfassen, das Luthers Auffassungen als Bestandteil der bürgerlichen und damit einer historisch höheren Ausbeutungsform entsprechenden Ideologie kennzeichnet.

Bei aller Hochschätzung, die der staatsfromme Fürstendiener Luther besonders den „Herren" – dem Adel und besonders den Fürsten – entgegenbrachte; und unter voller Berücksichtigung der Tatsache, daß die von Luther vorgenommene

Beweihräucherung der von Gott eingesetzten Obrigkeit und ihrer Ämter objektiv der Erhaltung des feudalen Systems diente, vollbrachte Luther dennoch auch auf diesem Gebiet eine äußerst entscheidende Leistung im Dienste des bürgerlich-kapitalistischen Fortschritts. Luther gab nämlich nicht nur der Obrigkeit, sondern *allen Ständen in gleicher Weise* die göttliche Weihe. Unter Anerkennung, ja Betonung ihrer unterschiedlichen Rolle und Bedeutung im weltlichen Leben ließ er alle Stände und alle Berufe vor Gott *gleich* werden: „Ob wir für die Welt ungleich sind, so sind wir doch für Gott alle gleich, Adams Kinder, Gottes Kreatur, und je ein Mensch ist des anderen wert.“ [204] „Der Herr ist und bleibt Herr, der Sklave ist und bleibt Sklave. Das Christentum schafft soziale Rang- und Standesunterschiede nicht ab“, – so erklärt uns Prof. D. Rietschel Luthers Lehre – „es gleicht sie sittlich aus.“ [205]

Als Kind seiner Zeit wählte Luther zwangsläufig den Umweg über den lieben Gott, um in dieser religiösen Form die *bürgerliche Gleichheit* zu proklamieren. Er stärkte auf diese Weise den bis dahin offiziell als minderwertig angesehenen und geringschätzig behandelten bürgerlichen Kräften das Selbstbewußtsein. Indem er ausdrücklich auch ihre unbedingte Notwendigkeit und Nützlichkeit für den Bestand der Gesellschaft anerkannte und betonte, schuf er wichtige ideologische Elemente jenes Überbaues, dessen historische Aufgabe die Förderung der heranwachsenden neuen ökonomischen Basis der Gesellschaft war. In religiöser Hülle verkündete Luther das *bürgerliche Gleichheitsstreben* u. a. in den folgenden Sätzen:

> „Wir sehen es nicht für eine sonderliche Ehre an, daß wir Gottes Kreatur sind. Aber daß einer ein Fürst und großer Herr ist, da sperrt man Augen und Maul auf, obwohl doch derselbe nur eine menschliche Kreatur ist, wie es St. Petrus nennt (1. Epist. 2,13) und ein nachgemacht Ding. Denn wenn Gott nicht zuvor käme mit seiner Kreatur und machte einen Menschen, dann würde man keinen Fürsten machen können. Und dennoch klammern alle Menschen danach, als sei es ein köstlich, groß Ding, so doch dies hier viel herrlicher und größer ist, daß ich Gottes Werk und Kreatürlein bin.
>
> Darum sollen Knechte und Mägde und jedermann solcher hohen Ehre sich annehmen und sagen: *ich bin ein Mensch,* das ist je ein höher Titel, denn ein Fürst sein. Ursache: den Fürsten hat Gott nicht gemacht, sondern die Menschen; daß ich aber ein Mensch bin, hat Gott allein gemacht.“ [206]

In solchen Sätzen formuliert Luther die frühe bürgerliche *Erklärung der Menschenrechte,* bahnt er dem demokratischen, nach Gleichheit und Freiheit strebenden Bürgertum den Weg in die Zukunft, reißt er im Geiste des Humanismus wichtige ideologische Schranken nieder, die der weiteren bürgerlich-kapitalistischen Entwicklung hinderlich sind.

Der auf Ruhe und Ordnung bedachte, jede soziale Unruhe seit den Erfahrungen des Bauernkrieges ängstlich fürchtende Luther vertrat die konservative Auffassung, jeder Mensch müsse grundsätzlich in seinem Stand und Beruf bleiben, weil er dort von Gott selbst hingestellt – eben „berufen“ – worden sei: „Schuster bleib bei deinem Leisten!“

„Gott dienen heißt," erklärte Luther, „wenn man in dem Stand bleibt, da dich Gott eingesetzt hat, daß Mann Mann, Weib Weib bleibe, Kaiser Kaiser, Bürger Bürger bleibe und ein jeder in seinem Stand lerne Gott erkennen und preise ihn; so dienet er ihm recht." [207]

Dieses zunächst ausgesprochen konservativ-traditionalistische Element griff Luther jedoch an einem sehr wesentlichen Punkt an. In einer für die damaligen Verhältnisse und Auffassungen geradezu antifeudalen ketzerischen Weise behauptete er nämlich, die Stände seien durchaus *nicht erblich,* der Übergang von einem Stand zum anderen sei möglich und erlaubt.

„Müssen denn alle Fürsten und Edel bleiben, die als Fürsten und Edel geboren sind?" – so fragt Luther.

Und er antwortet: „Was schadet es, ein Fürst nähme eine Bürgerin und ließe sich's begnügen an eines ziemlichen Bürgers Gut? Wiederum eine edle Magd nähme auch einen Bürger? – Es wird auf die Dauer nicht angehen, daß eitel Adel und Adel heiraten!" [208]

Wenn sich hier im Grunde genommen historisch nichts anderes ankündigt, als die dann später ja auch in Deutschland so besonders kraß zustande gekommene „Liebesheirat" zwischen Junkertum und Bourgeoisie, zwischen Feudalismus und Kapitalismus, so trägt diese soziale „Gleichmacherei" Luthers in seiner Zeit dennoch entschieden progressive Züge.

Wir glauben nicht fehlzugehen, wenn wir annehmen, daß Luther zu diesen demokratischen Auffassungen wesentlich auf Grund unmittelbarer persönlicher Erfahrung gelangt ist. Sein eigener Vater war vom Tagelöhner zum reichen Bürger aufgestiegen, fungierte zeitweise als bergbaulicher Berater der Mansfelder Grafen. Andererseits sah Luther genügend verkommene, menschlich wie politisch gleichermaßen untüchtige Fürsten und Adlige um sich herum, deren sozialen Abstieg er nur wünschen, als gerecht und natürlich empfinden konnte.

Luthers Auffassungen von der Möglichkeit des sozialen Auf- und Absteigens, sein hiermit verbundener *Protest gegen die Privilegien des Geburtsadels,* widerspiegeln seine vielfältigen Erfahrungen mit kraftstrotzenden, energischen und arbeitsamen Bürgern auf der einen, mit moralisch deklassierten und parasitären Adligen auf der anderen Seite.

3. Luthers Lehre von der Arbeit und vom Eigentum

Arbeit und Eigentum sind die wichtigsten allgemeinen und grundlegenden Kategorien des ökonomischen Denkens. Sie widerspiegeln den entscheidenden ökonomischen Inhalt des gesellschaftlichen Lebens überhaupt. In der Erkenntnis der Arbeit und des Eigentums und in der Stellungnahme zu diesen Grundfragen des wirtschaftlichen Seins zeigt sich daher auch am prägnantesten der Reifegrad und Charakter der ökonomischen Verhältnisse wie auch des ökonomischen Denkens selbst. Unsere Aufgabe wird es deshalb sein, einmal den Charakter der Haltung Luthers zur Arbeit und zum Eigentum und damit den wesentlichen Hauptinhalt seines gesamten ökonomischen Denkens zu erfassen und zum anderen dann – auf dieser Grundlage – den historischen Platz zu bestimmen, den die Auffassungen Luthers von der Arbeit und vom Eigentum in der geschichtlichen Entwicklung des ökonomischen Denkens einnehmen.

Stecken wir zunächst einmal die äußersten historischen und ideologischen Grenzen, Voraussetzungen und Folgen der Vorstellungen Luthers von der Arbeit ab!

Galt in der auf *Sklaverei* beruhenden Produktionsweise die Arbeit in der materiellen Produktion als *menschenunwürdig*, war es daher auch naheliegend, daß von seiten der herrschenden und ausbeutenden Klasse nicht weiter über die entscheidende Rolle und Bedeutung der Arbeit für die Existenz und Entwicklung der menschlichen Gesellschaft nachgedacht wurde, wurden die Menschen, die in dieser Produktionsweise die elementare und lebensnotwendige physische Arbeit leisteten, nicht einmal eigentlich als Menschen, sondern eben als Sklaven, als zufälligerweise Menschenanlitz tragende Tiere oder „sprechende Werkzeuge" gewertet, so fehlte hier der entscheidende Ausgangspunkt für eine wesentliche Weiterentwicklung sowohl der ökonomischen Praxis als auch des ökonomischen Denkens.

„Die Kriegskunde" – so lehrte beispielsweise Aristoteles – „ist im gewissen Sinne von Natur eine Erwerbskunde. Denn die Jagdkunst ist ein Teil von ihr, und sie kommt gegen Tiere teils, teils gegen solche Menschen zur Anwendung, die von Natur zu dienen bestimmt sind, aber nicht freiwillig dienen wollen, so daß ein solcher Krieg dem Naturrecht entspricht."

Oder an anderer Stelle:

„Doch gibt es eine Wissenschaft des Herrn wie auch eine des Sklaven, eine Wissenschaft des Sklaven z. B. wie jene war, die der Mann in Syrakus lehrte; dort brachte nämlich jemand für Geld den jungen Sklaven die gewöhnlichen Dienstleistungen bei. Eine solche Anleitung läßt sich aber auch weiter ausdehnen, kann z. B. die Kochkunst und andere solche bessere Arten des Dienstes umfassen. Denn die Verrichtungen sind verschieden, und diese ist angesehener, jene notwendiger als die andere ... Das sind also lauter Wissenschaften oder Fertigkeiten für Sklaven; die Wissenschaft des Herrn aber besteht darin, daß er die Sklaven zu verwenden weiß ... Diese Wissenschaft hat aber nichts Großes und Ehrwürdiges an sich. Denn was der Sklave zu tun wissen muß, daß muß der Herr anzuordnen wissen. Wer also sich nicht selbst damit zu plagen braucht, überläßt diese Ehre dem Hausmeister und beschäftigt sich selbst mit den Staatsangelegenheiten oder der Philosophie." [209]

Die Sklaverei als historisch erste und gröbste Form der Ausbeutung des Menschen durch den Menschen zerbrach schließlich nicht zuletzt auch an der allgemeinen Verachtung der Arbeit und der dadurch noch ideologisch wesentlich verstärkten Stagnation der gesellschaftlichen Produktivkräfte. Der antike Produzent war schließlich an der ihm mit brutaler Gewalt aufgezwungenen Arbeit und an der Steigerung ihrer Produktivität nicht im geringsten interessiert.

Mit der Herausbildung der *feudalen Produktionsweise* trat hierin eine erste entscheidende Änderung ein. Die Arbeit des nach dem antiken Sklaven neu in die

Geschichte eintretenden Produzenten – des leibeigenen und hörigen Bauern –, die zeitlich und räumlich sehr sichtbar in notwendige und Mehrarbeit, in Arbeit für den Produzenten selbst und in Arbeit für seine Ausbeuter geschieden war, die also zu sehr wesentlichen Teilen bereits die persönliche Initiative des Produzenten voraussetzte, mußte auch – eben um das produktivitätssteigernde Interesse des neuen Produzenten zu wecken – gesellschaftlich anerkannt, als menschenwürdig geachtet werden. Der feudale Produzent selbst mußte damit als Mensch, wenn auch zunächst noch als völlig minderwertiger Mensch, gesellschaftlich anerkannt werden. Eine erste teilweise und nur sehr *bedingte gesellschaftliche Anerkennung der Arbeit und des arbeitenden Menschen* in der feudalen Produktionsweise erfolgte in der religiösen Form des von der mittelalterlichen römisch-katholischen Kirche vertretenen Christentums. Als die umfassend herrschende Ideologie des Feudalismus nahm das mittelalterliche Christentum auch zur Arbeit Stellung. Dabei widerspiegelten die scholastischen „ökonomischen Lehren" der mittelalterlichen christlichen Theologie sehr deutlich den spezifischen Charakter der Arbeit in der feudalen Produktionsweise.

Das Wesentliche war hierbei zunächst die religiöse Ableitung der Arbeit aus dem angeblichen Sündenfall der Menschheit. „Im Schweiß deines Angesichts sollst du dein Brot essen!" – so lautete der Fluch, mit dem Gott angeblich den sündig gewordenen Menschen aus dem Paradies vertrieben haben soll (1. Moses 3,19). Die Arbeit, so etwa lehrte es beispielsweise der an der Tübinger Universität wirkende letzte große Scholastiker Gabriel Biel (1430–1496) in seinen Vorlesungen über die „Dogmatik", sei „eine Form der Buße". Sie könne der Wiedergutmachung des vom Menschen beim Sündenfall angerichteten wirtschaftlichen Schadens dienen.

Die geistige Beschäftigung mit wirtschaftlichen Fragen und nicht zuletzt die Arbeit selbst waren damit offiziell vom religiösen Standpunkt aus als berechtigt und notwendig anerkannt; allerdings nur insoweit sie nicht von der durch die Kirche geforderten und geregelten Hauptbeschäftigung des Menschen – von seiner allerdings höchst unproduktiven Beschäftigung mit Gott – ablenkte. Immerhin aber war die Arbeit damit ideologisch als notwendig und nützlich anerkannt und weitgehend vom alten Makel und Fluch der Menschenunwürdigkeit befreit. Sie war nun „nur noch" die Konsequenz eines Fluches Gottes.

Diese bedingte ideologische Anerkennung der Arbeit entsprach vollauf der gegenüber der Sklaverei höheren Ausbeutungsform des Feudalismus. Sie übte zunächst auch einen durchaus progressiven Einfluß auf die Steigerung der Arbeitsproduktivität zugunsten der ausbeutenden feudalen Klassen aus. Jede Steigerung der Arbeitsproduktivität, die sich ja letzten Endes in einer entsprechenden Vergrößerung des feudalen Mehrprodukts niederschlug, trug in dieser religiösen Sicht nicht nur, ja nicht einmal in erster Linie zur Bereicherung der feudalen Ausbeuter bei. Sie befreite vor allem die Ausgebeuteten – so wenigstens stellte es die feudale kirchliche Glaubenslehre hin – von der „Erbsünde".

Letzteres galt natürlich im ganz besonderen Maße und vor allem für jene Arbeit, die zur Grundlage des von der Kirche selbst zur angeblichen „Sündenbefreiung" auf so vielfältige und raffinierte Weise eingetriebenen Mehrproduktes wurde. Insbesondere war die Arbeit „heilig", die die Masse der einfachen Gläubigen instand setzte, nicht nur den üblichen „Zehnten" an die Kirche abzuführen, sondern darüber hinaus auch noch der Kirche in großer Menge Ablaßbriefe, Heiligenbilder, Reliquien, Kerzen und andere „heilige", angeblich der Sündenvergebung dienende „Waren" für bares Geld abzukaufen. Diese Mehrarbeit der einfachen Gläubigen war es ja schließlich, die nicht nur die materiellen Grundlagen für die römisch-katholische Kirche, für das luxuriöse Wohlleben und sittenlose Prassen des gehobenen Klerus, für großartige Kirchenbauten und für die von der Papstkirche geführten Kriege lieferte, sondern zugleich auch das von der Kirche gepriesene und geförderte Faulenzerdasein hunderttausender bettelnder und frömmelnder Mönche und Nonnen sicherte.

Diese bedingte und recht zielgerichtete Anerkennung der Arbeit durch die auf äußere Frömmigkeit und „Werkheiligkeit" gerichtete feudale katholische Kirche war jedoch nur das eine. Ein weiteres Charakteristikum der feudalen christlichen Lehren von der Arbeit bestand in der *streng hierarchischen Rangordnung und moralisch-sittlichen Differenzierung der Arbeit* selbst. Nach den allgemein anerkannten, später sogar offiziell heilig gesprochenen Soziallehren des Thomas von Aquino war zwar die Arbeit grundsätzlich „gottwohlgefällig"; doch galt das keineswegs für jede Arbeit im gleichen Maße. Die körperliche Arbeit wurde allgemein als „niedrig", die geistige, vor allem aber die „geistliche" Arbeit jedoch als „edel" bewertet, – um hier nur die Extreme in der vom heiligen Thomas begründeten ethischen „Rangordnung der Arbeit" zu markieren. In weitgehender Entsprechung der tatsächlich gegebenen streng hierarchisch gegliederten ökonomischen Struktur der feudalen Gesellschaft lehrte die thomistische Theologie, daß die qualitativ verschiedenen Arbeiten auch angeblich sehr verschieden in ihrer „sündenbefreienden Wirkung" seien und daß sich deshalb auch die Menschen, die sie jeweils leisteten, entsprechend ihrer sozialen Stellung innerhalb des feudalen Gesellschaftsaufbaues, in einer sehr verschiedenen „Entfernung vom Throne Gottes" befänden. Die scholastisch-logische und zugleich auch außerordentlich praktisch-ökonomische Konsequenz dieser theologisch-kasuistischen Spitzfindigkeit bestand schließlich darin, daß natürlich *die* Menschen, die auf Grund des minderen Wertes, der geringeren *Qualität* und weniger sündenlösenden Bedeutung ihrer Arbeit am weitesten von Gott entfernt stehen – also in erster Reihe die physisch schwer arbeitenden leibeigenen und hörigen Bauern – allen Grund hätten, sich anzustrengen, um wenigstens durch die größere *Quantität* ihrer mehrproduktschaffenden Arbeit dem lieben Gott „näher" kommen zu können.

Der typisch feudale und daher in seiner progressiven Wirksamkeit auch historisch nur sehr eng begrenzte Charakter dieser mittelalterlichen religiösen Anschauungen von der Arbeit liegt auf der Hand. „Im Mittelalter" – so schrieb Engels – „bildete sich das Christentum genau in dem Maße, wie der Feudalismus sich entwickelte, zu der diesem entsprechenden Religion aus, mit entsprechender feudaler Hierarchie."[210] Die mittelalterlichen katholischen Lehren von der Arbeit bestätigen diese Feststellung auf das Treffendste.

Selbstverständlich mußten die christlich-feudalen Lehren von der Arbeit früher oder später zu einem ernsthaften Hemmnis der am Ausgang des Feudalismus einsetzenden bürgerlich-kapitalistischen Entwicklung werden. Es war der bürgerliche Reformator des Christentums, Luther, der ihnen einen ersten vernichtenden Schlag versetzte und hierbei, ebenfalls noch in religiöser Form, die *bürgerliche Auffassung von der Arbeit begründete.*

Beruht die *Warenproduktion* letztlich ganz allgemein auf der „demokratischen" *Gleichsetzung der menschlichen Arbeit* schlechthin, abstrahiert sie praktisch – lange bevor ihr noch die theoretische Abstraktion folgen kann – von der Vielfältigkeit und Differenzierung der konkreten gebrauchswertbildenden Arbeit, ist es die abstrakte, allgemein menschliche Arbeit als Wertsubstanz, worauf die Vergleichbarkeit und damit auch die Austauschbarkeit der zur Ware, zur Einheit von Gebrauchswert und (Tausch-)Wert gewordenen Produkte der menschlichen Arbeit beruht, so mußte sich diese grundlegende ökonomische Tatsache im Zuge der fortschreitenden Ausdehnung der Warenproduktion und -zirkulation während des ausgehenden Mittelalters früher oder später auch im gesellschaftlichen Bewußtsein widerspiegeln.

Der entschiedene Bruch mit den feudalen katholischen Lehren von der Arbeit – insbesondere aber mit der von der mittelalterlichen katholischen Kirche geheiligten feudalen „Rangordnug der Arbeit", die gleichzeitig die Arbeit des neuen bürgerlichen Typus völlig negierte bzw. nur einseitig unterbewertete – war daher eine der ersten allgemeinen Voraussetzungen und grundlegenden Bedingungen für die Herausbildung und Durchsetzung *moderner bürgerlicher Arbeitsauffassungen,* die den weiteren gesellschaftlichen Fortschritt entsprechen und aktiv fördern konnten.

In der Überwindung der feudalen „ökonomischen Lehren" der mittelalterlichen scholastischen Theologie, die einseitig auf die gebrauchswertschaffende und sozial noch dazu aufs äußerste differenzierte konkrete Arbeit orientierten, bestand eine der ersten allgemeinen ideologischen und frühen historischen Voraussetzungen für die spätere Herausbildung der *klassischen bürgerlichen Arbeitswertlehre,* auf deren Grundlage sich dann schließlich das ökonomische Denken zum wissenschaftlichen Denken entfaltete und die Politische Ökonomie als bürgerliche Wissenschaft ihren Anfang nahm. Es war Luther, der mit seinen Lehren von der Arbeit sehr wesentlich zur Schaffung dieser Voraussetzungen beigetragen hat.

Schon die Auffassungen Luthers von den Ständen und Berufen ließen erkennen, daß und auf welche spezifische Weise Luther den historisch notwendig gewordenen *ideologischen Bruch mit den katholischen Arbeits- und Berufsauffassungen* vollzog. Gemäß den in seiner Zeit immer sichtbarer werdenden Erfordernissen des bürgerlichen Fortschritts erklärte Luther zunächst einmal die Arbeit unmittelbar zum „Gottesdienst" selbst. In Anwendung seiner „Lehre von den beiden Reichen" erklärte er, daß der gläubige Christ seine Liebe zu Gott in erster Linie durch Nächstenliebe, durch den Dienst an seinem Nächsten im irdischen Leben zu beweisen und verwirklichen habe. Damit erfülle er zugleich auch seine weltlichen Pflichten, erweise er sich als „dienstbarer Knecht und jedermann untertan".

„Müßiggang", – so erklärte Luther in seiner Predigt am 27. Juni 1529 – „ist Sünde wider Gottes Gebot, der hier Arbeit befohlen hat. Zum anderen sündigst du gegen deinen Nächsten!" [211]

Der Mensch soll mit seiner Arbeit dem Nächsten dienen, verlangte Luther.[212] Wie der Vogel zum Fliegen, so sei der Mensch zur Arbeit geboren.[213]

Rückte Luther auf diese Weise die *Arbeit im Beruf* mit unübersehbarem Nachdruck in den Vordergrund, sah er in der Arbeit – wie es auch schon das erstmalig von ihm geprägte deutsche Wort „Beruf" selbst ausdrückt – eine unmittelbare Berufung durch Gott, so entsprach das vollkommen der wachsenden Bedeutung der Arbeit im anbrechenden bürgerlichen Zeitalter. Es bedeutete insbesondere den konsequenten Bruch mit den auf Müßiggang, Faulheit und Bettelei orientierenden religiösen Anschauungen des feudalen Katholizismus, die zum ernsthaften Hemmnis für die weitere Entwicklung der gesellschaftlichen Produktivkräfte geworden waren. Das von Luther religiös begründete bürgerliche *Arbeits- und Berufsethos* diente damit historisch der *Freisetzung unermeßlicher Arbeitsenergien und bisher brachliegender Arbeitskräfte*. Es entsprach damit vollauf den Anforderungen der sich vorbereitenden kapitalistischen Produktionsweise.

Die von Luther vollzogene Wandlung in der Einstellung zur Arbeit zeigt sich u. a. auch sehr deutlich in seiner Haltung zur christlichen Armenpflege. Auch hier opponiert der bürgerliche Christ Luther gegen die bis dahin herrschenden feudalen christlichen Lehren und Praktiken.

Als bürgerlicher Ideologe sah Luther nicht mehr in der Armut bedingungslos eine Tugend, sondern vor allem in der Arbeit. Er forderte Arbeit von denen, die arbeiten konnten. „Wer nicht arbeitet, soll auch nicht essen!", so zitierte er aus dem 2. Brief des Paulus an die Thessaloniker (3, 10). Nur die, die entweder noch nicht oder nicht mehr arbeiten können, sollen von der Gesellschaft, von der Gemeinde unterhalten werden; und zwar ohne daß sie darum erst betteln müssen.

Hatte die auf Askese und „Werkheiligkeit" versessene katholische Kirche bis dahin das bedingungslose Almosengeben gefordert und selbst auch nachhaltig gefördert, im Ergebnis dessen aber doch nur eine noch größere Faulheit und wachsende Armut aufgezogen, so verlangte Luther in seiner Leisniger „Ordnung des gemeinen Kastens" (1523), daß sich die evangelischen Gemeinden seiner Kirche jeden Bettler erst einmal genauestens ansehen sollten, ehe sie ihm Almosen zur Befriedigung seiner notwendigsten Bedürfnisse geben.[214] Im übrigen aber sollten sie jeden arbeitsfähigen Bettler zur Arbeit zwingen oder ihn im Weigerungsfalle als arbeitsscheuen „faulen Schelm" kurzerhand davonjagen, weil er seine Pflichten als Nächster nicht erfülle. Der arbeitsfähige Müßiggänger, so erklärte Luther, füge seinem Nächsten einen doppelten Schaden zu: er lebe von dessen Arbeitsfleiß und könne ihm, falls er selbst einmal in Not geraten sollte, nicht helfen.[215]

Diese nachdrückliche Betonung der Arbeit, ihre sittliche und moralische Würdigung und Hochschätzung, ist einer der wichtigsten Bestandteile des gesamten ökonomischen Denkens Luthers. Es ist der entscheidende Beitrag, den Luther als Ideologe zur Steigerung der gesellschaftlichen Arbeitsproduktivität in der Periode der Vorbereitung der kapitalistischen Produktionsweise leistete. Es ist zugleich auch sein wichtigster Beitrag zur Entwicklung des ökonomischen Denkens im allgemeinen und insbesondere zur Herausbildung und Entwicklung des bürgerlichen ökonomischen Denkens und nicht zuletzt zur Vorbereitung der klassischen Politischen Ökonomie des Bürgertums.

Vor allem war es die von Luther vorgenommene ethisch-religiöse *Gleichsetzung aller menschlichen Arbeiten*, seine theologische Predigt, daß *jede*, auch die geringste Arbeit Gott gleichermaßen lieb und wert sei [216], was den *bürgerlichen Charakter* seiner Auffassung von der Arbeit ausmachte.

> „Wenn du eine geringe Hausmagd fragst, warum sie das Haus kehre, die Schüsseln wasche, die Kühe melke, so kann sie sagen: Ich weiß, daß meine Arbeit Gott gefällt, sintemal ich sein Wort und Befehl für mich habe.“ [217]
>
> Oder:
>
> „Ein Hausvater, der sein Haus in Gottesfurcht regiert, seine Kinder und Gesinde in Gottesfurcht und Erkenntnis zu Zucht und Ehrbarkeit zeucht, der ist in einem seligen heiligen Stand. Auch eine Frau, die der Kinder wartet mit Essen- und Trinkengeben, Wischen, Baden, die darf nach keinem heiligeren gottseligeren Stand fragen. Auch Knecht und Magd im Hause, wenn sie tun, was ihre Herrschaft sie heißet, so dienen sie Gott und sofern sie an Christum glauben, gefällt es Gott weit besser, wenn sie die Stube kehren oder Schuhe auswischen denn aller Mönche Beten, Fasten, Messehalten und was sie mehr für hohe Gottesdienste rühmen.“ [218]

„Wir sehen also:“ – sagte Engels – „die Religion, einmal gebildet, enthält stets einen überlieferten Stoff, wie denn auf allen Gebieten die Tradition eine große konservative Macht ist. Aber die Veränderungen, die mit diesem Stoff vorgehen, entspringen aus den Klassenverhältnissen, also aus den ökonomischen Verhältnissen der Menschen, die diese Veränderungen vornehmen.“ [219]

Mit dieser bürgerlich-christlichen Lehre von der ethisch gleichberechtigten Arbeit schuf Luther wirksame Antriebe zur Entfaltung der menschlichen Arbeit im allgemeinen und insbesondere in ihrer bis dahin nicht anerkannten *bürgerlichen Form*. Wenn Luther den Inhalt der christlichen Nächstenliebe mit dem Bibelwort ausdrückte: „Was ihr wollt, das euch die Leute tun sollen, das tut auch ihnen!“ so entsprach das durchaus den vom Wertgesetz regulierten objektiven Verhältnissen des Äquivalenten-Austauschs unter den Bedingungen der Warenproduktion, die sich zur Zeit Luthers auf der Grundlage einer ständig sich erweiternden gesellschaftlichen Arbeitsteilung mehr und mehr entfaltete. *Luthers Lehre von der gleichberechtigten Arbeit des Menschen für den Menschen* machte objektiv die Produktion von Wert – und später vor allem von Mehrwert – zunächst vor Gott und schließlich auch vor den Menschen selbst „gesellschaftsfähig“.

Der noch völlig im religiösen Denken und Empfinden befangene Produzent jener frühkapitalistischen Epoche – ganz gleich, ob leibeigener oder höriger Bauer, Zunfthandwerker, Meister, Geselle oder früher Proletarier – wurde durch die Luthersche Predigt zur fleißigen und disziplinierten Arbeit und zu gewissenhafter Erfüllung seiner beruflichen Pflichten erzogen. Er wurde damit zugleich auch, wie wir bereits sahen, zur bedingungslosen Unterordnung unter seine Herrn und Ausbeuter – unter die von Luther ausdrücklich anerkannten objektiven und juristischen Gesetze der irdischen Welt – erzogen.

Der zum Typus gewordene deutsche „Pflicht- und Arbeitsmensch" mit seiner „eisernen Disziplin" und pedantischen Genauigkeit, mit seinem tierischen Ernst und einem bis zur äußersten Unmoral gesteigerten Kadavergehorsam ist nicht zuletzt auch das widerspruchsvolle Produkt der Lutherschen Lehren von der Arbeit. – Sehr richtig mußte daher auch Max Weber zugeben, daß die „sittliche Qualifizierung des weltlichen Berufslebens eine der folgenschwersten Leistungen der Reformation und also speziell Luthers war." [220] – Und selbst ein Wilhelm Röpke muß sich in diesem Zusammenhang sowie unter Berücksichtigung der penetranten Staatsfrömmigkeit Luthers das Eingeständnis abringen: „Ohne allen Zweifel hat das Luthertum die politische, geistige und soziale Geschichte Deutschlands in einer Weise beeinflußt, die man, alles wohl erwogen, nur als verhängnisvoll bezeichnen kann." [221]

Die prinzipielle ethische Gleichsetzung der menschlichen Arbeit in allen ihren konkreten Formen schloß für Luther allerdings auch nicht eine gewisse – ebenfalls religiös gesehene – *Differenzierung der Arbeit hinsichtlich ihrer schöpferischen Fähigkeiten und Kräfte* (Produktivität) aus. Diese von Luther vorgenommene Differenzierung der Arbeit hinsichtlich ihrer schöpferischen Kraft ist jedoch in keiner Weise mit der „sozialen Differenzierung" identisch, wie sie bis dahin von der thomistischen Scholastik gelehrt worden war. Luther ordnet die Arbeit im Hinblick auf ihre schöpferische, hervorbringende Kraft zunächst erst einmal ganz allgemein der *Natur* unter. Die Natur, so meinte er, stehe Gott entsprechend der biblischen Schöpfungsgeschichte am nächsten, näher als der Mensch mit seiner Arbeit. Erst habe Gott die Natur, dann den Menschen geschaffen.

Entkleidet der religiösen Verbrämung können wir sagen, daß Luther verständlicherweise die „hervorbringende Kraft" der Natur deutlicher und unmittelbarer sieht als die schöpferische Kraft der menschlichen Arbeit. Er lebt schließlich in einer Zeit, wo die Verbindung des Menschen zur Natur noch relativ sehr eng und unmittelbar war, wo der Großteil der menschlichen Arbeit noch unmittelbar in der *Landwirtschaft* geleistet wurde und daher in starkem Maße von Naturbedingungen abhängig war. *Luther ist in dieser Hinsicht ein früher Vorläufer der Physiokraten.*

Die Schöpferkraft der Natur wie der Arbeit führte Luther als religiöser Ideologe gleichermaßen auf den „Segen Gottes" zurück. „Gott muß schicken, wenn's soll glücken." Ohne Glauben an Gott, so meinte Luther, ruhe auf der Arbeit kein Segen, bleibe sie unfruchtbar, unproduktiv oder wirke sie sich gar zerstörerisch, destruktiv aus.[222] Arbeit ohne Glauben hieße, wie er sagt, „Gott erzürnen, weil du vornimmst zu tun, was ihm allein zu tun gebührt" [223]. Unter diesen theologischen Gesichtspunkten wird es auch verständlich, wenn Luther die *Arbeit in der Landwirtschaft und im Bergbau* – also die unmittelbar mit der Natur verbundene und daher für ihn auch am stärksten von „Gottes Segen" abhängige Arbeit – am höchsten bewertete, als *produktivste Arbeit* ansah. „Die Nahrung kommt" – sagte er – „stracks vom Himmel." [224]

Die Arbeit des Bauern, die in der thomistischen Lehre am niedrigsten geschätzt wurde, bewertete Luther am höchsten, erstens weil sie am unmittelbarsten mit der Natur verbunden ist und zweitens, weil sie am sichtbarsten im „Dienst am Nächsten" steht, die Bedürfnisse des Nächsten stillen hilft. Da sie überdies auf Grund der stets begrenzten Bodenfruchtbarkeit vom Bauern den Einsatz der ganzen Person fordert, lasse sie auch kein dem Nächsten schädliches *egoistisches Gewinnstreben* zu und bewahre somit das christliche Gewissen des bäuerlichen Produzenten vor „Anfechtungen".[225] Den Erfurter Waid-Anbau wollte Luther gerade aus diesem Grund gern durch Getreidebau ersetzt sehen, da letzterer weniger dem Gelderwerb, denn der Bedürfnisbefriedigung diene.[226]

Alle Arbeiten, die von der Natur entfernter stehen – z. B. die Arbeit im ebenfalls von Luther noch recht hoch bewerteten Handwerk, noch stärker aber die Arbeit im Transport und vor allem im Handel, ganz besonders aber schließlich die egoistische, auf reinen Gelderwerb gerichtete wucherische „Arbeit" im Waren- und besonders Geldhandel, die dem Nächsten nicht dient, sondern ihn ausplündert und ausbeutet, also alle Arbeiten und Tätigkeiten, deren Zusammenhang mit der Natur und damit auch zu Gott nicht mehr so unmittelbar oder gar völlig zerrissen war – galten ihm entsprechend geringer, schienen ihm unproduktiver bzw. wurden von ihm – was die letztgenannten betrifft – direkt verurteilt, als „gottlos" und „fluchwürdig" hingestellt.

Wir werden diesen *ausgesprochen naturalwirtschaftlichen Charakter des ökonomischen Denkens Luthers* an späterer Stelle noch näher zu präzisieren haben.

Luthers Auffassungen von der Arbeit stehen im unmittelbaren inneren Zusammenhang mit seinen Vorstellungen vom *Eigentum*. Indem Luther die Arbeit als Nächstendienst grundsätzlich und ohne Einschränkung mit dem Heiligenschein göttlicher Weihe umgab, indem er sie vorbehaltlos und ausdrücklich in allen ihren Formen als Berufung Gottes, als Auftrag Gottes an den einzelnen Christen zum irdischen Nächstendienst interpretierte, rechtfertigte er zugleich auch die bestehenden privaten Eigentumsformen und die sich hierauf gründenden ökonomischen Verhältnisse.

In der privaten Arbeit des einzelnen Christen, die für Luther Nächstendienst ist, die also Arbeit des Menschen für den Menschen ist und als solche einen bestimmten *gesellschaftlichen Charakter* trägt, erkennt Luther zugleich auch die Basis des Privateigentums. Doch so, wie er der privaten Arbeit eine sittliche Grundlage und Weihe gibt, indem er sie als *gesellschaftlich notwendig* erklärt, gibt er auch dem Privateigentum eine gesellschaftsbezogene ethische Begründung und Rechtfertigung, fordert er, daß es ebenfalls – „als ob es Gemeingut wäre" [227] – in den Dienst am Nächsten gestellt, also *sittlich gebraucht* werden solle. Indem Luther für den Christen als Privateigentümer Pflichten gegenüber dem Nächsten und der Gesellschaft ableitet, die sich aus dessen Privateigentum ergeben – „Eigentum verpflichtet!" –, liefert er zusätzlich zu der bisherigen „göttlichen" eine durchaus irdische, reale Rechtfertigung des Privateigentums. Indem diese Begründung des Privateigentums unmittelbar aus den gesellschaftlichen Bedingungen, aus dem feudalen Lehnrecht, vor allem aber aus den Produktions- und Austauschverhältnissen der Warenproduktion entspringt, dient sie deren weiterer Entfaltung. Da Luther in seiner christlichen Rechtfertigung des Privateigentums mit Nachdruck vom Standpunkt der Warenproduktion ausging, orientierte seine Eigentumskonzeption historisch richtig auf die Anerkennung der wirtschaftlichen, sozialen und politischen Gleichberechtigung und Freiheit des städtischen Bürgertums. Darin gerade bestand das entscheidende Neue in den Eigentumsvorstellungen Luthers, die im übrigen jedoch – eben als Ideologie des Privateigentums – keineswegs einen scharfen Bruch mit den alten feudalen Eigentumslehren der katholischen Kirche darstellten, diese nicht etwa revolutionär überwanden, sondern lediglich evolutionär „reformierten".

Wie eng konservativ, keineswegs scharf antifeudal, ausschließlich auf das *Privateigentum schlechthin* orientiert, die „gleichmacherischen" und „demokratischen" bürgerlichen Eigentumslehren Luthers waren, zeigt am besten der von Luther selbst mit größter Heftigkeit geführte Kampf gegen die von Müntzer inspirierten und organisierten aufständischen deutschen Bauern, als diese während des Bauernkrieges mit den alttestamentarischen biblischen Lehren vom Gemeineigentum an Grund und Boden ernst zu machen versuchten. Damals und bis an sein Lebensende verteidigte Luther auch das feudale Eigentum, einschließlich der Leibeigenschaft, gegenüber allen praktischen und theoretischen Angriffen, indem er es ebenfalls ausdrücklich als von Gott gestiftet hinstellte.

Das private Eigentum, so erklärte Luther grundsätzlich, sei seit dem Sündenfall eine notwendige gesellschaftliche Einrichtung geworden.[228] Jeder Mensch solle ein so großes privates Eigentum haben, wie zur Führung eines „standesgemäßen Lebens" notwendig sei.[229] Da Luther, wie wir gezeigt haben, alle bestehenden Stände als notwendig anerkannte, war damit auch ausdrücklich das feudale Privateigentum von ihm anerkannt worden. Das private Eigentum war damit von Luther nicht auf die private Arbeit des Eigentümers allein zurückgeführt, sondern *unterstellte auch die Ausbeutung fremder Arbeit,* wie ja auch die von Luther geforderte Arbeit des Menschen für andere Menschen (Nächsten) nicht nur die auf Austausch gerichtete Arbeit des einfachen Warenproduzenten zum Inhalt hatte, sondern auch die Arbeit für die feudalen Ausbeuter als Nächste und Obrigkeit.

Vom Staat – vom „Wehramt", aber auch vom „Nähramt" – verlangte Luther, daß das von Gott gewollte Privateigentum, gleich in welcher Form es auch auftrete, auf jede nur mögliche Weise geschützt werde, da seine Unverletzlichkeit die erste und wichtigste Bedingung jeder gesellschaftlichen Ordnung überhaupt sei.[230] Gleichzeitig sollte das „Nähramt" über den „sittlichen Gebrauch" des Privateigentums wachen.

Auch in Luthers Lehren von der Arbeit und vom Eigentum zeigt sich die bereits erläuterte *Verschmelzung von feudaler und bürgerlicher Ideologie, die Luther als Ökonomen einer geschichtlichen Übergangsperiode charakterisiert.* In seinen Lehren von der Arbeit und vom Eigentum verbinden sich aufs engste konservative und fortschrittshemmende mit neuen und vorwärtsweisenden Elementen. Der von Luther erstmalig gebahnte, von ihm selbst jedoch nicht konsequent weiter verfolgte Weg in der ideologisch-klassenmäßigen Entwicklung der bürgerlichen Arbeits- und Eigentumsvorstellungen führte – grob angeschlagen – über Calvinismus und Puritanismus zu Petty, Smith und Ricardo und zu der von diesen entwickelten klassischen bürgerlichen Arbeitswertlehre. Diesen Weg zu verfolgen, der zugleich den Hauptinhalt der Entwicklung des bürgerlichen ökonomischen Denkens ausmacht, ist jedoch an dieser Stelle noch nicht unsere Aufgabe. Wir werden im letzten Kapitel unserer Arbeit darauf näher eingehen.

Wenden wir uns jetzt zunächst erst einmal den Auffassungen Luthers von der Warenproduktion zu!

4. Luthers Haltung zur Warenproduktion

a) Luther zum Handel

Wie sich schon bei Betrachtung der Lutherschen Auffassungen von der Arbeit sehr deutlich zeigte, vertrat Luther auf der Grundlage einer stark ethisch-religiös ausgeprägten traditionalistischen Gesamthaltung einen deutlich naturalwirtschaftlich bestimmten Standpunkt. So wie Luther als Reformator den christlichen Glauben insgesamt auf seinen „natürlichen“ Gehalt und evangelischen historischen Ausgangspunkt zurückführen und von allem „unnatürlichen“ äußeren Ballast befreien wollte, ging es ihm auch in der irdischen Welt, besonders in der Wirtschaft, um die Erhaltung und Herstellung „natürlicher“ Verhältnisse und „menschlicher“ Beziehungen. Von naturalwirtschaftlichen Gesichtspunkten aus beurteilte er daher auch in erster Linie die vielfältigen und weit verbreiteten Erscheinungen der Warenproduktion, die seiner wirtschaftlichen Umwelt mehr und mehr das Gepräge gaben.

Ist die Ware selbst bereits als die allgemeine Grundkategorie der Warenproduktion die widerspruchsvolle Einheit von Gebrauchswert und (Tausch-)Wert, äußert sich schon in ihrem Doppelcharakter der widerspruchsvolle Charakter der warenproduzierenden, zugleich privaten und gesellschaftlichen, zugleich konkreten und abstrakten Arbeit, beruhen auch alle anderen Entfaltungsformen der Warenproduktion – Geld, Handel, Zins usw. – auf inneren und äußeren Widersprüchen, bringen sie diese zum Ausdruck und teilweise auch zur Lösung, kann nicht zuletzt aus diesem Grunde die Warenproduktion schlechthin unter sehr verschiedenartigen ökonomischen Bedingungen und damit jeweils auch mit einem sehr verschiedenartigen gesellschaftlichen Inhalt und Charakter existieren, kann sie den verschiedenen Produktionsweisen eingeordnet sein – und diesen dienen, aber auch schaden –, so ergibt sich bereits von hier her die objektive Möglichkeit einer ebenfalls höchst widerspruchsvollen, teils positiven, teils negativen Beurteilung der Warenproduktion und ihrer einzelnen Kategorien. Entsprechend den jeweils herrschenden gesellschaftlichen und ökonomischen Verhältnissen unterliegt sie in ihren verschiedenen Seiten und Wirkungen auch einer jeweils sehr verschiedenen

Beurteilung, Bejahung oder Verneinung. Unter noch vorherrschenden naturalwirtschaftlichen Bedingungen, wie zur Zeit Luthers, tritt daher zwangsläufig auch die Naturalseite der Warenproduktion und ihrer Erscheinungen in den Vordergrund der Betrachtung. Dies um so mehr, als es sich auf dieser Stufe der gesellschaftlichen Entwicklung, die Luther erlebte, im wesentlichen noch um die einfache, um die noch nicht kapitalistisch gewordene Warenproduktion handelte.

Sah Luther in der Wirtschaft die objektiv notwendige und „natürliche" materielle Grundlage zur Erhaltung des menschlichen Lebens und gab er insbesondere der wirtschaftlichen Tätigkeit des Menschen, der Arbeit, die ethische Begründung und moralische Rechtfertigung, indem er sie als Nächstendienst religiös begründete, so schloß er hierin grundsätzlich auch die Formen der Warenproduktion ein, insofern und insoweit diese auf der „natürlichen" Arbeit beruhten und zur Befriedigung der materiellen Lebensbedürfnisse der Menschen beitragen konnten und tatsächlich auch beitrugen. Es war also im wesentlichen der auf die Herstellung des „natürlichen" Zusammenhangs von Produktion und Konsumtion gerichtete ursprüngliche Inhalt der einfachen Warenproduktion und -zirkulation, ihr auf die Konsumtion gerichteter Austauschprozeß Ware gegen Ware (W–W) bzw. Ware–Geld–Ware (W–G–W), der die volle moralische Anerkennung und ausdrückliche Billigung Luthers fand.

In der Ware selbst sah Luther in erster Linie nur ein Produkt der (konkreten, natürlichen) menschlichen Arbeit und Natur. Einseitig betonte er ihren *Gebrauchswert*, ihre Naturalseite, ihre Fähigkeit zur Befriedigung (natürlicher, konkreter) menschlicher Bedürfnisse. Die im Preis zum Ausdruck kommende Wertseite der Ware war ihm eine zwar notwendige, dennoch aber nebensächliche, abgeleitete, völlig vom Gebrauchswert überschattete Begleiterscheinung, der er mit Skepsis und teilweise mit Verachtung gegenüberstand.

Auch im Gelde, dem höchsten Produkt der einfachen Warenproduktion und -zirkulation, sah Luther nur ein bloßes Mittel zur Erleichterung des gesellschaftlichen Güteraustauschs. Dort, wo das Geld bereits als Ausgangs- und Endpunkt einer kapitalistischen, auf Wertvermehrung gerichteten ökonomischen Bewegung auftrat (G–W–G′ bzw. G–G′), denunzierte er es als „ein ungewißes Ding", das die „natürlichen" persönlichen Beziehungen der Menschen untereinander auflöse und durch „unnatürliche" sachliche Beziehungen ersetze.

Indem Luther den einfältigen und reinen Glauben der Kinder an Gott und seine gnädigen Fürsorge lobt, entwickelt er im Einklang mit seinen religiösen Anschauungen ein eindeutig auf die „konkreten" Naturalwerte und gegen die „abstrakten" Geldwerte gerichtetes Idealbild von der Haltung des frommen Christen zur Wirtschaft im allgemeinen und zur Warenwirtschaft im besonderen:

> „Sie (die einfältigen Kindlein GF.) sorgen nicht; Gott gibt ihnen Gnade, daß sie lieber Kirschen essen als Geld zählen und ihnen an einem schönen Apfel mehr gelegen ist denn an einem roten Goldgulden.
> Sie fragen nicht, was das Korn gelte, denn sie sind in ihrem Herzen sicher und gewiß, sie werden zu essen finden." [231]

Doch gehen wir systematisch vor! Verfolgen wir die hier wichtigsten Gedankengänge Luthers, die ihn teils zur Bejahung, teils zur Ablehnung der Warenproduktion führen.

Obwohl Luther der mit der Natur unmittelbar verbundenen gebrauchswertbildenden Arbeit – insbesondere der Arbeit des Bauern und des Bergmannes – aus den schon angeführten Gründen den sittlichen Vorrang einräumte, erkannte er doch zugleich auch die auf Umwandlung von Naturstoffen zu Gebrauchswerten gerichtete handwerkliche Arbeit als notwendig an. Wie sich bereits in seiner Lehre von den Ständen und Berufen – ganz deutlich in seinen Vorstellungen von dem zwar vielgliedrigen, dennoch aber einheitlichen Organismus der menschlichen Gesellschaft – zeigte, wie es auch aus seiner Lehre von der Arbeit und vom Eigentum hervorging, unterstellte Luther die *Notwendigkeit und Nützlichkeit der gesellschaftlichen Arbeitsteilung und des wechselseitigen Austauschs der Arbeitsprodukte innerhalb der Gesellschaft bei privatem Eigentum an Produktionsmitteln und privater Produktion.* Seine christliche Lehre vom Nächstendienst bringt diesen eindeutig auf die Bedingungen der Warenproduktion gegründeten ökonomischen Tatbestand, wenn auch in religiöser Form, recht klar zum Ausdruck.

Wenn Luther einerseits dem Christen sagte, er solle sein Herz nicht an irdische Güter hängen, sondern auf Gott vertrauen, der ihn schon – „wie die Vögel auf dem Dache“ – wirtschaftlich versorgen werde, wenn er aber andererseits von ihm Arbeit forderte, damit er seinem Nächsten dienen könne, so dürfte in dieser nachdrücklichen Betonung der „Arbeit für andere“ – ganz abgesehen von der darin ebenfalls enthaltenen grundsätzlichen Rechtfertigung der Ausbeutung des Menschen durch den „anderen“ Menschen – in erster Linie eine faktische Anerkennung der warenproduzierenden, also auf Austausch gerichteten Arbeit gesehen werden.

Vom Standpunkt der Anerkennung der gesellschaftlichen Arbeitsteilung, des Privateigentums und des Austauschs der privaten Arbeitsergebnisse erklärte Luther schließlich auch den *Handel* als eine durchaus mögliche, notwendige und brauchbare „konkrete“ und „natürliche“ Form des Austauschs der Arbeitsprodukte innerhalb der Gesellschaft.

> „Das kann man nicht leugnen,“ – so schrieb er 1524 in seiner Arbeit „Von Kaufhandlung und Wucher“ – „daß *Kaufen und Verkaufen ein nötig Ding* ist, das man nicht entbehren und wohl christlich brauchen kann, sonderlich in Dingen, die zur Not und Ehre dienen. – Denn also haben auch die Patriarchen *verkauft und gekauft:* Vieh, Wolle, Getreide, Butter, Milch und andere Güter. Es sind Gottes Gaben, die er aus der Erde gibt und unter die Menschen teilt.“ [232]

In diesen Sätzen billigte Luther eindeutig die einfache Warenproduktion und das ihr zugrunde liegende und auf die Bedürfnisbefriedigung gerichtete Prinzip: „*Verkaufen, um zu kaufen!*“, den Austausch also des Produkts der eigenen Arbeit gegen das Produkt der Arbeit anderer zwecks Bedürfnisbefriedigung, Erweiterung und Vervollständigung der Konsumtion.

Die *Kaufleute*, soweit sie – allerdings auch *nur* insoweit sie – als die Vermittler und unmittelbaren Träger dieses von Luther für notwendig erachteten Güter- und Gebrauchswertaustausches innerhalb der Gesellschaft – als Agenten des Verkaufens und Kaufens – auftreten, werden daher von Luther als ein nützlicher, ebenfalls von Gott eingesetzter und vorwiegend auf dem Privateigentum gegründeter Stand anerkannt und gewürdigt. Die *Arbeit im Handel*, soweit sie – und *nur* insoweit sie – auf die Befriedigung der notwendigen und natürlichen menschlichen Bedürfnisse gerichtet ist, also der lebensnotwendigen, „standesgemäßen" und nicht darüber hinausgehenden Konsumtion dient, erkennt Luther als durchaus „natürlich" und notwendig an. Jede Beschaffung lebensnotwendiger Waren – nicht also von Luxuswaren, die zu „bloßem Schmuck und Fraß" dienen –, ihren Aufkauf, Transport und schließlichen Verkauf betrachtet Luther als eine konkrete Form des Dienstes am Nächsten. Auch die Arbeit im Handel ist somit für Luther die Erfüllung des Liebesgebotes Gottes, allerdings *nur* – und das sei nochmals betont – insoweit sie in die gekennzeichneten naturalwirtschaftlichen Zusammenhänge und Notwendigkeiten eingebettet ist.

> „Aber der ausländische Kaufhandel," – so schränkt Luther 1524 ausdrücklich die Aufgaben des „naturgemäßen Handels" ein –, „der aus Kalikut und Indien und dergleichen Ware herbringt, als solch köstlich Seiden und Goldwerk und Würze, die nur zur Pracht und keinem Nutzen dient, und Land und Leuten das Geld aussaugt, sollte nicht zugelassen werden, so wir ein Regiment und Fürsten hätten!" [233]

Wie sich zeigt, unterscheidet Luther vom Standpunkt einer „naturgemäßen" Konsumtion – und nicht etwa, wie es vielfach leider interpretiert wird, vom Standpunkt der Geldschatz-Akkumulation – zwischen einem „naturgemäßen" und „naturwidrigen" Handel. Da seiner Meinung nach der Handel lediglich die „naturgemäße" Konsumtion zu sichern habe, verurteilt Luther jede darüber hinausgehende, „nur zu Schmuck und Fraß" dienende, Luxus und Sittenlosigkeit fördernde Warenbeschaffung durch den Handel als „naturwidrig". Der von Luther bei der Beurteilung des Handels eingenommene „natürliche" Konsumtions-Standpunkt, der übrigens zugleich auch, da Luther stets eine „standesgemäße Konsumtion" im Auge hat, sehr bestimmte, vorwiegend noch feudal beeinflußte Distributionsvorstellungen Luthers zum Ausdruck bringt, äußert sich aber noch auf eine andere Weise, die uns weitere Aufschlüsse über den Charakter der Lutherschen Auffassungen vom Handel vermittelt.

Da nach Luther „jede Arbeit ihres Lohnes wert" sei, fordert er, daß auch die Arbeit des Kaufmanns – soweit sie und nur insoweit sie den genannten Erfordernissen entspricht – nicht nur moralisch anerkannt, sondern auch *materiell belohnt* werden soll.

Soll zwar der Christ nach den Lehren der Bergpredigt „nicht Schätze sammeln auf Erden, die die Motten und der Rost fressen, sondern Schätze im Himmel, die weder Motten noch Rost fressen" (Matth. 6,19,20), soll er auch im wirtschaftlichen Bereich in erster Linie zum bedingungslosen Leiden und barmherzigen Opfern, mehr zum Geben, denn zum Nehmen bereit sein, so verlangt doch Luther vom

Christen keineswegs schlechthin irgendeinen billigen Heroismus der unnatürlichen Entsagung.

Entsprechend dem aus der klassischen Antike und dem kanonischen Recht der mittelalterlichen katholischen Kirche stammenden und auch von Luther weitgehend anerkannten Prinzip der Aequalitas soll jeder Christ gerechterweise auch in den vollen Genuß der Früchte seines Arbeitsfleißes gelangen und daher für seine Arbeit einen gleichwertigen „gerechten Lohn“ erhalten. – Auch der Kaufmann, so betont Luther ausdrücklich, soll für die nützliche Arbeit, die er zum Wohle des Nächsten und der ganzen Gesellschaft leistet – und nur für diese – entsprechend „gerecht“ belohnt werden.

Was Luther allerdings unter *„gerechtem Lohn“* versteht, bedarf einer näheren Erläuterung, wenn Mißverständnisse vermieden werden sollen. Befangen von der in seiner Zeit noch vorherrschenden feudalen ständischen Gliederung der Gesellschaft forderte Luther in seiner Lehre vom Stand, wie wir bereits sahen, daß jeder Christ nicht nur in seinem Stande verbleibe, sondern auch seinem Stande gemäß lebe, wohne, sich nähre, kleide usw. Das *Arbeitseinkommen*, der *Lohn* des Christen müsse daher auch in erster Linie dazu dienen, so meinte Luther, ihm sein *„standesgemäßes Leben“*, seine *„ziemliche Nahrung“* zu sichern. Diese stark von naturalwirtschaftlichen, überwiegend noch feudalen Elementen geprägte Auffassung vom „gerechten Lohn“, auf deren allgemeine Verschwommenheit hier nicht näher eingegangen werden soll, wendet Luther auch auf die nähere Bestimmung des „Lohnes“ der Kaufleute an. Wie jeder andere „Arbeiter im Weinberg des Herrn“ soll nach Luthers Meinung auch der Kaufmann den „üblichen Lohn“ für seine Arbeit empfangen, eben jenen *„gerechten Lohn“* der auch ihm die „ziemliche Nahrung“ sichert.

Als allgemeine und unmittelbare Quelle für das konkrete Arbeitseinkommen des Kaufmanns erkennt Luther den Preis der vom Kaufmann gehandelten, zunächst gekauften und dann verkauften Ware. Auf diese Weise gelangt Luther zwangsläufig zur näheren Bestimmung des Preises selbst.

Luthers *Lehre vom Preis* knüpft unmittelbar an einzelne Seiten der bis dahin herrschenden feudal-scholastischen „Lehre vom gerechten Preis“ an. Die von ihm formulierte „Lehre vom gerechten Preis“ bildet einen wichtigen Bestandteil seiner „Lehre vom naturgemäßen Handel“.

Wie wir bereits hervorhoben, sieht Luther auch das Preisproblem einseitig vom naturalwirtschaftlichen Standpunkt. Der Preis, den der Kaufmann beim Verkauf seiner Ware für diese „gerechterweise“ fordern kann, darf und auch soll, müsse vor allem so beschaffen sein, erklärt Luther zunächst einmal in weitgehender Übereinstimmung mit den Lehren des Nominalisten Heinrich von Langenstein [234], daß er dem Kaufmann die „ziemliche Nahrung“ sichere.

> „Darum mußt du dir vornehmen,“ – so rät Luther dem christlichen Kaufmann – „nichts als deine ziemliche Nahrung zu suchen in solchem Handel.“ [235]

Da der von Luther subjektiv gesehene Zusammenhang zwischen dem „standesgemäßen Leben“ des Kaufmanns – einer an sich bereits völlig vagen ökonomischen

Kategorie – und dem hiervon abhängigen Preis seiner Ware ganz offensichtlich die objektiv bestehenden ökonomischen Zusammenhänge auf den Kopf stellt und keinerlei Auskunft über die tatsächlichen und schließlich auch „natürlichen“ Bedingungen der Preisbildung zu geben vermag – der Preis der Ware hinge ja dann völlig von der sozialen Stellung dessen ab, der sie verkauft, wäre also nicht durch die Produktion, sondern durch die Distribution bestimmt –, ergänzt Luther – ohne dabei allerdings seinen prinzipiell falschen Standpunkt aufzugeben – seine Lehre von der Preisbildung.

Der vom Kaufmann zu fordernde und vom Konsumenten zu zahlende Preis ist nach Luther, wie auch schon nach der thomistischen Lehre, nunmehr auch dann ein „gerechter Preis“, wenn er dem Kaufmann dessen *Mühe* und *Arbeit*, aber auch *Kosten*, d. h. *seine Aufwendungen beim Kauf und Transport der Ware* ersetzt und ihm – alles in allem – ein „standesgemäßes Leben“ ermöglicht. Der Preis der Ware wird von Luther damit also nach wie vor primär durch das Einkommen des Kaufmanns bestimmt, nicht aber auf die in der Ware objektiv enthaltene gesellschaftlich notwendige Arbeitsmenge zurückgeführt. Insoweit Luther auch die Arbeit des Kaufmanns selbst als preisbildenden Faktor in Rechnung stellt, geschieht dies ebenfalls wieder vom feudal-naturwirtschaftlich eng begrenzten Gesichtspunkt der „ziemlichen Nahrung“, also ebenfalls von der Konsumtions- und Distributionsseite her und nicht, wie allein richtig, von der Produktionsseite. Das von Luther schließlich auch noch in Ansatz gebrachte *Risiko* des Kaufmanns als Preisbildungsfaktor zeigt vollends den vulgären Charakter seiner Lehre vom Preis.

Luther hält es für „recht und billig“, daß ein Kaufmann an seiner Ware so viel gewinne, „daß seine Kosten bezahlt, seine Mühe, Arbeit und Gefahr belohnt werden.“ [236] „Arbeit“, „Kosten“ und auch „Risiko“ sind also nach Luther die „natürlichen Faktoren der Preisbildung“.[237] Das Kriterium aber schließlich dafür, daß diese Preisbildungsfaktoren vom Kaufmann richtig in Ansatz gebracht, kalkuliert werden, ist die „Sicherung der ziemlichen Nahrung“, ein feudal-ständisch beschränkter, höchst verschwommener und den tatsächlichen Gegebenheiten der Preisbildung keineswegs Rechnung tragender Begriff aus dem Bereich der Distributions- und Konsumtionssphäre.

Vom Kaufmann, der sich an diese ethisch-religiös begründeten, keineswegs dem realen Charakter der Warenproduktion entsprechenden Forderungen hält und also einen „gerechten“ und „naturgemäßen“, von Luther ausdrücklich anerkannten und moralisch gebilligten Handel betreibt, sagt Luther: „Das möchte ein rechter christlicher Kaufmann sein. Den würde Gott auch nicht verlassen, weil er ihm also auch fein traut und fröhlich mit seinem gefährlichen Nachbarn wagt und handelt.“ [238]

Als genauer Kenner der ihn umgebenden und ihn ja auch als festbesoldeten und keineswegs nur von der „Eigenproduktion“ seines Familienhaushalts lebenden Konsumenten persönlich unmittelbar berührenden Handelspraxis seiner Zeit war sich Luther durchaus darüber im klaren, daß seine naive christliche „Lehre vom naturgemäßen Handel" in einem krassen und kaum überbrückbaren Widerspruch zu der in seiner Zeit immer stärker kapitalistisch werdenden Handelswirklichkeit stand. Die nur sehr geringen Aussichten auf Wirksamkeit seines geradezu utopistischen Appells an das „kaufmännische Gewissen" zum „ehrlichen Handeln", vor allem die völlige Aussichtslosigkeit einer Verwirklichung seiner absolut irrealen Forderung, die Kaufleute sollten doch nicht immer wieder versuchen, ihre Waren so teuer wie möglich zu verkaufen, sondern sich lediglich auf die Sicherung ihrer „standesgemäßen Nahrung" beschränken, schätzte Luther selbst annähernd richtig ein. Theorie und Praxis waren bei ihm auch in dieser Hinsicht durch eine Kluft geschieden.

Wenn Luther sagte, der Handel gefährde seiner „Natur" gemäß ständig das „Seelenheil" dessen, der ihn betreibe, so entsprach diese moralische Feststellung durchaus den ökonomischen Gegebenheiten der in seiner Zeit mehr und mehr kapitalistische Züge annehmenden Warenzirkulation, die in der Tat alles andere als die Grundlage für eine „wahrhaft christliche", auf Uneigennützigkeit und Selbstlosigkeit beruhende Moral im Sinne Luthers abgab. So „nützlich" und „natürlich", „gerecht" und „christlich" die Handelstätigkeit durchaus sein könnte und eigentlich auch sein müßte, meinte Luther, so berge sie doch ständig die Gefahr in sich, den Kaufmann „sittlich zu gefährden", ihn stets aufs Neue „in Versuchung zu führen" und schließlich die „entmenschlichende Geldgier", eben die kapitalistische Profitsucht, zur Triebkraft seines Handelns werden zu lassen. Wenn Luther auch ausdrücklich erklärte: „Es soll nicht heißen, ich mag meine Ware so teuer geben, *als ich kann oder will* (wie Konrad Peutinger sagte), sondern also: ich mag meine Ware so teuer geben, *als ich soll oder als recht und billig ist!*" [239], so spürte er doch recht gut, daß er tauben Ohren predigte.

Der Händler, so erkannte Luther ganz richtig, kommt auf Grund der spezifischen Eigenarten seiner Tätigkeit, auf Grund der infolge des Geldes, wie er es ausdrückte, „teuflischen Natur des Handels" – wir können sagen, infolge der Doppelseitigkeit der Warenproduktion, infolge des bereits in der Ware selbst eingeschlossenen Widerspruchs zwischen Gebrauchswert und Wert und vor allem im Ergebnis der Verselbständigung des Tauschwerts im Geld – sehr leicht in die Gefahr, statt mit seinem Handel Gott zu gehorchen und dem Nächsten hilfsbereit zu dienen, in höchst eigennütziger Weise nach bloßem Gewinn zu streben und deshalb den Nächsten im Interesse der eigenen Bereicherung zu betrügen.[240]

Der Kaufmann, der in seinen Preisforderungen mehr verlangt als recht und billig ist, der egoistisch und höchst unchristlich nur an sich selbst denkt und nach Erzielung möglichst hoher Preise (Profite) trachtet, der im schlimmsten Falle auch noch nach ausschließlich von ihm allein bestimmten, durch Spekulation und Warenzurückhaltung künstlich herbeigeführten Monopolpreisen (Monopolprofiten) strebt und diese auch nicht selten durchsetzt, so erklärte Luther, schädige direkt seinen Nächsten, nütze dessen Notlage aus, um seinen eigenen Gewinn zu steigern. Der Handel eines solchen Kaufmanns werde auf diese Weise zu „reinem Raub und gemeinem Diebstahl." [241] Ein solcher Kaufmann verhalte sich nicht um ein Jota besser als irgendein Raubritter des finstersten Mittelalters; er verletze das Liebesgebot Gottes und sei ein „gemeiner Schädling“.[242]

„Ein bürgerlicher und rechtmäßiger Handel, wenn einer von zwanzig Pfennigen einen (als Gewinn) hat,“ – so faßt Luther seinen Standpunkt zu den zwei Arten des Handels zusammen – „wird von Gott gesegnet. Aber ein gottloser unleidlicher Gewinn im Handel wird verflucht.“ [243]

Angesichts des schreienden Widerspruchs zwischen der Naturalseite und der Geldseite des aus der einfachen Warenproduktion und -zirkulation herauswachsenden kapitalistischen Handels, angesichts des Widerspruchs zwischen der dem Handel von Luther gestellten „natürlichen“ oder „göttlichen“ Aufgabe einerseits und seiner „naturwidrigen“ oder „teuflischen“ Wirklichkeit andererseits, zitiert Luther schließlich die Bergpredigt Jesu, wo es heißt: „Ihr könnt nicht Gott dienen *und* dem Mammon!“ (Matth. 6,24)

Auf diese religiöse Weise reflektierte Luther im Grunde genommen nichts anderes als die ökonomische Tatsache, daß die ursprüngliche, zunächst nur auf den Gebrauchswert-Austausch und damit auf die Konsumtion gerichtete Zirkulationsbewegung der einfachen Warenproduktion Ware–Ware oder Ware–Geld–Ware (W–G–W) auf Grund der Entstehung und Dazwischenkunft des Geldes und dessen Fähigkeit, unter bestimmten Bedingungen zu Kapital, zu sich-selbst-verwertenden-Wert werden zu können, in die immer eindeutiger auf den Tauschwert und dessen ständige Vermehrung gerichtete Zirkulationsbewegung Geld–Ware–mehr Geld (G–W–G') hinüberwächst bzw. durch diese verdrängt und abgelöst wird. Wenn Luther in typisch naturalwirtschaftlicher Befangenheit jammert, die (von Gott stammenden) Güter sollten doch eigentlich dem Menschen dienen, nicht aber zum Selbstzweck oder gar zu teuflischen Tyrannen des Menschen werden, so bringt er mit dieser religiös ausstaffierten Klage nichts anderes zum Ausdruck als die in seiner Zeit schnell fortschreitende *Unterordnung des Gebrauchswertes unter den Tauschwert,* die beschleunigte *Degradierung des Gebrauchswertes zum bloßen Träger von Wert und nicht zuletzt auch von Mehrwert.*

Luthers Denken widerspiegelt auf diese Weise sowohl die zunehmende Entfaltung der kapitalistischen Verhältnisse – zunächst in der Zirkulationssphäre – als auch die fortschreitende *Unterordnung der Produktion unter den kapitalistischen Handel.* Als Ökonom repräsentiert Luther hierbei eine religiöse Form der ideologischen *Opposition gegen den sich in seiner Zeit mehr und mehr entfaltenden Waren- und vor allem Geldfetischismus.*

Luthers Haltung zum Handel trägt eindeutig *antikapitalistischen* Charakter. Sie richtet sich in ihrer Spitze unmittelbar gegen das Handelskapitel, vor allem aber *gegen die großen monopolistischen Handelsgesellschaften* in den oberdeutschen Städten. Traf bereits der von Luther 1517 aus zunächst unmittelbar religiösen Gründen eröffnete Kampf gegen den Ablaßhandel der römisch-katholischen Kirche direkt auch das Augsburger Handelshaus der Fugger, so wurde er zeit seines Lebens nicht müde, die „verdammte Fuckerei“ und den gesamten großkapitalistischen Handel dieser Zeit – die „Gesellschaften Monopolia“ – auf das heftigste zu bekämpfen.[244] Von den im Konkurrenzkampf überlegenen und ihre Überlegenheit mit allen Raffinessen sichernden großen Handelskapitalisten, den Fuggern, Welsern usw., sagte Luther:

> „Sie drücken und verderben alle geringen Kaufleute, gleich wie der Hecht die kleinen Fische im Wasser, gerade als wären sie Herren über Gottes Kreatur und frei von den Gesetzen des Glaubens und der Liebe." [245]

Angesichts der objektiv wirkenden Tendenzen des mehr und mehr kapitalistisch werdenden Handels, die Luther zwar sah und spürte, gleichzeitig aber vom religiösen Blickpunkt völlig idealistisch und subjektivistisch aus der von der „Erbsünde" herrührenden „Schlechtigkeit" und „Bosheit", „Habgier" und „Raffsucht" des Menschen erklärte, wandte sich Luther, wie auch schon die Nominalisten – z. B. Gerson – an den Staat. Der Staat solle in seiner „Nähramts"-Funktion für eine „naturgemäße" *Regulierung des Handels* sorgen, solle insbesondere „gerechte Preise" sichern. In der Beseitigung aller „Mißstände" im Bereich des Handels, in der Herstellung und Garantie eines „naturgemäßen Handels" sah Luther eine der wichtigsten Aufgaben, die der Staat auf wirtschaftlichem Gebiet überhaupt zu erfüllen hätte.

Von den Obrigkeiten, von den Fürsten und Räten der Städte forderte Luther insbesondere, daß sie die „verderbliche Tätigkeit" der großen Handelsgesellschaften beschränken und ihnen die „unnatürliche" Anhäufung enormer Reichtümer erschweren.

Beachten wir: Die Bilanz der Augsburger Fugger wies z. B. aus, daß das Vermögen dieser Gesellschaft im Laufe von nur siebzehn Jahren – von 1511 bis 1527 – von 245 463 auf 2 021 402 rheinische Gulden angestiegen war, daß die Fugger also in siebzehn Jahren einen Gewinn von 1 824 411 rheinischen Goldgulden realisierten, was einem durchschnittlichen Jahresgewinn von 55 Prozent entspricht.[246] Oder ein anderes Beispiel: Als ein gewisser Rem sich im Jahre 1511 mit 500 Gulden an einer Handelsgesellschaft beteiligte und dann nach sechs Jahren wieder ausschied, forderte er nicht weniger als 33 000 Gulden zurück. Da ihm die Gesellschaft jedoch „nur" 26 000 Gulden zubilligen wollte, entschied schließlich ein Gericht nach langem Prozessieren, daß ihm immerhin 30 000 Gulden „zustehen", daß also seine 500 Gulden im Laufe von nur sechs Jahren 29 500 neue Gulden geheckt hätten.[247]

Angesichts solcher Tatsachen wird uns verständlich, warum Luther erbost in seiner Reformationsschrift „An den christlichen Adel deutscher Nation" im Jahre 1520 schreibt:

> „Hier müßte man wahrlich auch den Fuggern und dergleichen Gesellschaften einen Zaum ins Maul legen.
> Wie ist's möglich, daß es sollte göttlich und gerecht zugehen, daß bei eines Menschen Leben auf einen Haufen so große königliche Güter gebracht werden? – Ich weiß die Rechnung nicht." [248]

Luther, der vor allem im „ausländischen Kaufhandel" eine Ursache sowohl für den rapide steigenden „unsittlichen" Luxus der oberen Bevölkerungsschichten einerseits als auch für die schier grenzenlose Verarmung der breiten Volksmassen andererseits sieht, der insbesondere im Einfuhrhandel eine genauso gewichtige Ursache für den ständigen, die Konsumtion drosselnden Geldabfluß aus Deutschland zu erkennen glaubt, wie es früher der von ihm bekämpfte Ablaßhandel und andere vor allem Deutschland ausplündernde Geldbeschaffungsmethoden der römischen Kirche waren, fordert vom „Nähramt" des Staates die *Verhinderung der „unnatürlichen" und „unnötigen" Wareneinfuhr aus dem Ausland.*

„Gott hat uns Deutsche dahin geschleudert" – so klagt er 1524 in seinen Büchern ‚Vom Kaufhandel und Wucher' –, „daß wir unser Gold und Silber müssen in fremde Länder stoßen, alle Welt reich machen, und selbst Bettler bleiben.

England sollte wohl weniger Goldes haben, wenn Deutschland ihm sein Tuch ließe; und der König von Portugal sollte auch weniger haben, wenn wir ihm die Würze ließen.

Rechne du nur einmal nach, wie viel Geld durch eine Messe zu Frankfurt aus deutschem Lande geführt wird ohne Not und Ursache, so wirst du dich wundern, wie es zugeht, daß (überhaupt) noch ein Heller im deutschen Lande ist. Frankfurt ist das Silber- und Goldloch, dadurch aus deutschem Lande fleußt, was nur quillet und wächst, gemünzt oder geschlagen wird bei uns. Wäre das Loch zugestopft, so dürfte man jetzt der Klage nicht hören, wie allenthalben eitel Schulden und kein Geld, Stadt und Land mit Zinsen beschwert und ausgewuchert sind." [249]

Im Bestreben, die ihm „unnatürlich" und „sündhaft" erscheinende kapitalistische Entwicklung in der Zirkulationssphäre zu verhindern oder sie doch wenigstens in „normale Bahnen" zu lenken, schlug Luther den Obrigkeiten u. a. auch die *zahlenmäßige Verminderung des Kaufmannsstandes* vor. Er hielt dafür, daß die zuständigen Obrigkeiten den über das „natürliche Maß" hinausgehenden kräftigen, gesunden, also arbeitsfähigen Kaufleuten kurzerhand das Handeln verbieten und sie stattdessen mitsamt ihrem arbeitsfähigen Familienanhang in eine „natürliche", nämlich produktive Arbeit überführen sollten.

Sehr deutlich kommt das in einer seiner durchaus nicht etwa antisemitisch zu interpretierenden, weil auf die damalige kapitalistische Kaufmannschaft insgesamt gemünzten Empfehlung zum staatlichen Vorgehen gegen die im Waren- und Geldhandel besonders stark engagierten Juden zum Ausdruck. Er forderte, „daß man den jungen starken Juden und Jüdinnen Flegel, Axt, Karst, Spaten, Rocken und Spindel in die Hand gebe und sie ihr Brot im Schweiße ihrer Nasen so verdienen lasse, wie es Adams Kindern auferlegt ist" [250].

Doch Luthers vielfältige Forderungen an den Staat, den Handel auf diese oder jene Weise gewaltsam zu bändigen, und sein eigener Glaube an die Kraft des Staates gegenüber dem Handel, das war zweierlei. Angesichts der offenkundigen Erfolglosigkeit aller schon während des Mittelalters unternommenen Versuche zur staatlichen und kirchlichen Regulierung des Marktgeschehens mußte sich auch Luther die Machtlosigkeit oder die zumindest doch nur begrenzte Wirksamkeit des Staates in dieser Hinsicht eingestehen. Dies um so mehr, als der Handel sich auch längst schon die zuständigen Obrigkeiten in einer bis dahin nie gekannten

Weise gefügig gemacht und die Geldwirtschaft selbst einen einzigartigen Höhepunkt ihrer Entwicklung erreicht hatte.

Hatte Luther bereits 1510 – während seiner Rom-Reise – die enge Verfilzung der oberdeutschen Handelsgesellschaften mit dem römischen Papsttum erstmalig erkannt und seit 1517 dann immer heftiger bekämpft, so mußte er in der weiteren Entwicklung auch die sich mehr und mehr vertiefende *Verbindung des Handelskapitals mit den Fürsten* erkennen und nunmehr seinen Kampf gegen dieses „bübische Bündnis" richten; an dessen Zustandekommen auf politischer Ebene er durch sein Auftreten während des Bauernkrieges übrigens selbst recht aktiv beteiligt war.

Seine Hoffnung, die Fürsten werden dem „entarteten Handel" beikommen, mußte er daher mehr und mehr begraben.

> „Es geht nach dem Spruch Jesaja 1:" – so stellte er schließlich fest – „Deine Fürsten sind der Diebe Gesellen geworden. Dieweil lassen sie Diebe hängen, die einen Gulden oder einen halben gestohlen haben, und hantieren mit denen, die alle Welt berauben und mehr stehlen als alle anderen; auf daß das Sprichwort wahr bleibe: ‚Große Diebe hängen die kleinen Diebe' und wie der römische Ratsherr Cato sprach: ‚Schlechte Diebe liegen in Türmen und Stöcken, aber öffentliche Diebe gehen in Gold und Seide.'
>
> Was wird aber zuletzt Gott dazu sagen? Er wird tun, wie er durch Ezechiel spricht: Fürsten und Kaufleute, einen Dieb mit dem anderen ineinander schmelzen wie Blei und Erz, gleich als wenn eine Stadt ausbrennt, so daß weder Kaufleute noch Fürsten mehr sein werden." [251]

Seine eigene Forderung, der Staat solle durch eine „christliche Marktordnung" für „gerechte Preise" sorgen, jegliche Monopolpreise und alle sonstigen Methoden der räuberischen Konsumenten-Ausplünderung durch die Kaufleute verbieten, hielt Luther nicht zuletzt auch wegen der ihm wohlbekannten Vielfalt und daher auch Unkontrollierbarkeit der konkreten Umstände und Bedingungen, unter denen der Handel in seinen verschiedenen Formen betrieben wurde – vor allem aber wegen der „moralischen Verkommenheit" der Kaufleute und nicht zuletzt wegen der „teuflischen Natur" des Handels selbst – für kaum zu verwirklichen. Seine einzige und letzte, für den Charakter seines ökonomischen Denkens zugleich außerordentlich aufschlußreiche Hoffnung war es schließlich, daß sich der kapitalistische Handel selbst einmal die objektiven Grundlagen seiner Existenz entziehen und dann auch wieder verschwinden werde.

> „Denn ich dachte", – so schrieb er – „wir werden zuletzt, wenn wir nicht mehr Geld haben, von ihm (dem Handel – G. F.) selbst ablassen müssen, wie auch von Schmuck und Fraß: es will doch sonst kein Schreiben und Lehren helfen, bis uns Not und Armut zwingt."
>
> Oder:
>
> „Aber laß gehen, es will doch also gehen: wir Deutsche müssen Deutsche bleiben; wir lassen nicht ab, wir müssen denn." [252]

„Besonders interessant an diesem Zitat" – so stellte mit Recht Jürgen Kuczynski fest – „ist der feste Glaube Luthers an das, was wir später als die *Gesetzmäßigkeit des ökonomischen Geschehens* erkennen.“ [253]

Dieser „Luthersche Glauben an die ökonomische Gesetzmäßigkeit“ [254], den Kuczynski hervorhebt, durchzieht sein gesamtes ökonomisches Denken und entspringt, wie wir bereits sahen, seiner „Lehre von den beiden Reichen“, die ausdrücklich dem irdischen Sein eigene Gesetze und Rechte zuerkennt.

Es ist dies *einer der wichtigsten Beiträge Luthers zur ideologischen Vorbereitung einer auf die Anerkennung objektiver ökonomischer Gesetze beruhenden wissenschaftlichen Politischen Ökonomie.* Allein hierfür gebührt ihm ein Ehrenplatz in der Geschichte des ökonomischen Denkens. Wie weit der fromme Gottesmann Luther in seinem Haß gegen das Kaufmannskapital ging, zeigt sein Frohlocken über alle Gewalttätigkeiten, die in seiner Zeit an Kaufleuten begangen wurden und in denen er die „strafende Hand Gottes“ – gewissermaßen als einen Vorläufer des „stummen Zwangs“ der ökonomischen Gesetze – zu erkennen glaubt. Hierbei machte es ihm durchaus nichts aus, ein Unrecht durch ein anderes bekämpft zu sehen. Hören wir ihn selbst:

> „Nun ist bei den Kaufleuten eine große Klage über die Edelleute oder Räuber; mit wie großer Gefahr sie handeln müssen und dabei gefangen, geschlagen, geschatzt und beraubt werden. Wenn sie aber solches um der Gerechtigkeit willen litten, so wären die Kaufleute freilich heilige Leute ... Aber weil solch großes Unrecht und unchristliche Dieberei und Räuberei über die ganze Welt durch die Kaufleute, auch selbst untereinander geschieht; was ist es ein Wunder, ob Gott schafft, daß solch großes Gut – zu Unrecht genommen –, wiederum verloren oder geraubt wird und sie selbst dazu über die Köpfe geschlagen bekommen oder gefangen werden? –
> Den Fürsten käme es zu, solchen unrechten Kaufhandel mit ordentlicher Gewalt zu strafen und zu wehren, damit ihre Untertanen nicht so schändlich von den Kaufleuten geschunden würden. Weil sie das nicht tun, so bedient sich Gott der Ritter und Räuber und straft durch sie das Unrecht an den Kaufleuten ... Also stäupt er einen Buben mit dem anderen, ohne daß er dadurch zu verstehen gibt, daß die Ritter geringere Räuber als die Kaufleute sind. Sintemal die Kaufleute täglich die ganze Welt rauben, wo ein Ritter im Jahr nur einmal oder zwei einen oder zween beraubt.“ [255]

Fürwahr, das ist in der Tat, wie Kuczynski bemerkt, „eine merkwürdige ‚göttliche Gerechtigkeit‘, die den Raub der Kaufleute an den Bauern ausgleicht durch den Raub der Ritter an den Kaufleuten.“ [256]

In seiner Eigenschaft als evangelischer Seelsorger bemühte sich Luther natürlich auch weiterhin um die „Erweckung“ des „christlichen Gewissens“ der Kaufleute. Auf diese Weise wollte er wenigstens retten, was noch zu retten war, und den Widerspruch zwischen christlicher Theorie und unchristlicher Praxis auf dem Gebiet des Handels überwinden. Seine moralische Entrüstung über das verwerfliche Treiben der kapitalistischen Kaufleute war um so größer, als ihre moralische

Verkommenheit seiner Meinung nach nicht nur ihr eigenes, sondern auch das „Seelenheil“ aller anderen Volksschichten gefährdete.
Wie er das vom Geld gefährdete Seelenheil der großen Kaufleute – ihr Ansehen bei Gott persönlich – einschätzte, zeigt folgender Satz: „Darum gibt unser Herrgott gemeiniglich Reichtum den groben Eseln, denen er sonst nichts gönnt.“ [257]
Leider aber, so klagte er, wäre es diesen „groben Eseln“, den kapitalistischen Geld-Akkumulateuren, möglich, das ganze Land sittlich zu verderben: „Nit viel guter Sitten seien durch Kaufmannschaft ins Land gekommen!“ [258], so klagt der in dieser Hinsicht am Alten hängende Ökonom Luther. Zweifellos faßte er damit nicht nur rein sittliche, sondern auch solche sehr konkreten ökonomischen Tatbestände ins Auge wie den übersteigerten Luxus in Nahrung, Kleidung und Wohnung bei den adligen und großbürgerlichen Kreisen [259], Elend, Armut und Not in höchster Potenz bei den bäuerlichen und unteren städtischen Volksschichten.[260]
In einer seiner Tischreden führte er aus:

> „Unsere Wucherer, Schwelger, Säufer, Hurentreiber, Lästerer und Spötter dürfen *wir* nicht in den Bann tun, sie tun sich selber in den Bann. Sie verachten das Wort Gottes, kommen in keine Kirche, hören keine Predigt, gehen zu keinem Sakrament. Wollen sie (aber) nicht Christen sein, so sind sie Heiden. Wenn sie Pfarrern ihre Güter und alles nehmen, so soll ihnen auch der Pfarrer keine Absolution erteilen, ihnen kein Sakrament reichen. Sie sollen zu keiner Taufe kommen, zu keiner ehrlichen Hochzeit, auch zu keinem Begräbnis. Sie sollen sich so verhalten wie die Heiden unter uns – was sie ja auch gerne tun.“ [261]

Luthers – teilweise von ihm selbst auch wahrgemachte [262] – Drohung, die geldgierigen Händler (und Wucherer) rücksichtslos von den Sakramenten der Kirche auszuschließen, ihnen „wie Heiden“ Taufe, Abendmahl, Eheschließung und sogar das christliche Begräbnis auf dem Friedhof zu verweigern, gehört mit zu den schärfsten Maßnahmen, die er als Geistlicher im Kampf gegen das Handels- (und Wucher-)kapital ins Feld führte. Doch auch auf diesem Gebiet erwies sich Luther trotz seines scharfen Radikalismus in Worten als ein Versöhnler in Taten. Im Rahmen seiner vielen an die Adresse des Kaufmannsstandes gerichteten Moralpredigten in Wort und Schrift unterbreitete er nämlich u. a. auch den Kaufleuten einen höchst praktischen und für sie auch durchaus annehmbaren Vorschlag, der wiederum für die Bewertung des Charakters seiner gesamten Ideologie und seines ökonomischen Denkens im besonderen höchst aufschlußreich ist. Luther gab den Kaufleuten den salomonischen Rat, sich doch „um Gottes willen“ wenigstens annähernd an einem „allgemeinen Marktpreis“ zu orientieren, bei ihren Preisfestsetzungen doch wenigstens in etwa zu versuchen, das „rechte Maß“ zu treffen und es dann nach Möglichkeit auch einzuhalten.

Die seelsorgerische Beruhigungspille, die er dem sonst von ihm so heftig bekämpften kapitalistischen Kaufmann schließlich in recht zahmer Weise verabreichte, um ihm eine Eselsbrücke zwischen kapitalistischem Handeln und christlichem Glauben, zwischen seinem „äußeren“ und „inneren“, seinem „bösen“ und „guten“ Adam zu bauen, lautete schlicht und einfach: „Es ist genug, daß du mit gutem Gewissen danach trachtest, daß du gerne das rechte Maß treffest, wo es doch des Handels Art ist, daß es zu tun nicht möglich ist." [263]

Diese bemerkenswerte Empfehlung kennzeichnet sehr drastisch den fatalistischen Schlußpunkt, den Luther unter seine gesamte antikapitalistische Lehre vom Handel setzte. Sie ist ein konkreter Ausfluß seiner vorn gekennzeichneten „Lehre von den beiden Reichen". Mit diesem Vorschlag an die kapitalistischen Kaufleute, einerseits – praktisch – nur ruhig weiter, „ganz normal", nach Profit zu jagen, die Volksmassen auszuplündern und zu betrügen, „wie es doch des Handels Art ist", sich dabei aber andererseits – theoretisch – immer wieder einzureden, dieses „betrügerische Handwerk" ja doch schließlich „nicht gern", „nicht mit dem Herzen" zu tun, es nur zu tun, weil man es eben tun muß, weil es anders ja doch einfach nicht geht, weil es „anders zu tun nicht möglich ist", schließt Luther einen der für ihn so typischen Kompromisse. Es ist der Kompromiß zwischen seiner ursprünglichen Lehre vom „naturgemäßen" Handel, insbesondere seiner Theorie vom „gerechten" Preis auf der einen und der kapitalistischen Handelspraxis auf der anderen Seite.

Auch hier also zeigt sich wieder einmal ganz konkret der für die gesamte Ideologie Luthers charakteristische Widerspruch zwischen Theorie und Praxis. Auch hier endet seine evangelische Predigt mit der nahezu vorbehaltlosen Anerkennung der Praxis, mit der bedingungslosen Unterordnung unter die Gesetze des weltlichen Lebens, mit der Flucht in „christliche Gewissensfreiheit" und „innere Emigration". „Tu wie andere Leute, so narrest du nicht!" [264] – darin gipfelt die tatsächliche Kapitulation der Lehre Luthers vom „naturgemäßen" Handel vor der sich in seiner Zeit mit unaufhaltsamer Wucht durchsetzenden Wirklichkeit des kapitalistischen Handels.

b) Luther zum Wucher

Die Haltung Luthers zum Wucher ist untrennbar mit seiner Stellung zum Handel verbunden. Das zeigt sich bereits darin, daß Luther keine prinzipielle Unterscheidung zwischen Warenhandel und Geldhandel kannte. Insofern beides nach kapitalistischen Prinzipien betrieben wurde, also direkt auf die Geldvermehrung – auf Mehrwert – gerichtet war, kennzeichnete es Luther als Wucher: entweder als Warenwucher oder als Geldwucher. „Es ist nicht der Unterschied zwischen Leihen und Kaufen", sagte Marx von Luther, „der ihn irre macht; in beiden erkennt er den Wucher gleichmäßig." [265] Sowohl im kapitalistischen Handel wie im Wucher erfaßte Luther richtig das Profitmachen.

In einer Polemik gegen Proudhon (1809–1865) bemerkte Karl Marx ausdrücklich:

> „Luther stand etwas höher als Proudhon. Er wußte schon, daß das Profitmachen unabhängig ist von der Form des Leihens oder Kaufens." [266]

Marx zitiert dazu Luther, der von den Händlern gesagt hatte: „Machen aus dem Kauf auch einen Wucher." [267]

Im Begriff „Wucher“ faßte Luther ganz allgemein jedes auf Egoismus und privatem Bereicherungsstreben beruhende wirtschaftliche Verhalten zusammen, das zur Schädigung des Nächsten führt, dem Nächsten die Ergebnisse seiner Arbeit raubt und ihn schließlich in Not und Elend, Armut und Schuldknechtschaft bringt. In diesem Sinne ist Wucher für Luther ein Verstoß gegen die christliche Moral und die „natürlichen“ Grundsätze der Wirtschaft und des wirtschaftlichen Verhaltens.

Die weitgehende, nahezu vollständige Gleichsetzung von kapitalistischem Handel und Wucher, die uns in Luthers Auffassungen entgegentritt, entspricht im wesentlichen den realen Gegebenheiten seiner Zeit, wo ja in der Tat noch beides – kapitalistischer Handel und Wucher – zumeist in einer Hand vereinigt war, von ein und der gleichen „Gesellschaft Monopolia“ betrieben wurde. Die Fugger, Welser und sonstigen großen monopolistischen Handelsgesellschaften zur Zeit Luthers waren im allgemeinen gleichzeitig kapitalistische Händler und Wucherer. In ihren wirtschaftlichen Transaktionen verwirklichten sie sowohl Funktionen des nach Profit jagenden Handelskapitals (G–W–G′) als auch des nach Zins strebenden Wucherkapitals (G–G’). Gegen beide Seiten ihres kapitalistischen Wirkens richteten sich Mißtrauen, Widerwillen und Kampf Luthers. Sein besonderer Zorn traf dabei allerdings den Geldwucher, der mit seinen ethischen und naturalwirtschaftlichen Grundanschauungen absolut nicht harmonierte. Das zinstragende Kapital, das unmittelbar – wie Luther glaubte, ohne jede Zwischenstufe und daher auch ohne jede „sittliche“ und „naturgemäße“ Grundlage – auf die bloße Geldvermehrung ausging, war für Luther, genau wie auch schon für Aristoteles, das Naturwidrigste und Teuflischste, was es im wirtschaftlichen Bereich überhaupt geben konnte.

Hielt Luther dem wucherischen Warenhändler immerhin zugute, daß dieser bei seinem Handel wenigstens auch selbst ein gewisses Risiko eingehe, also gewissermaßen einem doppelten Interesse unterliege – einerseits dem Gewinn, andererseits dem Verlust –, so sah er den wucherischen Geldhändler ganz ohne jedes persönliches Risiko gewinnen, da jegliches Risiko beim Geldleihen allein vom Schuldner getragen werden mußte.[268]

Nicht zufällig befassen sich daher auch die meisten ausgesprochen polemischen ökonomischen Schriften Luthers sehr unmittelbar und ausführlich mit den Fragen des Geldwuchers. Wir nennen hier insbesondere seinen „Kleinen Sermon vom Wucher“ aus dem Jahre 1519, den er 1520 bereits zum „Großen Sermon vom Wucher“ erweiterte und dann 1524 in kaum veränderter Form als zweiten Teil seines Werkes „Von Kaufhandlung und Wucher“ erneut herausgab. Die in diesen frühen Werken von Luther ausgesprochenen Gedanken über den Wucher finden sich dann – wesentlich bereichert durch neue Erfahrungen und Erkenntnisse – noch einmal 1540 sehr kompakt und in aller Ausführlichkeit in einer „Vermahnung an die Pfarrherren, wider den Wucher zu predigen“, die der Leser im Anhang unseres Buches ausführlich nachlesen kann. Auch viele Predigten, Tischreden und Briefe Luthers haben Fragen des Wuchers zum Inhalt. Auf diese Weise widerspiegelt das Werk Luthers die zu seiner Zeit ständig wachsende Bedeutung, die der Wucher auf dem Boden der sich entfaltenden Geldwirtschaft erlangte.

Sehr anschaulich schilderte Luther immer wieder das gewaltige Emporkommen des Wuchers und die zersetzende Rolle, die er spielte. Dafür zwei Beispiele.

„Aber das größte Unglück deutscher Nation ist gewißlich der Zinskauf," schrieb Luther 1520. „Wenn der nicht wäre, müßte mancher seine Seide, Samt, Goldschmuck, Spezerei und allerlei wohl ungekauft lassen. Er besteht nicht viel über hundert Jahre und hat schon fast alle Fürsten, Stifte, Städte, Adel und Erben in Armut, Jammer und Verderben gebracht. Wird er noch hundert Jahre bestehen, so wäre es nicht möglich, daß Deutschland einen Pfennig behielte. Wir müßten uns gewißlich untereinander fressen." [269]

Zwanzig Jahre später, 1540, schreibt Luther:

„Ich lasse mir sagen, daß man jetzt jährlich auf einem jeglichen Leipziger Markt zehn Gulden – das ist dreißig aufs Hundert– nimmt. Etliche setzen auch den Naumburgschen Markt hinzu (und sagen), daß es dort sogar vierzig aufs Hundert werden. Ob es mehr sei, daß weiß ich nicht. Pfui dich, wo zum Teufel will denn auch das zuletzt hinaus?... Wer nun jetzt zu Leipzig Hundert Floren hat, der nimmt jährlich vierzig; – das heißt einen Bauern und Bürger in einem Jahr gefressen. Hat er tausend Floren, so nimmt er jährlich vierhundert; – das heißt einen Ritter oder reichen Edelmann in einem Jahr gefressen. Hat er hunderttausend, wie es bei den großen Händlern sein muß, so nimmt er jährlich vierzigtausend; – das heißt einen großen reichen Fürsten in einem Jahr gefressen. Hat er zehn-hunderttausend, so nimmt er jährlich vier-hunderttausend; – das heißt einen großen König in einem Jahr gefressen. Und er leidet darüber keine Gefahr, weder an Leib noch an Ware; er arbeitet nichts, sitzt hinter dem Ofen und brät Äpfel. Also möchte so ein Stuhlräuber zuhause sitzen und eine ganze Welt in zehn Jahren fressen." [270]

Im Kampf gegen den Wucher, der das gesamte Werk Luthers, soweit es ökonomischen Problemen gewidmet ist, durchzieht und dessen kritischen Hauptinhalt bildet, erreicht das gleichermaßen moralisch-ethisch wie naturalwirtschaftlich konzipierte ökonomische Denken Luthers seinen Kulminationspunkt. Hier kommt der antikapitalistische Charakter des ökonomischen Denkens Luthers, dem wir bereits in seinen Lehren vom Handel begegneten, zur vollen Entfaltung.

Auf der Grundlage der Bergpredigt forderte Luther vom gläubigen Christen in erster Linie eine bedingungslose Hilfsbereitschaft und Barmherzigkeit gegenüber dem Nächsten, ökonomisch ausgedrückt: geben ohne zu nehmen, zumindest aber ohne mehr zu nehmen. „Wer dich um Hilfe bittet, dem gib, ohne daran zu denken, das Gegebene jemals wieder zurück zu erlangen." Oder „Ihr sollt lieb haben eure Feinde, ihr sollt wohltun, ihr sollt leihen und nichts dafür nehmen oder erwarten – so wird euer Verdienst groß sein und ihr werdet Kinder sein des Allerhöchsten". So predigte Luther.[271]

Luther selbst lebte nach diesem Prinzip, oft übrigens zum Verdruß seiner in dieser Hinsicht etwas anders denkenden Frau. Auf ihre Vorwürfe wegen der von ihm oft recht sinnlos praktizierten Hingabe von Geld und Wertgegenständen an nicht immer gerade „würdige Nächste" hatte er nur die Antwort zur Hand, Gott werde schon sorgen, daß er und die Seinen nicht darben oder gar verhungern müssen. Im übrigen verfuhr er nach Matth. 6, 3, wo es heißt: „Wenn du aber Almosen gibst, so laß deine linke Hand nicht wissen, was die rechte tut!" – wobei sich Luther selbst wohl als die rechte, seine „gestrenge Frau und Herrin" aber als die linke Hand betrachtete.

Da Luther dem Christen nun aber keineswegs eine grenzenlose Bereitschaft zur „unnatürlichen" Entsagung abverlangte, sondern ihm durchaus das Recht auf die Früchte seiner Arbeit zugestand – von den „natürlichen" Abgaben an die Obrigkeit und Herren abgesehen –, paßte er seine christliche Forderung nach Barmherzigkeit und Nächstenhilfe in der Weise den wirtschaftlichen Gegebenheiten an, daß er für den Gläubigen lediglich die unbedingte *Pflicht zum zinslosen Darlehen* proklamierte. Wer dem Nächsten etwas leiht, um ihn aus einer zeitweiligen Not zu helfen, soll daher das Geliehene in der Regel auch vom Nächsten in gleicher Art und Menge wieder zurück erhalten, sobald dieser die Notlage überwunden hat.

„Alles nun, was ihr wollt, das euch die Leute tun, das tut auch ihnen", so begründete er auf christliche Weise mit Matth. 7, 12 die der Warenproduktion und dem Wertgesetz vollauf entsprechende „goldene Regel" der Gleichberechtigung, Gleichheit und Gleichwertigkeit. Aber, so fügte er auch sofort hinzu: „Wer etwas leiht und nimmt dafür etwas darüber oder – was dasselbe ist – etwas besseres, das ist Wucher; denn leihen heißt, nicht mehr zurücknehmen als geliehen wurde, wie es die Propheten, Christus selbst und auch die weltlichen Rechte lehren." [272] Konkret auf das Leihen von Geld bezogen, erklärte Luther im gleichen Sinne:

> „Wo man Geld leihet und dafür mehr oder besseres fordert oder nimmt, das ist Wucher, wie er in allen Rechten verdammt wird. Darum sind alle diejenigen, die fünf, sechs oder mehr aufs Hundert vom geliehenen Geld nehmen, Wucherer.
>
> Sie sollen sich danach zu richten wissen; sie heißen des Geizes oder Mammons abgöttische Diener; sie mögen nicht selig werden, sie tun denn Buße." [273]

Allen, die sich ihre Hilfe am Nächsten durch Zins bezahlen lassen wollen, wie auch allen, die heuchlerisch erklärten, wenn es keinen Zins gäbe, dann würde doch auch das „Interesse" fehlen, um dem Nächsten zu helfen, warf Luther Eigennutz und unchristliches wie unsoziales Verhalten vor: „Spricht Junker Wucher also: Lieber, wie jetzt die Zeitläufte sind, so tue ich meinem Nächsten einen großen Dienst dadurch, daß ich ihm Hundert auf (nur) fünf, sechs, zehn leihe" [274], – so interpretierte Luther das christliche und soziale Mäntelchen, das sich die Wucherer umzuhängen versuchten, um ihre Profit- und Geldgier vor der Welt zu tarnen. Die apologetische Scheinheiligkeit, mit der sich der Wucher zu rechtfertigen versuchte, konstatierte Luther u. a. auch in den folgenden Sätzen:

> „Ich habe vor fünfzehn Jahren wider den Wucher geschrieben, als er bereits so gewaltig eingerissen war, daß ich keine Besserung zu hoffen wußte. Seit dieser Zeit hat er sich aber so erhoben, daß er nun auch schon kein Laster, Sünde oder Schande sein will, sondern sich als eitel Tugend und Ehre rühmen läßt, geradeso als erweise er den Leuten große Liebe und christlichen Dienst.

Was will nun helfen und raten, da Schande Ehre und Laster Tugend geworden ist?“ [275]

Empört über die Art und Weise, in der die kapitalistischen Wucherer die von ihnen betriebene Ausplünderung des Volkes moralisch zu vertuschen versuchten, entlarvte Luther, wie Marx lobend betonte *„in der altmodischen, wenn auch stets erneuten, Form des Kapitalisten, im Wucherer, ... sehr gut die Herrschsucht als Element des Bereicherungstriebes.“* [276]

Luther schrieb und Marx zitiert diese Sätze ausführlich:

„Die Heiden haben aus der Vernunft rechnen können, daß ein Wucherer ein vierfacher Dieb und Mörder ist. Wir Christen aber halten sie in solchen Ehren, daß wir sie schier um ihres Geldes willen anbeten...

Wer einem anderen seine Nahrung aussaugt, raubt und stiehlt, der tut – so viel an ihm liegt – ebenso großen Mord wie der, der jemanden verhungern läßt und zugrunde richtet. Solches tut aber ein Wucherer und sitzt dabei sicher auf seinem Stuhl, obwohl er billigerweise am Galgen hängen sollte und von so vielen Ratten gefressen werden sollte, wie er Gulden gestohlen hat – sofern so viel Fleisch an ihm sein sollte, daß sich so viele Ratten darein teilen könnten. Dieweil hängt man die kleinen Diebe... Kleine Diebe liegen in Stöcken gefangen, große Diebe gehen in Gold und Seide prangen. Also ist auch kein größerer Menschenfeind auf Erden – nach dem Teufel – denn ein Geizhals und Wucherer: denn er will über alle Menschen Gott sein. Türken, Krieger, Tyrannen sind auch böse Menschen, doch müssen sie die Leute leben lassen und bekennen, daß sie böse und Feinde sind. Aber ein Wucherer und Geizwanst, der will – so viel an ihm ist –, daß alle Welt in Hunger, Durst, Trauer und Not verderben müßte, auf daß er es alles allein haben möchte und ihn jedermann als einen Gott ansehen und ewiglich sein Leibeigener sein sollte, daß er Schauben, goldne Ketten und Ringe tragen, das Maul wischen und sich für einen werten frommen Mann ansehen und rühmen lassen könnte...

Wucher ist ein großes ungeheures Monstrum wie ein Bärwolf, der alles verwüstet, mehr als ein Cacus, Gerion oder Antus. Und er schmückt sich noch und will fromm sein, daß man nicht sehen soll, wo die Ochsen hinkommen, so er rücklings in sein Loch zieht. Aber Herkules soll der Ochsen und der Gefangenen Geschrei hören und den Cacum auch in Klippen und Felsen suchen, die Ochsen wieder erlösen von dem Bösewicht. Denn Cacus heißt ein Bösewicht, der ein frommer Wucherer ist, der alles stiehlt, raubt und frißt, und es doch nicht getan haben will. Es soll ja niemand herausfinden, wie die Ochsen, die er rücklings in sein Loch gezogen, Schein und Fußtapfen geben, als seien sie herausgelassen. Genau so will der Wucher auch die Welt äffen, als nütze er und gäbe der Welt Ochsen, so er sie doch zu sich allein reißt und frißt... Und da man die Straßenräuber, Mörder und Befehder rädert und köpft, wie viel mehr sollte man alle Wucherer rädern und ädern..., verjagen, verfluchen und köpfen.“ [277]

Ausdrücklich stellte Luther klar, was er trotz aller Tarnungs- und Verdrehungskünste der Wucherer unter Wucher verstand, indem er sagte:

„Wer aber mehr oder besseres nimmt (als er gibt), das ist Wucher und heißt nicht Dienst, sondern Schaden getan seinem Nächsten, wie auch mit Stehlen und Rauben geschieht.

Es ist nicht alles Dienst und wohlgetan dem Nächsten, was man heißt Dienst und wohlgetan. Auch eine Ehebrecherin und ein Ehebrecher tun einander großen Dienst und Wohlgefallen...

Summa: Die Welt ist voller großer, trefflicher täglicher Dienste und Wohltaten." [278]

Ironisch vergleicht Luther den „Nächstendienst" des Wucherers mit dem Zyklopen Polyphem aus der Odyssee Homers, der bekanntlich „dem Ulisse verhieß, er wollte ihm die Freundlichkeit erweisen, daß er zuvor seine Gesellen, ihn selbst aber erst zuletzt fressen werde." [279]

Da nach Luther also derjenige, der Zins nimmt, gegen Gerechtigkeit und Gleichwertigkeit verstößt, weil er mehr zurückverlangt, als er gegeben hat, da er für Luther vor allem aber das Liebesgebot Gottes verletzt, weil er in egoistischer Habgier die Notlage seines Nächsten ausnutzt, um diesen zu schädigen, sprach sich Luther *grundsätzlich gegen jeglichen Zins* aus, verurteilte er jedes Zinsnehmen als Wucher; ganz gleich, ob der Zins hoch oder niedrig, bescheiden oder räuberisch ist.

Um seinen theoretisch-moralischen Kampf gegen jegliches Zinsnehmen zu stützen, berief sich Luther auch auf die ursprünglichen Zinsverbote der katholischen Kirche, wie sie im kanonischen Recht und auf zahlreichen Konzilien festgelegt worden waren. Ja, in dieser Frage ging Luther sogar noch weit hinter die schon von der katholischen Kirche seit dem 12. Jahrhundert in immer größerem Umfang vorgenommenen Anpassungen ihrer Wuchergesetze an die ökonomische Wirklichkeit der sich ausweitenden Geldwirtschaft zurück.

War die katholische Kirche schon mehr und mehr dazu übergegangen, Ausnahmen vom Zinsverbot zuzulassen, so negierte Luther alle diese Ausnahmen grundsätzlich. Er berief sich hierbei auf die Bibel und auf die in ihr widergespiegelten *antiken* ökonomischen Verhältnisse. Er schreckte schließlich auch nicht davor zurück, vorchristliche „Heiden" als Autoritäten im Kampf gegen den Zinswucher ins Feld zu führen. So zitierte er Cato, der u. a. einmal gesagt hatte, daß Wucher nichts anderes als Menschenmord sei. So verwies er auf Maßnahmen, die bereits Solon und Alexander gegen den Wucher ergriffen hatten. So führte er die Römer Valerius, Publicola, Rutilus, Cicero und andere an, weil diese sich ebenfalls schon gegen den Wucher ausgesprochen hatten. Wie schon Thomas von Aquino bezog sich Luther mit besonderem Nachdruck auf die von Aristoteles begründete Lehre von der Unfruchtbarkeit des Geldes. In diesem Sinne schrieb Luther:

„Auch alle weisen vernünftigen Heiden haben den Wucher überaus übel gescholten. So spricht Aristoteles (Politik 1), daß Wucher wider die Natur sei, weil er allzeit mehr nimmt denn gibt, wodurch das Mittel und Richtmaß aller Tugend, das man gleich und gleich, equalitas Arithmetica heißt, aufgehoben wird. Weiter spricht er, Geld ist von Natur unfruchtbar und vermehret sich nicht. Darum ist es, wo es sich mehret, wie beim Wucher, wider die Natur des Geldes, denn es lebt noch trägt nicht wie ein Baum.“ [280]

In dieser *Wiederaufnahme antiker und kanonistischer ökonomischer Vorstellungen* äußert sich in höchst markanter Weise der betont traditionalistische und ausgesprochen naturalwirtschaftliche Standpunkt Luthers.

Luther hat, – wie Marx bemerkte – dem Wucher gegenüber noch „die katholisch-heidnische Auffassung.“ [281]

Dabei soll jedoch nicht übersehen werden, daß Luthers antikapitalistisches Zinsverbot sich in einem entscheidenden Punkt von allen früheren, vor allem aber von den kanonischen Zinsverboten der mittelalterlichen katholischen Kirche – trotz weitgehender formaler Übereinstimmung – ganz wesentlich unterscheidet. Das ursprüngliche katholische Zinsverbot war vorwiegend – entsprechend dem Formalcharakter der scholastischen Theologie – *juristisch* und damit *äußerlich-materiell* begründet. Als rein formaler Rechtsgrundsatz konnte es relativ leicht umgangen werden und wurde es umgangen, in erster Reihe von der immer geldgieriger werdenden katholischen Kirche und ihren mit allen Wassern gewaschenen Advokaten selbst. Luther dagegen begründete das Zinsverbot eindeutig vom *ethisch-moralischen* Standpunkt. Das ergab sich aus der gesamten, auf Verinnerlichung des Glaubens gerichteten reformatorischen Haltung Luthers.

Als Gebot des inneren Gehorsams gegenüber Gott war das Luthersche Zinsverbot ein *Moralgesetz.* Der Kampf Luthers gegen Zins und Wucher erhielt auf diese Weise eine weitaus größere innere Kraft und Stärke, wenngleich er doch letzten Endes ebenfalls gegenüber der wachsenden objektiven Macht der auf Ware–Geld–Beziehungen gegründeten ökonomischen Verhältnisse seiner Zeit scheitern mußte.

Unterziehen wir die gegen den Zins gerichtete Argumentation Luthers einer näheren Betrachtung, so müssen wir feststellen, daß Luther im wesentlichen nur die Form des *Konsumtions-Darlehens* im Auge hatte. Vom Standpunkt des Konsumtions-Darlehens kam er zur grundsätzlichen Verurteilung des Zinses. Das Konsumtions-Darlehen spielte zur Zeit Luthers in der Tat noch eine entscheidende Rolle. Es überwog vor allem im thüringisch-sächsischen Wirtschaftsraum, aus dem Luther seine unmittelbaren ökonomischen Erfahrungen schöpfte.

Nicht zufällig sind deshalb auch die Auffassungen, die andere Reformatoren, vor allem die Schweizer Zwingli und Calvin, teilweise aber auch bereits der aus dem entwickelten Süddeutschland stammende Melanchthon, zum Zins vertraten, viel stärker durch die Tatsache des Produktionskredits bestimmt, der im süddeutschen und schweizerischen Wirtschaftsgebiet ja auch bereits eine weit höhere Entwicklungsstufe erreicht hatte als etwa in Wittenberg und Umgebung. Sie gehen daher auch in der Billigung des Zinses viel weiter als Luther. Die objektiven Grundlagen der Haltung Luthers zum Zins lassen sich von diesem Gesichtspunkt aus noch näher bestimmen. Der Prediger und Universitätsprofessor Luther ging an die ökonomische Beurteilung des Zinses vornehmlich als Empfänger eines relativ fixen Gehaltes heran. Es war der Standpunkt der „*Lohnempfänger*“ seiner Zeit, insbesondere sein ganz persönlicher und der seiner evangelischen Pfarrer, den

Luther ausdrückte, wenn er von den Wucherern sagte, „sie fressen mit uns aus unserer Küche, trinken aus unserem Keller das meiste, schinden und schaben uns, das uns Leib und Leben wehe tut.“ [282]

Dieser *Lohnempfänger-Konsumenten-Standpunkt* Luthers wurde noch dadurch wesentlich verstärkt, daß die allgemeine Teuerung jener Zeit vor allem diese Bevölkerungsgruppe mit der größten Wucht traf. „Es ist gleichwohl durch deinen Geiz in kurzer Zeit dahin gekommen,“ warf Luther 1540 den Wuchern vor, „daß, wer vor etlichen Jahren sich mit 100 Gulden hat ernähren können, sich jetzt nicht mehr mit 200 Gulden ernähren kann.“ [283]

Als Luther 1541 für seine Pfarrer eine Erhöhung der Gehälter beantragte, begründete er seine Forderungen so:

> „Wer zuvor mit dreißig Gulden ausgekommen ist, kann jetzt nicht mit 100 Gulden auskommen. Warum?
> Vorher galt ein Scheffel Korn zwei bis drei Groschen, eine Mandel Eier drei Pfennig. Jetzt muß das Korn neun bis zwölf Groschen, eine Mandel Eier siebzehn Pfennig gelten.“ [284]

Alle anderen Bevölkerungsgruppen, vor allem aber die unmittelbaren Produzenten aller Art, waren nach Luthers Meinung wenigstens in der Lage, die ihnen von den Wucherern, „den großen Weltfressern“, auferlegten Zinsen zu erheblichen Teilen oder gar völlig auf die Preise ihrer Produkte aufzuschlagen. Sie wälzten auf diese Weise in der Tat einen großen Teil der auf ihnen lastenden Zinsen auf die „Lohnempfänger-Konsumenten“ ab:

> „Bauern, Bürger, Adel“ – so meinte Luther – „können ihr Korn und Arbeit steigern, ihren Pfennig doppeln und drippeln und den Wucher damit desto leichter ertragen.“ [285]

In einer Predigt erklärte Luther 1529, es gäbe zwei Arten von Teuerung: eine „von Menschen gemachte“, gegen die man ankämpfen könne, und eine, gegen die man nichts tun könne, weil sie „vom Himmel“ komme.

> „Die erste“ – so führte er aus – „regiert jetzt, da die Edelleute und Bauern alles steigern. Es ist in diesem Jahr das Korn so wohlgeraten, wie nicht wenige Leute gedenken. Sie (die Bauern und Edelleute – G. F.) könnten das Korn wohl um einen Scheffel wohlfeiler geben, auf daß sie Gott für diesen Segen dankbar wären. Aber ohne Not, allein um des Geizes willen, steigert man das Getreide und macht der Bauer jetzt aus einem Pfennig drei Pfennige.“ [286]

Als einmal ein in der Nachbarschaft Wittenbergs wirkender Pfarrer der Frau Luthers Mehl zum Verkauf angeboten hatte und für den Scheffel $9^1/_2$ Groschen forderte, erklärte Luther:

> „Meine lieben Pfarrherren beginnen auch geizig zu werden, wollen allzeit einen oder zwei Pfennige teurer geben als die Bauern, während sie es doch wohlfeiler oder zu gleichem Preise wie die Bauern geben sollten ... Pfui über dich, Junker Geiz!“ [287]

Luther beurteilte also den Zins unmittelbar vom Standpunkt des Konsumtions-Darlehens, vom Standpunkt des auf gelegentliche Darlehen angewiesenen Konsumenten und vor allem vom Standpunkt des festen Lohn empfangenden Konsumenten. Von hier aus gelangte er zwangsläufig zur völligen Ablehnung des Zinses. Dies um so mehr, als er in stark subjektivistischer Befangenheit im Wucher eine der Hauptursachen der gewaltigen Teuerung seiner Zeit zu sehen glaubte. Das zinslose Darlehen, das Luther forderte und billigte, entspricht in der Tat vollkommen den von Luther als „natürlich" und „sittlich" empfundenen ökonomischen Bedingungen sowohl der rein feudalen Naturalwirtschaft wie auch noch der darin eingebetteten einfachen Warenproduktion (W–G–W). Es ist jedoch völlig unvereinbar mit der bereits eindeutig auf die Gewinnung und Mehrung des Tauschwerts gerichteten, mehr und mehr kapitalistischen Charakter annehmenden Geldwirtschaft, die sich zur Zeit Luthers auch in Deutschland immer mächtiger zu entfalten begann.

Die prinzipielle Ablehnung des Wuchers und überhaupt jeglichen Zinsnehmens durch Luther bildet nun zwar den theoretischen Hauptinhalt der gesamten Stellung Luthers zum Wucher. Es mit dieser Feststellung aber bewenden lassen, hieße, lediglich die *Theorie* Luthers erfaßt zu haben. Auch in Luthers Haltung zum Wucher müssen wir jedoch, wie in seiner gesamten Ideologie, streng zwischen Theorie und Praxis unterscheiden! Schon die Tatsache, daß Luthers Theorie vom zinslosen Leihen im krassen Widerspruch zu der sich anbahnenden kapitalistischen Entwicklung stand, macht dies deutlich.

Die erste und wichtigste Tatsache, die es hier festzuhalten gilt und die zugleich ein weiteres bezeichnendes Licht auf den gesamten Charakter der ökonomischen Lehren Luthers wirft, besteht darin, daß Luther als prinzipieller Feind des Wuchers – so paradox es klingt – vom Christen die bedingungslose Unterwerfung unter den Wucher forderte.

Als 1523 der Eisenacher Pfarrer Jakob Strauss auf Grund und in Verwirklichung des Lutherschen „Sermons vom Wucher" 51 Anti-Wucher-Thesen aufstellte und darin u. a. auch forderte, daß „der arme und einfältige Mann ... um keines Gebotes und keiner Gewalt willen den Wucher bezahlen solle, wenn er sich nicht selbst mitschuldig machen wolle" [288], kam es im Ergebnis dessen sehr schnell zu einer allgemeinen und sogar von der Mehrheit des Rates der Stadt unterstützten Verweigerung der Zinszahlungen; vor allem gegenüber den Augustiner-Chorherren des dortigen Marienstiftes. Nachdem der Eisenacher Wucherstreit bis zum Landesfürsten gedrungen war, sah sich Luther zum Eingreifen gezwungen.

Unter Preisgabe seiner theoretisch radikalen Haltung gegenüber dem Wucher erklärte Luther jetzt, der Gläubige dürfe dem Wucherer lediglich sein unchristliches und unsoziales Verhalten moralisch zum Vorwurf machen, müsse im übrigen aber „getreulich" seiner „Pflicht" nachkommen und also den geforderten Zins pünktlich und gewissenhaft zahlen; zumindest solange die Obrigkeit nicht von sich aus gegen den Wucher einschreite. Von Strauss, der Luthers Lehren für bare Münze genommen und in diesem Sinne verbreitet hatte, verlangte Luther, er solle die Eisenacher Gläubigen dazu bringen, „daß sie solchen Schaden christlich noch einige Zeit leiden und den Zins reichen, bis es besser wird" [289].

Während Luther also in der für ihn so typischen Weise den Wucher einerseits *in der Theorie* als „unchristlich" und „unnatürlich" verurteilte, ja sogar ausdrücklich betonte, „was wider Gott, Recht und Natur stehe, das sei ein Nullus“ [290], indem er *in der Praxis* erklärte, „nur der Fürst habe das Recht, solche (Wucher-) Verträge zu zerreißen, ohne dabei an seiner Ehre oder am Glauben gescholten zu werden“ [291]; behauptete er, „nicht der einzelne Schuldner kann den Zinsvertrag als ungültig erklären, sondern nur der Fürst in seiner Eigenschaft als Landesherr“ [292].

Radikal in der Theorie, zahm in der Praxis, oppositionell in Worten, gehorsam in Taten – das ist auch der Charakter der Stellung Luthers zum Wucher. Auch in dieser Frage stand Luther nur in Worten auf Seiten des Volkes, der Armen und Ausgebeuteten, in Taten jedoch auf Seiten der Fürsten und sonstigen Obrigkeiten; vor allem dann, wenn das Volk mit seinen Lehren ernst zu machen versuchte.

Wie wenig sein Appell an der Fürsten Gewissen in der Zinsfrage wog, wußte Luther selbst recht gut. Gelegentlich brachte er es auch zum Ausdruck; so etwa, wenn er sich über das besonders schlimme Treiben der jüdischen Wucherer beklagte:

> „Sie leben bei uns zu Hause unter unserem Schutz und Schirm. Dazu sitzen die Fürsten und Obrigkeiten, schnarchen und haben das Maul offen, lassen die Juden aus ihrem Beutel und Kasten nehmen, stehlen und rauben, was sie wollen. Das ist: sie lassen sich selbst und ihre Untertanen durch der Juden Wucher schinden und aussaugen und sich mit ihrem eigenen Gelde zu Bettler machen.“ [293]

Blind gegenüber den objektiven Entwicklungsgesetzen des gesellschaftlichen Lebens, mit denen sich der Wucher zur Zeit Luthers noch in weitgehender Übereinstimmung befand, und trotz seiner berechtigten Zweifel am guten Willen wie auch an der Fähigkeit der Fürsten und Obrigkeiten wurde Luther nicht müde, von ihnen wenigstens theoretisch die Abschaffung oder zumindest doch Einschränkung des Wuchers zu fordern. Immer wieder vermahnte er seine Pfarrer, wider den Wucher zu predigen und den Wucherern alle nur erdenkbaren Kirchenstrafen aufzuerlegen, um sie wenigstens moralisch zu schrecken. Er selbst gab 1538 einem Pfarrer die Anweisung, einen Adligen kurzerhand vom Abendmahl auszuschließen, weil dieser Geld gegen 30 Prozent Zinsen ausgeliehen hatte und trotz Ermahnung nicht davon lassen wollte.[294]

Doch angesichts der auf dem Boden der damaligen allgemeinen Wertrevolution ins Gigantische gehenden Entfaltung des Wuchers befielen Luther Zweifel an der Wirksamkeit seiner Moralpredigten.

> „Wiewohl ich aber denke“ – so klagte er –, „dies mein Schreiben werde fast umsonst sein, weil der Unfall so weit eingerissen.“ [295]
>
> Oder: „Hätte ich nur eine Seele damit unterrichtet und erlöst von der Schuld, so hätte ich nicht umsonst gearbeitet.“ [296]

Sein überaus bescheidenes „Minimalprogramm“ im Kampf gegen den Wucher formulierte Luther noch einmal 1540, als er schrieb:

> „Können wir den Wucher nicht wehren, denn das ist nun unmöglich geworden (nicht allein unserer Predigt, sondern auch dem ganzen weltlichen Regiment), daß wir doch vielleicht etliche möchten durch unsere Vermahnung aus solchem Sodom und Gomorrha herausreißen.“ [297]

Der allgemeine Widerspruch zwischen Theorie und Praxis, der die Haltung Luthers charakterisiert, besteht jedoch nicht nur in der soeben gekennzeichneten Weise. Er zeigt sich sehr deutlich auch darin, daß Luther in seiner typisch kompromißlerischen Weise wiederholt und ausdrücklich für eine *allmähliche* und keineswegs etwa plötzliche *Senkung der Zinssätze* eintrat. Als er 1525 vom Rat der Stadt Erfurt gefragt wurde, ob er es für richtig halte, wenn man dort sofort und sogar rückwirkend alle Zinsen abschaffen würde, war Luther aufs höchste erschreckt über diesen Versuch, aus seinen eigenen Lehren die Konsequenz zu ziehen. In seinem Gutachten fragte er daher entrüstet zurück: „Ist das evangelisch, so mit dem Kopf hindurch wollen?“ [298]

„Wenn man die Zinse abtun will, so muß man nicht zufahren und plötzlich alles abtun!“ – schreibt er noch deutlicher am 5. Mai 1525 an den Rat der Stadt Danzig, als dieser ihn um seine Meinung in der Zinsfrage gebeten hatte, nachdem es dort – ähnlich wie zwei Jahre zuvor in Eisenach – zu einem von evangelischen Pfarrern inspirierten Zinsaufstand der Bürgerschaft gekommen war. Luther forderte vom Danziger Rat zunächst einmal grundsätzlich, er solle es auf keinen Fall dulden, daß überhaupt irgend etwas geändert werde „durch den gemeinen Mann, sondern (nur) durch die ordentliche Gewalt des Rates ..., damit nicht einreiße, die Obrigkeit zu verachten, welche doch Gott geehrt und gefürchtet sehen will“ [299]. Auf diese Weise fällt Luther seinen eigenen Pfarrern in den Rücken, weil diese sich zu Sprechern des Volkes gemacht hatten. Stattdessen stärkt er bedingungslos die Autorität der Obrigkeit, lehnt er jegliche Aktion von unten ab.

Was aber den Zins selbst betrifft, erklärte Luther, so solle der Rat aus Gründen der „Billigkeit“ ruhig einen Zinssatz von 5 Prozent gestatten. Späterhin könne er ja immer noch versuchen, den Zins noch weiter herabzudrücken. Luther setzte sich also gegen die sofortige Abschaffung des Zinses ein, weil er nicht wollte, daß den Wucherern – die er doch so gern geköpft, gehängt und gerädert sehen wollte – etwa zu plötzlich ihre „Rechte“ beschnitten und ihren Schuldnern irgendwelche unberechtigten „Vorteile“ verschafft würden: „Denn es möchte sein, daß einer 1000 Gulden vor drei Jahren verliehen und davon kaum erst 150 Gulden zurückerhalten hätte. Dieser käme zu kurz und es wäre ein billiger Raub. Und dem Zinsmann käme so vieles ohne alles Recht zu.“ [300] Luther setzte sich jedoch nicht nur, wie im Danziger Beispiel, für eine „vorsichtige“ Herabsetzung der Zinssätze und für einen „mäßigen“ Zins ein. Er bekannte sich in ganz bestimmten Fällen sogar ausdrücklich für eine Beibehaltung des Zinses. Da er es nämlich für möglich hielt, daß gewisse Geldverleiher auf den Zins angewiesen sind, um leben zu können, sie nach seiner eigenen Theorie also von der Schädigung und auf Kosten des Nächsten leben müssen, riet er dem Danziger Rat, alle vorliegenden Zinsfälle genauestens zu prüfen: „Man kann kein Gesetz vorschreiben, sondern es steht alles im Ansehen der Person.“ [301]

In diesem Zusammenhang begründete Luther die berühmteste Ausnahme von seinem Zinsverbot: das sogenannte *Notwücherlein.* Er schrieb:

> „Ist die (zinsnehmende, also nach seiner grundsätzlichen Auffassung wuchernde – G. F.) Person aber alt und unvermögend, soll man ihr, wie es Liebe

und Billigkeit lehren, nicht das Maul von der Krippe stoßen und sie zum Bettler machen, sondern ihr die Zinsen lassen, so lange sie lebt und (ihrer) bedarf." [302]

Eine Reihe ähnlicher Entscheidungen Luthers bezeugen seine ausgesprochene Kompromißbereitschaft auch in der Zinsfrage.[303] Das „Notwücherlein", so erklärte Luther im krassesten Gegensatz zu seiner prinzipiellen theoretischen Verurteilung jeglichen Zinses, sei „schier ein halbes Werk der Barmherzigkeit für die Dürftigen, die sonst nichts hätten; und das dem anderen auch nicht sonderlich schadet" [304]. In Sorge, daß die jeweils zuständigen Obrigkeiten vielleicht doch etwas zu scharf gegen den Wucher vorgehen – also seine eigenen Wucherlehren vielleicht so ernst nehmen könnten, wie er selbst sie niemals gemeint hat –, betonte er: „Hier wollte ich wohl gern, daß die Juristen eine Linderung des scharfen Rechtes setzten." [305] Es ist höchst aufschlußreich, wie der bürgerliche Autor Wangemann die Haltung Luthers zum „Notwucher" interpretiert. Er zeigt dabei recht anschaulich, wie „elastisch" doch eine auf idealistischer Grundlage stehende Ökonomie sein kann. Wangemann schreibt:

> „Luther trat mit dieser Forderung (nach Zulassung des „Notwücherleins" – G. F.) an die Öffentlichkeit, weil er den Armen helfen wollte, die ohne Zinsen betteln müßten . . ., sich so aber durch ihr verliehenes Geld von anderen miternähren lassen konnten." [306]

Mit diesen Worten konstatiert Wangemann ganz eindeutig die Tatsache der Ausbeutung durch den Zins, wobei er die Ausbeuter allerdings in vornehmer Bescheidenheit als „die Armen" hinstellt.

Im Anschluß daran stellt sich Wangemann selbst die durchaus berechtigte Frage: „Hat nicht Luther immer wieder die Arbeit als Quelle der Mittel für den Lebensunterhalt hervorgehoben und das mühelose Leben durch Zinsbezüge verurteilt?" [307] In einzigartiger Unverfrorenheit gibt er darauf die folgende Antwort: „Dasselbe gilt hier in einer nur wenig andersgearteten Lage: Der Bedürftige lebt zwar auf Kosten des Nächsten, indem er sein weniges Geld auf Zinsen leiht, aber es ist ja die Pflicht eigentlich dieses Nächsten, für den Lebensunterhalt des anderen Sorge zu tragen, was er eben nicht immer tut." [308] – Der moralische Kampf gegen die Ausbeutung durch den Wucherzins endet also bei Wangemann – und in der Tat auch bei Luther – mit der moralischen Rechtfertigung dieser Ausbeutungsart. Der Ausgebeutete wird in dieser famosen Sicht mit Hilfe des Zinses ökonomisch dazu gezwungen, seine „Pflicht gegenüber dem Nächsten" zu erfüllen. Er kann Gott wahrscheinlich sogar noch dankbar dafür sein, daß er es ihm auf diese Weise möglich macht, sein Liebesgebot zu halten.

Zeigt sich in den Kompromissen, die Luther in der Zinsfrage einging, vor allem aber in seiner Begründung des „Notwücherleins", die Rechtfertigung der Ausbeutung, zumindest aber ihre bedingte Duldung, so tritt dieser Gesichtspunkt noch klarer hervor, wenn wir uns nunmehr zwei grundsätzlichen, nicht nur praktischen, sondern auch theoretischen Ausnahmen zuwenden, die Luther von seinem Zinsverbot machte.

Ausdrücklich erklärte Luther zwei ganz bestimmte Formen des Zinses für „recht und billig", „naturgemäß", „sozial" und „christlich": den sogenannten *Schadewacht* und den *Zinskauf*. Die ökonomischen Einsichten, die Luther bei der positiven Begründung dieser beiden Zinsformen zum Ausdruck brachte, bilden den *theoretischen Höhepunkt seines gesamten ökonomischen Denkens*. Sie zeigen, auf welche Weise endlich auch Luther die objektiven ökonomischen Grundlagen der *Verwandlung von Geld in Kapital* zu begreifen begann. Mit den in diesem Zusammenhang ausgesprochenen Erkenntnissen durchlöcherte Luther seine eigene naturalwirtschaftliche Lehre von der Unfruchtbarkeit des Geldes. Hier erfaßte er wesentliche Seiten der potenziellen Kapitaleigenschaft des Geldes.

Prüfen wir zunächst Luthers Haltung zum *Schadewacht*. Indem Luther vom Christen forderte, er solle seinem Nächsten in der Not selbstlos beispringen und ihm u. a. auch zinslose Darlehen gewähren, verlangte er vom Darlehensnehmer zugleich auch die pünktliche Rückgabe des Darlehens zum vereinbarten Termin, damit dem Darlehensgeber keinerlei Schaden aus einem etwaigen Terminverzug erwachse.

Luther griff mit seiner Forderung nach Schadenersatz bei Verzug des Schuldners eine Forderung auf, die bereits Thomas von Aquino als *titulus damni emergentis* begründet hatte. Entsprechend seiner naturalwirtschaftlichen Konzeption forderte er vom säumigen Schuldner den vollen Ersatz des dem Gläubiger tatsächlich entstandenen Schadens, – nicht mehr, aber auch nicht weniger. Dieser *Schadenersatz* ist im eigentlichen Sinne kein Zins auf geliehenes Geld. Er ersetzt nur den Schaden, der dem Darlehensgeber dadurch entsteht, daß ihm sein Eigentum über die vereinbarte Zeit hinaus vorenthalten wird: „Denn ich habe dir" – so drückte Luther den berechtigten Standpunkt des Gläubigers gegenüber dem Schuldner aus – „die 100 Gulden nicht geliehen, daß ich mich selber oder du mich damit verderben sollst, sondern ich habe dir ohne meinen Schaden helfen wollen." [309]

Ist dem Gläubiger jedoch tatsächlich keinerlei Schaden durch die verspätete Rückgabe des Darlehens entstanden, so sind vom säumigen Schuldner nach Luther auch keinerlei Verzugszinsen als Schadenersatz zu zahlen. Luther betonte ausdrücklich, „daß diese Schäden *der Ware nicht natürlich angewachsen* sein sollen, sondern ihr zufällig widerfahren mögen. Sie sind darum nicht eher für Schaden zu rechnen, sie seien denn geschehen und nachgewiesen" [310].

Von großer praktischer und theoretischer Bedeutung ist es, daß Luther den tatsächlichen Schaden, der dem Gläubiger durch säumige Rückgabe des Darlehens entstehen könne und der ihm dann ersetzt werden müsse, in zwei Richtungen sah: einmal den tatsächlich für den Gläubiger entstandenen *realen Verlust* (titulus damni emergentis) und zum anderen den auf Grund des Schuldnerverzugs für den Gläubiger tatsächlich *entgangenen Gewinn* (titulus lucri cessantis). Am Ausgleich beider Schadensarten ist der Gläubiger nach Luther mit Recht interessiert (duplex interesse). Auf den in dieser Weise doppelt bestimmten Schadenersatz hat er nach Luther ein „natürliches" Recht. Im Falle des *entgangenen Gewinns*, hier für uns die Hauptsache, sprach Luther faktisch dem Gelde eine „natürliche" Fähigkeit zur Vermehrung zu, indem er immerhin seine gewinnbringende Anlage als möglich unterstellte. Hierbei verließ er die beschränkten Positionen des Konsumtionskredits und begann mit dem Begreifen des *produktiven Kredits.*

Der Weg aber, den Luther hierbei ging, ist ebenfalls typisch naturalwirtschaftlich. Auch das rechtzeitig zur Saatzeit noch zurückgegebene Korn, das als Darlehen empfangen wurde, – so etwa folgerte Luther –, könne sich vermehren, während die Vermehrung des vom Schuldner zu spät zurückgegebenen Korns in dieser Vegetationsperiode nicht mehr möglich sei. Der auf diese Weise entstehende Ausfall am „natürlichen Zuwachs" des Korns müsse dem Gläubiger vom Schuldner nach Luthers Meinung daher ersetzt werden. Die vorsichtige Einschränkung Luthers, der Gläubiger müsse jedoch konkret nachweisen, daß er bei pünktlicher Rückzahlung des in Geldform gegebenen Darlehens tatsächlich einen Gewinn – etwa durch Tätigung eines preisgünstigen Kaufs – hätte haben können, ihm also wirklich ein Vorteil entgangen sei, für den der Schuldner haften müsse, ändert an dieser Feststellung nicht das Geringste. *Mit der prinzipiellen Anerkennung des „entgangenen Gewinns" als effektiven Schaden erfaßte Luther in der Tat die Kapitaleigenschaft des Geldes bei entsprechender produktiver Anlage.*

Theoretisch außerordentlich aufschlußreich und wiederum für die naturalwirtschaftliche Grundkonzeption Luthers bezeichnend ist die Tatsache, daß Luther es verurteilte, wenn bereits bei Gewährung des Darlehens – gewissermaßen als *Risikoprämie* – ein genau bestimmter Schadewacht *im voraus* vereinbart werde; und sei dieser auch noch so gering bemessen. Jeden Versuch, den von ihm als berechtigt anerkannten Schadewacht etwa zu einer ständigen Einrichtung werden zu lassen – ganz unabhängig davon, ob durch den Verzug tatsächlich Schaden entstanden ist oder nicht – bezeichnete Luther als Wucher. Über den Versuch der kapitalistischen Wucherer, ihren Wucherzins als Schadewacht zu tarnen, dem Gelde also in jedem Falle die Eigenschaft zur Vermehrung zuzusprechen, schrieb Luther:

> „Nachdem sie (die Wucherer – G. F.) gehört haben, daß Hans mit seinen verliehenen 100 Gulden Schaden erlitten hat und billigerweise die Erstattung des Schadens fordert, fahren sie plump einher und schlagen auf *jede* 100 Gulden zween Gulden Schadewacht auf, nämlich zum Ersatz der Unkosten und des verpaßten Gartenkaufs, gerade so als wären den 100 Gulden *solche zween Schadewacht natürlich angewachsen,* so daß, wo 100 Gulden vorhanden sind, sie diese ausleihen und darauf gleich (von vornherein) solche zween Schaden rechnen, die sie doch gar nicht erlitten haben ...
>
> Darum bist du ein Wucherer, der du sogar deinen erdichteten Schaden von deines Nächsten Geld bezahlen läßt, obwohl ihn dir niemand getan hat. Solchen Schaden heißen die Juristen non verum sed phantasticum interesse (kein wirkliches, sondern ein eingebildetes Interesse), einen Schaden, den sich jeder selbst erträumt.
>
> Es gilt also nicht, zu sagen, es könnten Schäden entstehen, so daß ich nicht habe bezahlen noch kaufen können, sonst heißt es excontingente necessarium: aus dem, was nicht ist, das machen, was sein müßte; aus dem, was ungewiß ist, ein eitel gewiß Ding machen. Sollte solcher Wucher nicht die Welt in wenigen Jahren fressen? ...

Es ist ein zufälliges Unglück, das dem Leiher ohne seinen Willen widerfährt und von dem er sich erholen muß. Doch in den Händeln ist es umgekehrt und das ganze Gegenteil. Da sucht und erdichtet man Schaden zu Lasten des armen Nächsten, will man sich davon ernähren und reich werden, will faul und müßig prassen und prangen von anderer Leute Arbeit, ohne eigene Sorge, Gefahr und Schaden. Es ist so: ich sitze hinter dem Ofen und lasse meine 100 Gulden für mich auf dem Lande werben und behalte sie doch sicher im Beutel ohne alle Gefahr und Sorge, weil es ja geliehenes Geld ist. – Mein Lieber, wer möchte das nicht?“ [311]

Es war also – wie Marx bemerkte – „das Eingewachsensein des Zinses in das Geldkapital als in ein Ding (wie hier die Produktion des Mehrwerts erscheint), was Luther in seiner naiven Polterei gegen den Wucher so sehr beschäftigte“ [312], worin der „Hauptpunkt“ seines Angriffs gegen den Wucher bestand.[313] Es war die Kapitaleigenschaft des Geldes, die Luther in diesen Sätzen sehr eindrucksvoll beschrieb und über die er sich moralisch entrüstete, obwohl er sie doch selbst bereits dadurch bedingt anerkannt hatte, daß er ausdrücklich auch Schadenersatz für entgangenen Gewinn (lies: Mehrwert, Profit oder Zins) forderte. Durch aufmerksame Beobachtung erkannte Luther, daß Geld, nachdem es einmal die Fähigkeit bewiesen hat, zu mehr Geld werden zu können, eine bestimmte Form des Zinses abzuwerfen, diese Eigenschaft umfassend beansprucht.

In diesem Zusammenhang sei auch eine weitere bemerkenswerte ökonomische Erkenntnis Luthers erwähnt und hervorgehoben, die unmittelbar aus seinen Betrachtungen zum Schadewacht hervorging. Indem Luther den Standpunkt des mit Recht Schadenersatz fordernden Gläubigers interpretiert, sagt er, an die Adresse des säumigen Schuldners gewandt:

„Machest mir einen Zwilling aus dem Schadewacht, so daß ich *hier nicht bezahlen und dort nicht kaufen* kann und also zu beiden Teilen Schaden leiden muß. Das heißt man duplex interesse, dammi emergentis et lucri cessantis.“ [314]

Indem Luther hier vom Gläubiger sagt, daß dieser einerseits nicht bezahlen, andererseits nicht kaufen kann, charakterisiert er nicht nur schlechthin den doppelten Schaden, der dem Gläubiger durch säumige Rückzahlung des Darlehens entsteht. Auf diese Weise erfaßt er hierbei zugleich auch sehr richtig *zwei verschiedene Funktionen des Geldes.* Karl Marx weist daher ausdrücklich auf diese erstmalig von Luther in der Geschichte des ökonomischen Denkens getroffene Unterscheidung zwischen *Geld als Kaufmittel* und *Geld als Zahlungsmittel* hin.[315]

Kommen wir nun zur Betrachtung der Auffassungen Luthers vom *Zinskauf.*

Sah Luther im Zins grundsätzlich einen Betrug und Raub am Nächsten, sagte er vom Wucherer – auch vom „Notwucherer“ –, daß dieser, ohne selbst Arbeit zu leisten, von der Arbeit anderer Leute lebe, *erfaßte Luther den Zins somit völlig richtig als das Ergebnis der ohne Gegenleistung abgepreßten fremden Arbeit, erkannte er ihn durchaus zutreffend als ein Resultat der Ausbeutung des Menschen durch den Menschen,* so stellt seine Lehre vom Zinskauf eine entscheidende Vertiefung der ökonomischen Einsichten Luthers in das Wesen des Zinses dar.

Liefen die bisher von uns betrachteten Auffassungen Luthers zum Handel und zum Wucher in ihrem grundsätzlichen theoretischen Kern immer wieder – trotz aller Abschwächungen und Kompromisse – auf eine moralische Kritik an den im Handelsprofit und Zins sichtbar werdenden Formen der kapitalistischen Ausbeutung hinaus, *so bezog Luther in seiner Lehre vom Zinskauf bereits unmittelbar eine positive Haltung zu einer der wichtigsten, weil direkt mit der Produktion verbundenen Formen der Verwandlung von Geld in Kapital bzw. in Grundrente.*

Der Zinskauf, genauer gesagt, der *Rentenkauf* hatte sich ursprünglich unter den Bedingungen der sich im Rahmen der antiken und feudalen Naturalwirtschaft entfaltenden Geldwirtschaft herausgebildet. Er machte es möglich, daß einerseits ausbeutende Grundeigentümer gegen eine entsprechende Geldsumme ihre Rechte auf den Bezug bestimmter Natural- oder Geldleistungen an Dritte veräußerten, daß andererseits Geldeigentümer ihr Geld so anlegten, daß sie es über den Rentenkauf in zinstragendes Kapital verwandelten.

Im Unterschied zum reinen Darlehensvertrag lag dem Rentenkauf in der Regel ein realer Kaufvertrag zugrunde. Der Geldgeber (Gläubiger) erhielt demzufolge als Rentenkäufer das (allerdings beschränkte) Eigentum am Boden, während der bisherige Grundeigentümer (Schuldner) fortan nur noch Besitzer und – er selbst oder die von ihm ausgebeuteten Hintersassen – Bearbeiter desselben war und die anfallende Rente zahlen mußte. Boden und Geldsumme hatten auf diese Weise endgültig den Eigentümer gewechselt. Die Geldsumme hatte sich für ihren ursprünglichen Eigentümer in einen ständigen Anspruch auf Rente verwandelt. Im Unterschied zum normalen Darlehenszins wurde also die Rente als eine besondere Form des Zinses (anfangs in Natural-, später ausschließlich in Geldform) nicht für eine zeitweilig bzw. auf Widerruf ausgeliehene Darlehenssumme, sondern auf immer für eine ein für allemal vom Schuldner erworbene Geldsumme entrichtet („ewige Rente“). Von der Vereinbarung erst einseitiger oder später auch zweiseitiger Kündigungsrechte und -möglichkeiten sowie von allen sonstigen juristischen Variationen des Normalfalles sei abgesehen, da es uns hier nur auf die Herausarbeitung der grundlegenden Zusammenhänge ankommt.

In seiner Billigung des Rentenkaufs stützte sich Luther – auch hier streng traditionalistisch – auf das kanonische Recht der katholischen Kirche. Im Rentenkauf sah er das moralische und ökonomische Prinzip der Interessengleichheit und der Gleichwertigkeit, das ihm beim „gewöhnlichen“ Wucherzins verletzt schien, am weitestgehenden, ja geradezu ideal gewahrt. Beide, Eigentümer und Besitzer, Gläubiger und Schuldner, Käufer und Verkäufer, teilen sich hierbei nach Luthers Meinung in das Risiko zu gleichen Teilen. Die Größe ihres Vorteils, aber auch des etwaigen Nachteils hängt, wie Luther forderte, völlig von der natürlichen *Ertragsfähigkeit des Bodens und der Arbeit* ab. Da Luther im Prinzip richtig erkannte, daß es vor allem die von der Bodenfruchtbarkeit abhängige *Arbeit* des zins- bzw. rentenpflichtigen Bodenbesitzers (oder seiner ausgebeuteten Hintersassen) ist, durch die der Bodenzins bzw. die Grundrente produziert wird, wollte er die *Höhe des Zinses selbst auch unmittelbar und nur von der Produktivität des Bodens und der Landarbeit abgeleitet* wissen. Alles, was darüber hinaus als Rente gefordert werde, erklärte Luther demzufolge zu Wucher. Zinsherr und Zinsmann, Geldgeber und Zinsschuldner erlangen auf diese Weise, wie er meinte, einen „gerechten Anteil am Ertrag des Bodens und der Arbeit"; der eine für die Hingabe seines Geldes, der andere für die Leistung der Arbeit.[316]

Es bedarf keiner näheren Erläuterung, daß Luther auf diesem Umweg über den Zinskauf die Ausbeutung nicht nur feststellt, sondern ausdrücklich anerkennt. *Die Grundrente, die sich hier in Zins verwandelt, erscheint ihm dabei als die „natürliche" Form des Mehrwerts. Auch in dieser Hinsicht erweist sich Luther als ein Vorläufer der Physiokraten.*

Um zu verhindern, daß der von ihm im Prinzip durchaus richtig erkannte Zusammenhang zwischen Zins und Produktivität vertuscht werde, verwarf Luther den sogenannten *„blinden Zinskauf"*, bei dem lediglich unmittelbare Beziehungen zwischen Geldsumme und Grundrente hergestellt und juristisch fixiert wurden, der Boden aber als die entscheidende *Produktionsgrundlage der Rente* nicht genau benannt wurde. Unabdingbare Voraussetzung für einen „gerechten Zinskauf" war daher für Luther die genaue Angabe des belasteten Grundes im Kaufvertrag („benannter Grund"). Auf diese Weise wollte er sicherstellen, daß jede etwaige Produktivitäts- oder Ertragsminderung auf diesem konkreten Bodenstück tatsächlich nicht nur zu Lasten des Gläubigers ginge. Der Schuldner sollte nach Luther jeweils nur entsprechend der tatsächlichen Produktivität des genannten Bodenstückes Rente zahlen. Er sollte nicht, wie es beim „blinden Zinskauf" der Fall war, mit seinem gesamten Boden und Eigentum für die vereinbarte Rente einstehen müssen und dabei dann eventuell sogar in grenzenlose Schuldknechtschaft oder gar völlige Eigentumslosigkeit geraten.[317] – Mit dieser Bedingung wandte sich Luther gegen die grenzenlose Ausplünderung vor allem der Bauernschaft durch die um sich greifende Geldwirtschaft.

In Luthers Brief an den Danziger Rat heißt es zu dieser Frage:

> „Will man denn ja nun die Zinse rechtfertigen, so sind allda zwei Weisen. Die erste, daß man sie nach menschlichen Gesetzen zurechtbringe, nämlich daß man 5 Gulden aufs Hundert gebe für ein Jahr lang und diese 5 in die Gefahr setze, sie also auf ein *bestimmtes Unterpfand* festlege, das in der Gefahr steht wie Äcker, Wiesen, Teiche, Häuser, so daß dann auch der Zins, *falls das Unterpfand in einem Jahr wenig oder nichts trüge*, entsprechend geringer werde, wie solches auch die natürlichen Rechte lehren. – Und solches müßte durch euren ehrbaren Rat oder durch vernünftige Leute festgelegt werden. Die andere Weise (sie interessiert hier nicht, sei aber der Vollständigkeit halber angeführt – G. F.), daß man den Unterschied der Person und Zeit ansähe und in Übereinstimmung damit so verfahre: ist die Person bei gutem Vermögen und hat lange (Zinsen) eingenommen, soll man mit ihr verhandeln, daß sie doch einen Teil der empfangenen Zinsen am Hauptgut abgehen lasse."[318]

Der naturalwirtschaftliche Gesichtspunkt, von dem aus Luther ganz offenkundig den Zinskauf betrachtete, zeigt sich sehr deutlich auch darin, daß Luther die Festlegung *prozentualer* Zinssätze nicht für geeignet hielt, um den Zins in die ihm notwendig erscheinende „natürliche“ und „gerechte“ Abhängigkeit von der Bodenfruchtbarkeit zu halten. Selbst die nachträgliche – etwa erst *nach der Ernte* – erfolgende Festlegung prozentualer Zinssätze erscheint ihm noch zu „unnatürlich“ und „starr“.

Um in jedem Falle die Interessengleichheit (Aequalitas) zu wahren, schlug er deshalb vor, die Rente bzw. den Zins am besten in Form des *Zehnten, Neunten, Achten* usw. zu vereinbaren. Damit werde die Größe der Rente bzw. des Zinses in eine *direkte* Beziehung zum tatsächlichen – von der Arbeit und nicht zuletzt von „Gottes Segen“ abhängigen – Bodenertrag gesetzt. „Denn“ – so begründete er – „wo der Zehnte ein Jahr lang wohl geriete, so trüge er dem Zinsherrn viel; geriete er übel, so trüge er wenig. Der Zinsherr müßte dann Gefahr und Glück ebensowohl tragen als der Zinsmann und beide müßten Gott in die Hände sehen.“ [319]

Bei dem von Luther betrachteten Zins- bzw. Rentenkauf handelt es sich ganz eindeutig um eine aus der feudalen Naturalwirtschaft stammende und auf ihr beruhende wirtschaftliche Erscheinung. So einseitig und naturalwirtschaftlich eng begrenzt, ja geradezu primitiv Luther den allgemeinen *Zusammenhang zwischen Zinsbildung und Produktion* sah, so wesentlich ist es doch, daß er ihn überhaupt gesehen und damit die *materielle Grundlage des Zinses* selbst – *seine Entstehung in der Produktion* – richtig erfaßt und – ob gewollt oder ungewollt – auf deren Entfaltung objektiv richtig orientiert hatte.

Wenn Luther bei der Betrachtung dieser Frage seinen Blick nahezu ausschließlich auf die relativ einfachen und leicht überschaubaren Zusammenhänge zwischen Zinsbildung und *landwirtschaftlicher Produktion* richtete, so vor allem natürlich deshalb, weil er als Bürger der mit dem flachen Land noch untrennbar verbundenen Ackerbürgerstadt Wittenberg gerade diese Zusammenhänge und ihre ökonomischen und sozialen Auswirkungen alltäglich beobachten konnte.

Die im Prinzip gleichen ökonomischen Zusammenhänge wurden mehr als zweihundert Jahre nach dem Tode Luthers zur Grundlage und zum Gegenstand des ersten wisenschaftlichen Systems der bürgerlichen Politischen Ökonomie in Frankreich: des Physiokratismus. Sie waren auch über hundert Jahre nach Luther Grundlage und Ausgangspunkt für die Mehrwertlehren des Vaters der klassischen bürgerlichen Politischen Ökonomie in England: Sir William Petty.

Wenn Luther die im Prinzip gleichen, wenn auch bereits weitaus komplizierteren Zusammenhänge zwischen der Zinsbildung und der in seiner Zeit – speziell auch im Mansfelder Erzbergbau – einsetzenden *industriellen* Produktion auf kapitalistischer Grundlage bzw. im Rahmen kapitalistischer Produktionsverhältnisse nicht sah, *so förderte dennoch seine Lehre vom Zinskauf objektiv auch das immer tiefere Eindringen des in Handel und Wucher akkumulierten Geldkapitals in die industrielle Produktion.* Luthers Lehre vom Zinskauf hatte diese objektiv progressive, auf die Vorbereitung und Durchsetzung kapitalistischer Produktionsverhältnisse gerichtete – von Luther selbst keineswegs erstrebte – Wirkung nicht zuletzt schon deshalb, weil sie in der Tat *die wichtigste und folgenschwerste Aushöhlung seines gesamten, die kapitalistische Entwicklung behindernden Zinsverbots* selbst darstellte. Ähnlich wie schon vor ihr die kasuistischen Aushöhlungen des kanonischen

Zinsverbots – nur noch weit stärker als diese – trug Luthers Lehre vom Zinskauf objektiv dazu bei, wichtige juristische und vor allem moralische Hindernisse für die weitere kapitalistische Entwicklung aus dem Wege zu räumen.

Haben wir unsere bisherige Untersuchung auf die inhaltliche Analyse der Hauptrichtungen des ökonomischen Denkens Luthers konzentriert, so wollen wir jetzt zur Verallgemeinerung der hierbei gewonnenen Erkenntnisse übergehen und die Hauptmerkmale des ökonomischen Denkens Luthers feststellen. Indem wir auf diese Weise den gesellschaftlichen Charakter des ökonomischen Denkens Luthers bestimmen, gewinnen wir zugleich auch Klarheit über den Platz, den Luther in der Geschichte des ökonomischen Denkens einnimmt.

Mit einer Wertung des Einflusses, den Luther auf die Entwicklung des bürgerlichen ökonomischen Denkens ausübte, findet unsere Darstellung dann ihren Abschluß.

III. DIE HAUPTMERKMALE DES ÖKONOMISCHEN DENKENS LUTHERS SEIN PLATZ IN DER GESCHICHTE DER ÖKONOMISCHEN LEHREN

1. Die ethisch-religiöse Grundhaltung des ökonomischen Denkens Luthers

> „Die Tradition aller toten Geschlechter" – so erklärt uns Karl Marx – „lastet wie ein Alp auf dem Gehirn der Lebenden. Und wenn sie eben damit beschäftigt scheinen, sich und die Dinge umzuwälzen, noch nicht Dagewesenes zu schaffen, gerade in solchen Epochen revolutionärer Krise beschwören sie ängstlich die Geister der Vergangenheit zu ihrem Dienste herauf, entlehnen ihnen Namen, Schlachtparole, Kostüm, um in dieser altehrwürdigen Verkleidung und mit dieser erborgten Sprache die neue Weltgeschichtsszene aufzuführen.
> So maskierte sich Luther als Apostel Paulus." [320]

Das erste unmittelbar ins Auge springende Kennzeichen des ökonomischen Denkens Luthers ist seine ausgesprochen ethisch-religiöse Bestimmtheit, die religiöse Verkleidung seines ökonomischen Denkens. Sie ist so stark, daß bisher sämtliche bürgerliche Autoren nahezu einmütig den Ökonomen Luther hinter dem Theologen Luther verschwinden ließen.

„Die religiöse Grundstimmung" – so erklärt uns beispielsweise Wangemann – „war bei Luther so stark, daß sie sein Denken und alle seine Handlungen vollkommen beherrschte." [321] Wenn wir uns dieser Feststellung anschließen, so doch nur unter Berücksichtigung der entscheidenden und von allen bürgerlichen Autoren immer wieder beharrlich geleugneten Tatsache, daß eben das religiöse Bewußtsein Luthers in letzter Instanz durch die materiellen Bedingungen des gesellschaftlichen Seins, insbesondere durch seine Klassenposition bestimmt und keineswegs, wie es Troeltsch behauptet hatte, in der „Initiative des religiösen Gedankens seinen wesentlich selbständigen Grund hatte" [322].

Wir erfassen auf diese Weise die durchaus bedeutsamen *Zusammenhänge zwischen der allgemeinen weltanschaulichen Haltung Luthers und seinen ökonomischen Vorstellungen.* Dabei wollen wir nicht übersehen, daß das religiöse Denken Luthers selbst in letzter Instanz und sogar in einem nicht geringen Maße sehr unmittelbar aus den objektiven Verhältnissen des *wirtschaftlichen* Lebens erwuchs und durch diese bestimmt war.

In dieser Begrenzung dürfen wir sagen, daß Luther in der Tat vom religiösen Standpunkt an die Betrachtung und Bewertung wirtschaftlicher Fragen herantrat. Sein gesamtes ökonomisches Denken leitete sich direkt aus seinen Glaubensvorstellungen ab. Es war ideologisch eindeutig durch seine religiösen Anschauungen bestimmt. Es ruhte damit – und das ist zunächst das Entscheidende unserer hier zu machenden Aussage – auf einer außerordentlich massiven idealistischen weltanschaulichen Grundlage.

Von seiner klassenmäßig bedingten Position der idealistischen Weltanschauung war für Luther aber schließlich jedes tiefere Eindringen in die *inneren* Zusammenhänge des ökonomischen Lebens grundsätzlich unmöglich. Seine ethisch-religiöse Grundhaltung hinderte ihn prinzipiell an der Aufdeckung der objektiven Grundlagen und Bedingungen des wirtschaftlichen Lebens. Sie führte ihn notwendigerweise zum metaphysischen Herangehen an die Beurteilung wirtschaftlicher Fragen.

Sah Luther in der diesseitigen irdischen Welt schlechthin die Schöpfung Gottes, so betrachtete er natürlich auch die Wirtschaft als eine „göttliche Stiftung". Auf diese Weise verschloß er sich grundsätzlich jede weitergehende Einsicht in die objektiven ökonomischen Gesetzmäßigkeiten und materiellen Triebkräfte der gesellschaftlichen Entwicklung. Führte Luther einerseits jede wirtschaftliche Erscheinung, die sich organisch in seine ethisch-religiöse theologische Konzeption einfügte, unmittelbar auf Gott zurück, so sah er andererseits in jeder wirtschaftlichen Erscheinung, die seinen ethisch-religiösen Anschauungen zuwiderlief, ein „Werk des Teufels" und damit ebenfalls – wenn auch mittelbar – eine Einrichtung Gottes. Segen oder Fluch Gottes – das war in der Tat immer wieder der letzte Erklärungsgrund, den Luther für alle ihm entweder „gut" oder „böse", „christlich" oder „unchristlich" erscheinenden Seiten des wirtschaftlichen Lebens anzuführen wußte.

Dieser grundsätzlich und extrem idealistischen Haltung entsprach es auch, wenn Luther immer wieder ausgesprochen *subjektivistische* „Begründungen" für die „positive" oder „negative", „zustimmende" oder „ablehnende" Beurteilung ökonomischer Erscheinungen und Prozesse gab. In der entweder „frommen" und „christlichen" oder aber „gotteslästerlichen" und „unchristlichen" Haltung einzelner Menschen oder ganzer Menschengruppen, in ihrer entweder „guten" oder „bösen" Moral und Gesinnung, sah er die Ursache und Triebkraft für ethisch entweder als „gut" oder aber als „böse" zu wertende wirtschaftliche Vorgänge.

War Luther beispielsweise bereit, die Teuerung seiner Zeit nicht nur als „Strafe Gottes", nicht nur als eine „Teuerung vom Himmel" aufzufassen, sondern als eine im irdischen Leben selbst begründete Erscheinung, so sah er ihre eigentlichen irdischen Ursachen jedoch nicht in objektiven Tatbeständen, sondern letzten Endes in der „Boshaftigkeit" und im „Eigennutz" der Menschen, Produzenten, Händler und vor allem Wucherer. An die Aufdeckung der objektiven Grundlagen für diese „Seelenhaltung" der Menschen dachte er dabei nicht. Auch dies ist daher grundsätzlich nichts anderes als eine Variation seines idealistischen Standpunktes.

Auch der im gesamten ökonomischen Denken Luthers immer wieder so kraß hervortretende *Widerspruch zwischen Theorie und Praxis*, seine *Neigung zu Kompromissen* – eines der wichtigsten Merkmale seines gesamten ökonomischen Denkens – ergibt sich nicht zuletzt ebenfalls aus seiner ethisch-religiösen Grundhaltung, wobei wir diese selbstverständlich selbst als einen ideologischen Reflex der so wankelmütigen Klassenhaltung Luthers und des von ihm vertretenen deutschen Bürgertums erkennen müssen. Auch der im ökonomischen Denken Luthers so überaus stark hervortretende *Traditionalismus* und *Konservatismus* sind ein Ausfluß der idealistisch-religiösen Orientierung Luthers. Der in ihnen sichtbar werdende *Ahistorismus* fußt auf den von Luther als ‚ewig' und ‚absolut' gültig anerkannten Moralgesetzen der von ihm verfochtenen christlichen Ethik.

Dem auf dieser Grundlage der christlich-idealistischen Weltanschauung erwachsenen ökonomischen Denken Luthers kann demnach noch in keiner Weise irgendein wissenschaftlicher Charakter zugesprochen werden. Es spielte lediglich eine bedeutsame Rolle bei der Vorbereitung des wissenschaftlichen ökonomischen Denkens und trug insofern in gewisser Hinsicht *vorwissenschaftlichen* Charakter.

So richtig nun diese Feststellung im Prinzip ist, genügt sie doch nicht, um den spezifischen Charakter der ethisch-religiösen Grundlagen des ökonomischen Denkens Luthers ausreichend zu bestimmen. Sie gilt in dieser negativen Fassung schließlich in gleicher Weise grundsätzlich für jedes religiös gebundene ökonomische Denken. Es kommt deshalb an dieser Stelle darauf an, zugleich auch den besonderen historischen Charakter der ethisch-religiösen Grundhaltung Luthers positiv zu erfassen. Nur so gewinnen wir Einblick in die *relativ fortschrittliche Rolle*, die die religiöse Weltanschauung Luthers auch auf dem Gebiet des ökonomischen Denkens spielte.

Dieser besondere historische Charakter der ethisch-religiösen Haltung Luthers wird sichtbar, wenn wir beachten, daß Luther im ethisch-religiösen Bereich selbst den *entscheidenden Schritt vom feudalen Katholizismus zum bürgerlich reformierten Protestantismus* tat. Die außerordentliche Bedeutung, die das auch für die weitere Entwicklung des ökonomischen Denkens – insbesondere für dessen bürgerliche Verweltlichung und spätere Verwissenschaftlichung – hatte, kann und darf von uns keineswegs übersehen werden. Indem Luther objektiv die christlich-religiöse Ideologie in ihrer Gesamtheit den heranwachsenden Bedingungen und Erfordernissen des bürgerlich-kapitalistischen Fortschritts anpaßte, indem er vor allem den äußeren Zwang des feudalen Christentums vernichtete und durch den inneren Zwang des „freiheitlichen" und „demokratischen" bürgerlichen Christentums ersetzte, schuf er zugleich auch dem zwangsläufig in dieser geschichtlichen Periode noch religiös bestimmten ökonomischen Denken *eine weltanschauliche Grundlage, die der ökonomischen Wirklichkeit seiner Zeit ganz entscheidend näher kam als die bis dahin herrschende und mit der gesellschaftlichen Entwicklung mehr und mehr in Widerspruch geratende feudale christliche Ideologie.*

Luther ermöglichte auf diese Weise dem ökonomischen Denken den historisch notwendig werdenden Übergang von den Positionen des Feudalismus auf die Positionen des Kapitalismus.

Er selbst tat hierbei objektiv die ersten entscheidenden Schritte. Er schuf dem ökonomischen Denken durch die bürgerliche Reformierung der christlichen religiösen Ideologie *Voraussetzungen zum Übergang vom außerökonomischen Zwang der feudalen Produktionsweise zum Begreifen des stummen Zwangs der kapitalistischen Produktionsweise.*

An Hand der Lutherschen „Lehre von den beiden Reichen" sowie am Beispiel seiner einzelnen ökonomischen Lehren konnten wir diese progressive ideologische Rolle der Lutherschen Theologie bereits eingehend nachweisen. Wenn Luther das „Diesseits" streng vom „Jenseits" getrennt wissen wollte und wenn er dabei vor allem dem „Diesseits", darunter auch der Wirtschaft, eine, wenn auch in letzter Instanz göttliche, so doch immerhin *eigengesetzliche Ordnung* zusprach, so vollzog er damit einen scharfen Bruch mit der thomistischen Naturrechtsauffassung, die jedem Ding der materiellen Welt eine göttlich vorgeschriebene Finalität zusprach. Durch diesen Versuch zur Befreiung von der Teleologie räumte Luther entscheidende ideologische Hindernisse beiseite, die der immer notwendiger werdenden Verweltlichung auch des ökonomischen Denkens bis dahin noch im Wege gestanden hatten.

Er bahnte hiermit nicht zuletzt den Weg zur Erkenntnis ökonomischer Gesetzmäßigkeiten, von deren Existenz er erste Ahnungen in seinen eigenen ökonomischen Lehren auszusprechen begann. Ist die Anerkennung objektiver, d. h. unabhängig vom Willen und Wissen der Menschen wirkender ökonomischer Gesetze das grundlegende Kriterium jedes wissenschaftlichen ökonomischen Denkens, wird das ökonomische Denken gerade durch die Aufdeckung objektiver ökonomischer Gesetze zum wissenschaftlichen Denken, so bestehen Hauptverdienst und Hauptleistung Luthers auf dem Gebiet der politischen Ökonomie gerade in der Tatsache, daß er in seiner „Lehre von den beiden Reichen" mit Nachdruck auf die Anerkennung und Aufdeckung der Eigengesetzlichkeit der Wirtschaft orientierte und somit einen ganz entscheidenden ideologischen Ausgangspunkt für die Entstehung und Entwicklung der modernen, zunächst bürgerlichen Wissenschaft politische Ökonomie schuf.

Beschritt Luther selbst zwar nur zögernd die Bahn, die er auf diese Weise mehr oder weniger unbewußt für ein weltliches, reales und schließlich wissenschaftliches ökonomisches Denken des Bürgertums freigelegt hatte, so gebührt ihm dennoch das Verdienst, hierfür wesentliche weltanschauliche Voraussetzungen und nicht zuletzt auch einige positive Beispiele geschaffen zu haben. Wir werden auf diesen ideologiegeschichtlich überaus bedeutsamen Zusammenhang zum Abschluß unserer Darstellung noch einmal ausführlich zurückkommen, wenn wir den Einfluß Luthers auf die weitere Entwicklung des bürgerlichen ökonomischen Denkens behandeln.

2. *Die naturalwirtschaftliche Begrenztheit des ökonomischen Denkens Luthers*

Untrennbar verbunden mit der ethisch-religiösen Grundhaltung und von dieser unmittelbar bestimmt war die ausgesprochen naturalwirtschaftliche Orientiertheit des gesamten ökonomischen Denkens Luthers. Sie ist eines der wichtigsten Merkmale des ökonomischen Denkens Luthers überhaupt und kennzeichnet am prägnantesten die spezifische Position des Ökonomen Luther.

Schon in der Sprache Luthers kommt der Zusammenhang zwischen der ethisch-religiösen Grundhaltung und der naturalwirtschaftlichen Orientiertheit seines ökonomischen Denkens deutlich zum Ausdruck.

Die zur Kennzeichnung positiver Erscheinungen verwandten Begriffe „göttlich", „christlich", „gut", „gerecht", „vernünftig", „natürlich", „naturgemäß" waren für Luther genauso identisch wie die von ihm zur negativen Bestimmung gebrauchten Begriffe „teuflisch", „abgöttisch", „unchristlich", „schlecht", „böse", „ungerecht", „unvernünftig", „unnatürlich" und „naturwidrig".

Sah Luther vor allem in der Natur die unmittelbare Schöpfung Gottes, so erfaßte er auch die *Wirtschaft in erster Linie als die Verbindung des Menschen zur Natur.* Die konkret auf die Aneignung der Natur gerichtete menschliche Arbeit und das von ihr hervorgebrachte Produkt in Gestalt eines konkreten Gebrauchswerts galten ihm als die Hauptsache in der gesamten wirtschaftlichen Tätigkeit des Menschen. Diese selbst sollte dem Menschen zur Befriedigung seiner „natürlichen" Bedürfnisse dienen. Zugleich sah Luther auch in den wirtschaftlichen Beziehungen der Menschen untereinander in erster Linie konkrete naturale Beziehungen. *Produktion, Distribution, Austausch und Konsumtion erschienen ihm als direkte Naturzusammenhänge. Er sah in ihnen vor allem die Schaffung, Bewegung, Verteilung und schließlich den Verbrauch von Gebrauchswerten.* Je unmittelbarer, übersichtlicher und klarer diese Zusammenhänge waren, je sichtbarer sie vor allem unmittelbare persönliche wirtschaftliche Beziehungen der Menschen untereinander zum Ausdruck brachten, um so „natürlicher" erschienen sie ihm, desto nachdrücklicher setzte er sich für sie ein.

Luther, der auf der moralischen Ebene für die Durchsetzung der ihm „natürlich" erscheinenden Prinzipien der christlichen Ethik in den zwischenmenschlichen Beziehungen eintrat, weil er in ihnen Gebote Gottes sah, verfocht auch im wirtschaftlichen Bereich die Gültigkeit der christlichen Moralgesetze. Auf diese Weise sprach er sich für die Herstellung von „natürlichen" ökonomischen Beziehungen zwischen den Menschen aus. Wie alle menschlichen Beziehungen, so sollten auch die wirtschaftlichen Beziehungen der Menschen auf der moralischen wie natürlichen Grundlage der Nächstenliebe und des Nächstendienstes beruhen. Da Luther hierbei jedoch nicht an die urchristlichen kommunistischen Auffassungen von der realen Gleichheit aller Menschen anknüpfte, übernahm er auch nicht die in der urchristlichen Ideologie noch zum Ausdruck kommenden Forderungen nach Aufhebung der Unterschiede zwischen arm und reich, nach grundsätzlicher Überwindung der Ausbeutung des Menschen durch den Menschen. Die unmittelbar auf naturalwirtschaftlichen Beziehungen zwischen konkreten Personen beruhende und insofern klar überblickbare feudale Ausbeutung – möglichst noch in patriarchalischer Form – hielt Luther für genau so „natürlich" und „christlich" wie einst schon Paulus die ebenfalls auf naturwirtschaftlicher Grundlage beruhende Sklaverei im römischen Reich für „naturgemäß" und „gottgewollt" gehalten hatte.

„Die Knechte, so unter dem Joch sind", – schrieb Paulus an Timotheus (1, 6, 1) – „sollen ihre Herren aller Ehre wert halten, daß nicht der Name Gottes und die Lehre verlästert werde." Oder an Titus (2, 9): „Den Knechten sage, daß sie ihren Herren untertan seien, ihnen in allen Dingen zu Gefallen tun, nicht widerbellen." Oder an die Kolosser (4, 1): „Ihr Herren, was recht und billig ist, das beweiset den Knechten und wisset, daß ihr auch einen Herrn im Himmel habt."

In dieser Hinsicht setzte Luther die schon gegen Ende des römischen Imperiums eingeleitete Umbildung des Christentums zur Ideologie von Ausbeuterklassen weiter fort, knüpfte er an die von den Kirchenvätern begründete und auf eine grundsätzliche Rechtfertigung der Ausbeutung des Menschen durch den Menschen hinauslaufende Tradition der christlichen Ideologie an. Wie auch schon Paulus, in dessen Kostüm ja Luther nach Marx auftrat, forderte er lediglich die Herstellung von „christlichen Beziehungen" zwischen Ausbeutern und Ausgebeuteten, nicht aber die Beseitigung der Ausbeutung selbst. Nicht also die feudale Ausbeutung an sich, sondern lediglich deren „Übertreibung" erschien Luther als „unchristlich", „unsittlich" und „unnatürlich".

Den Kampf der deutschen Bauern verurteilte Luther ja auch nicht deshalb als „unchristlich" und „unnatürlich", weil er sich gegen die „Auswüchse" der feudalen Unterjochung, sondern gegen die feudale Ausbeutung selbst richtete. In der feudalen Ausbeutung sah Luther also durchaus das Gebot der Nächstenliebe und des Nächstendienstes verwirklicht. Als Naturalwirtschaft war der Feudalismus unlösbarer Bestandteil des von Luther proklamierten Idealbildes einer genau so „christlichen" wie „natürlichen" Wirtschaftsordnung.

Vom Standpunkt der Naturalwirtschaft billigte Luther grundsätzlich alle auf naturaler Grundlage beruhenden wirtschaftlichen Erscheinungen. Dies gilt im besonderen Maße auch noch, obwohl hier bereits die naturalwirtschaftlichen Grenzen überschreitend, für die auf der „natürlichen" Identität von Arbeit und Eigentum beruhende einfache Warenproduktion und -zirkulation. Soweit die einfache Warenproduktion und -zirkulation (W – W) der Herstellung von zwar räumlich immer ausgedehnteren, letztlich aber doch noch klar erfaßbaren – weil auf Äquivalenten-Austausch beruhenden – Naturalbeziehungen zwischen Produktion und Konsumtion diente, fand sie die ausdrückliche Anerkennung Luthers. *Insofern kann Luther als ein typischer Ökonom der einfachen Warenwirtschaft gekennzeichnet werden.*

Dort jedoch, wo die einfache Warenproduktion und -zirkulation aus ihrer ursprünglichen Begrenzung hinaustrat, stieß sie auf die Ablehnung Luthers. Wo sich auf dem Boden der einfachen Warenwirtschaft, vor allem auf dem Boden der aus ihr herausgewachsenen und sich ständig weiter entfaltenden und immer unübersichtlicher werdenden Geldzirkulation, ökonomische Beziehungen in Gestalt des kapitalistischen Handels und Wuchers zu entwickeln begannen, die nicht nur theoretisch und ethisch mit dem Naturalprinzip in Widerspruch gerieten, sondern zugleich auch sehr praktisch die naturalwirtschaftliche Ordnung selbst zu zerstören drohten, setzte ihre entschiedene Verurteilung durch Luther ein.

Die Grenze der naturalwirtschaftlichen Konzeption Luthers ist damit geradezu exakt nachweisbar. Sie zeigt sich am prägnantesten in seinen Auffassungen vom Geld als einem „ungewissen Ding". Dort, wo das Geld noch lediglich als Zirkulationsmittel, als Vermittler des „natürlichen" und gleichwertigen Austausches von Gebrauchswerten fungiert (W – G – W), wo es lediglich als das höchste Produkt der einfachen Warenzirkulation auftritt und die ihm hierbei obliegenden Funktionen – seine „natürlichen" Funktionen – erfüllt, findet es die grundsätzliche Zustimmung Luthers, erscheint es ihm als „natürlich", „nützlich", „brauchbar" und „notwendig". Dort aber, wo das Geld bereits beginnt, eine eigenständige, auf seine ständige Vermehrung gerichtete ökonomische Bewegung zu vollführen (G–W–G′ oder G–G′), wo es anfängt, sich in „naturwidriges" Kapital zu verwandeln, wo es sich also bereits als die erste Erscheinungsform des Kapitals selbst zeigt, unterliegt es der prinzipiellen Verurteilung Luthers, wird es von ihm als „unnatürlich" und „schädlich", „unmoralisch" und „teuflisch" bekämpft.

Die Unterordnung des Gebrauchswertes unter den Tauschwert und das hierdurch bewirkte Zerreißen des „natürlichen" Zusammenhangs von Produktion und Konsumtion lehnt Luther ab, weil auf diese Weise an die Stelle der „natürlichen" und materiell begrenzten Bedürfnisbefriedigung das grenzenlose und daher für Luther „unnatürliche" und „unmoralische" Gewinnstreben zum Ziel der gesamten wirtschaftlichen Tätigkeit wird. In dieser vom Egoismus des Einzelnen getragenen wirtschaftlichen Bewegung sieht Luther eine Schädigung des Nächsten und daher eine verwerfliche Form der Ausbeutung des Menschen durch den Menschen.

Der gleiche Luther also, der die ‚normale' feudale Ausbeutung noch als durchaus ‚naturgemäß' empfand und rechtfertigte, lehnte die Vorformen der kapitalistischen Ausbeutung, wie sie zunächst im Handels- und Wucherkapital in der Zirkulationssphäre sichtbar wurden, als ‚naturwidrig' ab. Der gleiche Luther, der strikt darauf bestand, daß die leibeigenen und hörigen Bauern das feudale Mehrprodukt im geforderten Umfang schufen und es ihren feudalen Ausbeutern in den vorgeschriebenen Formen – möglichst jedoch in Naturalform, notfalls aber auch bereits in Geldform – gewissenhaft und pünktlich ablieferten, der in dieser Tributleistung – weil es sich dabei um auf dem Gebrauchswert basierende Naturalbeziehungen handelte – nicht nur keinerlei Ausbeutung, sondern sogar eine unmittelbare Form des gottwohlgefälligen Nächstendienstes erblickte, denunzierte die in Handelsprofit und Wucherzins geschichtlich zuerst auftretenden Formen des kapitalistischen Mehrwerts – des kapitalistisch angeeigneten Mehrprodukts – als Ergebnis der Ausbeutung und Ausplünderung des Nächsten, weil er hierin die Unterordnung des konkreten und ‚natürlichen' Gebrauchswertes unter den abstrakten und daher ‚naturwidrigen' Tauschwert sah.

So erweist sich also die naturalwirtschaftliche Grundkonzeption Luthers neben seiner ethisch-religiösen Grundhaltung, auf der sie erwächst, als *die entscheidende theoretische und historische Begrenzung seines gesamten ökonomischen Denkens. Insofern darf Luther als ein typischer Ökonom der Naturalwirtschaft* gekennzeichnet werden. Er verteidigte die naturalwirtschaftliche Ordnung des Feudalsystems einschließlich der einfachen Warenproduktion, insoweit diese sich noch organisch in die feudale Ökonomik einfügte und noch nicht mit ihr in Konflikt geriet, d. h. noch nicht aktiv zu ihrer Auflösung und Zersetzung beitrug.

In dieser Hinsicht steht Luther weitgehend auf den gleichen Positionen wie schon die antiken Schriftsteller und die Kirchenväter, deren naturalwirtschaftliche

Auffassungen er im großen Umfang übernimmt, ohne ihnen wesentlich Neues hinzuzufügen.

In dieser Hinsicht gleicht Luther auch – ohne sie allerdings zu kennen – den älteren Sozialisten seiner Epoche, insbesondere Thomas Campanella (1568–1639) und Thomas Morus (1478–1535), deren naturalwirtschaftliche Konzeptionen er ebenfalls teilt, ohne daraus jedoch, wie diese, utopisch-sozialistische Konsequenzen zu ziehen.

Luther ist der Ökonom der Naturalwirtschaft in der Auflösungsperiode des Feudalismus, in der Vorbereitungsperiode des Kapitalismus. In seinem ökonomischen Denken verbinden sich feudale, kleinbäuerliche und kleinbürgerliche Elemente.

In diesem Zusammenhang bedarf es nunmehr aber zunächst einmal der eindeutigen Klarstellung des Verhältnisses Luthers zum Monetarismus. Hierin besteht eine der entscheidenden Fragen, deren richtige Beantwortung uns erst die konkrete Bestimmung des Platzes gestattet, den Luther in der Geschichte der ökonomischen Lehren einnimmt. Die Klärung dieser Frage erscheint uns um so dringlicher, als sich leider auch in der vorliegenden jüngeren marxistischen Literatur eine Reihe von Einschätzungen Luthers finden, die u. E. dringend der Korrektur bedürfen, wenn wir zu einer wissenschaftlich stichhaltigen Gesamtdarstellung des ökonomischen Denkens Luthers kommen wollen. Wir werden deshalb im nächsten Abschnitt unserer Arbeit auf diese Fragen etwas näher einzugehen versuchen!

3. *Der antimonetaristische Charakter des ökonomischen Denkens Luthers*

Bekanntlich war der Monetarismus historisch das erste zwar schon bürgerliche, aber noch immer vorkapitalistische, den Kapitalismus lediglich vorbereitende *System* des ökonomischen Denkens. Er entstand auf dem Boden der entfalteten bürgerlichen Geldwirtschaft in der Auflösungsperiode der feudalen und Vorbereitungsperiode der kapitalistischen Produktionsweise. Klassenmäßig widerspiegelte er die auf dieser Entwicklungsstufe noch weitgehend identischen Interessen des mit dem absoluten Fürstentum eng verfilzten Wucher- und Handelskapitals. In seinem Mittelpunkt stand die *Geldakkumulation*, die *Schatzbildung* und damit die *Schaffung von potentiellem Kapital*, noch nicht, wie dann schon in seinem bereits kapitalistischen Tochtersystem, dem Merkantilismus – die Verwandlung von Geld in Kapital.

Indem der Monetarismus im Geld den einzigen Reichtum sah, orientierte er auf die Verwandlung des Produkts in Ware und der Ware in Geld, proklamierte er die Produktion um des Tauschwerts willen. Als barbarische Vorform der klassischen bürgerlichen politischen Ökonomie verkündete er damit, wie Marx bemerkte, in brutal-naiver Weise das Beherrschtsein der bürgerlichen Produktion durch den Tauschwert.[323]

War dem Schatzbildner unter den Bedingungen der einfachen Warenzirkulation die Gewinnung und Anhäufung von Geld nur möglich durch die Produktion von Waren und ihren Verkauf, bei gleichzeitigem Verzicht jedoch auf jeglichen Kauf von Waren, konnte er sich also im Geld die allgemeine Form des Reichtums nur dann aneignen, wenn er gleichzeitig dem Reichtum in seiner stofflichen Form entsagte, so begründete gerade der Monetarismus den Geiz als lebendigen Trieb der Schatzbildung – den Geiz, für den, wie Marx erklärte, nicht die Ware als Gebrauchswert, sondern der Tauschwert als Ware Bedürfnis ist.[324]

Gehen wir vom Standpunkt dieser im allgemeinen anerkannten marxistischen Einschätzung der Grundzüge des Monetarismus an die Beurteilung des ökonomischen Denkens Luthers heran, so zeigt sich auf den ersten Blick zunächst einmal eine scheinbar geradezu frappierende Übereinstimmung bestimmter Äußerungen Luthers mit wichtigen monetaristischen Konzeptionen. Wir denken dabei an einige der bisher am häufigsten zitierten und daher wohl auch weithin bekanntesten Luther-Worte; – so etwa an Luthers Abneigung gegen den „ausländischen Kaufhandel", weil dieser zum Abfluß von Gold und Silber aus Deutschland führe; an die Kennzeichnung, die Luther von der Frankfurter Messe gab, indem er sie als „das große Silber- und Goldloch" bezeichnete, aus dem alles in deutschem Lande geschlagene und gemünzte Geld herausfließe; an Luthers Kampf gegen jeden „bloßen Schmuck und Fraß", gegen jede Warenbeschaffung aus dem Ausland, „die nur zur Pracht und keinem Nutzen dient und Land und Leuten das Geld aussaugt"; usw. usf. Der Leser ist diesen Luther-Worten bereits im Verlaufe unserer Arbeit, wenn auch in einer durchaus anderen Interpretation begegnet, so daß wir auf ihre ausführliche Wiedergabe hier verzichten können. Wie es scheint, drücken sich in solchen und ähnlichen Äußerungen Luthers typisch monetaristische Auffassungen aus; – so etwa die für den Monetarismus charakteristische Warenangst oder das monetaristische Grunddogma von der Unzulässigkeit jeglicher Geldausfuhr, der typisch monetaristische Geldhunger und Geiz; usw. usf. Genau in diesem Sinne wurden daher auch in der Tat die angeführten Äußerungen Luthers bisher meist aufgefaßt und interpretiert. Sie bilden die literarische Grundlage für eine u. E. völlig unberechtigte Zuordnung Luthers zum Monetarismus.

So bringt beispielsweise Professor Jürgen Kuczynski 1954 in der 2., verbesserten Auflage seiner „Geschichte der Lage der Arbeiter unter dem Kapitalismus" (Band IV – England – Erster Teil) ein spezielles Kapitel über den Monetarismus, in dem er die oben genannten Luther-Zitate als Beispiele für monetaristisches Denken anführt. So finden wir in dem 1956 als Manuskript vom Akademie-Verlag gedruckten „Grundriß der Geschichte der politischen Ökonomie" von Professor Fritz Behrens einen ganzen Abschnitt mit der in die gleiche Richtung weisenden und ebenfalls durch die genannten Luther-Zitate gestützten Überschrift: „Martin Luther – der Ökonom der Geldwirtschaft in der Feudalgesellschaft". In einem Artikel über wichtige Grundfragen des Monetar- und Merkantilsystems traf Professor Wolfgang Heinrichs in der „Wissenschaftlichen Zeitschrift der Deutschen Akademie für Staats- und Rechtswissenschaft" (Heft 2/1952/1953) unter Wiedergabe der gleichen Äußerungen Luthers die Feststellung, Luther wäre der

„erste Monetarist in Deutschland“ gewesen. Im gleichen Sinne meint auch Dr. Rudhard Stollberg in seiner 1960 erschienenen „Geschichte der bürgerlichen politischen Ökonomie“ (Verlag Die Wirtschaft, Berlin), Luther habe „monetaristische Gedanken“ vertreten.

Und schließlich hat auch der Autor dieses Buches selbst genau die gleichen Auffassungen ausgesprochen, als er nicht nur in seinen Vorlesungen zur Geschichte der politischen Ökonomie, sondern auch in der „Wissenschaftlichen Zeitschrift der Hochschule für Binnenhandel Leipzig“ (Heft 2/1955/1956) in einem Artikel über die Entwicklung der vormarxistischen bürgerlichen politischen Ökonomie in Deutschland unter Hinweis auf die bekannten Worte Luthers behauptete, Luther wäre der „hervorragendste frühe deutsche Monetarist“ gewesen.

Nach gründlicher Analyse des ökonomischen Denkens Luthers muß der Autor heute von sich sagen, daß seine damalige Einschätzung Luthers ein Fehlurteil war. Sie war das Ergebnis einer etwas zu voreiligen Verallgemeinerung. Sie entsprang vor allem aus der unzulässigen Verabsolutierung einzelner aus ihrem Zusammenhang herausgelöster Luther-Zitate, aus der ungenügenden Kenntnis und Berücksichtigung der tatsächlichen Grundkonzeptionen des ökonomischen Denkens Luthers. Bei genauer Prüfung zeigt sich in der Tat, daß Luther keineswegs als Monetarist, sondern als Antimonetarist, nicht als Verteidiger, sondern als eindeutiger Gegner des Monetarismus und jeglichen Geldfetischismus überhaupt charakterisiert werden muß.

Es wäre nun allerdings eine etwas sehr vereinfachte und auch recht fragwürdige Beweisführung für die Richtigkeit unserer heutigen Einschätzung Luthers, wollten wir uns nur auf die an sich natürlich unwiderlegbare Tatsache berufen, daß Luther rein quantitativ viel mehr und viel häufiger *gegen* als *für* das Geld Stellung genommen hätte. Das wäre genauso, als wollten wir Petty, wie es gelegentlich geschieht, nur deshalb als Merkantilist, nicht aber in erster Linie als Klassiker der politischen Ökonomie auffassen, weil der Hauptanteil seines ökonomischen Denkens unbestreitbar merkantilistischen Charakter trug. Das hieße übersehen, daß eben das Typische bei Petty nicht das quantitativ zweifellos viele Merkantilistische, sondern das relativ zwar wenige, dennoch aber entscheidende Klassische seines ökonomischen Denkens war, was ihn in erster Linie eben nicht zum Merkantilisten, sondern zum frühen bürgerlichen Klassiker der politischen Ökonomie werden ließ. Mit der Behauptung, Luther hätte nur verhältnismäßig selten, vereinzelt oder zufällig monetaristische Gedanken ausgesprochen, würden wir also nur bestätigen, was wir tatsächlich widerlegen wollen, nämlich daß Luther eben doch – gewissermaßen auf dem Höhepunkt seines ökonomischen Denkens – Monetarist gewesen ist. Unser Ziel an dieser Stelle ist es aber, den Nachweis zu erbringen, daß Luther ein prinzipiell antimonetaristischer ökonomischer Denker war und daß selbst die vielzitierten, scheinbar monetaristisch klingenden Äußerungen Luthers keineswegs als Ausdruck monetaristischer Vorstellungen aufgefaßt werden dürfen.

Gehen wir zunächst von den *Zielen* aus, die einerseits Luther, andererseits die Monetaristen auf ökonomischem Gebiet verkündeten und vergleichen wir die hierbei zum Ausdruck kommenden ökonomischen Grundkonzeptionen.

Das vom Monetarismus verkündete Ziel aller wirtschaftlichen Tätigkeit war – entsprechend der monetaristischen Grundthese „Reichtum, das ist Geld" – die Anhäufung von Geld in Form von Gold und Silber. Vom Standpunkt der einfachen Warenzirkulation sahen die Monetaristen im metallischen Geld ein „Vorratshaus für jede Ware", wollten sie durch Ansammlung von Gold und Silber, wie Marx sagte, „den ewigen Schatz bilden, den weder Motten noch Rost fressen" [325]. Insofern verkündeten sie bereits sehr richtig das „Geldmachen" als Hauptaufgabe der zu ihrer Zeit herankeimenden bürgerlichen Gesellschaft.

Die von den Monetaristen theoretisch geforderte und praktisch geförderte Bildung großer privater Geldvermögen schuf wichtige Voraussetzungen für die kapitalistische Produktionsweise. Der nächste praktische historische Schritt über die Geldakkumulation hinaus bestand schließlich in der Verwandlung des akkumulierten Geldes in Kapital. Er wurde erstmals theoretisch-ideologisch durch das den Monetarismus fortsetzende und zugleich überwindende Merkantilsystem widergespiegelt.

Vergleichen wir diese vom Monetarismus verkündete ökonomische Zielstellung mit den Auffassungen, die Luther vom Ziel und Sinn allen wirtschaftlichen Handelns vertrat, so zeigt sich sehr deutlich die *prinzipielle* Unvereinbarkeit der Lutherschen ökonomischen Konzeptionen mit dem Monetarismus.

Für Luther war vom theologisch-religiösen Standpunkt aus das Diesseitige – also auch das wirtschaftliche Sein – zunächst erst einmal ganz allgemein und grundsätzlich dem Jenseitigen untergeordnet. Wie wir schon zeigten, ging es ihm in Übereinstimmung mit Matthäus 6, 19 und 20 in erster Linie nicht um „Schätze auf Erden, die von Motten und Rost gefressen werden", sondern um „Schätze im Himmel, die weder Motten noch Rost fressen". In eigentlich ökonomischer Hinsicht aber ging es Luther am allerwenigsten um Schätze in Form von Gold und Silber. Das Geld, so sahen wir bereits, stand an letzter Stelle seiner moralisch-ökonomischen Bewertungsskala, genauer noch gesagt, es wurde von ihm als Ziel wirtschaftlichen Strebens schärfstens abgelehnt und verurteilt.

Reichtum im ökonomischen Sinne war für Luther nicht Geld, sondern die zur Befriedigung lebenswichtiger und vor allem standesgemäßer Bedürfnisse notwendige Menge von Gebrauchswerten. In der von uns im Anhang wiedergegebenen Luther-Schrift lesen wir:

> „Wenn wir aber Nahrung und Kleidung haben, so lasset uns genügen ... Aber der Geiz und Wucher scharrt und sammelt, als wollte er alles verbrauchen, obwohl er doch selbst auch nicht mehr als Nahrung und Kleidung haben muß."

An anderer Stelle sagte Luther im gleichen Sinne:

> „Darf unser Herrgott gute Hechte, auch guten rheinischen Wein schaffen, so darf ich sie wohl auch essen und trinken. Du kannst jede Lust in der Welt haben, die nicht sündlich ist ... Reichtum aber ist die allerkleinste Gabe, die Gott einem Menschen geben kann. Darum gibt unser Herrgott gemeiniglich auch Reichtum nur den groben Eseln, denen er sonst nichts gönnt." [326]

Das von Luther verkündete Ziel aller wirtschaftlichen Tätigkeit war also nicht wie für den Monetarismus die Erlangung des Tauschwerts in seiner allgemeinen Form als Geld, sondern die Gewinnung von Gebrauchswerten. Nur insoweit hierbei das *Geld in seiner Funktion als Zirkulationsmittel* der Beschaffung von Gebrauchswerten über den Austausch diente – insoweit es also der Konsumtion untergeordnet blieb und lediglich zu deren Vervollständigung und Erweiterung beitrug –, fand es die Billigung Luthers, während er es in seiner Funktion als Schatzmittel strikt ablehnte. Insofern beharrte Luther auf der Beibehaltung der vorkapitalistisch-naturalwirtschaftlichen Unterordnung des Tauschwerts unter den Gebrauchswert, bekämpfte er die vom Monetarismus eingeleitete und in Vorbereitung des Kapitalismus auch durchaus historisch notwendig gewordene Unterordnung des Gebrauchswertes unter den Tauschwert.

Dort wo Luther, wie in den oben erwähnten Zitaten, in scheinbar monetaristischer Weise den Geldabfluß aus Deutschland beklagt, geschieht dies nicht etwa, weil es ihm um eine Geld-Akkumulation, um das Geld als Schatzbildungsmittel geht, sondern weil er im Geldmangel eine Ursache für die Verarmung der im Rahmen einer bestehenden Geldwirtschaft selbstverständlich auf Geld (als Kaufmittel) angewiesenen Volksmassen – also eine Beschränkung des durch Geld als Zirkulationsmittel vermittelten lebensnotwendigen und „natürlichen" Konsums, nicht zuletzt seines eigenen und des Konsums seiner Pfarrer – sieht.

Das von Luther verfochtene Ziel der gesellschaftlichen Produktion war also die Sicherung der standesgemäßen, ihm „natürlich" erscheinenden Konsumtion. Austausch und Zirkulation ordnete er diesem Ziel unter. Sie sollten der Konsumtion dienen, nicht aber Quelle der egoistischen Bereicherung, der Schatzbildung sein.

Diese Vorstellungen Luthers entsprachen vollauf den noch typisch naturalwirtschaftlichen Gegebenheiten der bereits stark von der einfachen Warenproduktion und -zirkulation durchsetzten feudalen Produktionsweise seiner Zeit. Sie zeigen uns, daß Luther auf einer historisch und ideologisch tieferen Position stand als die Monetaristen. Sie gestatten uns die Kennzeichnung Luthers als einen *kleinfeudalen, kleinbäuerlichen und kleinbürgerlichen Ökonomen in der Periode des beginnenden Übergangs vom Feudalismus zum Kapitalismus*, als einen *konservativen, ja reaktionären ökonomischen Romantiker, der nicht über den Feudalismus und die einfache Warenwirtschaft hinaus und in den Kapitalismus hinein wollte* und daher die vom Monetarismus verkündete ökonomische Zielstellung ablehnte.

Der in der Tat prinzipielle Gegensatz Luthers zum Monetarismus tritt uns noch deutlicher entgegen, wenn wir nicht nur die jeweils verkündeten ökonomischen Zielsetzungen, sondern auch die zur Erreichung dieser Ziele proklamierten *Mittel* miteinander vergleichen.

Das zunächst wichtigste und typische vom Monetarismus proklamierte Mittel der Geldakkumulation war der Waren*verkauf*, die Verwandlung des Produkts in Ware und der Ware in Geld (P–W–G). Durch Unterbrechung der zunächst eindeutig auf die *Konsumtion* gerichteten typischen Zirkulationsbewegung der *einfachen* Warenproduktion (W–G–W) nach dem ersten Akt der Wertmetamorphose – nach dem Verkauf also (W–G) – wurde das Geld aus seiner Funktion als *Zirkulationsmittel* herausgelöst und in seine für den Monetarismus entscheidende Funktion als *Schatzmittel* überführt. Der ursprüngliche – sowohl in der feudalen Produktionsweise als auch noch in der einfachen Warenproduktion gegebene – Zusammenhang von Produktion und Konsumtion wurde auf diese Weise zerrissen. Dieser typisch monetaristischen Konzeption diametral gegenüber standen die ökonomischen Auffassungen Luthers. Vom Standpunkt der feudalen Naturalwirtschaft und der einfachen Warenproduktion ging es Luther in erster Linie um die Erhaltung und Sicherung des ihm ‚natürlich' erscheinenden *unmittelbaren* Zusammenhangs von Produktion und Konsumtion.

Ausgehend vom Primat des Gebrauchswerts gegenüber dem Tauschwert, der Konsumtion gegenüber der Zirkulation, verteidigte Luther daher auch die unmittelbar auf Herstellung dieses Zusammenhangs gerichtete Zirkulationsbewegung der einfachen Warenproduktion *in ihrer Einheit und Vollständigkeit,* bekämpfte er ihre von den Monetaristen geforderte Unterbrechung nach dem ersten Akt. Auf diese Weise verfocht Luther das der einfachen Warenproduktion zugrunde liegende und auf die Sicherung der Konsumtion abzielende Prinzip: „Verkaufen, um zu kaufen" oder – allgemeiner ausgedrückt – das Prinzip: „Produzieren, um zu konsumieren!" Damit stand Luther aber zugleich in einem weiteren ganz entscheidenden Gegensatz zum Monetarismus. Dieser lehnte ja bekanntlich im Interesse der Erhaltung des aufgeschatzten Geldes das Kaufen zum Zwecke der Konsumtion ab und forderte stattdessen Geiz, Enthaltsamkeit, Konsumverzicht.

Obwohl nun im Prinzip auch Luther – als Theologe – vom Christen forderte, er solle sein Herz nicht an irdische Güter hängen, ist er doch in seinem eigentlichen ökonomischen Denken wie auch in seiner persönlichen Haltung keineswegs als ein Verteidiger der Enthaltsamkeit und Askese zu betrachten; schon gar nicht aber als Verfechter des der christlichen Nächstenliebe zutiefst entgegenstehenden Geizes. Indem Luther vom Christen selbstlose Hilfsbereitschaft und Barmherzigkeit forderte und den egoistischen Geiz – die ideologische Haupttriebkraft der monetaristischen Schatzbildung – in allen Schattierungen energisch bekämpfte, proklamierte er gleichzeitig in einer geradezu noch altfeudalen Weise den allseitigen und natürlichen Genuß. Luther wandte sich zwar auch bereits gegen die krassesten Auswüchse des feudalen Überkonsums, gegen „Luxus, Schmuck und bloßen Fraß", verteidigte dennoch aber immer wieder den natürlichen vollen Genuß, ein gesundes und kräftiges Essen und Trinken genau so wie eine behagliche Wohnung, ordentliche Kleidung und alle sonstigen materiellen Annehmlichkeiten des irdischen Seins.

Von Geiz und Geldgier also diktierte Einschränkung der individuellen Konsumtion bei den Monetaristen einerseits, ausdrückliche Bejahung der Konsumtion bei Luther andererseits; fast schon kapitalistische Sparsamkeit und Abstinenz auf seiten der Monetaristen, noch feudale Konsumtions- und Genußfreudigkeit auf seiten Luthers – das sind die hier entscheidenden Gegensatzpaare, die uns die Zuordnung Luthers zum Monetarismus grundsätzlich zu verbieten scheinen.

Auch von dieser Seite her erkennen wir deutlich die historisch und ideologisch tiefere Position Luthers gegenüber dem Monetarismus; vor allem, wenn wir beachten, daß Luther stets die „standesgemäße", d. h. die der feudal-ständischen Gesellschaftsstruktur seiner Zeit entsprechende Konsumtion, die „ziemliche Nahrung" im Auge hatte. Letzteres zeigt sich u. a. deutlich in den folgenden Sätzen aus seiner Anti-Wucher-Schrift vom Jahre 1540:

„Ein Fürst hat entsprechend seiner Person Nahrung und Kleidung; für seine Person kann er nicht mehr verbrauchen, alles andere muß er hinter sich lassen – so wie auch ein Bürger, Bauer und Bettler... Ist auch seine Nahrung und Kleidung köstlicher, so ist es dennoch nicht mehr als eben Nahrung und Kleidung. Uns allen ist gesagt, daß wir einer wie der andere nicht mehr von allen Gütern im Gebrauch haben können als Nahrung und Kleidung. Damit soll sich ein jeglicher begnügen; wenn auch Nahrung und Kleidung entsprechend der Ungleichheit der Person ungleich sein müssen."

Sowohl also in ihrer ökonomischen Zielstellung als auch in der Art und Weise, wie sie auf die Verwirklichung ihrer ökonomischen Ziele orientieren – in den von ihnen proklamierten ökonomischen Mitteln und Methoden –, stehen sich Luther und die Monetaristen krass gegenüber. Vom gesamten *System* ihrer ökonomischen Anschauungen her kann daher u. E. auf keinen Fall irgendeine wie immer auch geartete ideologisch-theoretische Parallelität oder gar Identität zwischen Luther und dem Monetarismus konstatiert werden.

Während Luther vor allem die kleinfeudalen, kleinbäuerlichen und kleinbürgerlichen Warenproduzenten ideologisch repräsentierte und deren Interessen gegen das erstarkende und sie aufs äußerste bedrohende Handels- und vor allem Wucherkapital verteidigte, repräsentierten die Monetaristen gerade die Interessen des den Feudalismus und die kleine Warenproduktion gleichermaßen zersetzenden Handels- und Wucherkapitals.

Luther wurde daher auch keineswegs zufällig von den praktischen Vertretern des Monetarismus aus den Reihen der für lange Zeit noch katholisch bleibenden süddeutschen Handels- und Wucherkapitalisten auf das heftigste persönlich bekämpft. Als der Nürnberger Kaufmann Bonaventura einmal eine gegen den Wucher gerichtete Schrift Luthers in die Hände bekam, bemerkte er spöttisch: „Wenn ich eine Erklärung des Lukas-Evangelismus schreiben wollte, würde jeder sagen, dazu bist du nicht imstande! So ist's mit Luther, wenn er vom Ertrag des Geldes handelt. Niemals hat er sich mit solchen Geschäften abgegeben." [327]

Luther und der Monetarismus erwuchsen also durchaus auf verschiedenen, ja direkt konträren klassenmäßigen und historischen Positionen. Beide repräsentieren somit auch *verschiedene Stufen in der Entwicklung des ökonomischen Denkens; genauer gesagt: im Prozeß der sich damals vollziehenden Herausbildung des bürgerlichen ökonomischen Denkens.*

Eine überzeugende Bestätigung des prinzipiell *anti*monetaristischen Charakters des ökonomischen Denkens Luthers sehen wir schließlich in der allgemein anerkannten und von uns bereits im einzelnen ausführlich nachgewiesenen antikapitalistischen Haltung Luthers. Sie läßt am deutlichsten erkennen, daß sich das ökonomische Denken Luthers nicht schlechthin nur gegen das vorkapitalistische Monetarsystem selbst richtete, sondern darüber hinaus auch gegen jede über den Monetarismus zwangsläufig hinauswachsende und daher ihrem Wesen nach bereits kapitalistische ökonomische Bewegung und Erscheinung.

Luther bekämpfte nicht nur die vorkapitalistische Geldakkumulation, sondern erst recht die auf ihrer Grundlage möglich werdende und dann auch – zunächst in der Zirkulationssphäre – einsetzende Verwandlung von Geld in Kapital. Wir dürfen hier an den heftigen, wenn auch nicht in jeder Hinsicht konsequent geführten Kampf Luthers gegen das Handelskapital, vor allem aber gegen das Wucherkapital erinnern. Dieser machte unbestritten einen Hauptinhalt seines gesamten ökonomischen Denkens aus. So also wie aus dem vorkapitalistischen Monetarismus in der weiteren Entwicklung notwendigerweise das kapitalistische ökonomische Denken, zunächst in Form des Merkantilismus, hervorging, war auch das antikapitalistische ökonomische Denken Luthers die durchaus folgerichtige Konsequenz seines antimonetaristischen Denkens.

Diese Feststellung zeigt uns sehr deutlich, daß Luther historisch und ideologisch tiefer stand als der Monetarismus. Luther kritisierte den Monetarismus, wie wir gesehen haben, aber er kritisierte ihn keineswegs, um ihn etwa im progressiven kapitalistischen Sinne zu überwinden, sondern um ihn mitsamt seinen progressiven kapitalistischen Konsequenzen zu verhindern. Er war nicht Antimonetarist im Sinne des progressiv über den Monetarismus hinausgehenden Merkantilismus oder gar der bürgerlichen Klassik. Er war *Antimonetarist vom historisch rückständigen Standpunkt einer kleinfeudalen, kleinbäuerlichen und kleinbürgerlichen Romantik.*

Wenn Engels von Friedrich List einmal sagte, dieser hätte die klassische englische bürgerliche politische Ökonomie nicht von vorn, vom Standpunkt ihrer damals notwendig gewordenen sozialistischen Überwindung, sondern von rückwärts, vom Standpunkt des aufgewärmten und längst überlebten Merkantilismus kritisiert[328], so können wir in einer ähnlichen Weise etwa von Luther sagen, daß er den Monetarismus nicht von vorn, vom Standpunkt seiner notwendigen kapitalistischen Weiterentwicklung und Überwindung, sondern von rückwärts, vom Standpunkt der Aufrechterhaltung der feudalen Produktionsweise und der einfachen Warenproduktion kritisierte und daß er dabei teilweise historisch und ideologisch längst überwundene ökonomische Lehren sowohl der antiken Schriftsteller als auch der Kirchenväter wiederholte.

Haben wir bisher nachzuweisen versucht, daß das ökonomische Denken Luthers prinzipiell keinen monetaristischen, sondern einen nicht- bzw. antimonetaristischen Charakter trug, daß es historisch wie ideologisch auf einem tieferen Niveau stand als der Monetarismus, so müssen wir nun noch auf einen weiteren wichtigen Aspekt des Verhältnisses Luthers zum Monetarismus – und damit zur Stellung Luthers in der Geschichte der ökonomischen Lehren – aufmerksam machen.

Luther und der Monetarismus, so betonten wir bisher, repräsentieren zwei verschiedene Stufen im Prozeß der Herausbildung des bürgerlichen ökonomischen Denkens. Betrachten wir es genau, so schließt diese Feststellung an sich bereits zwei verschiedene Aussagen ein. Aus ihr ergibt sich erstens – und nur das haben wir bisher betont –, daß Luther und der Monetarismus auf verschiedenen, ja sogar entgegengesetzten Positionen standen. Aus ihr ergibt sich aber auch zweitens – und darauf wollen wir jetzt eingehen –, daß Luther und der Monetarismus als Repräsentanz zweier *aufeinanderfolgender* Stufen des beginnenden *bürgerlichen* ökonomischen Denkens selbstverständlich auch durch ganz bestimmte *Gemeinsamkeiten* miteinander verbunden waren.

Eine der wichtigsten Gemeinsamkeiten des ökonomischen Denkens Luthers und der Monetaristen ist offensichtlich die bei beiden sehr deutlich feststellbare *starke Betonung der Arbeit und der Produktion, insbesondere der warenproduzierenden Arbeit und der Warenproduktion.*

Das von Luther verfochtene Prinzip „produzieren, um zu konsumieren“ bzw. „verkaufen, um zu kaufen“ deckt sich, wenn wir genauer hinsehen, *in seinem ersten Teil* vollkommen mit dem vom Monetarismus verkündeten Prinzip „produzieren, um zu verkaufen – verkaufen, um zu Geld zu kommen!“ So sehr sich also beide Prinzipien *in ihrer Gesamtheit* gegenseitig ausschließen und widersprechen, stimmen sie dennoch, soweit sie auf das *Produzieren* und *Verkaufen* orientieren, miteinander überein. In dieser Hinsicht, glauben wir sagen zu können, überschritten beide bereits gleichermaßen den feudalen Horizont, förderten sie objektiv die weitere Vertiefung der gesellschaftlichen Arbeitsteilung und damit die schnellere Entwicklung der Arbeitsproduktivität an der Schwelle des Übergangs der Gesellschaft vom Feudalismus zum Kapitalismus. Wenn auch unter verschiedenen, ja direkt gegensätzlichen Zielstellungen orientierten beide gleichermaßen auf die Entfaltung der Warenproduktion und -zirkulation. Gerade in *diesem* Sinne können und müssen wir die ökonomischen Lehren Luthers und des Monetarismus als gleichermaßen bereits *bürgerliche* ökonomische Lehren werten.

Hierbei stand Luther allerdings erst *am unmittelbaren Anfang* der modernen bürgerlichen Entwicklung des ökonomischen Denkens, war er gewissermaßen *der erste einflußreiche ökonomische Denker, der sich aus der feudalen Befangenheit zu lösen begann,* der erstmals – vor allem mit seinen revolutionären antifeudalen bürgerlichen Auffassungen von der Arbeit – dem bürgerlichen ökonomischen Denken, darunter auch dem Monetarismus, die Bahn zu brechen begann. Luthers ökonomische Vorstellungen waren daher zwangsläufig auch noch *in einem weit stärkeren Maße mit feudalen Elementen behaftet und noch weniger eindeutig bürgerlich,* als es beim bürgerlich dann schon entschieden weiterentwickelten Monetarismus der Fall war.

Eine sehr ähnliche, allerdings auch noch wesentlich kompliziertere ideologische Verbindung zwischen Luther und dem Monetarismus besteht in der bereits wiederholt angedeuteten Frage der Enthaltsamkeit, Sparsamkeit und Askese. Auch hier schuf der auf die antifeudale „Verinnerlichung“ und damit im wesentlichen auf die Verbürgerlichung des Christentums hinwirkende Luther einige erste wichtige weltanschauliche Ausgangspunkte für die sich dann im Monetarismus und später im Puritanismus und Calvinismus voll entfaltende Geiz-Ideologie. Diese selbst jedoch stand ihrerseits schon wieder im direkten Gegensatz zu der noch wesentlich feudalen Konsumtions- und Genuß-Ideologie Luthers.

In gleicher Weise dürfen wir auch die von Luther im Kampf gegen feudale Lethargie und Passivität radikal vollzogene *Hinwendung zur gesellschaftlichen, insbesondere zur wirtschaftlichen und beruflichen Aktivität* als eine weitere wichtige antifeudal-bürgerliche ideologische Voraussetzung des Monetarismus und der gesamten anschließenden bürgerlichen politischen Ökonomie überhaupt betrachten. Durch das von ihm auf religiöse Weise begründete *bürgerliche Arbeits- und Berufsethos* half Luther nicht nur praktisch unermeßliche Arbeitsenergien freisetzen, sondern trug er zugleich auch theoretisch-ideologisch sehr wesentlich zur bürgerlichen *Verselbständigung* und *Verweltlichung* und damit schließlich auch zur späteren *Verwissenschaftlichung* des bürgerlichen ökonomischen Denkens bei.

Es bestehen also durchaus eine Reihe bedeutsamer und auch recht unmittelbarer ideologischer Verbindungen und Gemeinsamkeiten zwischen Luther und dem Monetarismus. Wesentliche bürgerliche Elemente des ökonomischen Denkens Luthers gingen daher zwangsläufig auch im Monetarismus und in den ihm folgenden Systemen der bürgerlichen politischen Ökonomie auf.

Wenn wir an dieser Stelle dennoch den nicht-, ja antimonetaristischen Charakter des ökonomischen Denkens Luthers mit Nachdruck hervorheben und jegliche Identifikation Luthers mit dem Monetarismus entschieden ablehnen, so deshalb, weil nur auf diese Weise – d. h. nur durch eine saubere Unterscheidung zwischen Luther und dem Monetarismus – der spezifische und äußerst widerspruchsvolle *feudal-bürgerliche Übergangscharakter des ökonomischen Denkens Luthers* richtig erfaßt werden kann. Nur dadurch erschließen wir uns das Verständnis für die außerordentliche Kompliziertheit und Widersprüchlichkeit des dialektischen Prozesses der Herausbildung und Entstehung des bürgerlichen ökonomischen Denkens, an dem Luther so hervorragenden Anteil hatte. Nur durch eine historisch und ideologisch gleichermaßen klare Unterscheidung zwischen Luther und dem Monetarismus gelangen wir schließlich auch erst zu einer weitgehend exakten Bestimmung des Platzes Luthers in der Geschichte des ökonomischen Denkens.

Wenden wir uns nunmehr etwas näher der bereits sichtbar gemachten Konsequenz des Lutherschen Antimonetarismus, dem antikapitalistischen Charakter seines ökonomischen Denkens zu, um auf diese Weise zu einer weiteren Präzisierung unserer Einschätzung des Ökonomen Luthers kommen zu können!

4. Der antikapitalistische Charakter des ökonomischen Denkens Luthers

War Luther grundsätzlicher Verteidiger der Naturalwirtschaft und der kleinen Warenproduktion, so richtete sich sein Angriff zwangsläufig gegen alles, was der naturalwirtschaftlichen Ordnung zuwiderlief. Gerade deshalb bezeichneten wir Luther als einen antimonetaristischen, direkt geldfeindlichen Ökonomen. Auch in dieser Hinsicht deckte sich Luthers Haltung prinzipiell mit der Haltung der antiken

Schriftsteller, der Kirchenväter und auch der älteren Sozialisten, ohne daß wir deshalb die spezifischen historischen und klassenmäßigen Unterschiede zwischen allen diesen durchaus verschiedenen Ökonomen übersehen wollen.

Sah Luther im antifeudalen revolutionären Ansturm der deutschen Bauern während des Bauernkrieges die akute Gefährdung jeglicher „Ordnung", so erkannte er in den sich zunächst in der Zirkulationssphäre durchsetzenden kapitalistischen Verhältnissen die, auf die Dauer gesehen, ernsthafteste Bedrohung der von ihm verteidigten feudalen Naturalwirtschaft. So wie Luther mit äußerster Energie gegen die revolutionären deutschen Bauern vorging – obwohl diese übrigens durchaus naturalwirtschaftliche Ziele verfochten –, wandte er sich auch mit aller ihm zu Gebote stehenden Entschiedenheit zum Kampf gegen Handels- und Wucherkapital. Waren ihm die deutschen Bauern der klar erkennbare, weil offen auftretende Feind, so sah er im Handels- und Wucherkapital den schleichenden und daher noch weitaus gefährlicheren Feind, den es zu bekämpfen galt. In beiden Fällen bezog Luther damit jedoch eindeutig reaktionäre Positionen. In beiden Fällen stellte er sich dem objektiv zum Kapitalismus und zur nationalen Einheit drängenden gesellschaftlichen Fortschritt in Deutschland in den Weg.

Begrenzt durch den Ahistorismus seiner ethisch-religiös bestimmten naturalwirtschaftlichen Konzeptionen vermochte Luther grundsätzlich nicht in positiver Weise über die feudale Naturalwirtschaft und über die einfache Warenwirtschaft hinauszudenken. In dieser Hinsicht unterschied er sich prinzipiell von den älteren Sozialisten, die in gewisser Hinsicht sogar über eine ganze Produktionsweise hinweg zu denken vermochten; wenn auch nur in utopischer Weise.

In einseitig negativer Weise sah Luther im Handels- und vor allem im Wucherkapital lediglich Zersetzungselemente der von ihm verteidigten naturalwirtschaftlichen Ordnung wie auch der kleinen Warenproduktion. Beide bekämpfte er zugleich als die Träger einer der christlichen Ethik entgegenstehenden Gesinnung des grenzenlosen egoistischen Gewinnstrebens. Den objektiv progressiven und revolutionären Charakter dieser beiden historisch notwendigen Vorformen des Kapitals konnte er jedoch nicht begreifen. Jede positive Einsicht in ihre geschichtliche Aufgabe als Hebel und Bildungselemente der heranreifenden kapitalistischen Produktionsweise blieb ihm verschlossen. Seine genau so robuste wie naive Kritik gegen Handels- und Wucherkapital trug daher keineswegs progressiven Charakter. Sie war, wie wir bereits zeigen konnten, nicht vorwärts, sondern rückwärts gerichtet. Sie erfolgte eindeutig vom rückständigen und sich auch zur Zeit Luthers schon mehr und mehr überlebenden Standpunkt der feudalen Naturalwirtschaft aus.

Luther wollte nicht über Handels- und Wucherkapital hinaus nach vorn. Er wollte hinter Handels- und Wucherkapital zurück. Er drängte mit seiner Kritik nicht vorwärts zur vollen Durchsetzung der kapitalistischen Produktionsweise. Er zerrte rückwärts in die ihm „natürlich" erscheinende, möglichst noch auf patriarchalischer Grundlage beruhende feudale Produktionsweise. Er wollte nicht zuletzt die in naturalwirtschaftliche Grundzusammenhänge eingebettete einfache Warenproduktion konservieren. Insofern glauben wir, Luther, diesen typisch kleinfeudalen, kleinbäuerlichen und kleinbürgerlichen Ökonomen, mit dem ihn in dieser

Hinsicht ideologisch sehr nahestehenden Boisguillebert (1646–1714), dem ersten Klassiker der bürgerlichen politischen Ökonomie in Frankreich, vergleichen zu dürfen.

Luthers antikapitalistische Reaktion gegen den Wucher – der Höhepunkt seines gesamten antikapitalistischen Auftretens – erfolgte nicht etwa, wie es dann rund hundert Jahre später im kapitalistisch hochentwickelten England seitens der Vertreter des reifen Merkantilismus, insbesondere durch Josiah Child (1630–1699) geschah, um das für den weiteren kapitalistischen Fortschritt bald zum ernsthaften Hemmnis werdende Monopol des Wucherkapitals zugunsten des Handelskapitals zu brechen. Luther ging es in seinem Kampf gegen den Wucher keineswegs um die Unterordnung des zinstragenden unter das profittragende Kapital. Luther ging es nicht und konnte es in seiner Zeit auch noch gar nicht darum gehen, den monopolistischen Wucher etwa durch das entwickelte kapitalistische Kreditsystem und den „freien" Geldmarkt zu ersetzen.

Indem uns Karl Marx zeigt, wie sich die spätere Entwicklung des Kreditsystems als Reaktion gegen den Wucher vollbrachte und es hierbei dann in der Tat auch zur Unterordnung des zinstragenden Kapitals unter die Bedingungen und Bedürfnisse der kapitalistischen Produktionsweise kam, betont er zugleich ausdrücklich:

> „Man muß dies aber nicht mißverstehen, und keineswegs im Sinn der antiken Schriftsteller, der Kirchenväter, Luthers oder der älteren Sozialisten nehmen." [330]

In seinem Kampf gegen Handels- und Wucherkapital ging es Luther schon gar nicht etwa darum, Handelsprofit und Zins gleichermaßen dem industriellen Profit des Industriekapitals unterzuordnen, wie es auf einer späteren Entwicklungsstufe der kapitalistischen Produktionsweise dann in der Tat zum Hauptanliegen der inzwischen jedoch längst klassisch gewordenen bürgerlichen politischen Ökonomie wurde.

All dies und ähnliche *bewußt* vorausschauende Qualitäten in die genauso polternde wie durchaus glänzende Kritik hineindeuten zu wollen, die Luther an Handels- und Wucherkapital übte, das heißt, Luther Verdienste auf dem Gebiet des ökonomischen Denkens zuschreiben, die er weder hatte noch etwa haben wollte. Es heißt nicht zuletzt aber, Luther ökonomische Erkentnisse zuschreiben, die er aus den Bedingungen seiner Zeit heraus auch objektiv noch gar nicht haben konnte.

Schließlich spielten Handels- und Wucherkapital zur Zeit Luthers objektiv noch eine überwiegend progressive Rolle. Wenn auch in unterschiedlicher Weise, dienten beide damals noch der beschleunigten Auflösung der feudalen Produktionsweise. Durch Ruinierung der feudalen Ausbeuter wie auch der von ihnen Ausgebeuteten in Stadt und Land, durch Untergrabung der feudalen, kleinbäuerlichen und kleinbürgerlichen Eigentums- und Produktionsverhältnisse, durch Ansammlung großer Geldvermögen und die damit verbundene Zentralisation der Arbeitsbedingungen, durch die allseitige nationale und internationale Entfaltung der Ware-Geld-Beziehungen wirkten Handels- und Wucherkapital in dieser Periode noch als mächtige Hebel zur Schaffung von Voraussetzungen für die kapitalistische Produktionsweise.[331]

Luther, dem es einzig und allein um die Erhaltung und Sicherung der durch Handels- und Wucherkapital bedrohten feudalen, kleinbäuerlichen und kleinbürgerlichen primitiven ökonomischen Verhältnisse ging, richtete sich mit seiner Kritik an Handels- und Wucherkapital sowohl subjektiv wie auch objektiv gegen die Schaffung von Voraussetzungen für die kapitalistische Produktionsweise. Ihm ging es um die Verhinderung kapitalistischer Verhältnisse schlechthin. Hierbei erkannte Luther gerade von seinem betont naturalwirtschaftlichen Standpunkt aus besonders gut die zersetzende Wirkung, die beide Vorformen des Kapitals auf die naturalwirtschaftlichen Grundlagen der feudalen Produktionsweise wie auch auf die Existenzbedingungen der einfachen Warenproduktion ausübten.

So richtig Luther diese progressive Wirkung beider Vorformen des Kapitals an sich erfaßte und so ausgezeichnet er sie in einer geradezu klassischen Weise zu schildern verstand, so wenig erkannte er sie jedoch als progressiv, so heftig bekämpfte er sie in völliger Verkennung, ja Umkehrung des tatsächlichen historischen Zusammenhangs als reaktionär – „naturwidrig", „unchristlich" und „teuflisch". So durchaus richtig Luther auch zwischen Handels- und Wucherkapital zu differenzieren wußte, so gut er hierbei auch die ausgesprochen konservative, lediglich zersetzende, nicht jedoch aufbauende Rolle des Wucherkapitals erfaßte und dieses daher auch um einige Grade schärfer als das Handelskapital kritisierte, so wenig geschah dies etwa aus der Erkenntnis der objektiven historischen Rolle heraus, die demgegenüber das Handelskapital als Ziehmutter des industriellen Kapitals spielen konnte und auch zur Zeit Luthers bereits zu spielen begann.

Heißt dies nun aber, daß Luthers subjektiv antikapitalistisches und historisch rückwärts gerichtetes ökonomisches Denken keinerlei objektiven *theoretischen* Wert hatte? – Das ist keineswegs der Fall!

So paradox es klingt: gerade als aufmerksam beobachtender, eng mit dem wirtschaftlichen Leben verbundener kleinfeudaler, kleinbäuerlicher und kleinbürgerlicher Ökonom war Luther, wie ein Jahrhundert später Boisguillebert in Frankreich, in der Lage, eine objektiv durchaus zutreffende und in ihrer theoretischen Aussagekraft noch weithin gültige Kritik an grundlegenden Erscheinungen und Zusammenhängen des Kapitalismus zu üben. Den Inhalt dieser antikapitalistischen Kritik Luthers und auch ihre theoretische Bedeutung im einzelnen haben wir bereits gezeigt.

So sehr es Luther bei dieser Kritik subjektiv um die Verhinderung des Kapitalismus ging, so reaktionär daher also ihr subjektiver Ausgangspunkt war, so objektiv progressiv war doch zugleich auch ihre Rolle bei der Aufhellung und Aufdeckung wichtiger ökonomischer Zusammenhänge des Kapitalismus. *In dieser Hinsicht glauben wir, Luther durchaus mit dem Klassiker Boisguillebert vergleichen zu dürfen. In diesem Sinne dürfen wir Luther als einen der ersten deutschen Ökonomen des Kapitalismus kennzeichnen, schuf er in Deutschland objektiv erste Anfänge einer kritischen bürgerlichen politischen Ökonomie des Kapitalismus. In diesem Sinne ist sein antikapitalistisches ökonomisches Denken ein erster wertvoller historischer Beitrag zur theoretischen Analyse des Kapitalismus. In dieser Hinsicht drang Luther, ähnlich wie Boisguillebert, als Feind des sich anbahnenden*

Kapitalismus viel tiefer in dessen Wesen ein als etwa die zur gleichen Zeit auftretenden Verteidiger des Kapitalismus aus dem Lager des Handels- und Wucherkapitals. Ganz offenkundig handelt es sich hierbei in einem bestimmten Maße um eine ideologische Erscheinungsform jenes Geschichtsphänomens, das Marx in seinen Spanien-Aufsätzen einmal als „Fortschritt durch Reaktion" bezeichnete.

Luthers objektiv positive und progressive Eigenschaft als Ökonom des Kapitalismus, seine kritische Analyse wichtiger ökonomischer Zusammenhänge des Kapitalismus ist daher nicht zuletzt auch der Grund, weshalb Karl Marx im „Kapital" und auch anderwärts so häufig und ausführlich die ökonomischen Auffassungen Luthers zitiert. Marx hebt Luther auf diese Weise ausdrücklich als einen Ökonomen hervor, der in vielen Fällen *als erster* in der Geschichte des ökonomischen Denkens wichtige ökonomische Erkenntnisse klar ausgesprochen hat.[332]

Es sei hier daran erinnert, wie uns Engels die Marxsche Methode des Zitierens erläuterte:

> „Bei rein tatsächlichen Angaben und Schilderungen dienen die Zitate ... selbstredend als einfache Belegstellen. Anders aber da, wo *theoretische Ansichten anderer Ökonomen zitiert werden.* Hier soll das Zitat nur feststellen, wo, wann und *von wem* ein im Lauf der Entwicklung sich ergebender ökonomischer Gedanke *zuerst klar ausgesprochen* ist. Wobei es nur darauf ankommt, daß die fragliche ökonomische Vorstellung *für die Geschichte der Wissenschaft Bedeutung* hat, daß sie der mehr oder weniger adäquate theoretische Ausdruck der ökonomischen Lage ihrer Zeit ist... Diese Zitate stellen die einzelnen *wichtigeren Fortschritte der ökonomischen Theorie nach Datum und Urheber fest.*" [333]

Beachten wir dies, so zeigt bereits die Fülle der von Marx gerade in dieser Weise im „Kapital" angeführten Luther-Zitate deutlich, welchen überaus gewichtigen Beitrag Luther objektiv zur Entwicklung der ökonomischen Theorie und Wissenschaft geleistet hat.

Wenn Engels an gleicher Stelle auch noch ausdrücklich auf die allgemeine Dürftigkeit des Anteils hinweist, den deutsche bürgerliche Ökonomen an der Entwicklung der ökonomischen Wissenschaft hatten, und er hierzu bemerkt, daß Marx „deshalb nur ganz ausnahmsweise deutsche Ökonomen" anführen konnte[334], so wirft dies noch ein weiteres Licht auf die objektiv höchst progressive Leistung des Ökonomen Luther.

Als deutsche Marxisten haben wir daher ganz besonderen Grund zur Würdigung der Stellung Luthers in der Geschichte des ökonomischen Denkens.

Luther ist in der Tat der von Marx am häufigsten im positiven Sinne zitierte bürgerliche Ökonom Deutschlands.

5. Der Einfluß Luthers auf die Entwicklung des bürgerlichen ökonomischen Denkens

Es liegt auf der Hand, daß wesentliche Bestandteile des kritischen ökonomischen Denkens Luthers auf späteren Entwicklungsstufen der kapitalistischen Produktionsweise auch Eingang finden konnten in das vorwärtsgerichtete bürgerliche ökonomische Denken. Dies gilt zunächst erst einmal für Luthers Kritik am monopolistischen Wucher. Es gilt später auch für seine Angriffe gegen den monopolistischen Handel.

In dem Maße nämlich, wie es im Zuge der vollen Herausbildung der kapitalistischen Produktionsweise zur *Unterordnung des Zinses unter den Profit, später des merkantilen Profits unter den industriellen Profit* kam, erlangten auch die gegen Wucher- und Handelskapital, gegen Zins und Handelsprofit gerichteten ökonomischen Lehren Luthers objektiv *Bürgerrechte in der zunächst merkantilistischen, später klassischen bürgerlichen politischen Ökonomie.*

Wenn dabei Luthers Einsichten in den Kapitalismus von späteren bürgerlichen Ökonomen nicht immer unmittelbar übernommen wurden, wenn sie insbesondere in Deutschland selbst keine progressive Aufnahme und Fortsetzung fanden, so vor allem deshalb, weil sich die aufsteigende Entwicklung des bürgerlichen ökonomischen Denkens nach Luther nicht in dem bald wirtschaftlich, politisch und ideologisch-kulturell zurückfallenden Deutschland vollzog, sondern außerhalb Deutschlands, vor allem in England, dem Land der klassischen Entwicklung des Kapitalismus. Dennoch besteht *eine klar erkennbare Linie von Luther bis hin zu den klassischen Ökonomen der Bourgeoisie.* Sie beginnt mit den zwar ethisch-religiös geprägten, dennoch aber höchst revolutionären antifeudalen Lehren Luthers von der Arbeit, die ihn am prägnantesten als einen der ersten großen bürgerlichen Ökonomen an der Schwelle des kapitalistischen Zeitalters kennzeichnen. Sie führt zu den auf die Landwirtschaft orientierten und von Luther in vieler Hinsicht vorbereiteten klassischen Lehren des französischen Physiokratismus. Sie endet in der klassischen bürgerlichen Arbeitswertlehre, dem vor allem von Petty, Smith und Ricardo geschaffenen theoretischen Fundament der gesamten klassischen bürgerlichen politischen Ökonomie.

Die zwischen Luther und der klassischen bürgerlichen politischen Ökonomie bestehenden und durch viele Zwischenglieder – u. a. durch Calvinismus und Puritanismus – vermittelte ideologiegeschichtliche Verbindung wird sehr deutlich, wenn wir uns in diesem Zusammenhang einmal an einen der Titel erinnern, den Marx und Engels keineswegs zufällig Adam Smith (1723–1790), dem großen Grundleger der klassischen englischen bürgerlichen politischen Ökonomie, beilegten. Beide, erstmalig Engels 1844 in seinen „Umrissen zu einer Kritik der Nationalökonomie“ [335], nannten *Adam Smith* den *„ökonomischen Luther“*.

Hierzu erklärt uns Marx in seinen ökonomisch-philosophischen Manuskripten „Zur Kritik der Nationalökonomie“:

> „Engels hat daher mit Recht *Adam Smith* den *nationalökonomischen Luther* genannt. Wie Luther als das Wesen der äußerlichen Welt die Religion, den Glauben erkannte und daher dem katholischen Heidentum gegenübertrat, wie er die äußere Religiosität aufhob, indem er die Religiosität zum inneren Wesen des Menschen machte, wie er die außer dem Laien vorhandenen Pfaffen negierte, weil er den Pfaffen in das Herz des Laien versetzte, so wird der außer dem Menschen befindliche und von ihm unabhängige – also nur auf eine äußerliche Weise zu erhaltende und zu behauptende – Reichtum

aufgehoben, d. h. diese seine äußerliche gedankenlose Gegenständlichkeit wird aufgehoben, indem sich das Privateigentum inkorporiert im Menschen selbst und der Mensch selbst als sein Wesen erkannt – aber darum der Mensch selbst in der Bestimmung des Privateigentums wie bei Luther der Religion gesetzt wird. Unter dem Schein einer Anerkennung des Menschen ist also die Nationalökonomie, deren Prinzip die Arbeit, vielmehr nur die konsequente Durchführung der Verleugnung des Menschen, indem er selbst nicht mehr in einer äußerlichen Spannung zu dem äußerlichen Wesen des Privateigentums steht, sondern er selbst dies gespannte Wesen des Privateigentums geworden ist." [336]

Luthers radikaler Bruch mit der in Äußerlichkeiten erstarrten feudalen christlichen Ideologie, die von ihm vollzogene Verinnerlichung (im Sinne von Verbürgerlichung) des Christentums im allgemeinen, seine dann hieraus unmittelbar entspringende positive Hinwendung zum gesellschaftlichen Leben, vor allem aber seine nachdrückliche ethisch-moralische Würdigung der menschlichen Arbeit im besonderen schufen wirksame ideologische Antriebe für die Entfaltung der menschlichen Arbeitskraft. Sie befreiten die Arbeit vom Makel der Minderwertigkeit und rückten sie entsprechend ihrer tatsächlichen Bedeutung für das gesellschaftliche Leben in den Mittelpunkt der Aufmerksamkeit. Auf diese Weise orientierte Luther das gesellschaftliche Denken auf die Arbeit und schuf somit auch die ersten entscheidenden ideologischen Voraussetzungen für die Entwicklung des auf Förderung und Analyse der Arbeit – vor allem der kapitalistischen Mehrarbeit – gerichteten fortschrittlichen bürgerlichen ökonomischen Denkens, das seine glänzende Krönung schließlich in der von Adam Smith begründeten klassischen bürgerlichen politischen Ökonomie Englands fand.

Ging Luther in erster Linie auf diese Weise in die Geschichte des bürgerlichen ökonomischen Denkens ein, *steht er in dieser Hinsicht nicht nur in Deutschland, sondern überhaupt am Anfang der bürgerlichen politischen Ökonomie*, so muß sogleich auch noch hinzugefügt werden, daß der prinzipiell progressive antikapitalistische Inhalt seines ökonomischen Denkens – der in religiös-idealistischer Hülle eingebettete *rationelle Kern* seiner ökonomischen Lehren – erst jenseits der bürgerlichen politischen Ökonomie und nur von der zutiefst wissenschaftlichen und grundsätzlich antikapitalistischen politischen Ökonomie der Arbeiterklasse aufgehoben, bewahrt und zugleich auch überwunden werden konnte. Die Haltung, die Marx zu Luther einnahm, zeigt uns dies am anschaulichsten.

Von seiten der bürgerlichen Ökonomie wurde der antikapitalistische Charakter des ökonomischen Denkens Luthers aus naheliegenden Gründen mehr und mehr in den Hintergrund gedrängt und schließlich völlig negiert. „Die wirtschaftlichen Ansichten Luthers" – so bringt ein bürgerlicher Luther-Interpret diese Haltung zum Ausdruck – „erscheinen uns zum großen Teil veraltet und unmöglich. Die Macht der Konsequenz der wirtschaftlichen Verhältnisse war schon damals so stark, daß Luther selbst seinen Ansichten über das Zinsnehmen (lies: Profitmachen schlechthin – G. F.) nicht durchgehend treu zu bleiben vermochte." [337]

Die vielfältigen Zugeständnisse, die Luther an die ihn umgebende kapitalistische Wirklichkeit im Bereich der Zirkulationssphäre machte, seine ausgesprochen prokapitalistischen Kompromisse, mit denen er selbst seine eigene antikapitalistische Theorie immer wieder entkräftete, wurden von den bürgerlichen Ökonomen immer stärker in den Vordergrund gerückt und schließlich als das Wesentliche und Allgemeingültige seiner ökonomischen Anschauungen überhaupt hingestellt.

„Unsere Nationalökonomen bezeugen ihm (Luther – G. F.)", – so schrieb hierzu ein bürgerlicher Autor – „daß nicht nur seine Beobachtungen, sondern auch seine Wünsche und Vorschläge zu dem scharfsinnigsten gehören, was die Zeit auf diesem Gebiet hervorgebracht hat." [338]

Die theoretisch und praktisch so außerordentlich widerspruchsvollen ökonomischen Lehren Luthers boten in der Tat den bürgerlichen Ökonomen aller Richtungen die Möglichkeit zur vielfältigen und jeweils sehr verschiedenartigen Bezugnahme auf Luther. Die sich buchstäblich über Jahrhunderte erstreckende *Luther-Erweckung seitens bürgerlicher Ökonomen trägt daher einen ausgesprochen eklektizistischen Charakter*. Die einzelnen bürgerlichen Ideologen beuteten Luther dabei jeweils nach ihrer eigenen ideologischen Zielstellung aus. Sie übernahmen seine ökonomischen Lehren oder wiesen sie zurück, wobei die Deutung dieser Lehren jeweils willkürlich und einseitig, weil idealistisch erfolgte. Die extreme Widersprüchlichkeit dieser bürgerlichen Luther-Interpretation wurde dabei von Anfang an noch in besonders krasser Weise durch das hiermit verbundene theologische Gezänk zwischen Katholizismus und Protestantismus verstärkt. Wir ersparen es uns, hierauf näher einzugehen. Stattdessen wollen wir an dieser Stelle einige der *Hauptlinien* des Einflusses sichtbar machen, den Luther auf die Entwicklung des bürgerlichen ökonomischen Denkens *in Deutschland* ausgeübt hat bzw. heute noch ausübt.

Eine erste uns wichtig erscheinende historische Linie des Einflusses Luthers auf die Entwicklung der bürgerlichen politischen Ökonomie in Deutschland führt uns zum *Kameralismus*, jenem zwergstaatlich-provinziell eng beschränkten, reaktionär-feudal deformierten und wissenschaftlich völlig unfruchtbaren „Merkantilismus" in Deutschland.

In zweifacher Hinsicht, glauben wir, darf Luther als *einer der frühen ideologischen Ahnherren des deutschen Kameralismus* charakterisiert werden. Einmal dadurch, daß Luther, wie wir gezeigt haben, vom „Nähramt" des Staates forderte, es müsse lehren, „wie man soll Haus und Hof, Land und Leute regieren, reich und gewaltig werden – hier zeitlich auf Erden". Der spätere deutsche Kameralismus wirkte genau in diesem Sinne als eine von Beamten für Beamte entwickelte Richtung der politischen Ökonomie, die in erster Linie auf die Füllung der fürstlichen Staatskasse gerichtet war.

Zum anderen ergibt sich insofern eine Verbindung von Luther zum Kameralismus, als die von Luther 1517 zwar unter nationalen Gesichtspunkten eingeleitete Reformation in ihrem weiteren Verlauf statt zur nationalen Einigung, sehr wesentlich zur weiteren politischen Zersplitterung Deutschlands beitrug. Die im Ergebnis dieser teilweise außerordentlich blutigen und kriegerischen Entwicklung entstandene provinziell beschränkte deutsche Kleinstaatlichkeit mit ihrer politischen Enge und ökonomischen Rückständigkeit war die materielle Grundlage sowohl für die von Luther ins Leben gerufenen evangelisch-protestantischen Landeskirchen als auch für den von ihm inspirierten Kameralismus. Beide – die lutherischen Landeskirchen wie der Kameralismus – standen als wichtige Elemente des ideologischen Überbaus der damaligen deutschen Gesellschaft im Dienste genau so absoluter wie partikularisch-antinationaler Landesfürsten und behinderten für lange Zeit jedes gesamtnationale fortschrittliche politische und ökonomische Denken in Deutschland.

Der niederländische Dogmenhistoriker L. I. Zimmermann hat daher durchaus Recht, wenn er in seiner „Geschichte der theoretischen Volkswirtschaftslehre" schreibt: „Die besonderen Verhältnisse, insbesondere ein staatsbewußtes Luthertum in einer Welt politischer Kleinstaaterei, haben im deutschen Raum eine besondere Spielart des Merkantilismus entstehen lassen: eine meist von Professoren, Staatsbeamten und Staatstheologen (! – G. F.) verfaßte und auf die Staatspraxis abgestellte Verwaltungsliteratur: den deutschen Kameralismus." [339]

Eine weitere wichtige, in ihrer demagogischen und reaktionären Wirksamkeit sogar die gefährlichste – und auch heute noch existente – Richtung der bürgerlich ökonomisch-sozialen Luther-Literatur wird durch jene bürgerlichen Ökonomen und Ideologen repräsentiert, die in Deutschland vor allem seit der bürgerlichen Revolution von 1848 auftraten, um unter scheinheiliger Bezugnahme auf Luthers Kapitalismus-Kritik die Möglichkeit einer „Heilung" der schlimmsten „Auswüchse" und „Gebrechen" der kapitalistischen Ordnung zu proklamieren.

Neben den beiden *„Historischen Schulen"* der bürgerlichen Vulgärökonomie in Deutschland mit ihrer ausgesprochen ethisch-sozialen, vielfach unmittelbar religiösen und nicht selten direkt auf Luther gestützten reformistischen Betrachtungsweise [340], handelt es sich hierbei insbesondere um die von *Adolf Stöcker* (1835 bis 1909) begründete, später vor allem von *Friedrich Naumann* (1860–1919) weitergeführte und auch in der Gegenwart, vor allem in Westdeutschland, weit verbreitete Richtung der sogenannten *„christlich-sozialen Bewegung"*.

Das ideologische Ziel dieser ausgesprochen *antimarxistischen*, ja direkt im Kampf gegen den Marxismus entstandenen und sich daher nicht selten sogar „sozialistisch" gebärdenden „christlich-sozialen" Luther-Interpretation war und ist die Verwirrung der Arbeiterklasse, der Bauernschaft und des Kleinbürgertums.

Um den Bestand des kapitalistischen Ausbeutungssystems zu sichern, versuchen die Vertreter dieser Richtung den wachsenden antikapitalistischen Kampf der zum Bewußtsein ihrer Lage und Kraft gelangenden werktätigen Massen des Volkes in die auch schon von Luther gewünschten „friedlichen" Bahnen zu lenken und auf die Erreichung „christlich-sozialer" *Reformen* zu orientieren. „Zweifellos" – so drückt ein jüngerer Vertreter dieser Richtung den reaktionären Charakter dieser demagogischen Luther-Ausnutzung aus – „war der Kapitalismus nicht aufzuhalten. Die neuen Wirtschaftsformen sind über Luthers Einwände hinweggegangen. Aber ich glaube, je mehr der Unsegen und die Gefahren des kapitalistischen Zeitalters erkannt und vielleicht (!) auch überwunden werden, wird Luther als einer der großen Warner am Beginn dieses Zeitalters erscheinen, dessen Grundgedanken in neuer Form Beachtung verdienen." [341]

Der evangelisch-protestantische Flügel der „christlichen Soziallehren" ist heute in Westdeutschland trotz seines betont kleinbürgerlichen Anstrichs – und gerade deshalb – ein wichtiger *Bestandteil des ideologischen Überbaues des wiedererstandenen deutschen Imperialismus und Militarismus.* Seine exponierten Vertreter unterscheiden sich in ihrer reaktionären, politischen und ideologischen Haltung nur unwesentlich von den Verfechtern der heute in Westdeutschland im Vordergrund stehenden „katholischen Soziallehre". Unter der politischen Führung der CDU-CSU arbeiten sie mit diesen Hand in Hand im Dienste des westdeutschen Finanz- und Monopolkapitals.

Soweit es sich hierbei um kirchliche Amts- und Würdenträger handelt, besorgen sie dabei unmittelbar die Geschäfte des klerikal-faschistischen Bonner Obrigkeitsstaates. Sie führen damit in modifizierter Form die – allerdings ebenfalls von Luther begründete – *reaktionäre Tradition des evangelischen Staatskirchentums* weiter, die sich nicht zuletzt für die evangelische Kirche in Deutschland selbst immer wieder so verhängnisvoll auswirkte und auch heute wieder auswirkt. Für sie gilt unverkürzt das, was der frühere Leipziger Theologie-Professor Rietschel einmal in treffender Weise von den evangelischen Geistlichen Preußens sagte:

> „Bei den Landtagswahlen wurden die Geistlichen nicht nur als die wichtigsten Werkzeuge für gesinnungstüchtige Wahlen angesehen, sondern bildeten stets auch das Hauptkontingent der konservativen Wahlmänner ländlicher Bevölkerung. Wie viel Schaden ist dadurch erwachsen, daß vielfach die Kirche zur *geistlichen Polizeimacht* herabgewürdigt wurde." [342]

Rietschel wiederholte in diesem Zusammenhang die bekannten Worte Kingsleys – und sie gelten voll und ganz auch für die evangelische NATO-Geistlichkeit in Westdeutschland –, daß man die Bibel mißbraucht habe als „Leitfaden für Polizeidiener", als „eine Dosis Opium für Lastträger", als „ein Buch, um die Armen in Ordnung zu halten" [343].

Wir dürfen mit Fug und Recht hinzufügen, daß heute die westdeutschen Nachfolger jener von Rietschel entlarvten preußischen „Geistlichen", die nicht nur, wie im April 1962, mit demagogischen „Denkschriften" zu sozialen Fragen hervortreten, um die westdeutschen Werktätigen „in Ordnung zu halten" und ihnen mit heuchlerischen Phrasen von „Eigentumsstreuung" soziales Opium zu verabreichen, sondern Bibel und Kirche direkt zur Segnung der atomaren NATO-Waffen mißbrauchen, den allerschlimmsten Verrat an allen humanistischen Prinzipien des Christentums begehen.

Obwohl im allgemeinen untrennbar mit dieser zu demagogischen Zwecken kleinbürgerlich drapierten Richtung einer ausgesprochen reaktionären apologetisch-kapitalistischen Luther-Interpretation verbunden, oft sogar völlig von ihr absorbiert und paralysiert, so doch von dieser grundsätzlich zu unterscheiden, sind alle jene Vertreter des lutherisch-reformierten Christentums, denen es um die von

Luther geübte Kapitalismus-Kritik zutiefst ernst war und ernst ist. Wir meinen jene lutherisch-evangelischen Christen, die aus religiöser Verantwortung sowie auch in ausdrücklicher Bewahrung des humanistischen Erbes der sozialen und ökonomischen Lehren Luthers ihren Diesseitsauftrag vor allem darin sehen, aktiv gegen kapitalistische Ausbeutung und Unterjochung, Krise und Krieg zu wirken.

Wir meinen hiermit nicht in erster Linie jene Vertreter des Luthertums, die sich unter ausdrücklichem Verzicht auf eine grundsätzliche Kritik am kapitalistischen System und in betont „unpolitischer" Weise lediglich um die „praktische" Milderung der wirtschaftlichen und sozialen Auswirkungen des Kapitalismus bemühten; wie etwa *Bodelschwingh* (1831–1910), der Begründer von Arbeiterkolonien und Verpflegungsstationen für Arme; oder *Oberlin*, der gegen Ende des 18. Jahrhunderts seinen wirtschaftlich heruntergekommenen Pfarrkreis auf die Höhe zu bringen versuchte, „indem er selbst die vom Staat verweigerten Straßen und Brücken mit seinen Bauern baute, um die Gegend dem Verkehr zu erschließen".[344] Es liegt auf der Hand, daß solche und ähnliche Aktionen der christlichen Selbsthilfe, so subjektiv ehrlich und humanistisch sie auch sicher gemeint waren, im Endergebnis objektiv zur Festigung des kapitalistischen Systems beitrugen.

Wir meinen daher vor allem jene lutherischen Christen, die Luthers Lehren als einen Appell zur aktiven Teilnahme am politischen Kampf der Volksmassen gegen kapitalistische Ausbeutung und Unterdrückung auffaßten und dementsprechend handelten und handeln. Die in diesem allein fortschrittlichen Sinne auf Luther bezugnehmenden Christen standen und stehen im Lager der von der Arbeiterklasse geführten Kräfte des gesellschaftlichen Fortschritts. Sie waren und sind als Arbeiter und Angestellte aktive Mitglieder der einheitlichen Gewerkschaften der Arbeiterklasse und stellen die Klassensolidarität höher als die angeblich „christlich-soziale Solidarität" mit ihren Ausbeutern. Sie standen und stehen als Bauern, Handwerker, Gewerbetreibende, Künstler und Wissenschaftler an der Seite der für Frieden, Demokratie und Sozialismus kämpfenden Arbeiterklasse. Sie standen als aufrechte bürgerliche Demokraten in der antifaschistischen Widerstandsbewegung von 1933 bis 1945 Seite an Seite mit Kommunisten und Sozialdemokraten. Sie stehen heute in der Deutschen Demokratischen Republik wie auch in der westdeutschen Bundesrepublik an hervorragender Stelle in der Friedensbewegung und in der Nationalen Front des demokratischen Deutschland, um gegen die vom westdeutschen Imperialismus und Militarismus ausgehende Atom-Kriegsgefahr, für die nationale Wiedergeburt Deutschlands als friedliebender und einheitlicher demokratischer Staat zu kämpfen. Sie leisten als Bürger der Deutschen Demokratischen Republik – ob als Arbeiter, Angestellte, Bauern, Handwerker, Gewerbetreibende, Unternehmer, Künstler oder Wissenschaftler, ob als Mitglieder demokratischer Parteien oder als Parteilose – hervorragende Beiträge beim Aufbau des Sozialismus und bei der Festigung der Arbeiter-und-Bauern-Macht.

Sie stellen sich heute in beiden deutschen Staaten genau so entschieden gegen den vom „christlich-demokratischen" Bonner Staat betriebenen Mißbrauch des christlichen Glaubens und der evangelischen Kirchen – wie er am krassesten im

NATO-Militärseelsorge-Vertrag zum Ausdruck kommt –, wie sie jene völlig den Lehren Luthers vom Staat hohnsprechende „Obrigkeits"-Schrift eines Dibelius zurückweisen, durch deren üble Hetztiraden sie zu Handlangern der westdeutschen Monopolisten und Militaristen herabgewürdigt werden sollen. Sie folgen als Bürger der DDR freudig den völlig im Geiste Luthers erlassenen Aufrufen ihrer fortschrittlichen Bischöfe, Pfarrer und Theologen zur aktiven Mitarbeit an der Gestaltung des politischen, wirtschaftlichen und kulturellen Lebens der DDR, wie sie es als zutiefst unchristlich und dem Geiste Luthers widersprechend empfinden, wenn „christliche" Zeitungen und auch kirchliche Institutionen Westdeutschlands die evangelischen Landesbischöfe D. Mitzenheim und D. Krummacher verunglimpfen und beschimpfen, weil diese im August 1960 aus christlicher Verantwortung heraus die Gläubigen im Sinne Luthers wie der Menschlichkeit zur Mithilfe bei der Bergung der damals von einer Regenkatastrophe ernsthaft bedrohten Ernte aufgerufen hatten.[345]

Als tatbereite, im Sinne Luthers aktiv dem Diesseits zugewandte und daher mit beiden Füßen im gesellschaftlichen Leben stehende Christen pflegen sie auf diese Weise das von Luther hinterlassene progressive Erbe auf dem Gebiet des sozialen, politischen und ökonomischen Denkens und Handelns.

> „Wir aber müssen" – so hören wir von fortschrittlicher protestantischer Seite – „die Forderung Luthers nach ‚Mitarbeit der Christen' in den ‚Ordnungen des natürlichen Lebens ... im weltlichen Beruf' als die christliche Sittlichkeit in einem gegenwärtigen Sinne sozialer Revolution erheben und für uns zum Gesetz machen. Die Anweisungen dafür im einzelnen für unsere Zeit können auch die protestantischen Christen nicht aus den Buchstaben Luthers holen, sie müssen sie seinem Beispiel entnehmen ... Nicht seinen Worten, seinen Impulsen haben wir nachzuleben." [346]

Hierbei finden die protestantischen Christen die Zustimmung und allseitige Unterstützung der Arbeiterklasse und ihrer marxistisch-leninistischen Partei. Dazu soll ihnen auch die vorliegende Arbeit eine Hilfe leisten.

Die protestantischen Christen in der Deutschen Demokratischen Republik, die sich um die Wahrung des progressiven Erbes Luthers bemühen, erhalten insbesondere die aktive Förderung seitens des sozialistischen Staates, wie es die programmatische Erklärung des Staatsrates der DDR vom 4. Oktober 1960 erneut eindeutig bekräftigte.

Die Empfindungen und Gedanken dieser evangelischen Christen fanden ihren beredten Ausdruck in einer Ansprache, die der ehrwürdige, von Christen und Atheisten gleichermaßen hochgeschätzte Leipziger Theologe Prof. D. Emil Fuchs anläßlich des Empfangs einer Delegation von Theologen, kirchlichen Amtsträgern und christlichen Bürgern durch den Vorsitzenden des Staatsrates der Deutschen Demokratischen Republik, Walter Ulbricht, am 9. Februar 1961 gehalten hat. Ein Auszug aus dieser bemerkenswerten Rede soll unsere Darstellung beschließen:

> „Ich gestehe", – so erklärte Prof. D. Fuchs – „daß ich mir in meinen kühnsten Träumen niemals eine solche Vorstellung erlaubt hätte: als Sprecher tausender bewußter Christen vor dem Repräsentanten eines deutschen Staates stehen zu

können, der der Staat der Arbeiter und Bauern, der in Wahrheit der erste Friedensstaat in der deutschen Geschichte ist.

Wenn ich heute sehe, daß die Kämpfe meiner Jugend nicht umsonst waren, wenn ich feststellen darf, daß wenigstens in einem Teil Deutschlands die Vergangenheit unseres Volkes gesellschaftlich bewältigt wurde, so weiß ich auch – und mit mir wissen es unzählige christliche Bürger der DDR –, wodurch diese Neue in der deutschen Geschichte möglich geworden ist. Es ist möglich geworden durch die unverbrüchliche Gemeinsamkeit aller demokratischen Kräfte, die sich in unserer Republik unter der Führung der Arbeiterklasse entwickelt hat.

Diese Gemeinsamkeit hat uns Christen geholfen, die Widersprüche zu überwinden, in die wir in der Vergangenheit immer wieder gestoßen wurden. Uns Christen sagt das Neue Testament: ‚So jemand spricht: ich liebe Gott und hasset seinen Bruder, der ist ein Lügner. Denn wer seinen Bruder nicht liebt, den er sieht, wie kann er Gott lieben, den er nicht sieht.' Bei dem Versuch, diesem Wort zu gehorchen, brach in der Vergangenheit immer wieder ein tiefer Widerspruch auf zwischen der persönlichen Gewissensentscheidung und dem ehrlichen Willen des einzelnen Christen, für Fortschritt und Menschlichkeit einzutreten, und den verhängnisvollen Konsequenzen, die eine Gesellschaftsordnung entwickelte, die auf dem Prinzip des Konkurrenzkampfes – und das heißt doch: auf dem Gegeneinander der Menschen – aufgebaut war.

Darüber hinaus gab es vor allem den Widerspruch zwischen der Friedensliebe der christlichen Menschen und der Kriegspolitik derjenigen Kreise, denen es um ihren Profit und um ihre Machtpositionen ging.

Uns Christen in der DDR ist es leichter geworden als den Christen in Westdeutschland, die Schlußfolgerungen aus dieser Vergangenheit zu ziehen, weil wir das in der Gemeinschaft aller humanistischen Kräfte tun konnten...

Gerade der Anlaß, der uns heute zu Ihnen, Herr Vorsitzender, führt, ist doch ein Zeichen dafür, daß immer mehr Christen und Theologen in der DDR erkennen, daß die gesellschaftlichen Konsequenzen, die der christliche Glaube für uns hat – nämlich der Einsatz für Frieden und wahrhafte Menschlichkeit –, heute in Deutschland ohne Verkürzung nur auf dem Boden der DDR verwirklicht werden können.

In diesem Sinne finden in unserem Staat auch alle progressiven christlichen Traditionen der Vergangenheit ihre Erfüllung.

Wenn der große deutsche Humanist und Reformator Philipp Melanchton, dessen 400. Todestag wir im vergangenen Jahr feierlich begingen, seinem Abscheu gegen den Krieg mit den Worten Ausdruck verlieh: ‚Alle Kriege hindern die wissenschaftlichen Bestrebungen und entstellen die Kirche', dann können wir heute feststellen: Unser Staat hilft als Teil des sozialistischen Lagers mit, daß die Friedensträume unserer großen Dichter und Denker und all der Millionen einfacher Menschen, die sich der Werke, die sie mit ihren Händen geschaffen haben, auch erfreuen wollen, in der Mitte des 20. Jahrhunderts endlich Wirklichkeit werden können...

In dem Brief, den zu übergeben ich die Ehre habe, habe ich die Dankbarkeit hervorgehoben, mit der die christlichen Bürger der DDR die Programmatische Erklärung des Staatsrates begrüßt haben.

Ich gehe wohl nicht fehl in der Feststellung, daß Ihre Ausführungen vom 4. Oktober 1960 alles das, was bisher über das Verhältnis von Christentum und Sozialismus gesagt wurde, zusammenfaßten und auf eine höhere Ebene hoben.

Meines Erachtens besteht das Besondere dieser Erklärung darin, daß in einer Zeit, da in Westdeutschland die schroffe Absage an jeglichen Humanismus erfolgt, auf dem Boden unseres Arbeiter-und-Bauern-Staates das Programm einer Vertiefung der Gemeinsamkeiten aller humanistischen Kräfte entwickelt wird. Dieses Programm des Kampfes der humanistischen Kräfte für den Frieden, für die soziale Gerechtigkeit und für die nationale Wiedergeburt Deutschlands steht nun aber nicht nur auf dem Papier. Es realisiert sich in der alltäglichen schöpferischen Zusammenarbeit dieser humanistischen Kräfte.

Diejenigen jedoch, die die weltanschaulichen Unterschiede zwischen den Christen und Marxisten als ein Hemmnis für dieses Ringen der humanistischen Kräfte darstellen, mehr noch, die den Antikommunismus und das christliche Zeugnis als identisch hinstellen und als ideologischen Kitt für das Erreichen ihrer menschenfeindlichen Ziele benützen möchten, handeln gegen die Interessen der Nation. Die friedliebenden Christen der DDR, aber auch in der Bundesrepublik, erkennen indes immer mehr, welche Gefahren das für die Erhaltung des Friedens heraufbeschwören müsse. Sie wehren sich gegen jeden Mißbrauch ihres Glaubens im Dienste einer friedensfeindlichen Politik.

> Gewiß, es gibt Unterschiede zwischen der Weltanschauung des Marxisten und dem Glauben des Christen. Es gibt sogar sehr tiefgehende Unterschiede, die wir nicht vertuschen wollen. Aber diese weltanschaulichen Unterschiede sind für uns kein Hindernis für die feste Gemeinsamkeit aller der Kräfte, die in echter Verantwortung für des Menschen wahres Wohl wirken wollen. Im Gegenteil: unser Gewissen, die gesellschaftlichen Konsequenzen unseres christlichen Glaubens, unser unerbittlicher Wille, für die Wahrheit einzutreten, zwingen uns, für den Frieden und für die soziale Gerechtigkeit, für den Sozialismus zu kämpfen. Die Programmatische Erklärung des Staatsrates zeigt den Weg, auf dem dieser Kampf erfolgreich und im Interesse unseres ganzen Volkes geführt werden kann.

Welche Zustimmung die Programmatische Erklärung vom 4. Oktober 1960 gerade in der christlichen Bevölkerung der DDR gefunden hat, geht aus der großen Zahl der Unterschriften unter meinen Brief an Sie, Herr Vorsitzender, hervor. Die 32 000 Unterzeichner stehen dabei für die große Mehrzahl aller Christen in der DDR. Mögen diese Unterschriften ein Zeugnis dafür sein, daß die christlichen Bürger in der DDR ihre Heimat erkannt haben und für sie mit all ihren Kräften eintreten.“ [347]

SCHLUSS

DIE STELLUNG DER ARBEITERKLASSE ZUM ERBE LUTHERS AUF DEM GEBIET DES ÖKONOMISCHEN DENKENS

Zum Abschluß unserer Untersuchung wollen wir nunmehr noch in Kürze die Stellung der Arbeiterklasse zum Erbe Luthers auf dem Gebiet des ökonomischen Denkens zusammenfassen. Wir glauben, dies vor allem in zwei Richtungen tun zu müssen, die untrennbar miteinander verbunden sind.

1. Bei voller Würdigung der vielfältigen Verdienste Luthers in der Geschichte des deutschen Volkes, bei Anerkennung auch des positiven Einflusses Luthers auf die Entstehung und Entwicklung des progressiven bürgerlichen ökonomischen Denkens kann die Arbeiterklasse keineswegs die negativen und reaktionären Seiten des Wirkens Luthers und des Luthertums in der deutschen Geschichte übersehen. Vor allem die deutsche Arbeiterklasse kennt die reaktionäre Rolle, die die von Luther geschaffene Staatskirche in der deutschen Geschichte immer wieder spielte. Sie weiß sehr gut, welche ausgesprochen arbeiterfeindlichen Auswirkungen insbesondere die politischen und ökonomischen Lehren Luthers als Bestandteil des ideologischen Überbaues des deutschen Kapitalismus hatten und auch heute noch in Westdeutschland haben.

Bei unbedingter Wahrung und sorgfältiger Pflege der nationalen und progressiven Elemente des ökonomischen Denkens Luthers verzichtet die Arbeiterklasse daher zugleich auch nicht auf die Klarstellung des historisch wie theoretisch gleichermaßen eng begrenzten, in seiner Gesamtheit höchst widerspruchsvollen und unwissenschaftlichen Charakters des ökonomischen Denkens Luthers. Sie richtet ihren prinzipiellen ideologischen Kampf dabei in erster Linie gegen die wissenschaftsfeindlichen religiösen und theologischen Konzeptionen Luthers, auf deren weltanschaulicher Grundlage sein ökonomisches Denken erwuchs und deren Vertiefung es objektiv diente.

Indem die Arbeiterklasse vom Standpunkt der wissenschaftlichen Weltanschauung des dialektischen Materialismus grundsätzlich alle idealistischen Vorstellungen konsequent ablehnt und mit den Mitteln beharrlicher und geduldiger Überzeugungsarbeit überwindet, richtet sie ihren ideologischen Kampf wie gegen jede Religion so auch gegen die von Luther geprägte evangelisch-christliche Ideologie. Die Arbeiterklasse, die heute in der DDR ihre gesamte Kraft auf die Erziehung des neuen sozialistischen Menschen konzentriert und deshalb auch der sozialistischen Revolution auf dem Gebiet der Kultur und Ideologie ihre besondere Aufmerksamkeit zuwendet, kann keine neutrale Haltung gegenüber der Religion einnehmen, da diese den Menschen prinzipiell von der Wirklichkeit ablenkt und ihn auf ein angeblich „besseres Jenseits“ nach dem Tode vertröstet.

Wie grundsätzlich jede Religion die sozialistische Bewußtseinsbildung der werktätigen Massen hemmt und damit die volle Entfaltung ihrer schöpferischen Kräfte erschwert, so geschieht dies auch durch die evangelisch-christliche Glaubenslehre Luthers. In den philosophischen Grundfragen der *Weltanschauung* stehen sich daher metaphysischer Idealismus und dialektischer Materialismus, Glauben und Wissenschaft, Christentum und Sozialismus diametral und prinzipiell unversöhnlich gegenüber.

2. Bei grundsätzlicher Ablehnung jeder religiösen Ideologie unterscheidet die Arbeiterklasse jedoch zugleich auch sehr genau zwischen den weltanschaulichen Grundlagen und den gesellschaftlichen Auswirkungen der verschiedenen religiösen Ideologien. Die Art und Weise wie die konkreten Formen des von ihrer marxistisch-leninistischen Partei geführten antireligiösen ideologischen Kampfes werden daher auch nicht unwesentlich von den gesellschaftlichen Auswirkungen der jeweiligen religiösen Ideologie selbst bestimmt. Letztere sind wiederum weitgehend abhängig von der konkreten gesellschaftlichen, sozialen und politischen Situation, unter deren Bedingungen die jeweilige religiöse Ideologie wirksam wird.

Was die gesellschaftlichen Auswirkungen der evangelisch-lutherischen christlichen Ideologie angeht, so finden diese ihren deutlichsten Ausdruck in den von uns analysierten ökonomischen Auffassungen Luthers. Luthers ökonomische Lehren bilden daher *eines der wichtigsten gesellschaftlichen Merkmale des evangelisch-lutherischen Christentums.* Durch sie unterscheidet es sich nicht nur in seiner theoretisch-theologischen Konzeption, sondern vor allem in seiner *gesellschaftlich-praktischen Diesseitsbezogenheit* sehr wesentlich von anderen Spielarten der christlichen Ideologie.

Indem die ursprünglich als progressive bürgerliche Ideologie entstandene christliche Lehre Luthers im relativ starken Maße auf die Entfaltung der schöpferischen *Aktivität* des Gläubigen orientiert, indem sie dem evangelisch-lutherischen Christen vor allem die gewissenhafte Arbeit im Beruf als Dienst am Nächsten zur unbedingten Pflicht macht, indem sie ihn nicht zuletzt zur Achtung gegenüber der Obrigkeit erzieht, bietet sie im Unterschied zu anderen Glaubenslehren eine Reihe besonders günstiger Ansatzpunkte für das gemeinsame Zusammengehen von Atheisten und Christen im weltlichen Leben. Der Charakter der vom lutherischen Christentum geforderten gesellschaftlichen Aktivität des Gläubigen wird dabei in entscheidender Weise von den Bedingungen der konkreten gesellschaftlichen Verhältnisse selbst bestimmt.

Die Lutherschen Lehren von Staat und Wirtschaft, die unter kapitalistischen Verhältnissen objektiv zur Festigung der bürgerlichen Staatsmacht und zur Verstärkung der wirtschaftlichen Ausbeutung der Werktätigen führten und deshalb, wie es Prof. D. Fuchs betonte, die Gläubigen stets aufs neue in innere Widersprüche und Gewissenskonflikte brachten, erlangen unter den Bedingungen einer zutiefst demokratischen und humanistischen Arbeiter-und-Bauern-Macht und im Rahmen der auf gesellschaftlichem Eigentum beruhenden sozialistischen Produktionsverhältnisse der gegenseitigen Hilfe und Unterstützung, wie es in der DDR der Fall ist, einen objektiv anderen gesellschaftlichen Inhalt.

Ohne ihren religiösen und daher grundsätzlich unwissenschaftlichen Charakter zu verlieren, fordern sie unter diesen Bedingungen vom gläubigen Christen ein gesellschaftliches, politisches und ökonomisches Denken und Handeln, das objektiv sehr weitgehend mit den Erfordernissen des weiteren gesellschaftlichen Fortschritts übereinstimmt. Sie erleichtern den evangelisch-lutherischen Christen die Gewissens- und Glaubensentscheidung zum aktiven Kampf für Frieden, soziale Gerechtigkeit, Humanismus und Sozialismus. Auf diese Weise führen sie die evangelisch-lutherischen Christen als treue Verbündete an die Seite der Arbeiterklasse.

„Die gesellschaftlichen Anliegen der Christen nach Frieden und Nächstenliebe" – so erklärte der Generalsekretär der CDU und stellvertretende Vorsitzende des Staatsrates der DDR, Gerald Götting, am 2. März 1961 in Gera – „finden gerade im Sozialismus ihre Erfüllung. Keine frühere Gesellschaftsordnung hat dieses humanistische Ziel erreicht." [348]

Die auf dieser Grundlage möglich werdende freundschaftliche Zusammenarbeit zwischen Marxisten und Christen, ihre moralisch-politische Einheit im gemeinsamen Kampf für soziale und humanistische Ziele, die vom Marxismus-Leninismus wissenschaftlich begründet, vom evangelisch-lutherischen Christentum religiös verkündet werden, schafft damit zugleich aber auch für beide Seiten gleichermaßen günstige Bedingungen für einen genau so prinzipiell wie kameradschaftlich geführten Kampf zwischen beiden Ideologien und Weltanschauungen.

In dem bedeutsamen Gespräch, das der Vorsitzende des Staatsrates der DDR, Walter Ulbricht, am 9. Februar 1961 mit hervorragenden Christen der DDR führte, gab er u. a. auch eine präzise Bestimmung des grundsätzlichen marxistisch-leninistischen Standpunktes der Arbeiterklasse zum Verhältnis zwischen Christentum und Sozialismus. Indem Walter Ulbricht auf eine Zwischenbemerkung von Prof. D. Fuchs einging, erklärte er:

„Durch Ihre Zwischenbemerkung kam schon zum Ausdruck, daß eine friedliche Koexistenz zwischen verschiedenen theoretischen Auffassungen und Weltanschauungen nicht möglich ist. Das würde bedeuten, daß die eine schweigen müßte, wodurch jedes weltanschauliche Ringen unterbunden würde. Selbstverständlich ist das untragbar.

Aber unsere philosophischen Meinungsverschiedenheiten, die wir gar nicht verkleinern wollen, können doch die Tatsache nicht aus der Welt schaffen, daß die humanistischen und sozialen Ziele des ursprünglichen Christentums und die humanistischen und sozialen Ziele des Sozialismus so weitgehend übereinstimmen, daß sich ein Zusammengehen geradezu aufdrängt.

Je besser und freundschaftlicher unsere Zusammenarbeit ist, um so leichter und schmerzloser wird sich auch der Wettbewerb unserer unterschiedlichen Ideologien vollziehen.

Ich begrüße deshalb Ihre Darlegungen, Herr Professor Fuchs, weil Sie ganz klar sagen, welche Positionen Sie einnehmen. Sie verschleiern nichts. Sie sagen, in einigen Fragen der Weltanschauung haben wir verschiedene Auffassungen, aber in der Grundfrage des Lebens des Volkes stimmen wir überein, d. h. in der Frage des Friedens, der sozialen Gerechtigkeit und des Humanismus sind wir einer Meinung. Das ist die Hauptfrage.“ [349]

So gesehen, soll die vorliegende Arbeit nicht nur einen Beitrag zur Geschichte des ökonomischen Denkens in Deutschland leisten, sondern zugleich auch beitragen zum ideologischen Wettbewerb zwischen christlicher und sozialistischer Ideologie einerseits, zur weiteren Vertiefung der freundschaftlichen Zusammenarbeit zwischen Christen und Marxisten im Kampf für Frieden, Demokratie und Sozialismus andererseits.

ANMERKUNGEN

1 Die in den Volkszählungen vom 31. 8. 1950 in der Deutschen Demokratischen Republik und vom 13. 9. 1950 in der Deutschen Bundesrepublik ermittelten Angaben zur Religionszugehörigkeit der Wohnbevölkerung können zwar in keiner Weise ein zutreffendes Bild von der Bewußtseinsentwicklung in Deutschland bieten. Sie vermitteln aber immerhin eine grobe Vorstellung von der starken religiösen Gebundenheit größerer Bevölkerungsgruppen in beiden deutschen Staaten und seien deshalb hier auszugsweise angeführt:

	DDR	BD
Wohnbevölkerung insgesamt:	17 199 098	47 695 672
davon		
römisch-katholisch:	1 900 092	21 579 179
evangelisch:*	14 071 416	24 430 815

* einschließlich Adventisten, apostolische, neuapostolische und romfreie Christen

2 K. Marx, Grundrisse der Kritik der politischen Ökonomie, Berlin 1953, S. 891

3 F. Behrens, Grundriß der Geschichte der politischen Ökonomie (Manuskript-Druck), Berlin 1956
J. Kuczynski, Die Geschichte der Lage der Arbeiter unter dem Kapitalismus (Band I, Erster und Zweiter Teil, Deutschland; Band IV, Erster Teil, England), Berlin 1954
R. Stollberg, Geschichte der bürgerlichen politischen Ökonomie, Berlin 1960

4 F. Engels, Brief an Kautsky vom 1. 2. 1892, in: Marx/Engels/Lenin/Stalin zur deutschen Geschichte, Bd. I, Berlin 1953, S. 618

5 R. Luxemburg, Ausgewählte Reden und Schriften in zwei Bänden, Bd. I, Berlin 1951, S. 208

6 E. Ramp, Die Stellung von Luther, Zwingli und Calvin zur Zinsfrage, Zürich 1949, S. 6

7 Ebenda

8 Ebenda, S. 58 f.; vgl. E. Troeltsch, Die Soziallehren der christlichen Kirchen und Gruppen, in: Gesammelte Schriften, Bd. I, Tübingen 1912

9 H. Wangemann, Luther als Sprecher und Lenker der öffentlichen Meinung seiner Zeit in der Zinsfrage, Leipzig 1948, S. 5

10 Ebenda, S. 47

11 Ebenda, S. 5

12 Ebenda, S. 5

13 Vgl. F. Engels, Dialektik der Natur, Berlin 1952, S. 8

14 K. Marx, Das Kapital, Berlin 1951, Bd. I, S. 756

15 Vgl. F. Engels, Die Entwicklung des Sozialismus von der Utopie zur Wissenschaft, Einleitung zur englischen Ausgabe, in: Marx/Engels, Ausgewählte Schriften in zwei Bänden, Berlin 1952, Bd. II, S. 94

16 F. Engels, Über den Verfall des Feudalismus und das Aufkommen der Bourgeoisie. Berlin 1947, S. 5

17 F. Engels, Der deutsche Bauernkrieg, Berlin 1946, S. 36 f.

18 Etwa 15 % der 15 Millionen Einwohner Deutschlands lebten im 15. Jahrhundert in Städten. Nur wenige Städte hatten mehr als 2000 Einwohner.

19 Vgl. Hochschul-Lehrmaterial f. d. Studium d. Wirtschaftsgesch., Thema 4, Berlin 1955/56, S. 18 f.; H. Hausherr, Wirtschaftsgeschichte der Neuzeit, Weimar 1955, S. 39 f.

20 F. Mehring, Deutsche Geschichte vom Ausgang des Mittelalters, Berlin 1947, S. 32

21 F. Engels, Bauernkrieg, a. a. O., S. 42 f.

22 K. Marx, Chronologische Auszüge zur deutschen Geschichte vom Ende des 15. Jahrhunderts bis zum Westfälischen Frieden aus der ‚Weltgeschichte für das deutsche Volk', herausgegeben von F. Ch. Schlosser, 1. Ausgabe, Band 11–14, in: Marx/Engels/Lenin/Stalin zur deutschen Geschichte, a. a. O., S. 305 f.

23 F. Engels, Bauernkrieg, a. a. O., S. 44

24 Vgl. Hausherr, Wirtschaftsgeschichte, a. a. O., S. 71

25 H. Mosapp, Doktor Martin Luther und die Reformation, Tübingen 1927, S. 62

26 F. Engels, Dialektik der Natur, a. a. O., S. 8 f.

27 Ebenda, S. 9

28 H. Kahlert, Ein Vergleich der Wirtschaftauffassungen von Luther und Melanchthon, besonders ihre Stellung zu Zins und Handel, Nürnberg 1953, S. 17

29 Angeführt bei E. A. Berger, Martin Luther in kulturgeschichtlicher Darstellung, Drei Teile in vier Bänden, Berlin 1895–1921, Bd. I, S. 14

30 Vgl. Hausherr, Wirtschaftsgeschichte, a. a. O., S. 44

31 Vgl. ebenda

32 Luther erzählte später wiederholt von seiner schwer schuftenden Mutter; u. a. wie sie ihr Holz von weither einsammeln und auf dem Rücken nach Hause schleppen mußte. Siehe dazu in: Martin Luthers Tischreden, 6 Bände, Weimar 1912–1921, Bd. III, Nr. 2888! – Diese Ausgabe der Tischreden Luthers wird fernerhin unter *TR* aufgeführt, die beiden folgenden Ziffern bezeichnen die Nummer des Bandes und der jeweiligen Tischrede!

33 Martin-Luthers-Werke, 67 Bände, Erlangen 1826–1857, 2. Aufl. in 23 Bänden, 1862 bis 1885, Band XXI, S. 323 – Diese Erlanger Ausgabe der Werke Luthers wird fernerhin unter *EA* aufgeführt, die beiden folgenden Ziffern bezeichnen die Nummer des Bandes und der jeweiligen Seite!

34 Siehe dazu im Vorwort von A. Weill, Der Bauernkrieg, Weimar 1947, S. X

35 Vgl. Kautsky, Vorläufer des neueren Sozialismus, in zwei Bänden, Berlin 1947, Bd. II, S. 18; F. Mehring, Deutsche Geschichte, a. a. O., S. 44

36 F. Engels, Bauernkrieg, a. a. O., S. 64

37 H. Mosapp, Doktor Martin Luther ..., a. a. O., S. 17

38 Ebenda, S. 18

39 Ebenda, S. 21

40 Vgl. T. Neubauer, Das Wirtschaftsleben im mittelalterlichen Erfurt, in: Vierteljahresschrift für Sozial- und Wirtschaftsgeschichte, Band XII, 1914, Band XIII, 1916

41 Luther erzählte auch noch später vom Erfurter Waidanbau, an dessen Stelle er allerdings lieber den Getreideanbau gesehen hätte, da letzterer weniger auf Gelderwerb gerichtet war und ihm deshalb auch für das „Seelenheil" der Anbauer weniger „gefährlich" schien. Vgl. TR 3,2871 und 4,4170 und 4420!

42 P. J. Reiter beschreibt das Erfurter Studentenleben zur Zeit Luthers mit folgenden Sätzen:

„Die blühende Gera-Stadt war zu der Zeit der Hauptsitz des deutschen Neu-Humanismus, wo das irdische Leben sein volles Recht verlangte und auch bekam, in Liedern und lärmenden Reden in den zahlreichen dichtbesetzten Bierstuben, wo das liebliche deutsche Nationalgetränk die Stimme lockerte, und man die Rücksichten auf die Bürgerschaft außerachtließ, in Mondscheinnächten an der Seite üppiger Mädels oder in den Studentenkollegs durch die mehr oder weniger geistreichen und losgelassenen Symposien."

(P. J. Reiter, Martin Luthers Umwelt, Charakter und Psychose, in zwei Bänden, Kopenhagen 1937 und 1941, Bd. I, S. 323)

Luther nahm an der fröhlichen Studentengeselligkeit in Erfurt vor allem als Lautenspieler teil.

43 K. Kautsky, Vorläufer . . ., a. a. O., II, 15

44 Vgl. H. Boehmer, Luthers Romfahrt, Leipzig 1914

45 Vgl. G. v. Pölnitz, Jakob Fugger, Tübingen 1949, S. 243 f.

46 Vgl. TR 2,2800 und 3,3433! Siehe dazu auch in Martin-Luther-Werke, Kritische Gesamtausgabe, in 58 Bänden, Weimar 1883–1948, Band 42, S. 358! – Diese Weimarer Luther-Ausgabe wird fernerhin unter *WA* aufgeführt, die beiden folgenden Ziffern bezeichnen die Nummer des Bandes und die jeweilige Seite!

47 E. Eschenhagen, Beiträge zur Sozial- und Wirtschaftsgeschichte der Stadt Wittenberg in der Reformationszeit, in: Jahrbuch der Luther-Gesellschaft, Jahrgang XI, 1927, S. 9 ff.

48 Vgl. E. Ramp, Die Stellung von Luther . . ., a. a.O., S. 21 f.; F. G. Ward, Darstellung und Würdigung der Ansichten Luthers vom Staat und seinen wirtschaftlichen Aufgaben, Jena 1898, S. 11; J. Köstlin, Martin Luther – sein Leben und seine Schriften, in zwei Bänden, 5. Auflage, Berlin 1903, Bd. I, S. 122 f.

49 Vgl. hierzu H. Boehmer, Romfahrt . . ., a. a. O., S. 134; H. Grisar, Luther, in drei Bänden, Freiburg i. B. 1911/12, Bd. I, S. 3510; A. Harnack, Martin Luther und die Grundlegung der Reformation, Berlin 1917, S. 37; P. H. Schmidt, Martin Luther und der Klassenkampf, St. Gallen 1927, S. 87

50 Vgl. Mosapp, Doktor Martin Luther . . ., a. a. O., S. 116

51 Ebenda

52 EA 57, 72

53 WA 51,325; WA 51,398

54 WA 51,331–424

55 Siehe hierzu WA 47,558; TR 4,5138

56 Vgl. T. Neubauer, Das Wirtschaftsleben . . ., a. a. O., Bd. XIII, S. 136

57 WA 51,589

58 E. Ramp, Die Stellung von Luther . . ., a. a. O., S. 41

59 Martin-Luthers-Werke, herausgegeben von Lic. Dr. J. Boehmer, Stuttgart und Leipzig 1907, S. 769 – Diese Luther-Ausgabe von Boehmer wird fernerhin unter BA mit Seitenangabe aufgeführt!

60 H. Wangemann, Luther als Sprecher . . ., a. a. O., S. 5

61 Ebenda, S. 92

62 F. G. Ward, Darstellung und Würdigung . . ., a. a. O.

63 Ebenda, S. 94

64 Vgl. für das Folgende:
F. Engels, Bauernkrieg, a. a. O., S. 64 ff.
K. Marx, Chronologische Auszüge . . ., a. a. O., S. 287 ff.
K. Kautsky, Vorläufer . . ., a. a. O., S. 14 ff.
F. Mehring, Deutsche Geschichte . . ., a. a. O., S. 41 ff.
M. M. Smirin, Die Volksreformation des Thomas Müntzer und der große Bauernkrieg, Berlin 1952, S. 49 ff.
A. Meusel, Thomas Müntzer und seine Zeit, Berlin 1952, S. 41 ff.
65 BA 13
66 K. Kautsky, Vorläufer . . ., a. a. O., S. 15
67 BA 761
68 Zitiert bei F. Engels, Bauernkrieg, a. a. O., S. 64 f.
69 K. Kautsky, Vorläufer . . ., a. a. O., S. 17
70 F. Engels, Bauernkrieg, a. a. O., S. 108 f.
71 Ebenda, S. 109
72 Ebenda, S. 65
73 Vgl. M. M. Smirin, Die Volksreformation . . ., a. a. O., S. 660 f.
74 F. Engels, Bauernkrieg, a. a. O., S. 64
75 Vgl. BA 92 f.
76 BA 97 u. 94
77 BA 108
78 BA 108
79 BA 102
80 Zitiert bei A. Meusel, Thomas Müntzer . . ., a. a. O., S. 89
81 Zitiert bei F. Engels, Bauernkrieg, a. a. O., S. 66
82 F. Engels, Bauernkrieg, a. a. O., S. 66
83 Ebenda S. 67
84 Siehe dazu bei M. M. Smirin, Die Volksformation . . ., a. a. O., S. 50
85 Zitiert bei A. Meusel, Thomas Müntzer . . ., a. a. O., S. 306 ff.
86 Zitiert bei A. Weill, Bauernkrieg, a. a. O., S. XI
87 Zitiert bei A. Meusel, Thomas Müntzer . . ., a. a. O., S. 310 f.
88 A. Meusel, Thomas Müntzer . . ., a. a. O., S. 67
89 v. Bezold, Geschichte der deutschen Reformation, Frankfurt a. Main, o. J., S. 369
90 K. Marx, Einleitung zur Kritik der Hegelschen Rechtsphilosophie, in: Marx/Engels, die Heilige Familie, Berlin 1953, S. 21
91 Zitiert bei A. Meusel, Thomas Müntzer . . ., a. a. O., S. 309–318
92 A. Meusel, Thomas Müntzer . . ., a. a. O., S. 84
93 EA 305
94 Zitiert bei A. Meusel, Thomas Müntzer . . ., a. a. O., S. 317
95 BA 222
96 Ebenda
97 Ebenda, S. 217
98 Zitiert bei A. Meusel, Thomas Müntzer . . ., a. a. O., S. 294 ff.
99 Zitiert bei A. Meusel, Thomas Müntzer . . ., a. a. O., S. 311
100 Zitiert bei A. Meusel, Thomas Müntzer . . ., a. a. O., S. 317
101 J. P. Reiter, Umwelt, Charakter . . . Bd. II, a. a. O., S. 478
102 Zitiert bei A. Meusel, Thomas Müntzer, a. a. O., S. 318 ff.
103 Zitiert bei A. Meusel, Thomas Müntzer, a. a. O., S. 322

104 F. Lau ‚Äußerliche Ordnung' und ‚Weltlich Ding' in Luthers Theologie, in: Studien zur systematischen Theologie, Band 12, 1933, S. 29
105 Zitiert bei A. Meusel, Thomas Müntzer ..., a. a. O., S. 323
106 Zitiert ebenda, S. 320
107 BA 211
108 Siehe u. a.: WA 11,45; WA 15,321; WA 16,91 u. 376!
109 BR 3,861 f.; siehe dazu auch: WA 16,378; WA 1881; WA 53,524 f.; BR 3,753 – Als BR wird aufgeführt: Martin-Luther-Briefwechsel, in elf Bänden; Weimar 1930–1948; die beiden folgenden Ziffern bezeichnen den Band und die Nummer des jeweiligen Briefes.
110 F. Engels, Bauernkrieg, a. a. O., S. 69 f.
111 Vgl. K. Kautsky, Vorläufer ..., a. a. O., S. 22; F. Mehring, Deutsche Geschichte ..., a. a. O., S. 44
112 F. Engels, Bauernkrieg, a. a. O., S. 54
113 Sören Kiergegaards efterlade papirer, herausgegeben von P. A. Heiberg, Bd. XI, Abt. I., 1936, S. 44, zitiert bei P. J. Reiter, Martin Luthers Umwelt, Charakter ..., a. a. O., Bd. II, S. 498
114 F. Engels, Ludwig Feuerbach und der Ausgang der klassischen deutschen Philosophie, Berlin 1946, S. 50
115 W. I. Lenin, Brief an Maxim Gorki vom Dezember 1913, in: W. I. Lenin, Ausgewählte Werke in 12 Bänden, Bd. XI, Moskau 1938, S. 417
116 BA 214
117 WA 51,377
118 A. Meusel, Thomas Müntzer ..., a. a. O., S. 115
119 H. Kahlert, Ein Vergleich ..., a. a. O., S. 5
120 WA 24,677
121 EA 22,61 ff.; EA 12,20; EA 13,130; EA 19,30; EA 21,341; EA 14,11; EA 22,66; EA 11,69; EA 22,270 usw.
122 M. M. Smirin, Die Volksreformation ..., a. a. O., S. 232
123 Zitiert bei A. Meusel, Thomas Müntzer ..., a. a. O., S. 99 u. 315
124 EA 24,281
125 Vgl. bei M. M. Smirin, Die Volksreformation ..., a. a. O., S. 226 ff.
126 Siehe ebenda S. 183 ff. und S. 233
127 Ebenda, S. 661
128 K. Marx, Einführung zur Kritik der Hegelschen ..., a. a. O., S. 19
129 M. M. Smirin, Die Volksreformation ..., a. a. O., S. 235
130 EA 62,194 f.; EA 22,69 ff.; EA 24,303
131 BA 183
132 Siehe dazu: EA 22,87 f. u. 277 f.; EA 41,219; EA 42,201; EA 61,326.
133 Zitiert bei A. Meusel, Thomas Müntzer ..., a. a. O., S. 105
134 WA 15,306 (entfällt)
135 Vgl. K. Marx, Einleitung zur Kritik der Hegelschen ..., a. a. O., S. 21
136 P. J. Reiter, Martin Luthers Umwelt, Charakter ..., a. a. O., Bd. I, S. 341
137 F. Engels, Die Entwicklung des Sozialismus ..., Einleitung zur englischen Ausgabe, a. a. O., S. 94
138 K. Marx, Einleitung zur Kritik der Hegelschen ..., a. a. O., S. 20 f.
139 F. Engels, Notizen über Deutschland, in: Marx/Engels/Lenin/Stalin zur deutschen Geschichte, a. a. O., S. 563

140 Ebenda
141 F. Mehring, Deutsche Geschichte . . ., a. a. O., S. 48
142 Ebenda, S. 55
143 K. Barth, Eine Schweizer Stimme (1938–1945), Zürich 1945, S. 328
144 F. Lau, ‚Äußerliche Ordnung' . . ., a. a. O., S. 19
145 Ebenda, S. 36
146 WA 18,391
147 BA 217
148 K. Barth, Eine Schweizer Stimme . . ., a. a. O., S. 113
149 Zitiert bei H. Diem, Luthers Predigt in zwei Reichen, München 1947, S. 10
150 K. Barth, Eine Schweizer Stimme . . ., a. a. O., S. 122
151 Zitiert bei J. Kuczynski, Vom Knüppel zur automatischen Fabrik, Berlin 1960, S. 120
152 H. Diem, Luthers Predigt . . ., a. a. O., S. 34
153 Ebenda, S. 32
154 Siehe dazu: WA 6,271; WA 32,307 f. u. 439 ff.; WA 47,356; WA 10 (III), 404
155 A. Meusel, Thomas Müntzer . . ., a. a. O., S. 116
156 Ebenda
157 WA 19,625
158 Rietschel, G., Wie verhält sich die evangelische Kirche der sozialen Frage gegenüber, insbesondere wie haben sich die Geistlichen dieser Kirche als deren Diener in sozialen und wirtschaftlichen Fragen zu verhalten?, Leipzig 1904, S. 21
159 Ebenda, S. 21 und 23
160 Siehe u. a. EA 60,211 u. 302 (entfällt)
161 Schwab, Johannes Gerson, Würzburg 1858, S. 734
162 BA 168
163 BA 108
164 BA 96
165 Wangemann, Luther als Sprecher . . ., a. a. O., S. 26
166 BA 216
167 BA 207
168 BA 208
169 BA 208
170 BA 209
171 EA 22,68 f.; EA 24,268
172 BA 209
173 EA 21,347
174 F. G. Ward, Darstellung und Würdigung . . ., a. a. O., S. 97
175 EA 22,68 f. u. 278; EA 24,263 f. u. 314; EA 35,383; EA 62,203
176 EA 22,248 f. u. 68; EA 57,193; EA 61,309
177 EA 22,274 u. 282
178 BA 222
179 BA 222
180 Vgl. EA 21,292, 336 u. 356; EA 22,107 ff.; EA 53,329; EA 54,298 ff.
181 EA 2,199
182 BA 218
183 EA 43,14; EA 23,21
184 EA 12,20
185 WA 56,16
186 EA 35,317

187 EA 21,283; siehe auch: WA 34 (II),314 f. u. 376 f.; WA 36,353
188 Siehe hierzu: WA 1,451; WA 17 (II),347; WA 24,368; WA 30 (III),525; WA 37,12 entfällt
189 WA 29,525
190 EA 22,81 entfällt
191 Vgl. hierzu: EA 22,71 u. 81; EA 8,300; EA 43,240 und WA 1,451; WA 17 (II),347; WA 24,368; WA 30 (III),525; WA 37,12
192 G. Rietschel, Wie verhält sich ..., a. a. O., S. 22
193 Siehe u. a.: WA 34 (II),314 f. u. 376 f.; WA 36,353
194 BR 3,753 u. 861; WA 16,378; WA 18,81; WA 53,524 f.
195 Vgl. auch bei H. Kahlert, Ein Vergleich ..., a. a. O., S. 9
196 EA 50,185
197 EA 2,83
198 EA 39,285; EA 17,145
199 EA 8,289
200 EA 22,215; EA 4,192
201 EA 13,179
202 EA 21,356
203 EA 22,214
204 EA 39,285; EA 17,145
205 G. Rietschel, Wie verhält sich ..., a. a. O., S. 28
206 EA 1,250; EA 4,366; EA 21,283; EA 40,295; EA 23,242 f.
207 Zitiert bei G. Rietschel. Wie verhält sich ..., a. a. O., S. 23
208 EA 39,285; EA 17,145
209 Aristoteles, Politik, Leipzig 1948, S. 16 f. und 13 f.
210 F. Engels, Ludwig Feuerbach ..., a. a. O., S. 51
211 WA 29,442
212 WA 17,416 f.
213 WA 1,505; WA 6,271
214 WA 12,1 ff.
215 Vgl. H. Wangemann, Luther als Sprecher ..., a. a. O., S. 29
216 Siehe hierzu: WA 7,592; WA 28,445; WA 37,276; WA 41,635; WA 47,351; WA 49,606 ff.
217 Zitiert bei H. Mosapp, Doktor Martin Luther ..., a. a. O., S. 215
218 Zitiert bei G. Rietschel, Wie verhält sich ..., a. a. O., S. 23
219 F. Engels, Ludwig Feuerbach ..., a. a. O., S. 52
220 M. Weber, Gesammelte Aufsätze zur Religionsgeschichte, Bd. I, S. 72
221 W. Röpke, Die deutsche Frage, Erlenbach-Zürich 1948, S. 159
222 Siehe dazu: WA 6,271; WA 15,649 f.; WA 37,531 f.
223 Zitiert bei G. Schmoller, Zur Geschichte der nationalökonomischen Ansichten in Deutschland während der Reformationsperiode, in: Zeitschrift f. die gesamte Staatswissenschaft, Bd. 16, Jahrgang 1860, S. 477
224 TR 4,4472
225 WA 6, 468 f.
226 TR 3,2871; TR 4,4170 und 4420
227 Zitiert bei H. Wangemann, Luther als Sprecher ..., a. a. O., S. 31
228 Siehe WA 52,589
229 Siehe WA 6,253 u. 271; WA 15,303; WA 51,376 und 385 f.

230 J. Falke, Die volkswirtschaftlichen Anschauungen der Reformationszeit, in: Zeitschrift für Kulturgeschichte, Neue Folge, 3. Jg., Hannover 1874, S. 192
231 Zitiert bei H. Mosapp, Doktor Martin Luther . . ., a. a. O., S. 212
232 WA 15,283 ff.; auch zitiert bei K. Marx, Grundrisse . . ., a. a. O., S. 891
233 Ebenda
234 Siehe dazu bei J. Höffner, Wirtschaftsethik und Monopole im 15. und 16. Jahrhundert, Jena 1941, S. 78 ff.
235 WA 15,296
236 WA 15,296
237 TR 3,3020
238 WA 15,303
239 WA 15,295; siehe auch: WA 16,516 f.; WA 32,496
240 WA 11,178; WA 28,208 f.; WA 29,442
241 WA 11,45; WA 47,494
242 WA 15,311
243 TR 2, 58
244 WA 6,466; TR 5,6163
245 WA 15,312
246 Siehe dazu bei J. Strieder, Jakob Fugger der Reiche, Leipzig 1925, S. 88
247 Siehe dazu bei R. Ehrenberg, Das Zeitalter der Fugger, 2 Bände, Neudruck Jena 1912, Bd. I, S. 119
248 WA 6,466
249 Zitiert bei K. Marx, Grundrisse . . ., a. a. O., S. 891; WA 15
250 WA 53,525
251 Zitiert bei K. Marx, Das Kapital, a. a. O., Bd. III, 363; WA 15
252 Zitiert bei K. Marx, Grundrisse . . ., a. a. O., S. 892; WA 15
253 J. Kuczynski, Geschichte der Lage der Arbeiter in England, Teil I, Berlin 1954, S. 165
254 Ebenda, S. 167
255 Zitiert bei K. Marx, Das Kapital, a. a. O., Bd. III, S. 363
256 J. Kuczynski, Vom Knüppel . . ., a. a. O., S. 110
257 TR Nr. 5559
258 WA 6,466
259 Siehe dazu: WA 6,446; TR 2,1341 und 2445; TR 3,7054
260 Siehe dazu: WA 32,437; WA 51,304 und 358
271 WA 6,4 272 WA 51,333 f.
273 WA 51,332 274 WA 51,338
265 K. Marx, Theorien über den Mehrwert, Band III, Berlin 1962, S. 523
266 K. Marx, Das Kapital, a. a. O., Bd. III, S. 379
267 Ebenda
268 Siehe bei E. Ramp, Die Stellung . . ., a. a. O., S. 49 f.
269 BA 126
270 Zitiert bei K. Marx, Das Kapital, a. a. O., Bd. III, 659
271 WA 6,4 272 WA 51,333 f.
273 WA 51,332 274 WA 51,338
275 Zitiert bei K. Marx, Das Kapital, a. a. O., Bd. III, S. 660
276 K. Marx, Das Kapital, a. a. O., Bd. I, S. 622
277 Zitiert bei K. Marx, Das Kapital, a. a. O., Bd. I, S. 622 f.
278 Zitiert bei K. Marx, Das Kapital, a. a. O., Bd. I, S. 201; WA 51, 339

279 WA 51,339 280 WA 51,360
281 K. Marx, Theorien über den Mehrwert, a. a. O., Bd. III, S. 529
282 WA 51,417
283 Ebenda
284 Zitiert bei H. Hausherr, Wirtschaftsgeschichte . . ., a. a. O., S. 82
285 WA 51,41 f.
286 Zitiert bei H. Hausherr, Wirtschaftsgeschichte . . ., a. a. O., S. 82
287 BA 777
288 Angeführt bei H. Barge, Jakob Strauss – ein Kämpfer für das Evangelium in Tirol, Thüringen und Süddeutschland, in: Schriften des Vereins für Reformationsgeschichte, Band 162, Jahrgang 1937, S. 65 ff.
289 BR 3,177; siehe auch BR 3,278
290 E. Ramp, Die Stellung . . ., a. a. O., S. 32
291 Ebenda
292 Ebenda
293 WA 53,482; siehe auch: WA 53,502
294 TR 5,5216
295 WA 15,193
296 WA 15,313
297 WA 51,331 f.
298 WA 18,540
299 BR 3,485
300 BR 3,485
301 Ebenda
302 Ebenda
303 Siehe hierzu Luthers Briefwechsel mit dem Kurprinzen Herzog Johann von Sachsen und den Brief Luthers an Frau Dorothea Jörger vom 7. 3. 1532; BR 3,306 ff. und BR 6,273!
304 WA 51,372
305 WA 51,371
306 H. Wangemann, Luther als Sprecher . . ., a. a. O., S. 89
307 Ebenda, S. 89 f.
308 Ebenda, S. 90
309 WA 51,344 f.
310 WA 51,351
311 Zitiert bei K. Marx, Das Kapital, a. a. O., Bd. III, S. 429 f.; WA 51,348 ff.
312 K. Marx, Das Kapital, a. a. O., Bd. III, S. 429
313 K. Marx, Theorien über den Mehrwert, Bd. III, a. a. O., S. 523
314 Zitiert bei K. Marx, Das Kapital, a. a. O., Bd. I, S. 141 und Bd. III, S. 429; WA 51,346
315 Siehe dazu: K. Marx, Das Kapital, a. a. O., Bd. I, S. 141
316 WA 6,8; WA 6,6; WA 11,45; WA 47,493; WA 51,424; TR 4,4805 und 4875; TR 5,5429 und 6164; BR 3,753
317 WA 6,8; WA 11,45; WA 15,322
318 BR 3,485
319 WA 15,32; siehe dazu auch: WA 14,652; BR 3,750
320 K. Marx, Der Achtzehnte Brumaire des Louis Bonaparte, Berlin 1946, S. 9 f.
321 H. Wangemann, Luther als Sprecher . . ., a. a. O., S. 5
322 M. Troeltsch, Die Soziallehren . . ., a. a. O., S. 432

323 K. Marx, Zur Kritik der politischen Ökonomie, Berlin 1947, S. 171
324 Ebenda, S. 136
325 Ebenda, S. 170
326 Zitiert bei W. Roscher, Geistliche Gedanken eines Nationalökonomen, Dresden 1895, S. 160
327 TR 4, 4863
328 F. Engels, Umrisse zu einer Kritik der Nationalökonomie, in: K. Marx/F. Engels, Kleine ökonomische Schriften, Berlin 1955, S. 13
330 K. Marx, Das Kapital, a. a. O., Bd. III, S. 647
331 Vgl. K. Marx, Das Kapital, a. a. O., Bd. III, S. 641 ff.
332 Siehe u. a. K. Marx, Das Kapital, a. a. O., Bd. I, S. 141, 201, 324, 622 f., 793; Bd. III, S. 363, 379, 429, 647, 559 f.; K. Marx, Zur Kritik der politischen Ökonomie, a. a. O., S. 138; K. Marx, Grundrisse . . ., a. a. O., S. 891 f.; K. Marx, Theorien über den Mehrwert, a. a. O., Bd. III, S. 522–532
333 F. Engels, Vorwort zur 3. Aufl. des I. Bandes des ‚Kapital' von K. Marx, a. a. O., S. 23
334 Ebenda
335 F. Engels, Umrisse zu einer Kritik . . ., a. a. O., S. 15
336 K. Marx, Ökonomisch-philosophische Manuskripte/Zur Kritik der Nationalökonomie, in: K. Marx/F. Engels, Kleine ökonomische Schriften, a. a. O., S. 120
337 R. Seeberg, Luthers Stellung zu den sittlichen und sozialen Nöten seiner Zeit und ihre vorbildliche Bedeutung für die evangelische Kirche, Berlin-Steglitz, 1913, S. 265
338 S. Eck in der Einleitung zum Band VII. der Braunschweiger Luther-Ausgabe, 3. Auflage, Berlin 1905, S. 499
339 L. J. Zimmermann, Geschichte der theoretischen Volkswirtschaftslehre, Köln 1954, S. 33
340 Siehe hierzu: W. Roscher, Geistliche Gedanken . . ., a. a. O., G. Schmoller, Grundriß der allgemeinen Volkswirtschaftslehre in zwei Bänden, Neudruck der 2. Auflage, München-Berlin 1923; L. Brentano, Die Anfänge des modernen Kapitalismus, München 1916.
341 H. Bornkamm, Luthers geistige Welt, Lüneburg 1947, S. 255
342 G. Rietschel, Wie verhält sich . . ., a. a. O., S. 38
343 Ebenda 344 Ebenda, S. 35
345 Im Aufruf des thüringischen Landesbischofs D. Moritz Mitzenheim hieß es damals:

> „Infolge der ungewöhnlich wechselhaften Witterung ist die Einbringung der Ernte in diesem Jahr besonders schwierig. Es kommt darauf an, jede Stunde zu nutzen, in der das Bergen von Brotgetreide, Feldfrüchten und Obst möglich ist. Ich bitte alle rüstigen Gemeindemitglieder, besonders unsere Jugend, unseren Bauern bei ihrer schwierigen Aufgabe zu helfen und sich als Erntehelfer zur Verfügung zu stellen. Ich bitte alle Pfarrer und Gemeindekirchenräte, unsere Gemeindemitglieder zu solchem Dienst für unser Volk aufzufordern. Wir beten: Unser täglich Brot gib uns heute. Das verpflichtet uns, mitzuhelfen, daß der Erntesegen dieses Jahres nicht verdirbt."
>
> (Zitiert aus der Leipziger Volkszeitung vom 26. 8. 1960, S. 3 – siehe hierzu auch den Leitartikel im „Neuen Deutschland" vom 23. 8. 1960!)

346 Glaube und Gewissen . . ., a. a. O., Umschlag-Seite 6
347 Zitiert aus der Tageszeitung der Christlich-Demokratischen Union Deutschlands, „Die Union" Nr. 35 v. 10. 2. 1961, S. 1 f.
348 Zitiert aus „Neues Deutschland" Nr. 63 v. 4. 3. 1961, S. 2
349 Zitiert aus „Neues Deutschland" Nr. 42 v. 11. 2. 1961, S. 3

QUELLEN UND LITERATUR

I. Quellen

Martin Luthers sämtliche Werke, in 67 Bänden, 1. Auflage, Erlangen 1826–1857

Martin Luthers sämtliche Werke, in 23 Bänden, 2. Auflage, Frankfurt a. Main und Erlangen 1862–1885

Luthers Werke für das christliche Haus, in 8 Bänden und 2 Ergänzungsbänden, herausgegeben von Buchwald, Braunschweig 1889–1892

Martin Luthers Werke, Kritische Gesamtausgabe, in 58 Bänden, Weimar 1883–1948

Martin Luthers Werke, Kritische Gesamtausgabe, Tischreden in 6 Bänden, Weimar 1912–1921

Martin Luthers Werke, Kritische Gesamtausgabe, Briefwechsel in 11 Bänden, Weimar 1930–1948

Martin Luthers Werke, Kritische Gesamtausgabe, Deutsche Bibel in 10 Bänden, Weimar 1906–1956

Martin Luthers Werke, für das deutsche Volk bearbeitet und herausgegeben von J. Boehmer, Stuttgart-Leipzig 1907

Luthers Werke in Auswahl, in 8 Bänden, herausgegeben von O. Clemen, Berlin 1912–1933 (1955/56)

Martin Luthers Werke, in 3 Bänden, Leipzig-Wien 1917

Martin Luther, Ausgewählte Werke in 7 Bänden und 4 Ergänzungsbänden, herausgegeben von Borcherdt und Merz, München 1934–1940 (3. Auflage in 5 Bänden und 3 Ergänzungsbänden, München 1948–1954)

Die Bibel oder die ganze Heilige Schrift des Alten und Neuen Testaments nach der deutschen Übersetzung D. Martin Luthers – neu durchgesehen nach dem vom Deutschen Evangelischen Kirchenausschuß genehmigten Text, Stuttgart 1912 (1928)

II. Werke der Klassiker des Marxismus-Leninismus

Karl Marx, Zur Kritik der Hegelschen Rechtsphilosophie – Einleitung, in: K. Marx/F. Engels, Die Heilige Familie, Berlin 1953

– Zur Kritik der Nationalökonomie / Ökonomisch-philosophische Manuskripte, in: K. Marx/F. Engels, Kleine ökonomische Schriften, Berlin 1955

– Das Elend der Philosophie, Berlin 1952

– Zur Kritik der politischen Ökonomie, Berlin 1947

– Das Kapital, 3 Bände, Berlin 1951

– Theorien über den Mehrwert
Bd. I, Berlin 1956

Bd. II, Berlin 1959
Bd. III, Berlin 1962
– Grundrisse der Kritik der politischen Ökonomie, Berlin 1953
– Chronologische Auszüge zur deutschen Geschichte vom Ende des 15. Jahrhunderts bis zum Westfälischen Frieden aus der ‚Weltgeschichte für das deutsche Volk', herausgegeben von F. Ch. Schlosse, 1. Ausgabe, Bd. 11–14; in: Marx/Engels/Lenin/Stalin zur deutschen Geschichte, Bd. I, Berlin 1953
– Der Achtzehnte Brumaire des Louis Bonaparte, Berlin 1946
Karl Marx/Friedrich Engels, Die deutsche Ideologie, Berlin 1953
Friedrich Engels, Umrisse zu einer Kritik der Nationalökonomie, in: K. Marx/F. Engels, Kleine ökonomische Schriften, Berlin 1955
– Der deutsche Bauernkrieg, Berlin 1946
– Zur Geschichte der preußischen Bauern, Berlin
– Über den Verfall des Feudalismus und das Aufkommen der Bourgeoisie, in: Marx/Engels/Lenin/Stalin zur deutschen Geschichte, Bd. I, Berlin 1953
– Ergänzung und Nachtrag zum III. Band des ‚Kapital', in: K. Marx, Das Kapital, a. a. O.
– Herrn Eugen Dührings Umwälzung der Wissenschaft, Berlin 1948
– Einleitung zur englischen Ausgabe der Broschüre „Die Entwicklung des Sozialismus von der Utopie zur Wissenschaft", in: K. Marx/F. Engels, Ausgewählte Schriften in zwei Bänden, Bd. II, Berlin 1952, S. 83 ff.
– Notizen über Deutschland, in: Marx/Engels/Lenin/Stalin zur deutschen Geschichte, Bd. I, Berlin 1953, S. 562 ff.
– Ludwig Feuerbach und der Ausgang der klassischen deutschen Philosophie, Berlin 1946
– Zur Geschichte des Urchristentums, in: ‚Neue Zeit', 1894/95, Band I
– Dialektik der Natur, Berlin 1952
– Brief an F. Lassalle vom 19. 4. 1859, in: Marx/Engels/Lenin/Stalin zur deutschen Geschichte, Bd. I, Berlin 1953, S. 600 f.
– Brief an K. Kautsky vom 1. 2. 1892, in: Marx/Engels/Lenin/Stalin zur deutschen Geschichte, Bd. I, Berlin 1953, S. 618
– Brief an F. Mehring vom 14. 7. 1893, in: Marx/Engels, Ausgewählte Schriften in zwei Bänden, Bd. II, Berlin 1952, S. 467 f.
– Brief an K. Kautsky vom 21. 5. 1895, in: Marx/Engels/Lenin/Stalin zur deutschen Geschichte, Bd. I, Berlin 1953, S. 624 f.
W. I. Lenin, Nicht die lutherisch-ritterliche Opposition über die plebejisch-müntzerische stellen!, in: Marx/Engels/Lenin/Stalin zur deutschen Geschichte, Bd. I, Berlin 1953, S. 283 f.

III. Literatur

(nach Verfassern alphabetisch geordnet)

Abusch, A., Der Irrweg einer Nation, Berlin 1950
Andreas, W., Deutschland vor der Reformation, Stuttgart 1948
Aristoteles, Politik, Leipzig 1948
Assel, H.-G., Das kanonische Zinsverbot und der ‚Geist' des Frühkapitalismus in der Wirtschaftsethik bei Eck und Luther, Erlangen 1948

Aubin, G., Der Einfluß der Reformation in der Geschichte der deutschen Wirtschaft, Halle 1929
Barge, H., Die sozialen Bewegungen im 15. und 16. Jahrhundert, Berlin 1906
– Luthers Kampf gegen den Mammonismus, in: Zeitschrift Evangelisch-sozial. Jg. 1937. Hefte 1, 2 und 4; Jg. 1938, Heft 1, Leipzig 1937/38
– Jakob Strauss – ein Kämpfer für das Evangelium in Tirol, Thüringen und Süddeutschland, in: Schriften des Vereins für Reformationsgeschichte, Bd. 162, Jahrgang 1937
– Luther und der Frühkapitalismus, Gütersloh 1951
Bebel, A., Die Frau und der Sozialismus, Berlin 1953
Berger, E. A., Martin Luther in kulturgeschichtlicher Darstellung, 3 Teile in 4 Bänden, Berlin 1895–1921
Behrens, F., Grundriß einer Geschichte der politischen Ökonomie (Manuskript-Druck), Berlin 1956
Berns, P., Die Gesellschafts- und Wirtschaftsauffassung bei Martin Luther, Berlin-Wien-Zürich 1938
Betcke, W., Luthers Sozialethik, Gütersloh 1934
Below, G., Die Ursachen der Reformation, München-Berlin 1917
Boehmer, H., Luthers Romfahrt, Leipzig 1914
– Luther im Lichte der neueren Forschung, 5. Auflage 1918
– Der junge Luther, 4. Auflage, Stuttgart 1951
Bohatec, J., Calvins Lehre von Staat und Kirche, Breslau 1937
Bohl, Ch., Luthers Stellung zu den wirtschaftlichen Fragen seiner Zeit mit besonderer Rücksicht auf Handel und Zins, Jena 1925
Böhm-Bawerk, E. v., Kapital und Kapitalzins, Bd. I, 4. Auflage, Jena 1921
Bornkamm, H., Luthers geistige Welt, Lüneburg 1947
Braasch, A. H., Martin Luthers Stellung zum Sozialismus, Braunschweig 1897
Brandi, G., Deutsche Geschichte im Zeitalter der Reformation, 2. Auflage, Leipzig 1941
Bredendieck, W., Christliche Sozialreformer des 19. Jahrhunderts, Leipzig 1953
Brentano, L. v., Die wirtschaftlichen Lehren des christlichen Altertums, München 1902
– Der wirtschaftliche Mensch in der Geschichte, Leipzig 1923
– Die Anfänge des modernen Kapitalismus, München 1916
Buchwald, G., Luther und der deutsche Acker, 1934
Bullinger, H., Reformationsgeschichte, 3 Bände, Frauenfeld 1838
Büngel, W., Das Zeitalter der Entdeckungen, der Reformation und des deutschen Bauernkrieges, Berlin-Leipzig 1948
– Das Zeitalter der Gegenreformation und des Dreißigjährigen Krieges, Berlin-Leipzig 1948
Bunzel, J., Die Wirtschaftsgesinnung der Christlich-Sozialen, Leipzig 1927
Christ, H., Christlich-religiöse Lösungsversuche der sozialen Frage im mittleren 19. Jahrhundert, 1951
Conrad, J., Grundriß zum Studium der Nationalökonomie, 1. Teil, 6. Auflage, Jena 1907
Contzen, H., Geschichte der volkswirtschaftlichen Literatur im Mittelalter, Berlin 1872
Corvin, O. v., Pfaffenspiegel – Historische Denkmale des Fanatismus in der römisch-katholischen Kirche, 43. Ausgabe, Berlin o. J.
Damaschke, A., Geschichte der Nationalökonomie, 2 Bände, Jena 1929
Denifle, H., Luther und Luthertum in der ersten Entwicklung, Mainz 1904/06
Diem, H., Luthers Predigt in zwei Reichen, München 1947
Dierkes, H., Die evangelisch-soziale Bewegung und der sozialdemokratische Arbeiter 1896 bis 1914, 1950

Dietze, C., Nationalökonomie und Theologie, Tübingen 1947
Dilthey, W., Auffassung und Analyse des Menschen im 15. und 16. Jahrhundert, in: Gesammelte Werke, Bd. II, 3. Auflage, Berlin 1923
Dittrich, O., Geschichte der Ethik, 4 Bde., Leipzig 1932
Dockhorn, W., Die christlich-soziale Bewegung in Deutschland, Halle 1828
Eck, S., Einleitung in Luthers Schrift ‚Von Kaufhandlung und Wucher', in Luthers Werke (Ausgabe von Buchwald), Bd. VII, Berlin 1898, Einleitung zu Band VII der Luther-Ausgabe von Buchwald, 3. Auflage, Berlin 1905
Ehrenberg, R., Das Zeitalter der Fugger, 2 Bde., Jena 1912
Elert, W., Morphologie des Luthertums, 2 Bde., München 1931 und 1932
– Soziallehren und Sozialwirkungen des Luthertums, München 1932
Endemann, W., Die nationalökonomischen Grundsätze der kanonistischen Lehre, in: Jahrbuch für Nationalökonomie und Statistik, Bd. 16, 1863
– Die Bedeutung der Wucherlehre, Berlin 1866
– Studien in der romanisch-kanonistischen Wirtschafts- und Rechtslehre, 2 Bde., Berlin 1874 und 1883
Engel-Janosi, F., Soziale Probleme der Renaissance, Beiheft zur Vierteljahresschrift für Sozial- und Wirtschaftsgeschichte, Stuttgart 1924
Erhardt, P., Die nationalökonomischen Ansichten der Reformatoren, in: Theologische Studien und Kritiken, 53. Jg., 1880 u. 54. Jg. 1881
Eschenhagen, E., Beiträge zur Sozial- und Wirtschaftsgeschichte der Stadt Wittenberg in der Reformationszeit, in: Jahrbuch der Luther-Gesellschaft, Jg. IX, 1927
Fabiunke, G., Der allgemeine Charakter und die Entwicklung der politischen Ökonomie in Deutschland vor Karl Marx und Friedrich Engels, in: Wissenschaftliche Zeitschrift der Hochschule für Binnenhandel Leipzig, 1. Jg., Heft 2/1955/56
Falke, J., Geschichte des deutschen Handels, 2 Teile, Leipzig 1860
– Die volkswirtschaftlichen Anschauungen der Reformationszeit, in: Zeitschrift für Kulturgeschichte, Neue Folge, 3. Jg., Hannover 1874
Feuchtwanger, L., Geschichte der sozialen Politik und des Armenwesens im Zeitalter der Reformation, in: Schmollers Jahrbuch für Gesetzgebung, Verwaltung und Volkswirtschaft, 32. Jg., 1908
Franz, A. K., Christentum und soziales Leben, Regensburg 1919
Freydank, H., Luther und der Bergbau, Eisleben 1940
Funk, F. X., Zins und Wucher – eine moraltheologische Abhandlung, Tübingen 1868
– Geschichte des kirchlichen Zinsverbots, Tübingen 1876
Gagarin, A. P., Die Entstehung und der Klassencharakter des Christentums, Berlin 1955
Geipel, Die wirtschaftlichen Lehren der Kirchenväter, Wien 1907
Gerss, O., Unser Kampf um das Christentum und die Schöpfungsordnungen – Ehe und Obrigkeit, Arbeit und Eigentum, Krieg und Frieden im Lichte des Evangeliums, Zwickau 1933
Gogarten, F., Einleitung in Martin-Luther-Predigten, Berlin 1959
Grisar, H., Luther, 3 Bände, Freiburg i. B. 1911/12
– Martin Luthers Leben und sein Werk, Freiburg i. B. 1926
Haebler, K., Die überseeischen Unternehmungen der Welser und ihrer Gesellschafter, Lpz. 1903
Häpke, R., Der nationalwirtschaftliche Gedanke in Deutschland zur Reformationszeit, in: Historische Zeitschrift, Bd. 134, Jg. 1926
Hausherr, H., Wirtschaftsgeschichte der Neuzeit, Weimar 1955

Harnack, A. v., Reden und Aufsätze, Bd. I, Gießen 1904
– Martin Luther und die Grundlegung der Reformation, Berlin 1917
Heinrichs, W., Reichtum und Geld in den Lehren des Monetar- und Merkantilsystems, in: Wissenschaftliche Zeitschrift der Deutschen Akademie für Staats- und Rechtswissenschaft „Walter Ulbricht", Potsdam-Babelsberg, 2. Jg., Heft 2/1952/53
Heiding, W., Die wirtschaftlichen und sozialen Anschauungen Zwinglis, Erlangen 1917
Herz, J., Der Protestantismus u. d. soziale Frage, Stuttgart 1927
Hessen, J., Luther in katholischer Sicht, Bonn 1947
Hilferding, R., Das Finanzkapital, Berlin 1947
Höffner, J., Wirtschaftsethik und Monopole im 15. und 16. Jahrhundert, Jena 1941
Hohoff, W., War Luther in wirtschaftlichen Fragen rückständig? Vierteljahresschrift für Sozial- und Wirtschaftsgeschichte, Band 14, Jg. 1918
Holl, K., Gesammelte Aufsätze zur Kirchengeschichte, 3 Bände, 6. Auflage, Tübingen 1932
Hürlimann, M., Martin Luther dargestellt von seinen Freunden und Zeitgenossen, Berlin 1933
Joachimsen, P., Sozialethik des Luthertums, München 1927
– Luther und die soziale Welt, im Band VI der Luther-Ausgabe, München 1923
Kahlert, H., Ein Vergleich der Wirtschaftsauffassungen von Luther und Melanchthon, besonders ihrer Stellung zu Zins und Handel, Nürnberg 1953
Karrenberg, F., Christentum, Kapitalismus und Sozialismus – Darstellung und Kritik der Soziallehren des Protestantismus und Katholizismus Deutschlands seit der Mitte des 19. Jahrhunderts, Berlin 1931
Kautsky, K., Die Vorläufer des neueren Sozialismus, 2 Bde., Berlin 1947
– Thomas More und seine Utopie, Berlin 1947
Kawerau, G., Luthers Stellung zu den Zeitgenossen Erasmus, Zwingli und Melanchthon, in: Deutsch-evangelische Blätter, 31. Jg. 1906
Klüber, F., Grundfragen der christlichen Soziallehre, Münster 1955
Kluckholm, A., Zur Geschichte der Handelsgesellschaften und Monopole im Zeitalter der Reformation, in: Historische Aufsätze, dem Andenken von Georg Waitz gewidmet, Hannover 1886
Köhler, W., Martin Luther und die deutsche Reformation, Leipzig-Berlin 1917
Köhler, K., Luther und die Juristen, Gotha 1873
– Die Quellen zu Luthers Schrift ‚An den christlichen Adel deutscher Nation', Halle 1895
Kosminski, E. A., Geschichte des Mittelalters, 4. Auflage, Berlin-Leipzig 1951
Köstlin, J., Luthers Theologie in ihrer geschichtlichen Entwicklung, 2 Bde., 2. Auflage, Stuttgart 1901
– Martin Luther – sein Leben und seine Schriften, 2 Bde., 5. Auflage, Berlin 1903
Kötzschke, R., Grundzüge der deutschen Wirtschaftsgeschichte bis zum 17. Jahrhundert, Leipzig 1921
Krausz, G., Luthers nationale Sendung, ‚Neues Deutschland' vom 2. 9. 1952, S. 4
Kruse, A., Geschichte der volkswirtschaftlichen Theorien, 3. Auflage, München 1953
Kuczynski, J., Allgemeine Wirtschaftsgeschichte, Berlin 1951
– Die Geschichte der Lage der Arbeiter in Deutschland, 6. Auflage, 2 Bde., Berlin 1954
– Die Geschichte der Lage der Arbeiter in England, 1. Teil, 2. verbesserte Auflage, Berlin 1954
– Vom Knüppel zur automatischen Fabrik, Berlin 1960
Kulischer, J., Allgemeine Wirtschaftsgeschichte des Mittelalters und der Neuzeit, 2 Bde., Berlin 1928/29

Lamprecht, K., Zum Verständnis der wirtschaftlichen und sozialen Wandlungen in Deutschland vom 14. zum 16. Jahrhundert, in: Zeitschrift für Sozial- und Wirtschaftsgeschichte, 1. Bd., 1893
Lange, M. G., Der Frühkapitalismus, 2. Auflage, Berlin-Leipzig 1948
Lau, F., ‚Äußere Ordnung' und ‚weltlich Ding' in Luthers Theologie, in: Studien zur systematischen Theologie, Bd. 12, 1935
Lewin, R., Luthers Stellung zu den Juden, Neue Studien zur Geschichte der Theologie, 10. Bd., 1911
Lezius, F., Luthers Stellung zu den sozialen Fragen seiner Zeit, Verhandlungen des 9. Evangelisch-sozialen Kongresses in Berlin 1898
Lilje, H., Luther – Anbruch und Krise der Neuzeit, Nürnberg 1946
Linsemann, F. X., Gabriel Biel und die Anfänge der Universität Tübingen, in: Theologische Quartalsschrift, Bd. 47, Tübingen 1865
– Gabriel Biel, der letzte Scholastiker und der Nominalismus, in: Theologische Quartalsschrift, Bd. 47, Tübingen 1865
Loofs, F., Luthers Stellung zu Mittelalter und Neuzeit, in: Deutsch-evangelische Blätter, 32. Jg. 1907
Lorch, Th., Die Beurteilung des Eigentums im deutschen Protestantismus seit 1848, Gütersloh 1930
Lortz, J., Die Reformation in Deutschland, 2 Bde., Freiburg 1939
Lütge, F., Luthers Eingreifen in den Bauernkrieg, in: Jahrbuch für Nationalökonomie und Statistik, 158. Bd., Jg. 1943
Lütgert, Der christliche Sozialismus im 19. Jahrhundert, Halle 1927
Luthard, E. Ch., Geschichte der christlichen Ethik von der Reformation, Leipzig 1888
– Geschichte der christlichen Ethik seit der Reformation, Leipzig 1893
Luxemburg, R., Ausgewählte Reden und Schriften, 2 Bde., Berlin 1951
Mehring, F., Deutsche Geschichte vom Ausgange des Mittelalters, Berlin 1947
– Historische Aufsätze zur preußisch-deutschen Geschichte. Berlin 1946
Merz, G., Gesetze Gottes und Volksnomos bei Martin Luther, Jahrbuch der Luther-Gesellschaft 1934
Meusel, A., Thomas Müntzer und seine Zeit, Berlin 1952
Meyer, P., Zwinglis Soziallehren, Linz a. D. 1921
Mix, G., Luther und Melanchthon in ihrer gegenseitigen Beurteilung, in: Theologische Studien und Kritiken, 74. Jg. 1901
Möllenberg, W., Die Eroberung des Weltmarktes durch das Mansfelder Kupfer, Gotha 1911
Monzel, N., Was ist christliche Gesellschaftslehre? München 1956
Mosapp, H., Doktor Martin Luther und die Reformation, Tübingen 1927
Mottek, H., Grundriß einer Wirtschaftsgeschichte Deutschlands, Band I, 2. Auflage, Berlin 1960
Muckle, F., Henri de Saint-Simon, Jena 1908
Nathusius, M. v., Die christlich-sozialen Ideen der Reformationszeit, in: Beiträge zur Förderung deutscher Theologie. 2. Heft, 1897
Naumann, F., Was heißt christlich-sozial?, Leipzig 1896
Nürnberger, R., Kirche und weltliche Obrigkeit bei Melanchthon, München 1937
– Die Lex naturae als Problem der Vita Christiana bei Luther, in: Archiv für Reformationsgeschichte, 37. Jg., 1946
Neubauer, Th., Das Wirtschaftsleben im mittelalterlichen Erfurt, in: Vierteljahresschrift für Sozial- und Wirtschaftsgeschichte, 12. Bd., 1914 und 14. Bd., 1916

Neumann, M., Geschichte des Wuchers in Deutschland, Halle 1865
Oncken, A., Geschichte der Nationalökonomie, 1. Teil, Leipzig 1902
Orel, A., Kirche, Kapitalismus, Proletariat, Wien 1928
– Oeconomia perennis, 2 Bde., Mainz 1930
– Das kanonische Zinsverbot, Mainz 1930
Pachali, H., Das Revolutionsproblem in der theologischen Ethik des deutschen Luthertums, in: Theologische Studien und Kritiken, 101. Bd. 1929
Pauls, Th., Luthers Auffassung von Staat und Volk, Bonn-Leipzig 1925
– Luther und die Juden, Bonn 1939
Pesch, H., Lehrbuch der Nationalökonomie, Bd. 5, Freiburg i. B. 1923
Petersen, P., Die Geschichte der aristotelischen Philosophie im protestantischen Deutschland, Leipzig 1921
Pölnitz, G. Frhr. v., Jakob Fugger, Tübingen 1949
Rachfahl, F., Calvinismus und Kapitalismus, in: Internationale Wochenschrift für Wissenschaft, Kunst und Technik, 3. Bd., 1909
Ramp, E., Die Stellung von Luther, Zwingli und Calvin zur Zinsfrage, Zürich 1949
Ranke, L., Deutsche Geschichte im Zeitalter der Reformation, Berlin 1847
Ratzinger, G., Die Volkswirtschaft in ihren sittlichen Grundlagen, Freiburg i. B. 1881
Reiter, P. J., Martin Luthers Umwelt, Charakter und Psychose, 2 Bde., Kopenhagen 1937 und 1941
Reymann, H., Glaube und Wirtschaft bei Luther, Gütersloh 1934
Rieder, K., Gibt es eine Verständigung zwischen Kirche und Kapitalismus?, Konstanz 1926
Riehm, O., Das Verhältnis der Kirche zum Arbeiterstand und zu den Arbeiterorganisationen, Halle 1917
Rieker, K., Die rechtliche Stellung der evangelischen Kirche Deutschlands in ihrer geschichtlichen Entwicklung bis zur Gegenwart, Leipzig 1893
Rietschel, G., Wie verhält sich die evangelische Kirche der sozialen Frage gegenüber, insbesondere wie haben sich die Geistlichen dieser Kirche als deren Diener in sozialen und wirtschaftlichen Fragen zu verhalten?, Leipzig 1904
Ritter, G., Luther, München 1925
– Luther und die politische Erziehung der Deutschen, in: Zeitwende, Heft 10/11, München 1947
Röhr, H., Soziale Ordnung – christliche Soziallehren in Vergangenheit und Gegenwart, Hamburg 1948
Röpke, W., Die Gesellschaftskrisis der Gegenwart, Erlenbach-Zürich 1942
– Die deutsche Frage, 3. Auflage, Erlenbach-Zürich 1948
– Civitas Humana, 3. Aufl., Erlenbach-Zürich 1949
Rörig, F., Mittelalterliche Weltwirtschaft, Jena 1933
Roscher, W., Geschichte der Nationalökonomie in Deutschland, München 1874 (1924)
– Geistliche Gedanken eines Nationalökonomen, Dresden 1895
– Grundlagen der Nationalökonomie, Stuttgart-Berlin 1918
Salin, E., Geschichte der Volkswirtschaftslehre, Bern-Tübingen 1951
Schaub, F., Der Kampf gegen den Zinswucher, ungerechten Preis und unlauteren Handel im Mittelalter, Freiburg i. B. 1905
Scheel, G., Martin Luther – vom Katholizismus zur Reformation, 3. Auflage, Bd. I, Tübingen 1924, 3. und 4. Auflage, Bd. II, Tübingen 1930
Schifferdecker, P. H., Der Berufsgedanke bei Luther, Heidelberg 1932
Schilling, O., Der kirchliche Eigentumsbegriff, Freiburg 1920

Schilling, O., Katholische Sozialethik, München 1929
– Reichtum und Eigentum in der altkirchlichen Literatur, Freiburg 1908
– Die Staats- und Soziallehren des heiligen Thomas von Aquino, München 1930
Schlüter, J., Luthers Kampf gegen den Kapitalismus, in: Neue Kirchliche Zeitschrift, 28. Jg., Leipzig 1917
Schmidt, O. G., Luthers Bekanntschaft mit den alten Klassikern, Leipzig 1883
Schmidt, P. H., Martin Luther und der Klassenkampf, St. Gallen 1923
Schmidt-Werder, G., Der deutsche Bauernkrieg, Berlin-Leipzig 1946
Schmoller, G., Zur Geschichte der nationalökonomischen Ansichten in Deutschland während der Reformationsperiode, in: Zeitschrift für die gesamte Staatswissenschaft, Bd. 16, Jg. 1860
– Grundriß der allgemeinen Volkswirtschaftslehre, 2 Bde., Neudruck der 2. Auflage, München und Berlin 1923
Schneider, F., Das kirchliche Zinsverbot und die kuriale Praxis im 13. Jahrhundert, Münster 1904
Schnyder, W., Quellen zur zürcherischen Wirtschaftsgeschichte, 2 Bde., Zürich 1937
Schöffel-Köberle, Luthertum und soziale Frage, Leipzig 1931
Schönberg, G., Finanzverhältnisse der Stadt Basel im 14. und 15. Jahrhundert, Tübingen 1878
Schubert, J. v., Wirtschaftsethische Entscheidungen Luthers, in: Archiv für Reformationsgeschichte, 21. Jg., 1924
Schubert, H. v., Revolution und Reformation im 16. Jahrhundert, Tübingen 1927
Schulte, A., Die Fugger in Rom 1495–1523 (mit Studien zur Geschichte des kirchlichen Finanzwesens jener Zeit), Leipzig 1904
Schulthess-Rechberg, G. v., Luther, Zwingli und Calvin in ihren Ansichten über das Verhältnis von Staat und Kirche, Zürich 1909
Schulz, K. P., Luther und Marx im Spannungsfeld unserer Zeit, Ring-Verlag 1956
Schwab, Johannes Gerson, Würzburg, 1858
Seeberg, R., Luthers Stellung zu den sittlichen und sozialen Nöten seiner Zeit und ihre vorbildliche Bedeutung für die evangelische Kirche, Berlin-Steglitz 1913
Seipel, I., Die wirtschaftsethischen Lehren der Kirchenväter, Wien 1907
Seyffert, R., Wirtschaftslehre des Handels, Köln 1955
Sieveking, H., Wirtschaftsgeschichte II, vom Ausgang der Antike bis zum Beginn des 19. Jahrhunderts, Leipzig und Berlin 1921
– Entstehung und Entwicklung des Kapitalismus, Hamburg 1928
Sohm, W., Die Soziallehren Melanchthons, in: Historische Zeitschrift, Bd. 115, München und Berlin 1916
Sombart, W., Der Bourgeois, München/Leipzig 1923
– Der moderne Kapitalismus, München/Lpzg. 1928
Sommerlad, Th., Die wirtschaftliche und soziale Bedeutung der Reformation, in: Deutsch-evangelische Blätter, 20. Jg., 1897
– Das Wirtschaftsprogramm der Kirche des Mittelalters, Leipzig 1903
Smirin, M. M., Die Volksreformation des Thomas Müntzer und der große Bauernkrieg, Berlin 1952
Spann, O., Die Haupttheorien der Volkswirtschaftslehre, 26. Auflage, Heidelberg 1949
Stavenhagen, G., Geschichte der Wirtschaftstheorie, Göttingen 1951
Steinhausen, G., Der Kaufmann in der deutschen Vergangenheit, Leipzig 1899
Stern, L., Gegenwartsaufgaben der deutschen Geschichtsforschung, Berlin 1952

Stern, L., Martin Luther und Philipp Melanchthon – ihre ideologische Herkunft und geschichtliche Leistung, Berlin 1953
Stollberg, R., Geschichte der bürgerlichen Politischen Ökonomie, Berlin 1960
Strathmann, P. H., Luther als Mahner im öffentlichen Leben, Bielefeld 1947
Strieder, J., Kirche, Staat und Frühkapitalismus, München 1913
– Jakob Fugger der Reiche, Leipzig 1925
– Studien zur Geschichte kapital. Organisationsformen, 2. Aufl. München-Leipzig 1925
– Zur Genesis des modernen Kapitalismus, Leipzig 1935
Tawney, R. H., Religion und Frühkapitalismus, Bern 1946
Thiel, R., Luther, 2 Bde., 3. Aufl., Berlin 1940/41
Tiburtius, J., Christliche Wirtschaftsordnung, Berlin 1947
Törnvall, G., Geistliches und weltliches Regiment bei Luther, München 1947
Troeltsch, E., Die Bedeutung des Protestantismus für die Entstehung der modernen Welt, in: Beiheft 2 der historischen Zeitschrift, 3. Aufl., München-Berlin 1924
– Die Soziallehren der christlichen Kirchen und Gruppen, in: Gesammelte Schriften, Bd. I, 3. Aufl. Tübingen 1923
Uhlhorn, G., Geschichte der kirchlichen Liebestätigkeit seit der Reformation, 3 Bde., Stuttgart 1890
Wangemann, H., Luther als Sprecher und Lenker der öffentlichen Meinung seiner Zeit in der Zinsfrage, Leipzig 1948
Ward, F. G., Darstellung und Würdigung der Ansichten Luthers vom Staat und seinen wirtschaftlichen Aufgaben, Jena 1898
Weber, M., Die protestantische Ethik und der Geist des Kapitalismus, in: Ges. Aufsätze zur Religionssoziologie, Tübingen 1922
Weber, M., Wirtschaftsgeschichte, 2. Auflage, München/Leipzig 1924
Weddigen, W., Wirtschaftsethik, Berlin 1951
Weichmann, H., Glaube und Liebe – Die Grundlagen der politisch-sozialen Verkündigung Martin Luthers, Bern 1945
Weill, A., Der Bauernkrieg, Weimar 1947
Wendorf, H., Martin Luther – der Aufbau seiner Persönlichkeit, Leipzig 1930
Wernle, P., Zwinglis und Calvins Stellung zum Staat, Zürich 1915
Wibbeling, W., Martin Luther und der Bauernkrieg, Schlüchtern o. J.
Wichern, J. H., Ausgewählte Schriften, Bd. I, Gütersloh 1956
Wingren, G., Luthers Lehre vom Beruf, München 1952
Winter, J., Luther und das Geld, Leipzig 1917
Wiskemann, H., Darstellung der in Deutschland zur Zeit der Reformation herrschenden national-ökonomischen Ansichten, Leipzig 1861
Woker, P. H., Das kirchliche Finanzwesen der Päpste, Nördlingen 1878
Wolff, O., Die Haupttypen der neueren Luther-Deutung, Stuttgart 1938
Wünsch, G., Luthers Beurteilung des Wuchers, in: Christliche Welt, 29. Jg., 1915
– Der Zusammenbruch des Luthertums als Sozialgestaltung, Tübingen 1921
– Evangelische Wirtschaftsethik, Tübingen 1927
Zimmermann, L. J., Geschichte der theoretischen Volkswirtschaftslehre, Köln 1954
Zimmermann, W., Allgemeine Geschichte des großen Bauernkriegs, 3 Teile, Stuttgart 1841/43
Zwiedeieck-Südenhorst, O. v., Zur Wirtschaftsethik des Spätmittelalters und des 16. Jahrhunderts, in: Jahrbuch für Nationalökonomie und Statistik, 152. Band, 1942
Zeeden, E. W., Martin Luther, in: Die großen Deutschen, Deutsche Biographie, Bd. 1, Berlin 1956

ANHANG

VORBEMERKUNGEN ZUM NACHFOLGENDEN LUTHER-TEXT

Die im folgenden unverkürzt wiedergegebene Schrift Luthers entstand im Laufe des Jahres 1539. Von Joseph Klug in Wittenberg gedruckt, erschien sie erstmalig zu Neujahr 1540. Sie erlebte dann im gleichen Jahre noch drei weitere Auflagen; davon eine im Druck von Johannes Petreius in Nürnberg.

Unmittelbarer Anlaß zu Luthers „Vermahnung an die Pfarrherren, wider den Wucher zu predigen“, war eine im Frühjahr 1539 in Wittenberg und Umgebung ausgebrochene Teuerung, in deren Folge es zu schlimmer Hungersnot und allgemeinem Volkselend kam. Ursache hierfür war eine langanhaltende Dürre während des Vorjahres, die in ihren preissteigernden Auswirkungen noch wesentlich durch die künstliche Getreidezurückhaltung seitens adliger Spekulanten verstärkt wurde. Der im Zuge dieser Entwicklung immer mächtiger werdende Zwang zur Aufnahme von Konsumtionsdarlehen in Natural-, vor allem aber in Geldform lieferte immer größere Bevölkerungsgruppen, vor allem die kleinen Warenproduzenten in Stadt und Land, insbesondere jedoch die festbesoldeten Konsumenten, den Geldwucherern aus. Im Ergebnis dessen kam es zum schnellen Ansteigen der Wucherzinsen, die ihrerseits wiederum die Preise noch weiter in die Höhe trieben und damit die allgemeine Verschuldung und Verelendung der Volksmassen ins Grenzenlose steigerten. Diese ökonomischen Prozesse vollzogen sich auf dem Boden der in jenen Jahren in Deutschland vorsichgehenden allgemeinen Wert- und Preisrevolution und bewirkten deren weitere Beschleunigung.

Nachdem Luther bereits am 7. April 1539 den Rat der Stadt Wittenberg in einem Handschreiben und Bürgermeister Lukas Cranach in einer persönlichen Aussprache dringend ermahnt hatte, schnellstens energische Maßnahmen gegen Hungersnot und Teuerung, Spekulation und Wucher zu treffen, und er zwei Tage später in gleicher Sache eine Botschaft an den sächsischen Kurfürsten gerichtet hatte, hielt er am 13. April 1539 vor seiner Wittenberger Gemeinde eine scharfe und heftige Predigt, in der er Geldwucher und Getreidespekulation als die Hauptursachen für den katastrophalen wirtschaftlichen Niedergang im Lande anprangerte.

Im Anschluß an diese Predigt und gestützt auf weitere unmittelbare Eindrücke und Erfahrungen des Notjahres 1539 begann Luther mit der systematischen Ausarbeitung der nachstehenden Schrift. Sie darf als eines der prägnantesten Dokumente seines ökonomischen Denkens gewertet werden. Unter anderem wurde sie des öfteren auch von Karl Marx in positiver Weise ausführlich zitiert, z. B. im „Kapital“

(a. a. O.), Band I, S. 141, 201, 622, 623; Band III, S. 379, 429, 430, 659, 660 und – mit vielen lobenden Kommentaren versehen – in den „Theorien über den Mehrwert" (a. a. O.), Band III, S. 522 bis 532. Da sie eine Reihe der wichtigsten Merkmale des ökonomischen Denkens Luthers in klassischer Form zum Ausdruck bringt, eignet sie sich besonders gut als ökonomischer Studientext.

Die nachstehende Textwiedergabe erfolgt auf der Grundlage des Lutherschen Originalmanuskriptes und des Klugschen Erstdrucks. Beide wurden mit freundlicher Genehmigung des Verlages von Koehler & Amelang, Weimar, dem Band 51 der in diesem Verlag erschienenen kritischen Luther-Gesamtausgabe entnommen.

Eine unmittelbare Übernahme des dort wiedergegebenen Textes verbot sich allerdings auf Grund der damit zwangsläufig für den heutigen Leser verbundenen außerordentlichen Erschwerung des Verständnisses. Selbst wenn ich solche Äußerlichkeiten wie Orthographie, Grammatik und Interpunktion den heute gültigen Regeln der deutschen Sprache angepaßt hätte, wäre hierdurch die Lesbarkeit des Textes nicht wesentlich verbessert worden. Die nahezu ungenießbare Sprachform vieler bisher lediglich auf diese Weise modernisierter Luther-Ausgaben beweist das eindeutig.

Ich hielt es daher für geboten, den vorliegenden Luther-Text, mit dem ich mich an dieser Stelle in erster Linie an ökonomisch interessierte Leser wende, sprachlich so zu fassen, daß er den sachlichen, vor allem natürlich den ökonomischen Gehalt der hier von Luther vertretenen Auffassungen einwandfrei zum Ausdruck bringt und gut lesbar ist. Dabei war ich gleichzeitig bemüht, die für Luther typische Sprache soweit wie nur irgend möglich klar hervortreten zu lassen.

Hin und wieder waren, um das Verständnis des Textes zu erleichtern, kleinere Einfügungen notwendig, die ich mit eckigen Klammern versehen habe.

Die Fußnoten zu den lateinischen Textstellen besorgte der Verlag. Die Schreibweise der lateinischen Textstellen wurde der üblichen lateinischen Orthographie angeglichen.

Ich hoffe, daß die von mir vorgenommene Anpassung des ursprünglichen Luther-Textes an unsere heutige deutsche Sprachform dem Leser das Verständnis des ökonomischen Denkens Luthers erleichtert.

GÜNTER FABIUNKE

MARTIN LUTHER

An die Pfarrherren, wider den Wucher zu predigen

Vermahnung

1540

Ich habe vor fünfzehn Jahren wider den Wucher geschrieben, als er bereits so gewaltig eingerissen war, daß ich keiner Besserung zu hoffen wußte. Seit der Zeit hat er sich so erhoben, daß er nun schon nicht mehr Laster, Sünde oder Schande sein will, sondern sich für eitel Tugend und Ehre rühmen läßt, als erweise er den Leuten große Liebe und christlichen Dienst. Was will nun helfen, da Schande Ehre und Laster Tugend geworden sind? Seneca sagt vom Standpunkt der natürlichen Vernunft: „Deest remedi i locus, ubique vitia fuerunt, mores fiunt."* Deutschland ist nicht mehr, was es sein sollte; der leidige Geiz und Wucher haben es zugrunde gerichtet.

Doch bitte ich um Gottes Willen alle Prediger und Pfarrherren, sie wollten weder schweigen noch ablassen, wider den Wucher zu predigen, das Volk zu vermahnen und zu warnen. Können wir dem Wucher auch nicht wehren – denn das ist nun unmöglich geworden, nicht allein unserer Predigt, sondern auch dem ganzen weltlichen Regiment –, so möchten wir doch wenigstens etliche durch unser Mahnen aus solchem Sodom und Gomorrha herausreißen. Müssen wir aber mit Lot zugleich auch etliche gute Freunde wegen ihres Mutwillens darin verderben lassen, so wollen wir doch unsererseits nicht darinnen bleiben. Wir wollen auch nicht durch Schweigen an ihrer Sünde und Strafe teilhaben, sondern – soviel es uns möglich ist – unsere Stimme erheben und sagen, daß Wucher keine Tugend, sondern große Sünde und Schande ist. Darum lasse sich ein jeglicher durch sein Gewissen und Amt, denen er verpflichtet ist, dazu treiben, im Laufe des Jahres sein Pfarrvolk zu vermahnen oder auch zu lehren, sich vor Wucher und Geiz zu hüten, damit dem Schalk seine Larve abgezogen werde, mit der er sich geschmückt hat, als sei er recht und fromm. Um es kurz zu machen und nur das Nötigste und Wichtigste anzuzeigen, soll man dem Volk deutlich und klar sagen:

Erstens vom Leihen und Borgen: Wo man Geld leiht und dafür mehr oder besseres fordert oder nimmt, das ist Wucher – in allen Rechten verdammt. Darum sind alle diejenigen, so fünf, sechs oder mehr aufs Hundert vom geliehenen Gelde nehmen, Wucherer. Sie sollen sich danach zu richten wissen. Sie heißen des Geizes oder Mammons abgöttische Diener und können nicht selig werden, sie tun denn Buße. Auch bei Korn, Gerste und anderen geliehenen Waren soll man sagen, daß es

* Es gibt kein Heilmittel dort, wo das, was man als Untugend angesehen hat, zur Gewohnheit wird.

Wucher, gestohlenes und geraubtes Gut ist, wenn dafür mehr oder besseres zurückgefordert wird.

Denn Leihen heißt, wenn ich jemandem mein Geld, Gut oder Gerät gebe, damit er es benütze, solange er es benötigt oder solange ich kann und will, er es mir also zur rechten Zeit und genauso gut wieder zurückgibt, wie ich es ihm geliehen habe. Wie ein Nachbar dem anderen Schüsseln, Kannen, Betten, Kleider leiht so auch Geld und Geldeswert, darf ich nichts dafür nehmen. Wir sprechen hier nicht vom Geben oder Schenken, auch nicht vom Kaufen oder Verkaufen noch vom Zinskauf, sondern vom Leihen, womit heutzutage – sonderlich durch Geldleihen – der Wucher fast alle seine Geschäfte betreibt. Darum ist dieses Stück dem Volke fleißig einzuschärfen. Es bedarf dazu keiner großen und hohen Klugheit, sondern ist ein sehr grober Text und daher auch ganz leicht zu verstehen. Nämlich: wenn jemand etwas leiht und nimmt dafür etwas darüber oder – was das Gleiche ist – etwas Besseres, so ist das Wucher. Denn Leihen heißt, nicht mehr zurücknehmen als eben das, was geliehen wurde; wie es die Propheten, Christus selbst und auch die weltlichen Rechte lehren.

Sollte jemand darüber klügeln, es könne ja der Fall eintreten – davon hernach noch mehr –, daß man doch etwas mehr oder besseres nehmen müsse als man geliehen habe, dann soll man solche Leute außerhalb der Predigt anhören oder sie an die Juristen verweisen. Diese haben auf Grund ihres Eides und Amtes den Befehl, hierüber zu richten oder zu unterweisen. Doch das Predigen soll fortgehen und darauf beharren, daß es Wucher ist, wenn jemand – was auch immer – leiht und etwas mehr oder Besseres dafür zurücknimmt. Lasse diesen Text keinesfalls von der Kanzel kommen noch Dich dazu zwingen, ihn abzusetzen, denn es ist der rechte Text – und auch ein Text, der allen Rechten entspricht! Tritt etwa ein Fall ein, der der näheren Erläuterung bedarf, so suche man diese beim Pfarrer daheim oder bei den Juristen. Wollte man nämlich alles auf der Kanzel ausrichten, was über den Wucher und dessen Spitzfindigkeiten früher schon gesucht und geschrieben wurde und weiterhin auch noch gesucht und geschrieben werden wird, dann würde wohl der Jüngste Tag herankommen, ehe wir anfangen könnten, vom Wucher zu predigen.

Zum anderen wird da jemand schreien: „Wenn das so sein sollte, so wäre fast die ganze Welt im Wucher verdammt, denn solches Leihen ist doch jetzt in allen Ständen üblich.“ Laß Dich aber durch solches Schreien nicht beirren und fange nicht an, über den oben genannten Text zu disputieren, sondern predige nur ruhig weiter und schicke diese Schreier zu mir oder meinesgleichen; oder lasse sie auch zu den rechten Juristen gehen, damit sie es diesen klagen! Dir gebührt es, nicht vom Text zu weichen! Auch mußt Du auf der Kanzel nicht jedermanns Einrede abhandeln! Gefällt es ihnen nicht, dort Auskunft zu suchen, wo sie sollen, so sage ihnen, Du hättest den Text weder erdichtet noch aufgebracht, Dir gebühre es daher auch nicht, ihn zu deuten oder zu biegen. Es möge ein jeder sein Gewissen um Rat fragen, oder sich – wie gesagt – von hohen Gelehrten eine bessere Erklärung geben lassen.

Es ist doch eine sehr faule und von jedem Dorfküster leicht zu widerlegende Einrede, wenn man mit der Welt Brauch gegen das Recht oder Gottes Wort zu zeugen versucht. Was ist die Welt anderes, denn Unrecht tun, geizen, wuchern und sich allerlei Lastern und Bosheiten hingeben? Ist es daher nicht ein gemeines Geschrei, wenn man sagt, die Welt sei böse und voller Untreue, sie achte weder Tugend noch Ehre, kenne weder Scham noch Zucht? Darum mußt du dich nicht so herausreden und sagen, die ganze Welt täte so. Denn darauf braucht dir kein hochgelehrter Doktor, sondern kann dir jeder Hirtenknabe sagen: Die Welt tut freilich so, aber sie sollte nicht so tun. Darum verschone uns mit dieser Ausrede, wonach alle Welt verdammt sei. Es ist schließlich weder neu noch seltsam, daß die Welt verzweifelt, verflucht und verdammt ist. Sie ist es allezeit gewesen und wird es auch ewiglich bleiben. Folgst du dieser Ausrede, so bleibst auch du im Abgrund der Hölle. Deshalb heißt es ja: „Fiat iustitia et pereat mundus." * Man soll eben nicht darauf sehen, was der Haufe oder die Welt tun, sondern was recht ist und was der Haufe tun sollte.

Zum Dritten spräche wohl jemand: „Wenn es so sein sollte, wer will dann dem anderen etwas leihen oder ihm helfen? Ich will dann lieber, wie andere, mein Geld, Korn und Gut behalten und niemandem etwas leihen." Darauf antworte ich: Das weltliche Recht zwingt dich freilich nicht, daß du jemandem etwas leihst, gibst oder verkaufst. Es bestraft dich nicht, wenn du es unterläßt. Es sei denn, daß die Obrigkeit in Zeiten der Teuerung oder anderer Not Bauern, Bürger und Adlige zwingen muß, Getreide zu verkaufen, sofern sie es haben, oder daß sie es ihnen verbietet, mutwillig eine unnötige Teuerung herbeizuführen. Denn das letztere ist genauso, als würden sie auf dem Markte, aus den Häusern oder aus dem Beutel stehlen und rauben. Sie würden dann auch aus dem Kauf einen Wucher machen. – Doch das ist jetzt schon zuviel auf einen Bissen. – Wir müssen deshalb erst einmal das eine Stück – jenes vom Wucher beim Leihen – abhandeln. Wenn wir den gesteuert hätten – doch wohl erst nach dem Jüngsten Tage –, dann wollten wir dem Wucher beim Kaufen wohl auch schon noch seinen Text lesen. Auch, was Christus hierzu richtig antwortet, wollen wir hernach noch etwas näher erklären. Indes aber laß Du Dich auch durch solches Gerede nicht beirren, sondern bleibe bei dem Text und sprich, daß geschrieben steht: Wer leiht und dafür etwas nimmt, der ist ein Wucherer! Von diesem Text lasse nicht ab und kämen auch hunderttausend Einwände dagegen!

Auch ist ja dieser Einwand genau so faul wie jener soeben schon erwähnte. Er bedarf daher keiner anderen Antwort als der, die wir schon oben zum Brauch der Welt gegeben haben. Lieber, was heißt es denn, wenn du sagst: „Wer wird schon leihen, wenn es so ist, wie ich es fordere?" Weiß man denn nicht, daß die Welt nichts Gutes tut, daß Gott – wie es im Psalm 13 heißt – alle Menschenkinder vom Himmel her ansieht, aber nicht einen einzigen darunter findet, der Gutes tut? Was ist daran also neu oder seltsam, wenn du sprichst: „Wer wird schon dem anderen umsonst etwas leihen wollen?" Umsonst zu leihen ist schließlich ein gutes Werk. Darum tut es auch niemand unter den Menschenkindern, sondern also tun Menschenkinder: sie lügen, betrügen, stehlen, nehmen und rauben. Wo es das Schwert nicht

* Möge Gerechtigkeit walten, und ginge die Welt zugrunde!

wehrt oder wehren kann, tun Menschenkinder, wie es eben ihre Art ist. Das Schwert zwingt sie nicht, Gutes zu tun. Es verwehrt ihnen nur, soviel es vermag, Böses zu tun.

Zum Vierten spricht Junker Wucher also: „Lieber, wie jetzt die Zeiten sind, so tue ich meinem Nächsten einen großen Dienst, wenn ich ihm Hundert auf fünf, sechs oder zehn [Prozent Zinsen] leihe. Er rechnet mir solches Leihen dankbar als eine besondere Wohltat an und bittet mich sogar darum. Er selbst bietet mir freiwillig und ungezwungen an, mir fünf, sechs oder zehn Gulden aufs Hundert zu schenken. Sollte ich das nicht ohne Wucher mit gutem Gewissen annehmen dürfen? Wer will denn ein Geschenk als Wucher betrachten?"

Hierzu sage ich so: Lasse Du sich rühmen, schmücken und putzen, wer da will! Kehre dich nicht im geringsten daran, sondern bleibe fest bei dem Text: Man soll beim Leihen nicht mehr oder Besseres nehmen! Wenn aber jemand mehr oder Besseres nimmt, so ist das Wucher und heißt nicht Dienst, sondern Schaden getan seinem Nächsten, genauso, wie es durch Stehlen und Rauben geschieht.

Es ist nicht alles Dienst am Nächsten, was man Dienst und wohlgetan nennt. Auch eine Ehebrecherin und ein Ehebrecher tun einander großen Dienst und Wohlgefallen. Ein Reiter tut einem Mordbrenner großen Reiterdienst, wenn er ihm hilft, auf den Straßen zu rauben und Land und Leute zu befehden. Die Papisten tun den Unseren einen großen Dienst, wenn sie nicht alle ertränken, erhängen, verbrennen, ermorden oder im Gefängnis verfaulen lassen, sondern immerhin wenigstens einige von ihnen noch leben lassen, um sie „nur" zu verjagen oder ihnen „nur" ihre Habe zu nehmen. Selbst der Teufel erweist seinen Dienern einen großen und unermeßlichen Dienst, leistet ihnen viel Hilfe und Rat, indem er große und mächtige Herren aus ihnen macht. Summa: Die Welt ist voll großer, trefflicher und täglicher Dienste und Wohltaten. Oft müssen selbst auch die Frommen noch froh sein und es als eine Wohltat empfinden, wenn sie etwas vom Bösen erhalten. Die Poeten erzählen von einem Zyklopen Polyphem, der dem Ulisses verhieß, er wolle ihm die Freundlichkeit erweisen, erst einmal seine Gesellen, ihn selbst aber zuletzt zu fressen. Ja, auch das war ein Dienst und eine feine Wohltat!

Solcher Dienste und Wohltaten befleißigen sich jetzt Edle und Unedle, Bauern und Bürger. Sie kaufen Waren auf, halten sie zurück, verursachen Teuerung, steigern die Preise von Korn, Gerste und von allem, was man benötigt. Dann wischen sie sich das Maul und sagen: „Ja, was man haben muß, das muß man haben; ich lasse es den Leuten zu Dienst, obwohl ich es doch auch selbst gut und gern behalten könnte und möchte." So wird denn Gott fein getäuscht und genarrt. Wie kann dann der arme, barmherzige Gott hier noch etwas anderes sehen als eitel Dienste, gute Werke und Wohltun? So heilig sind die Menschenkinder geworden, ehe er es noch recht gewahr wurde. Also kann jetzt auch niemand mehr Wucherer, geizig oder böse sein, sondern gibt es nur noch Heilige in der Welt, einer dient dem anderen und niemand tut dem anderen Schaden.

Darüber, Prediger, sollst Du sprechen und nicht stillschweigen, sondern dem Volke deutlich und klar zeigen, daß nicht Dienst oder wohlgetan sein kann, was wider Gottes Wort und wider das Recht getan wird. Denn es heißt: „Du sollst allein

Gott dienen!" Was seinem Wort oder Recht nicht dient, mag sich zwar als Dienst und Wohltat rühmen lassen, doch ist es einem fremden Gott, dem Teufel, gedient und wohlgetan. Darum: Wer da leiht und mehr oder Besseres nimmt, der sündigt als ein Wucherer wider Gott. Tut er aber damit einen Dienst, so tut er ihn dem leidigen Teufel – wenn auch so mancher arme und notleidende Mann solches Dienstes bedarf und ihn deshalb wohl auch als Dienst oder Wohltat annehmen muß, wenn er nicht ganz und gar gefressen werden will. Genauso muß es wohl auch jener Mann – wenn auch gewiß ungern – als einen ihm erwiesenen Dienst hinstellen lassen, der durch große Not dazu gezwungen wird, fünf oder mehr aufs Hundert zu bieten oder zu schenken. Aber du, der du es nimmst, bist dadurch nicht entschuldigt. Du bist noch viel ärger, wenn du dies als dein Recht ansiehst und dein Nehmen als Dienst und Wohltat hinstellst. Denn du nimmst es nicht als ein freies Geschenk, das weißt du gewiß. Auch dein Gewissen kann es nicht leugnen. Du nimmst es als einen angeblich rechtmäßigen Gewinn auf deine hundert Gulden.

Ein Geschenk ist aber schließlich kein eigentlicher Gewinn, sondern ein freiwillig und umsonst gegebenes und genommenes Ding. Das aber kommt ja in solchem Handel nicht vor, wie du weißt. Du magst es beschönigen; du magst lügen und es ein Geschenk nennen, so ist es doch in Wahrheit ein Gewinn und Wucher, der dir von dem Bedürftigen in seiner Not gegeben wird. Er muß es zuweilen auch noch als ein Geschenk von dir hinstellen lassen, obwohl er dich Geizwanst ansonsten nicht einmal für wert halten würde, um dir auch nur eine einzige Hülse vom Haferkorn, geschweige denn fünf oder zehn Gulden zu schenken. Er würde gewiß nicht von sich aus sagen, du hättest ihm einen Dienst erwiesen. Er tut dir und muß dir solchen Dienst tun, weil er auf andere Weise kein Geld bekommen kann. Es ist schließlich nicht der Welt Weise, daß sie viel gibt, auch wenn sie gleich Überfluß hat. Es ist auch nicht ihre Art, daß sie armen Freunden oder denen, die es dringend nötig haben, etwas schenkt. Um wieviel weniger aber wird gerade dir jemand etwas schenken, der du doch ein Unhold, ein Fremder und auf Grund deines Geizes und Wuchers ein gemeiner Fluch, ein Greuel und Schimpf bist? Aber ich komme zu weit vom Text ab. Solche Dispute gehören nicht in die Predigt. Doch Du, Prediger, treibe den Text getrost auf der Kanzel, daß Leihen und Darübernehmen Wucher ist. Danach stehe ihnen bei Dir zu Hause – falls sie dort auf ihre Meinung pochen wollen – Rede und Antwort oder verweise sie an die Juristen, damit sie Dir von diesen eine bessere Erklärung zu diesem Text bringen.

Damit Du aber auch selbst nicht ganz ungerüstet bist und sie Dich nicht für eine leere Wasserblase halten, magst Du Dir, wenn Du willst, auch meinen weiteren Bericht über diesen Handel merken; – obwohl es mir um Deiner Ruhe und um Deines Friedens willen geratener erscheint, Du verweist sie an die Juristen. Deren Amt ist es, wie oben gesagt, in solchen sterblichen, vergänglichen und elenden Weltangelegenheiten zu richten und zu lehren, besonders, wenn man wider den Text klügeln und spitzfindig sein will. Doch, daß Du ja steif und fest auf dem Text bleibst; nämlich: daß Leihen und Darübernehmen Wucher ist! Diesen Text werden Dir auch alle Jura und Juristen bestätigen müssen; nicht allein nach dem Evangelium – das sie nicht angeht –, sondern auch nach ihren Büchern. Darum kannst

Du Dich im Text nicht irren. Mag die juristische Erläuterung so gut oder böse geraten, wie sie wolle, so hast Du doch recht gepredigt wider den Wucher, nämlich: daß Leihen nicht Darübernehmen heißt – oder es ist Wucher und nicht Leihen.

Hier nun meine zusätzliche Belehrung, falls es Dir zu schwer fällt, Ruhe und Frieden zu erleiden, oder falls Du es selbst auch gern besser verstehen willst: Es kann also geschehen und ist auch wohl des öfteren der Fall, daß ich, Hans, dir, Baltzer, hundert Gulden unter der Bedingungen leihe, daß ich sie auf Michaelis zur Stillung meiner eigenen Notdurft wieder zurückbekomme, oder aber, daß ich – falls du säumig bist – deshalb Schaden erleide. Michaelis kommt nun heran und du gibst mir die hundert Gulden nicht wieder. Dann nimmt mich der Richter beim Kragen, wirft mich in den Turm oder ins Gefängnis, oder es kommt deshalb ein ähnliches oder anderes Unheil solange über mich, bis ich [meine eigenen Schulden] bezahle. Da sitze oder bleibe ich nun stecken, versäume meine Nahrung und Besserung. Ich erleide also großen Schaden, und du bringst mich dazu mit deinem Säumen und lohnst mir derart übel für meine Wohltat. Was soll ich hier tun? Mein Schaden wächst, während du säumig bist und schläfst. Und täglich kommen neue Kosten und Schäden dazu, solange du weiter säumst und schläfst. Wer soll nun hier den Schaden tragen oder dafür büßen? Denn der Schadewacht – der mir Tag und Nacht drohende und wachsende Schaden – wird so lange ein unleidlicher Gast in meinem Hause sein, bis ich zuletzt in Grund und Boden verderbe.

Wohlan, hier wollen wir weltlich und juristisch von der Sache reden; die Theologie müssen wir uns für später aufsparen! In diesem Falle bist du, Baltzer, schuldig, mir nachträglich [und zusätzlich] alles das zu geben, was mir der Schadewacht an Unkosten zugefügt hat. Es ist schließlich deine Schuld, daß du mich so [im Stich] gelassen hast. Es ist geradeso, als hättest du es mir freventlich genommen. Darum ist es billig und entspricht auch der Vernunft und dem natürlichen Recht, daß du mir alles zurückerstattest – sowohl die Hauptsumme wie auch den Schaden. Ich habe dir die hundert Gulden doch schließlich nicht geliehen, um mich selbst zu verderben oder damit du mich verderben sollst, sondern habe dir ohne meinen Schaden helfen wollen. Dies alles ist so klar und deutlich, daß es, selbst wenn alle Jura- und Juristenbücher verlorengegangen sein sollten, die Vernunft dennoch erkennen müßte – und wäre sie auch noch so schwach.

Solchen Schadewacht nennen die lateinischen Juristenbücher Interesse. Und solch ein Leihen ist offensichtlich kein Wucher, sondern ein rechter, löblicher und ehrlicher Dienst, ein dem Nächsten erwiesenes gutes Werk. Ist die Person überdies ein Christ, so ist es auch ein christliches Werk, das Gott nicht allein hier zeitlich auf Erden – wie er es gegenüber den weltlichen guten Werken tut –, sondern auch in jener Welt belohnen wird. So sagt David im Psalm 111: „In memoria aeterna erit iustus." * Ein christliches gutes Werk wird Gott nimmermehr vergessen. Die weltlichen guten Werke bezahlt er hier auf Erden und danach sind sie vergessen. Deshalb können auch Jura und weltliche Herrschaft nicht anders, als solche weltliche und vergängliche gute Werke zu lehren und zu pflegen.

* Der Gerechte wird in ewiger Erinnerung bleiben.

Zu diesem Schadewacht kann nun noch ein anderer hinzukommen, und zwar, wenn du, Baltzer, mir zu Michaelis nicht die hundert Gulden wiedergibst und sich mir [gleichzeitig] eine Kaufgelegenheit bietet, so daß ich etwa einen Garten oder Acker, ein Haus oder sonst etwas anderes günstig kaufen könnte, wodurch ich großen Nutzen und bessere Nahrung für mich und meine armen Kinder haben würde. Dann muß ich es bleiben lassen. Du tust mir dann mit deinem Säumen und Schlafen einen Schaden dadurch, daß du mich hinderst, einen solchen günstigen Kauf wahrzunehmen. Hätte ich dir also nicht meine hundert Gulden geliehen, sondern sie daheim behalten, dann könnte ich jetzt mit der einen Hälfte den Richter bezahlen und mit der anderen Hälfte den Garten kaufen. Da ich sie dir nun aber geliehen habe, machst Du mir einen Zwilling – einen doppelten Schaden – aus dem Schadewacht, so daß ich hier nicht bezahlen und dort nicht kaufen kann, also auf beiden Seiten Schaden erleiden muß. Das nennt man lateinisch ausgedrückt: duplex interesse; damni emergentis et lucri cessanti.*

Man muß nun die Juristen darüber disputieren lassen, ob die gleichen hundert versäumten Gulden nur den einen Schaden oder gleichzeitig beide, den Zwilling, verursacht haben. Wenn nämlich Hans selbst mit hundert Gulden verschuldet ist, so liegt nur der eine Schaden vor, denn niemand kann zugleich mit ein und denselben hundert Gulden einerseits seine eigene Schuld bezahlen und andererseits auch noch für die gleichen hundert Gulden den Garten kaufen. Ist Hans aber selbst nur fünfzig Gulden schuldig, so können beide Schadewacht auftreten. Es ist auch zu beachten, ob der Garten wirklich feil gewesen ist und als käuflich betrachtet werden konnte oder nicht, als Hans die hundert Gulden verliehen hatte, denn was noch nicht feil ist, kann niemand kaufen; auch nicht, wenn er über bares Geld verfügt. Auch muß man sehen, daß Hans wohl die hundert Gulden durch Diebstahl, Räuber, Feuer und dergleichen hätte verlieren können, so daß er dann aus diesem Grunde weder hätte bezahlen noch kaufen können. – Geld ist eben ein ungewiß und wankelmütig' Ding, auf das man kein sicheres Handeln gründen kann! – Solche und ähnliche unzählige Umstände oder Zufälle müssen also von den Juristen beachtet und überlegt werden, wenn aus dem Schadewacht oder Interesse am Ende nicht gar ein Schalk oder Wucher werden soll. Hierbei können wohl auch weise Leute irren, denn wie kann man schließlich auch alles so rein machen in dem unreinen Recht, das die Welt in diesem elenden Leben nötig hat? Es ist genug, wenn es ein grobes, schlechtes und einfältiges Recht ist. Subtil und scharf kann es nicht sein, oder aber es bekommt dann solche Scharten, daß es nicht einmal mehr Butter schneiden kann, obwohl es doch Blöcke und Klötze in Scheite spalten sollte. Es ist eben ein ander' Ding als Christus und sein Evangelium.

Aber Du, Prediger, hast hieran genug, um zu erkennen, was Wucher ist. Nämlich: Hat Baltzer die hundert Gulden zu Michaelis nicht zurückgegeben und Hans inzwischen bezahlen müssen – also Schaden erlitten –, dann soll ihm Baltzer den [durch Zahlungsverzug entstandenen] Bezahl-Schaden nach weltlichem Recht zurückerstatten. Hat er darüber hinaus auch noch verursacht, daß Hans den Garten

* Doppelter Schaden: auftretender Verlust und entgangener Gewinn.

nicht kaufen konnte, dann muß Baltzer – will Hans strenge mit ihm verfahren – noch etwas mehr dazugeben. Am besten aber ist es, wenn sie es beide wie gute Freunde verhandeln und schlichten, denn es ist schwer und gefährlich, den Kauf-Schaden genau und richtig zu schätzen und zu treffen; zumal ja der Kauf zuvor noch nie gemacht wurde und es ja auch noch gar nicht entschieden war, wie teuer der Garten gekauft worden wäre und ob sich nicht doch noch vielleicht ein anderer, genauso guter Garten hätte finden lassen. Im Falle des anderen Schadens dagegen, der [Hans auf Grund seiner eigenen verspäteten Bezahlung] entstanden ist, kann man die Unkosten leicht berechnen. – Das Evangelium würde allerdings, wie hernach noch zu zeigen ist, viel einfacher hierüber richten.

Hierbei siehe aber und merke wohl, mein Pfarrherr, daß solch ein Leihen, bei dem ein wirklicher Schadewacht oder ein echtes Interesse auftritt, heutzutage in den Geschäften nicht vorkommt. Meist handelt es sich hierbei nur um eitel Wucher. Nachdem sie nämlich gehört haben, daß Hans mit seinen verliehenen hundert Gulden Schaden erlitten hat und nun billigerweise auch die Erstattung seines Schadens fordert, fahren sie plumps daher und schlagen auf *jede* hundert Gulden solche zwei [Gulden] Schadewacht darauf, nämlich einen für das Bezahlen der entstandenen Unkosten und einen für den verpaßten Gartenkauf. Sie tun nun geradeso, als wären den hundert Gulden solche zwei [Gulden] Schadewacht *natürlich* angewachsen. Wo daher hundert Gulden vorhanden sind, leihen sie diese aus und berechnen *von vornherein* zwei Gulden als Schaden darauf. Sie beanspruchen also die Erstattung von Schäden, die sie gar nicht erlitten haben. Denn wenn du hundert Gulden hast, so heißt das doch noch lange nicht, daß du zu Michaelis [wirklich irgendeine Schuld] bezahlen mußt. Auch ist deshalb allein noch lange kein Garten feil, den du etwa zu Michaelis kaufen könntest. Doch du rechnest diese beiden [vorgetäuschten] Schäden einfach deinen gewissen und sicheren hundert Gulden zu. Du nimmst dafür jährlich fünf, sechs, zehn Gulden, geradeso, als wärest du der Hans, der durch Baltzer in Versäumnis und Verhinderung gebracht worden wäre. Nein, hörst du, du bist nicht der gleiche Hans, denn es gibt hier keinen Baltzer, der aus dir einen solchen Hans macht. Du erdichtest dir selbst, daß du ein solcher Hans wärest – ohne jeden Baltzer. Darum bist du ein Wucherer! Du läßt dir sogar deinen erdichteten Schaden durch das Geld deines Nächsten ersetzen, obwohl dir doch niemand diesen [Schaden tatsächlich] getan hat und du ihn auch weder beweisen noch vorrechnen kannst. Solchen Schaden nennen die Juristen: „non verum, sed fantasticum interesse“ – einen Schaden, den man sich selbst erträumt.

Ja, sprichst du: „Es ist aber möglich und könnte doch wohl auch geschehen, daß meine hundert Gulden tatsächlich irgendwann einmal einen solchen zweifachen Schaden erleiden.“ Da hast du Recht; laß uns deshalb auf dieser Grundlage miteinander handeln! Dann könnte ich dir wohl dermaleinst auch die fünf oder sechs Gulden [als wirklichen Schadenersatz] geben. Laß es also zunächst damit bewenden und diese Gulden vorerst stilliegen. Solange deine hundert Gulden nicht solchen zweifachen Schaden [tatsächlich] erleiden, solange will ich dir auch nichts dafür geben. Dann sind wir uns in der Sache einig und es ist ein rechtes Leihen. Es ist ein

Unrecht, zu sagen, es *könnten* Schäden entstehen, so daß ich [vielleicht] weder bezahlen noch kaufen kann. Stattdessen muß es heißen, es *sind* Schäden entstanden, so daß ich [tatsächlich] weder bezahlen noch kaufen konnte. Anders heißt das: „ex possibili factum, ex contingente necessarium" * – aus etwas, was nicht ist, das machen, was sein soll; aus dem, was ungewiß ist, ein eitel gewiß' Ding machen. Sollte solch ein Wucher nicht die Welt in wenigen Jahren auffressen?

Summa: Es ist nun zur Genüge erklärt, daß Leihen Nichts-Darübernehmen heißt und daß es zum Dienst oder Nutzen des Bedürftigen geschehen soll. Diesen Text halte fest! Es ist auch leicht zu verstehen, daß die Bezahlung von Schaden[ersatz] nicht über das Leihen hinausgeht. Es bedeutet weder mehr geben noch mehr nehmen, denn es ist ein zufälliges Unglück, das dem Leiher ohne seinen Willen widerfährt und wovon er sich erholen muß. Doch in den Händeln ist es gerade umgekehrt und genau das Gegenteil. Da sucht und erdichtet man Schaden auf Kosten des bedürftigen Nächsten, will sich damit mästen und reich werden, faul und müßig prassen, also mit anderer Leute Arbeit, Sorge, Gefahr und Schaden protzen. – So sitze ich hinter dem Ofen und lasse meine hundert Gulden für mich auf dem Lande werben und behalte sie doch, weil es geliehenes Geld und mir daher ohne alle Gefahr und Sorge sicher ist. Lieber, wer möchte das nicht?

Was hier vom geliehenen Geld gesagt wurde, das soll auch für Getreide, Wein und dergleichen Waren gelten, da auch hierbei ein solcher zweifacher Schaden auftreten kann. Aber diese Schäden sollen der Ware nicht *natürlich* angewachsen sein, sondern mögen ihr zufällig widerfahren. Sie sind daher auch nicht eher als Schäden zu rechnen, als sie geschehen und nachgewiesen sind. Wo sie daohne gefordert und genommen werden, soll man wissen, daß dies Wucher und Unrecht ist. Wenn und wo aber solche Schäden auftreten, soll man, weil das Abwägen der unzähligen Zufälle eine weitläufige und endlose Geschichte ist, die Juristen darüber beraten lassen, oder – was das sicherste und beste ist – die Sache durch Schiedsrichter oder gute Freunde verhandeln und schlichten lassen. So ist es alsdann in Recht und Frieden. Denn so spitzfindig und gewiß wird sich kein Recht erfinden lassen, daß es alle hierbei auftretenden Zufälle oder Umstände erfassen könnte, wie ja auch Aristoteles lehrt (Eth. 5 von der Epiicia). Wird es aber gefunden oder erdichtet, so ist es nach dem Wort des klügsten Römers, Scipio, das allergrößte Unrecht: summum ius, summa iniura – je enger das Recht, desto weiter das Unrecht! Oder: allzu scharf wird schartig! Darum muß man auf beiden Seiten nachgeben und die Billigkeit Meisterin allen Rechtes sein lassen.

Dies alles ist juristisch; und die Juristen sollten es lehren! Aber da sie nicht Prediger sind, bleibt es in ihren Büchern verborgen und begraben und kommt nicht unter die Leute. Deshalb müssen wir Prediger darüber reden und mahnen, wenn wir nicht Antinomer sein und mit der Welt durch fremde Sünde zum Teufel fahren wollen; – wenngleich auch die Juristen damit keineswegs entschuldigt sind. Auch die Juristen, die in den Schulen lesen, sollten es der Jugend fleißig einschärfen! Und die, welche an den Gerichten wirken, sollten die Parteien ernsthaft

* Aus dem Zufälligen das Notwendige machen.

darüber unterrichten! Dann käme sicher doch ein wenig mehr davon unter die Leute. Aber viel mehr noch sollten das jene Juristen tun, die bei Hofe Kanzler und Räte sind, denn dann könnte und müßte es von oben herab bis auf die Alleruntersten herunter kommen. Aber wenn die dort oben schweigen oder zurückhalten, dann werden wir armen Prediger hier unten mit unserem Geschrei nur wenig ausrichten. Wo wir Einen bekehren, werden sie viele Tausend abkehren. Darum ist der [Kampf gegen den] Wucher mit allen seinen Sünden nächst unserer Predigt auch den Juristen aufgegeben. Denn wenn diejenigen nicht wehren helfen, die den Damm errichten sollen, dann wird auch unser Zaun die Flut nicht aufhalten. Ein jeglicher bedenke, daß er sich sein Gewissen nach Maßgabe seines Standes und Amtes erhalte! Wir Prediger können hierzu bald und leicht raten, da uns niemand oder doch nur wenige folgen.

Sie sagen, die Welt könne nicht ohne Wucher sein. Das ist gewißlich wahr. Denn so steif und streng wird kein Regiment in der Welt werden und ist auch noch keines gewesen, daß es allen Sünden wehren könnte. Und könnte ein Regiment allen Sünden wehren, so wird dennoch die Erbsünde, die Quelle aller Sünden samt dem Teufel – wovon die Juristen nichts wissen müssen – bleiben, die man stets aufs neue so viel wie möglich bekämpfen muß. Darum kann die Welt nicht ohne Wucher, ohne Geiz, ohne Hochmut, ohne Hurerei, ohne Ehebruch, ohne Mord, ohne Stehlen, ohne Gotteslästerung und ohne sonsterlei Sünde sein. Sie wäre dann auch nicht Welt, oder müßte doch dann Welt ohne Welt, Teufel ohne Teufel sein. Ob sie aber damit entschuldigt sind, das werden sie gleich erfahren. Der Herr spricht Matth. 18, 7: „Es müsssen Ärgernisse kommen, aber wehe dem Menschen, durch welchen Ärgernis kommt.“ Wucher muß also sein, aber wehe den Wucherern!

Weltliches Recht ist ein schwaches, geringes und unreines Recht, das nur kümmerlich den zeitlichen Frieden und des Bauches Leben erhält und das Menschengeschlecht um der Heiligen willen zu jenem ewigen Leben mehrt und nährt. Darum kann es nicht allen Sünden wehren, sondern nur soviel dies möglich ist. Auch ein Hirte kann nicht alle Schafe vor dem Wolf, vor Pest und anderen Seuchen bewahren. Dennoch soll er wehren, wo er kann und weder Wolf noch Seuchen freien Raum lassen. Genauso soll auch das weltliche Regiment keinen freien Raum zum Sündigen lassen, sondern es auf das strengste bekämpfen. Auch gegen seinen Willen wird noch genügend Sünde geschehen. Es wird bleiben, wie da gesagt ist: Die Welt kann nicht ohne Wucher sein, nicht ohne Mord und ohne Ehebruch. Es ist eben nicht zu verhindern; und ehe man es erfährt, ist es schon geschehen. Wenn man es übrigens von vornherein wehren und verhindern könnte, bedürfte man keines Rechtes noch der Juristen oder Fürsten. Da man es nicht verhindern kann, es aber doch wenigstens steuere, soll das geschehene Übel gestraft und das künftige soviel wie möglich geschreckt werden.

Genauso ist es auch mit dem Wucher: Man kann es nicht völlig erreichen, daß kein Wucher sei. Aber wenn er auftritt oder sehr anwächst und so überhandnimmt, daß er zuletzt auch noch frech als Tugend gelten will, dann kann und muß man ihn wohl steuern und wehren. Auch Mord und Ehebruch geschehen ja, man verbiete sie, wie man wolle. Doch wenn sie geschehen oder mit Gewalt einreißen wollen, so zwingt die Not, daß man sie steuern und mit Gewalt bekämpfen muß. Das gleiche muß auch gegenüber allen anderen Lastern geschehen. Wenn sie trotz allen Verbietens doch einreißen, so muß man ihnen mit Gewalt entgegentreten. Als zu Herzog Wilhelms Zeiten die Adligen so überaus stolz geworden waren, daß sie dem Landesfürsten trotzten, ihm Land und Schlösser vorenthielten, da mußte er sie mit Gewalt verjagen und ihre Schlösser stürmen und niederreißen.

Dies nennen die Historiker und Juristen: „Ex malis moribus bonae leges fiunt, econtra, ex bonis legibus mali mores fiunt, quia lex est virtus peccati, inventa lege inventa est fraus legis“ * – Bosheit zwingt, mit gutem Recht zu ordnen; alle Bosheit geschieht wider dem guten Recht. Die Welt kann und will nicht anders sein, weil, was äußerlich erhalten wird, ohne Geist und Gnade, allein durch Recht und Zwang erhalten werden muß. Darum, wo das weltliche Regiment nicht helfen kann oder gar selber böse ist – also nicht helfen will, wie es jetzt leider größtenteils in deutschen Landen der Fall ist – oder wo es wohl gar selbst so handelt, daß man spricht, es sei auch in etlichen Fürstenständen, besonders aber bei Kardinälen und Bischöfen, weder Ehre noch Tugend mehr, da muß Gott steuern, wie er mit Sodom, mit der Sintflut, mit Babylon, mit Rom und dergleichen [Städten] gewütet hat, um sie zu vernichten. – Genauso wollen wir Deutschen es auch haben. Wir hören nicht auf zu toben, bis man sagt, Deutschland ist gewesen wie Rom und Babylon.

So liest man vom Wucher, daß zur Zeit Solons die Stadt Athen so sehr verdorben war, daß nicht allein Grund und Boden [mit Zins] überladen waren, sondern sich auch die Bürger selbst den Wucherern zu leibeigen verkaufen mußten. Daraufhin erließ Solon ein solches Gesetz, wonach man hinfort keine Leibeigenen mehr machen und auch von liegendem Grund keine Wucherzinsen mehr nehmen durfte. Außerdem beschränkte er den Wucher derart, daß man vom Geld nicht mehr als die Centesima – das ist ein Hundertstel – geben durfte. Der Hundertste bedeutete, daß in hundert Monaten so viel Zinsen gegeben wurden, daß sie der Hauptsumme gleich kamen. Das sind nach unserer Rechnung zwölf Florin jährlich auf hundert Gulden – in jedem Monat also einen Gulden, denn sie nahmen die Zinsen monatlich. Durch dieses Gesetz machte Solon viele Bürger wieder frei und viele Güter wieder schuldenfrei. Auch Aristoteles schreibt (Politik 6), daß ein frommer Herr, Oxylus genannt, bestimmt hatte, man solle vom liegenden Grund keinen Wucherzins geben.

Auch vom großen Alexander liest man, daß er für seine Kriegsleute über 59 Tonnen Gold Wucherzinsen bezahlt habe, um sie loszukaufen. Auch er mußte schließlich den Wucher zähmen. So treibt es der Wucher, wenn die Fürsten und Herren nicht gut aufpassen. In kurzer Zeit, ehe man sich umsieht, wächst und steigt er so stark, daß er gar bald das ganze Land und alle Güter frißt und verschlingt, so daß man zuletzt doch mit Gewalt eingreifen und wehren muß. – Dies ist ja auch in

* Aus schlechten Sitten entstehen gute Gesetze, dagegen aus guten Gesetzen schlechte Sitten, weil das Gesetz der Wertmesser des Vergehens ist. Mit der Erfindung des Gesetzes ist auch der Betrug des Gesetzes erfunden.

unserer Zeit geschehen; und es geschieht noch immer durch die Händler und deren Gesellschaften. Schier ganz Deutschland ist schon von ihnen verschlungen. Gäbe doch Gott auch uns einmal einen Solon oder Alexander, der dem Wucher steuere und wehre! Amen.

Auch von den Römern steht in den Historien: Da zu Rom einstmals der Wucher überhand genommen hatte, wurden zwei Männer – Valerius Publicola und M. Rutilius – beauftragt, den Wucher zu zähmen. Sie bezahlten [die Zinsen] teilweise aus öffentlichen Mitteln und teilweise – vielleicht um Aufruhr und andere Ärgernisse zu vermeiden – auf Kosten der Schuldner. Danach aber bestimmte bald ein Zuchtmeister – Genutius genannt –, daß man überhaupt keinen Wucher mehr treiben durfte. Als einmal ein reicher Hans – genannt Papyrius – einen Jüngling schändlich entehren wollte, nachdem dieser infolge Wucher zu seinem Leibeigenen geworden war, wurde ein Recht verordnet, wonach der Wucher niemanden zu leibeigen machen durfte. Als aber dann der Wucher so groß geworden war, daß ein Aufruhr daraus entstand und das Volk aus der Stadt fortzog, mußte auch der oberste römische Steuergesetzgeber, Hortensius, dem Wucher entgegentreten. Dieses findet man bei Titus Livius. Als der erste Kaiser Julius herausfand, daß der Wucher zu hoch gestiegen war, bestimmte er, daß man alles von der Hauptsumme abgehen lassen mußte, was als Wucher empfangen worden war. Kurz vor ihm zwang Cicero, als er Landpfleger in Asia war, den Wucher, indem er bestimmte, daß man nur ein Centesima, ein Hundertstel, also jährlich zwölf [Prozent] geben soll. Zuvor hatte man vier Centesimi geben müssen, also vier mal zwölf [Prozent], das sind in jedem Monat vier Gulden [aufs Hundert]. Aus dem gleichen Grund sperrte auch der Haushalter des Brutus den Rat zu Salamin auf dem Rathaus ein und ließ etliche [seiner Mitglieder] verhungern. Es steht auch noch in der Juristen Bücher, wieoft es verboten gewesen ist, usuras usurarum zu nehmen, was jetzt Umschlag [d. h. Zinseszins] genannt wird. Dort, wo gefunden werden sollte, daß der Wucherzins das Hauptgeld um das Doppelte übersteigt, sollte man gar nichts mehr nehmen.

Es stellt sich also heraus, daß der Wucher zu allen Zeiten viel Herzeleid angerichtet hat und alle frommen löblichen Fürsten und Herren mit ihm zu tun hatten. Auch alle weisen vernünftigen Heiden haben den Wucher überaus übel gescholten. So spricht beispielsweise Aristoteles (in Politik 1), Wucher sei wider die Natur, weil er allezeit mehr nimmt, als er gibt und weil dadurch das vernünftige Richtmaß aller Tugend aufgehoben werde, das man „gleich um gleich" aequalitas arithmetica *, nennt. Des weiteren sagt er: Geld ist von Natur aus unfruchtbar und vermehrt sich nicht. Darum ist es dort, wo es sich vermehrt, wie beim Wucher, wider die Natur des Geldes; denn es lebt nicht, noch trägt es wie ein Baum und Acker, die in jedem Jahre mehr geben als sie selbst sind, weil sie nicht müßig und ohne Frucht liegen, wie es der Gulden von Natur aus tut. Auch in der Ethik 4 schreibt er, daß Wucherer schändliche Hantierer seien, was ja auch St. Paulus den Bischöfen zum scharfen Vorwurf machte (1. Timo 3 und Tit[us] 1). Denn der Wucherer nimmt, so spricht er, obwohl er nicht soll. Er nimmt aber vor

* Arithmetische Gleichheit.

allem mehr als er soll; das aber heißt rauben und sich auf schändliche Weise mästen. Wer anderen Leuten etwas nimmt, wer stiehlt oder raubt, gehört zu den Dieben und Räubern, die man an den Galgen zu hängen pflegt. Obgleich der Wucherer solch ein rechter Dieb und Räuber ist, sitzt er sicher auf seinem Stuhl, weshalb man ihn auch einen Stuhlräuber nennt.

Cato, der römische Senator, ein großer und ernsthafter Feind aller Laster, schreibt am Anfang seines Buches, in dem er den Ackerbau lobt, das Folgende: „Unsere Vorfahren haben dafür gehalten und auch bestimmt, daß man einen Dieb zweifach, einen Wucherer jedoch vierfach strafen soll.“ Daher könne man wohl ermessen, so sagt er, wie sehr sie einen Wucherer viel stärker noch als einen Dieb verachtet haben. Der gleiche Cato spricht auch: „Lieber, was ist Wuchern anderes als Menschenmorden?“

Also haben die Heiden gesagt und getan! Was sollten wir Christen wohl tun? Die Heiden haben aus Vernunftgründen ermessen können, daß ein Wucherer ein vierfacher Dieb und Mörder ist; wir Christen aber halten sie so in Ehren, daß wir sie schier um ihres Geldes willen anbeten. Wir achten nicht darauf, was für einen großen Schaden wir damit dem christlichen Namen und Christus selbst antun. Selbst wenn wir nicht Christen wären, so müßte doch auch uns genauso wie den Heiden, die Vernunft sagen, daß ein Wucherer ein Mörder ist, denn wer einem anderen seine Nahrung aussaugt, wer raubt und stiehlt, der begeht doch einen ebenso großen Mord wie jener, der einen Menschen verhungern läßt und ihn auf diese Weise zugrunde richtet. Solches aber tut ein Wucherer und sitzt dabei noch sicher auf seinem Stuhl, obwohl er billigerweise am Galgen hängen und von gerade so vielen Raben gefressen werden sollte, wie er Gulden gestohlen hat, vorausgesetzt, es ist überhaupt so viel Fleisch an ihm, daß sich so viele Raben daran beteiligen können. Indes aber henkt man die kleinen Diebe, die nur (einen oder wenige) Gulden gestohlen haben. Auch Cato, der Feind der Wucherer, spricht: „Kleine Diebe liegen in Stöcken gefangen, die großen Diebe aber gehen in Gold und Seide prangen.“ Es wird daher wohl ohne Zweifel noch so kommen, daß zuletzt auch wir mit den Wucherern leiden und büßen müssen, weil wir sie weder bestrafen noch ihnen entgegenwirken.

Was sollen wir von den Heiden sagen? Laßt uns bei Nehemia (5) nachlesen! Da steht, wie die Juden in ihrer Not nach der Rückkehr aus Babylon ihren Brüdern auch den Hundertsten oder die Centesima als Monatswucher geben mußten. So ein altes Ding und so ein Jammer ist also der Monatswucher Centesima, daß es scheinen will, die Heiden haben ihn erst später von den Juden übernommen, denn die Juden rechnen alle ihre festen Geschäfte und sonstigen Angelegenheiten nach Monaten. Es kann aber auch sein, die Juden haben es zur Zeit [des Nehemia] von den Heiden gelernt, denn Nehemia lebte lange bevor die Römer und Alexander regierten – nämlich über 300 Jahre vor Christi Geburt. Wenn man etwa an [der Existenz der] Centesimi [bei den Juden] zweifeln sollte, so gibt es hierfür eine überzeugende Auslegung im Text. [Nehemia] sagt dort: „Die Fürsten, die vor mir waren, haben vom Volk vierzig Säckel genommen und dazu noch Korn, Öl und Most.“ Nun machen aber vierzig Säckel genau zehn Gulden aus, denn ein Säckel ist ein

Viertelgulden. Wenn dazu nun Korn, Öl und Most noch etwa zwei oder mehr Gulden ausgemacht haben, dann waren das jährlich zwölf Gulden, in jedem Monat also ein Gulden und das ist genau Centesima, der Hundertste.

Da nun das Volk jämmerlich klagte und schrie, griff der fromme Fürst Nehemia frisch drein. Er schalt die Wucherer übel aus und befahl ihnen, vom Hundertsten oder Monatswucher zu lassen sowie die Äcker, Häuser, Weinberge und alles [von ihnen Erwucherte] zurückzugeben. Da er in der Gnade Gottes stand, gehorchte und folgte ihm das Volk. Es steuerte dem Wucher, wie es die Not erforderte; denn es war bereits derart ausgesogen, daß es nicht mehr anders konnte. Obwohl sie also gerade erst mit Mühe und Not von den Heiden erlöst worden waren, verkauften sie sich selbst und auch ihre Töchter und Söhne an die Heiden. – Einen solchen Nehemia brauchten jetzt wir Deutschen wohl auch! Und sollte es nicht anders werden, so muß ein Nehemia kommen – oder Deutschland wird mitsamt seinen Fürsten und Herren, mit Land und Leuten den Wucherern zu leibeigen werden! Hat doch der Wucher in diesen letzten zwanzig, ja zehn Jahren bei uns derart um sich gegriffen, daß einem, wenn man es ein wenig näher betrachtet, das Herz darüber stehenbleiben möchte. Und noch steigt, frißt und schlingt er ohne Unterlaß weiter; je länger, desto greulicher.

Ich lasse mir sagen, daß man jetzt jährlich auf einem jeden Leipziger Markt zehn Gulden nimmt, das sind dreißig aufs Hundert. Etliche setzen auch noch hinzu, daß es auf dem Naumburgischen Markt sogar vierzig aufs Hundert werden. Ob es vielleicht sogar noch mehr ist, das weiß ich nicht. – Pfui über dich! Wo zum Teufel will denn das zuletzt hinaus? Das sind doch schon nicht mehr nur Monatszinsen oder Centesimi, also zwölf aufs Hundert jährlich, sondern Trecentesimi und noch mehr, in einem Monat also drei Gulden und sieben Groschen. Das sind nicht Jahreszinsen und auch nicht Monatszinsen, sondern Wochenzinsen; ja, das ist sogar ein rechter täglicher jüdischer Wucher.

Wer also jetzt zu Leipzig hundert Florin hat, der nimmt jährlich vierzig, das heißt, einen Bauern oder Bürger in einem Jahr gefressen. Hat er tausend Florin, so nimmt er jährlich vierhundert, das heißt, einen Ritter oder reichen Edelmann in einem Jahr gefressen. Hat er zehntausend, so nimmt er jährlich viertausend, das heißt, einen reichen Grafen in einem Jahr gefressen. Hat er hunderttausend, wie es bei den großen Händlern sein muß, so nimmt er jährlich vierzigtausend, das heißt, einen großen reichen Fürsten in einem Jahr gefressen. Hat er zehn Hunderttausend, so nimmt er jährlich vier Hunderttausend, das heißt, einen großen König in einem Jahr gefressen. Und er leidet darüber keine Gefahr, weder an Leib, noch an Ware; er arbeitet nicht, sondern sitzt hinter dem Ofen und brät Äpfel. Also kann so ein Stuhlräuber bequem zu Hause sitzen und in zehn Jahren eine ganze Welt fressen.

Hier sollte es nun einen Nehemia, einen Solon oder Alexander geben! Es wären wahrlich fürstliche Taten, die sie vollbringen müßten! Aber Ihr Prediger solltet so denken und solches Euren Fürsten und Herren predigen! Reizt und ermahnt sie, daß sie solchen Teufeleien steuern und die Armen retten! Das Gleiche sagt auch den Juristen! Euch Pfarrherren schreibe ich aber dieses vor allen Dingen, um Euch an Euer Amt zu erinnern; denn ich möchte sonst fast an der Sache verzweifeln. Erretten wir unser Gewissen! Verdammen wir uns nicht, wie oben gesagt, mit den Sünden Fremder zur Hölle! Auch müssen es die Wucherer wissen, damit wenigstens etlichen von ihnen das Gewissen schlägt und sie ihr verdammtes Treiben und Wüten gegen Gott, Vernunft und Natur erkennen. Ob die Fürsten hierbei helfen können, das weiß ich nicht. Es ist schon zu hoch und tief, zu weit und breit und allenthalben eingerissen und vielleicht auch schon zulange festgefahren.

Sollten nun die Zinseszinswucherer und Wucherer etwa schreien, daß man doch Brief und Siegel halten müsse, so haben die Juristen darauf schon längst ausführlich geantwortet: „In malis promissis." * Auch die Theologen erklären, daß Brief und Siegel, die von etlichen Leuten dem Teufel gegeben werden, nichts gelten – und sollten sie auch mit Blut besiegelt und geschrieben worden sein. Denn was wider Gott, Recht und Natur ist, das ist ein Nullus! Darum greife nur ein Fürst, dem es doch erlaubt ist, frisch drein! Er zerreiße Brief und Siegel und kehre sich nicht daran, wenn er deshalb an seiner Ehre oder am Glauben gescholten werden sollte! Denn Ehre, Treu und Glauben halten heißt, Gott Gehorsam, Glauben und Gelübde zu halten. Andererseits heißt es, wider Ehre, Treue und Glauben zu handeln, wenn er solche Briefe und Siegel nicht zerreißt oder vertilgt, obwohl ihm dies gestattet ist. Dafür liefert Nehemia ein schönes und überzeugendes Beispiel. Er nimmt den Wucherern die erwucherten Äcker, Weinberge, Ölgärten, Häuser und die Centesimi noch dazu. Dabei tut er wohl insofern [noch] zu wenig, als er die Wucherer nicht zwingt, auch alle anderen über das Maß hinaus durch ihren Wucher zusammengestohlenen und geraubten Güter wieder zurückzuerstatten. Doch müssen sie bei Gott auch das zurückgeben, zumindest sind sie schuldig, es zurückzugeben, denn Gott hat nicht genug daran, daß man vom Wucher ablasse; er will auch den Nächsten versöhnt und alle Sünden gegenseitig vergeben sehen.

Da Gott es so will, lassen wir hier die Fürsten tun, was sie können oder wollen. Uns Predigern aber gebührt es nicht, zu feiern. Laßt uns in dieser Hinsicht Bischöfe sein, d. h. aufpassen und wachen; denn es gilt unsere Seligkeit. Erstens [sollen] wir den Wucher auf der Kanzel schelten und verdammen und den Text – wie oben gesagt – fleißig und unumwunden hersagen, nämlich: Wer etwas leiht und darüber oder Besseres nimmt, der ist ein Wucherer und verdammt wie ein Dieb, Räuber und Mörder – ut supra.** Zweitens [denke daran], wenn Du einen Wucherer gewiß weißt und kennst, daß Du ihm weder das Sakrament reichst noch ihm Absolution erteilst, solange er nicht büßt! Sonst machst Du Dich seines Wuchers und seiner Sünden teilhaftig. Dann fährst auch Du mit ihm um seiner Sünden willen zum Teufel und solltest Du auch Deiner eigenen Sünden wegen so rein und heilig sein wie St. Johannes, der Täufer. Denn bekanntlich sagt St. Paulus zu Timotheus: „Lege niemandem die Hände zu schnell auf und mache dich nicht fremder Sünden teilhaftig!" Genauso heißt es in Römer 1: „Es sind nicht allein jene des Todes würdig, die es tun, sondern auch jene, die darin einwilligen und an denen Gefallen haben, die es tun!" Zum dritten [beachte], daß Du den Wucherer wie einen Heiden im Sterben liegen läßt und ihn nicht unter anderen Christen begräbst! Auch daß Du mir

* In schlimmen Verheißungen. ** Wie oben.

nicht mit ihm zum Grabe gehst, wenn er nicht zuvor gebüßt hat! Tust Du es aber, so machst Du Dich, wie schon oben gesagt wurde, seiner Sünden teilhaftig. Denn da er ein Wucherer und Abgöttischer ist, weil er dem Mammon dient, ist er ungläubig, kann er nicht die Vergebung der Sünden, weder die Gnade Christi noch die Gemeinschaft der Heiligen haben oder empfangen. Er hat sich selbst verdammt, abgesondert und verbannt, solange er sich nicht als schuldig bekennt und Buße tut.

Diese Rede wird vielleicht etlichen hart vorkommen. Vielleicht wird sie auch einige erschrecken. Vor allem wird sie den kleinen Wucherern schrecklich klingen; ich meine jene, die nur fünf oder sechs aufs Hundert nehmen. Doch den großen Weltfressern, die aufs Hundert nicht genug nehmen können, denen kann man es gar nicht hart genug machen, denn sie haben sich dem Mammon und dem Teufel ergeben. Sie lassen uns schreien und fragen nicht einmal danach. Insbesondere von diesen habe ich daher gesagt, daß man sie im Leben und Sterben dem Teufel überlassen und keine christliche Gemeinschaft mit ihnen haben soll; – wie sie es ja offenbar auch selbst haben wollen.

Es könnte nun der Fall sein, daß sie behaupten, wir Pfaffen wollten Herren sein und mit Gewalt gegen sie vorgehen. So schreien jetzt etliche adelige Scharrhansen und wohl auch einige hochmütige Bürger und reiche Dorfrüpel. Immer dann, wenn wir Pfarrer nicht das predigen, was sie gern hören wollen, heißt es flugs, wir wollten ihre Herren sein. Diese groben und gar nicht edlen Nichtsnutze, diese Stadtschlingel und groben Dorftölpel haben noch nicht einmal so viel gelernt, daß sie zwischen dem Wort Gottes, das gepredigt wird, und der Person des Predigers, die es predigt, einen Unterschied machen können. Wo sie Gottes Wort und auch ihr eigenes Gewissen straft, da glauben sie, das müsse der arme Pfaff' getan haben. Auf diese Weise wollen sie erreichen, daß man ja nicht Gottes Wort predige; gleichsam, als hätten sie selbst schon das Evangelium restlos gefressen. – Was zürnest du Narr gegen den Pfarrer? Zürne lieber gegen deine eigene Bosheit oder zürne mit Gott, dessen Wort dich Buben schilt! Er wird dir den Zorn schon austreiben. Darum, wenn solche Wucherer mit Dir zürnen wollten, falls Du sie nicht absolvierst, ihnen nicht das Sakrament reichst und sie auch nicht christlich begräbst, dann schicke sie zu den Juristen, damit diese ihnen zuverlässig bestätigen, daß sie keine Wucherer sind. Bringen sie Dir eine solche Bestätigung aber nicht bei, dann erkläre ihnen, Dir sei von Gott geboten, keinen Wucherer als Christen zu betrachten – und er selber dürfe sich auf Grund dieses Gebotes ebenfalls nicht für einen Christen halten. Dies zum ersten! Zum anderen aber hat es auch der Kaiser verboten, einen Wucherer als einen frommen Mann anzusehen. Nach diesem Recht soll er sich daher auch selber nicht als einen frommen Mann betrachten, denn was sind wir, wenn wir Gott und dem Kaiser ihr Recht und Urteil nehmen oder verkehren wollten? Bist du ein solcher Geizwanst, daß du nicht einen Groschen zu meiner Nahrung oder zur Stillung der Not eines armen Menschen hergeben willst, sondern lieber alle beide beraubst und bestiehlst? Nun, in diesem Fall würde es mich nur verdammen und auch dir nichts nützen, wenn ich dich absolvieren wollte, denn Gott und der Kaiser würden dies doch nicht als rechtlich anerkennen. Darum tue Buße und handle recht! Tust du es nicht, so kannst du genauso gut ohne mich und meine Absolution einfach zum Teufel fahren wie du mit meiner Absolution zweifach zum Teufel fahren würdest, nämlich zusammen mit mir, den du – ohne meine Schuld, durch deine Schuld – mit dir nimmst. Nein, Gesell! Fahre du nur allein hin; ich bleibe hier! Ich bin doch nicht Pfarrer, um mit jedermann zum Teufel zu fahren, sondern um jedermann zu Gott zu bringen.

Aber wie nun, wenn etwa der Fall einträte, daß alte Leute, arme Witwen oder Waisen oder sonstige bedürftige Personen, die bis dahin keinen anderen Nahrungserwerb erlernt haben, ein- oder zweitausend Florin im Handel angelegt hätten und nun davon lassen sollten, so daß sie nichts mehr hätten und also entweder die Hand am Bettelstab wärmen oder aber Hungers sterben müßten? Hier wollte ich wohl gern, daß die Juristen eine Milderung des strengen Rechtes schafften! Auch wäre daran zu erinnern, daß alle obengenannten Fürsten und Herren, die – wie Solon, Alexander und die Römer – dem Wucher entgegengetreten sind, ihn doch nicht restlos beseitigen konnten und ihn auch nicht restlos beseitigen wollten. Auch Nehemia hat nicht alles rückgängig gemacht. Hier mag also der obenerwähnte Spruch gelten: „Die Welt kann nicht ohne Wucher sein!" Doch ist ja dies im eigentlichen Sinne gar kein Wucher, auch nicht ein rechter, sondern ein Notwücherlein; schier ein halbes Werk der Barmherzigkeit für die Bedürftigen, die doch sonst nichts hätten. Auch schadet er ja dem anderen nicht sonderlich. Im übrigen würde sich auch noch darüber streiten lassen, ob hier nicht vielleicht ein Interesse oder Schadewacht vorliegt, da die Betreffenden es doch versäumt haben, in der Zwischenzeit etwas anderes zu erlernen. Auch wäre es recht unfreundlich und würde niemanden nützen, diese Leute zu Bettlern zu machen oder Hungers sterben zu lassen; zumal es ja ohne Schädigung des Nächsten geschieht, ex restitutione vaga.*

Aber hierüber habe ich nicht zu urteilen, obwohl ich gern raten und helfen wollte, damit niemand in Sünde verzweifeln muß. Darum erachte ich, daß in dieser Sache am besten der Landesfürst angerufen wird, damit er mit vernünftigen Juristen, Predigern und Räten eine leidliche Lösung – epiícia oder amnestia – herausfinde, die das Gewissen zufriedenstellen kann. Im übrigen weiß ich wohl, was für scharfe Rechte man einführen kann. Doch Not bricht Eisen! Sie kann daher wohl auch ein Recht brechen; zumal Not und Unnot weit voneinander geschieden sind und auch im Hinblick auf Zeit und Person eine recht verschiedene Rolle spielen. Was ohne Not Recht ist, das ist in der Not Unrecht und umgekehrt. Wer ohne Hungersnot dem Bäcker Brot vom Ladentisch nimmt, ist ein Dieb; tut er es aber in Hungersnot, so tut er recht, denn man schuldet ihm, Brot und dergleichen mehr zu geben. Aber wie gesagt, solches mag, wer dessen bedarf, bei seinem Fürsten, Pfarrer und frommen gelehrten Leuten herausfinden. Was diese ihm raten, das befolge er! Man kann doch nicht alles aufs Papier bringen!

Vielleicht kann es uns hierbei dienen oder helfen, wenn wir wissen, daß der Kaiser Justinianus den Wucher in der Weise begrenzte, daß er den Adligen gestattete, vier Florin [als Zins aufs Hundert] zu nehmen, den Kaufleuten acht und den anderen sechs. Und wenn er sagte, er wolle damit die alte, harte, schwere Last

* Infolge ungewisser Zurückerstattung.

vermindern. Kann uns das – so sage ich – in einem solchen Falle [als Hinweis] dienen, so will ich dem gern zustimmen und es vor Gott tragen helfen; besonders, wenn es bedürftige Personen betrifft und ein Notwucher oder ein barmherziger Wucher vorliegen sollte. Wenn es aber ein mutwilliger, geiziger, nicht durch Not bedingter Wucher sein sollte, der nur auf Handel und Gewinn gerichtet ist, so wollte ich weder dafür stimmen noch dazu raten, sondern dem Kaiser die Verantwortung überlassen. Beachte auch nicht, ob des Kaisers Meinung herrsche, – denn Leihen soll kein Handel, kein Gewerbe oder Gewinn sein. Der Kaiser kann nicht gute Werke lehren, die dem Himmel gehören. Für ihn ist es genug, daß er in diesem zeitlichen Leben gute Werke lehrt, wie ja auch seine Worte besagen, er wolle den Wucher so lindern, daß die harte und schwere Last erleichtert werde. Deshalb ist es auch nicht genug für den Himmel, nur des Kaisers Rechten gehorsam zu sein. Und dennoch ist anzunehmen, was er aus Gnade gibt, sonderlich in solchen Notzeiten und noch dazu in zeitlichen Gütern, die ja seiner Regierung unterworfen sind. Außerdem ist ja auch jetzt nicht die Zeit, daß man mit fünf oder sechs Gulden aufs Hundert Reichtum gewinnen kann; schon gar nicht, wenn die bedürftigen Personen diese Zinsen nicht wieder aufs neue ausleihen können, sondern zur Erlangung ihres eigenen Unterhalts benötigen. Doch in allem weiteren mag hier der persönliche gute Rat frommer Leute die Sache entscheiden. Die Pfarrer sollen sich nicht auf der Kanzel in solche scharfe Disputationen einlassen, sondern die Fragenden an Juristen oder bonos viros* verweisen. Hiermit ist genügend zur Unterrichtung gesagt.

Man ersieht nun hieraus, welch ein verwerflich Ding der Wucher ist, wie er die Welt frißt und unversehens auch gute Leute mit sich reißt, so daß sie weder vorwärts noch rückwärts können. Zuletzt muß er daher auch mit großer Gewalt bekämpft und muß den Frommen mit höchster Weisheit geraten werden, solange kein ausreichendes Recht gefunden werden kann, um dem schändlichen Laster zu wehren. Darum spricht wohl auch St. Paulus [im] 1. [Brief an] Timotheus: „Denn die da reich werden wollen, die fallen in Versuchung und verstricken sich in törichte und schändliche Lüste, welche die Menschen in Verderben und Verdammnis bringen.“ Sicher hat er gesehen, wie Geiz und Wucher im Römischen Reich die Welt geplagt hatten und immerfort noch plagen. Wer will auch ausmachen, wie viele böse und schändliche Lüste und Gedanken so ein Wucherer haben muß, wenn sein Wucher weidlich fressen soll? Tag und Nacht ist er eitel Geld und Geiz.

Warum begnügen sie sich nicht mit dem, was Gott ihnen gibt? Es heißt doch: „Wenn wir aber Nahrung und Kleidung haben, so lasset uns daran genügen!“ Dies ist doch allen Christen gesagt, den Reichen genauso wie den Armen. Die Ursache liegt darin, so erklärt [Paulus]: „Wir haben nichts in die Welt gebracht, also werden wir auch nichts aus ihr hinausbringen.“ Ein Fürst hat entsprechend seiner Person Nahrung und Kleidung. Für seine Person kann er nicht mehr verbrauchen; alles andere muß er hinter sich lassen, so wie auch jeder Bürger, Bauer und Bettler. Aber Geiz und Wucher scharren und sammeln, als wollten sie alles verbrauchen

* Ehrenmänner.

oder mit sich zur Welt hinausbringen, obwohl doch auch sie nicht mehr als Nahrung und Kleidung benötigen. Es bleibt aller Menschen Wahlspruch: „Füllen und Hüllen, Umb und An, damit davon! [Nahrung und Kleidung und was man so braucht – ist dies genossen, so ist das Leben zu Ende!] Was darüber ist, das mag der Mensch wohl auch noch mit Gott haben, wie es bei David und den reichen Leuten der Fall ist; doch gebrauchen es dann andere bei ihm. Er selbst hat nichts davon als Nahrung und Kleidung wie jeder andere Mensch. Sind seine Nahrung und Kleidung auch köstlicher, so ist es eben doch nicht mehr als Nahrung und Kleidung. Denn sein Haus und Schloß, sein Land und seine Kleider, das ist nichts anderes als eben seine „Kleidung“; wie auch sein Essen und Trinken, sein Wein und Bier nichts anderes ist als eben seine „Nahrung“. „Nahrung“ heißt doch schließlich nicht Pferdefutter; und „Kleidung“ ist auch nicht einfach nur irgendein Saustall oder Sack, sondern „Nahrung und Kleidung“, das ist die Befriedigung der Notdurft eines jeden nach seinem Stande mit allen Gütern. Gälte dies nicht, so müßten ja alle Menschen Heu und Stroh fressen, auch die Fürsten und Herren, denn es ist ja allen Christen gesagt worden, daß wir alle – einer wie der andere – nicht mehr von allen Gütern im Gebrauch haben können als eben Nahrung und Kleidung. Damit soll sich ein jeglicher begnügen, wenn auch Nahrung und Kleidung entsprechend der Ungleichheit der Person ungleich sein müssen.

Damit sei nun auf weltliche Weise genug über die Zügelung und Bekämpfung des Wuchers bei den Heiden gesagt. Wie oben beschrieben, haben sie den Wucher in mäßigen Fällen gestattet oder, genauer gesagt, geduldet. Sie ließen ihn ungestraft, um größere Übel zu vermeiden; unabhängig auch davon, wie vieles andere bei ihnen geduldet und ungestraft blieb, was Christus nicht zuläßt und daher auch von uns nicht anerkannt werden kann – wie z. B. Neid und Heimtücke, List und Bosheit. So gestattete auch noch Moses das Ehescheiden und viele Dinge mehr, die Christus seinen Christen nicht gestattet, denn das weltliche Recht regiert das irdische, sterbliche, wandelbare Reich; Christus' Recht aber regiert das himmlische, ewige, unwandelbare Reich. Darum heißt sein Zepter auch sceptrum rectitudinis – ein gerades Zepter. Das ist ein ganz reines und vollkommenes Recht, ein Recht ohne Fehl, Mangel, Krummheit, Flecken und Runzeln. Da sein Recht weder Wucher noch überhaupt Böses dulden kann, so gibt es gewiß auch keinen Wucher, wenn man es nur einhält und Christ ist. So wenig ein Christ ein Heide oder Jude ist, so wenig ist er daher auch ein Wucherer.

Denn also heißt sein Recht und also lehret er seine Christen, daß sie mit zeitlichem Gut auf dreierlei Weise umgehen sollen. Darüber haben wir schon oft gesprochen; und bei Matthäus und Lukas steht es klar geschrieben. Erstens, daß sie gern geben sollen. Omni petenti te tribue – Du sollst jedermann geben, der dich bittet! Wer aber gibt, der wuchert natürlich nicht, denn er gibt es umsonst und begehrt nichts dafür. Darum kann bei den Christen kein Wucher sein. Zum zweiten sollen sie gern leihen oder sich anborgen lassen. Davon spricht Christus in Lukas 6: Mutuum dantes usw. – Ihr sollt leihen und euch nichts davon erhoffen oder erwarten! Wer auf diese Weise leiht, der wird ganz sicher auch nicht wuchern. Zum dritten soll ein Christ nehmen lassen; auch den Mantel zum Rock. Matthäus 5 schließt darin auch ein, wie er sich selbst erklärt, das Erleiden von allerlei Unrecht und Gewalt. Er sagt: „Wer dich zwingt, eine Meile des Weges mit ihm zu gehen, mit dem gehe zwei! Tut wohl denen, so euch verfolgen und hassen!" Wer nun solches einhält und tut, wie kann der wuchern? Mit Menschen wuchert er nicht; aber er treibt einen herrlichen Wucher mit Gott. Doch davon hernach mehr!

Hier sprichst Du: „Soll nun jeder, der will oder kann, ein Christ sein?" Antwort: Wer selig werden will im Himmelreich, der kann wohl auch ein Christ sein. „Ja," fragst Du, „wer kann denn selig werden?" Wer ein Christ sein will, der kann sehr wohl selig werden. Christus wird sein Wort nicht nach uns richten oder beugen, noch wenden oder lenken. Denn es heißt: Virga aequitatis, virga regni tui – Deines Reiches Zepter ist ein gerade, gleich und streng aufgerichtetes Zepter! Daran ist nichts zu ändern. Wir müssen uns nach ihm richten und schicken. Die Elle muß nicht mit dem Tuch, sondern das Tuch mit der Elle gemessen werden; sonst wäre das Messen nichts! Das Gewicht muß nicht mit der Ware, sondern die Ware mit dem Gewicht gewogen werden. Was wäre sonst das Wiegen? Das ist den Sophisten und Papisten und auch Mohammed schwer und unerträglich vorgekommen. Sie haben sich deshalb etwas Leichteres und Besseres ausgedacht. Sie lehren daher, daß solche Stücke Christus nicht allen, sondern nur den vollkommen geratenen Christen geboten hätte, und daß es daher jedermann frei anheimgestellt bleibe, ob er sie halten wolle oder nicht. Nämlich: Will er sich mehr und Höheres verdienen als die ewige Seligkeit, so mag er sich daran halten; will er sich aber damit begnügen und nicht mehr begehren als nur selig zu werden, so mag er sie unberücksichtigt lassen, dann ist er nicht schuldig, sie zu halten.

Auf diese Weise haben sie so feine Christen aus uns gemacht, daß wir uns zuletzt der Heiligen, ja auch der Pfaffen und selbst der überflüssigen Mönche Verdienst haben erkaufen müssen. Das heißt, reine Heiden und Türken, ja Ärgeres noch als Heiden und Türken haben sie aus uns gemacht. Sie werfen uns vor, daß wir gute Werke verbieten. Doch, laß uns hier den Text ansehen, dann wird sich zeigen, wer die guten Werke tatsächlich verbietet! In Wirklichkeit sind nämlich sie es, die nicht nur die guten Werke verbieten, sondern auch noch die Lehre Christi beseitigen, durch die er gute Werke gebietet. Sie sind es doch, die erklären, man dürfe weder solche Lehre halten, noch solche guten Werke tun. – Lieber, was bleiben denn da eigentlich für gute Werke übrig, wenn man die Lehre von den guten Werken – ohne die wir wie Türken, Tataren und Juden ohne und gegen Gottes Gebot handeln würden – verbietet, verdammt und vertilgt? Daher ist die Welt voller Mönche, Platten und Messen, doch ohne rechte Christen und ohne solche guten Werke wie Geben, Leihen und Leiden. Wir aber, die wir unsererseits solche guten Werke lehren und nach Christi Worten fordern, werden als die hingestellt, die gute Werke verbieten. Sind das nicht feine Heilige, die nicht nur die Lehre von den guten Werken verdammen, um alle guten Werke zu verhindern, sondern überall auch noch behaupten, daß wir die guten Werke verbieten, obwohl wir doch gegen ihr Verdammen und Verbieten solche gute Werke lehren? Also: Was sie an Ketzerischem und Teuflischem lehren, das legen sie uns zur Last; und was wir als christlich lehren, des rühmen sich diese feinen Frömmler.

Ja, sprichst Du: „Wie kann ich aber jedermann geben? Es müßte, wie man sagt, ein reicher Kaufmann sein, der uns ernähren sollte. Es ist ja selbst dem Kaiser unmöglich, jedermann zu geben. Allein Gott, doch keinem Menschen ist dies möglich." Hierüber habe ich – und andere mit mir – zur Genüge gepredigt und geschrieben. Wenn man den Text fleißig ansehen würde, könnte es jedermann selbst genauso gut sehen, wie wir es gesehen haben, so daß man unsere Auslegung hierzu nicht brauchte. Aber da wir alle nicht fleißig genug sind, muß einer dem anderen den Text mit dem Finger weisen, damit er es selber auch sieht und nicht nur uns glauben muß, sondern des Herren Wort selbst erkennt und versteht.

Erstens, wenn unser Herr also spricht, du sollst jedermann geben, dann heißt hier „jedermann" nicht, daß ich allen Menschen oder allen Bedürftigen auf Erden geben soll. Gott weiß wohl, daß dies unmöglich wäre. Er wendet sich an dieser Stelle lediglich gegen die jüdische Auffassung, die sich auf jenen Gesetzestext bezog, der besagte, „Du sollst deinen Freund lieben und deinen Feind hassen!" Daraus schlossen und lehrten die Juden, man müßte nicht jedermann, sondern nur den Freunden geben, weil man ja nur die Freunde lieben, aber die Feinde hassen soll. Dagegen spricht Christus: Du sollst jedermann, d. h. nicht nur deinem Freund, sondern auch deinem Feind geben und niemand – sei es Feind oder Freund – in seiner Not und Bedürftigkeit allein lassen. Dies zeigen auch seine Worte deutlich und klar, wenn er spricht: „Wenn ihr allein euren Freunden gebt oder wohltut, was habt ihr schon Großes getan? Tun nicht auch die Gottlosen und Zöllner so und geben ihren Freunden?" Es ist dies ja auch der Welt Weise. Man drückt sie aus, indem man sagt: „Guck über den Zaun und wieder zurück!" Wenn aber mein Nachbar zu mir nur sagen will: „Lieber, guck du über den Zaun, d. h. siehe du, wie es mir geht, hilf und rate mir, sei ein Nachbar!" Wenn er aber dann nicht hören will, daß ich darauf erwidere: „Lieber, guck auch du wieder herüber und sei auch du ein guter Nachbar!" Da ist dann der Welt Freundschaft aus, denn sie guckt nicht über den Zaun, wenn man selbst nicht auch wieder hinüber gucken will. Die Griechen drückten dies aus, indem sie sagten: „Eine Hand wäscht die andere." Aber, wie Christus hier lehrt, soll ein Christ immer über den Zaun gucken, um Hilfe zu leisten; auch wenn sein Nachbar seinerseits niemals herübergucken sollte. Denn Gott wird das mit einem überreichen Gucken seinerseits wieder ausgleichen. Deshalb führt auch St. Paulus in Römer 12 den Spruch Salomons an: „Hungert deinem Feind, so speise ihn; dürstet ihm, so tränke ihn!" Selbst Moses spricht (2, 23, 5): „Siehst du deines Feindes Esel unter der Last zusammenbrechen, so laß alles stehen und hilf ihm auf!"

Zum anderen bedeutet solcher „jedermann" nicht jemand, der im übrigen schon genug hat oder haben kann. Denn es sind – besonders in dieser Zeit – über alle Maßen böse Schelme, die sich als arm, bedürftig und bettelarm hinstellen, um so die Leute zu täuschen. Wenn die Obrigkeit nicht gar so nachlässig und faul wäre und die Galgen nicht gar so vergeblich an die Straße setzte und feiern ließe, dann sollte man solchen Leuten vom Henker mit Strang und Sack ein Almosen geben lassen. Deshalb gibt es jetzt auch noch so viele faule Leute bei uns, die frisch, gesund und stark sind und auch sehr wohl arbeiten, dienen und sich [aus eigener Kraft] ernähren könnten, sich aber lieber darauf verlassen, daß ihnen Christen und fromme Leute gern geben. Und wenn ihnen dieses Geben nicht ausreicht oder genug ist, dann ergänzen sie es durch Stehlen, ja sogar durch dreistes öffentliches Nehmen auf den Höfen, auf den Gassen und selbst in den Häusern. Ich weiß nicht, ob es schon jemals eine solche Zeit gegeben hat, in der das Stehlen und Nehmen so allgemein verbreitet gewesen wäre. Und trotzdem stehen alle Galgen bei uns so vollkommen umsonst herum und halten über Jahre hinaus Feiertag. Solches Geben hat Christus hier nicht geboten! Nur den Bedürftigen in Deiner Stadt und Umgebung soll gegeben werden; wie ja auch Moses lehrt, daß man nur denen – es sei Freund oder Feind – helfen, geben, leihen soll, die nicht arbeiten, dienen und sich ernähren können oder deren treue Arbeit und Dienste hierfür nicht ausreichen wollen. Solchen kann ja auch ein Christ gern wohltun! Es fällt ihm auch insofern nicht schwer, als ja die Regenten sowieso alle ausländischen Bettler und Landstreicher sowie unbekannte und faule Leute von ihrem Land fernhalten.

Zum dritten ist zu beachten, daß ein Christ, wenn er geben soll, zuvor natürlich erst einmal selbst etwas haben muß. Wer nichts hat, kann nichts geben! Und wenn er auch morgen und übermorgen und übers Jahr noch geben soll – denn Christus gebietet mir, zu geben, solange ich lebe –, dann kann er nicht heute schon alles weggeben. Wenn also der Herr Christus zu geben gebietet, so gebietet er es offenbar nur denen, die etwas haben und also zu geben in der Lage sind. Sonst hieße es ja, du suchst dort, wo nichts zu finden ist. Die Mönche haben dieses Gebot übrigens meisterlich umgangen. Etliche von ihnen haben zwar nichts aufzugeben gehabt [als sie Mönche wurden], sie haben daher im Kloster – [genauer gesagt] in der Küche [des Klosters] –lediglich etwas für ihren Bauch gesucht. Etliche von ihnen hat es aber auch gegeben, die alles [was sie hatten] auf einmal weggegeben haben [als sie Mönche wurden]. Aber allesamt haben sie dafür auf ewig genommen. Sie haben sich ihr Leben lang und so lange geben lassen, bis sie mehr bekommen hatten als die Welt selbst besaß. Ja, das ist auf eine feine Art gegeben, nämlich einen Pfennig für tausend Gulden. Das ist sehr wohlfeil. Hiergegen lehrte St. Paulus die Corinther, er erwarte nicht von ihnen, daß sie in der Weise geben – ut aliis remissio, ipsis tribulatio sit –, daß sie selbst deshalb Ungemach erleiden, während jene, denen sie geben, guter Dinge sind. Nein, das erwartet unser Herr Christus nicht! Er will nicht, daß ich mich mit meinem Gut zum Bettler und den Bettler zu meinem Herrn mache! Lediglich seiner Notdurft soll ich mich annehmen und ihm dabei helfen, so gut ich kann! Der Arme soll mit mir essen, aber ich soll nicht meiner Familie nehmen, was sie benötigt, um es Fremden zu geben! Solches kann ein Christ wohl auch tun, sogar gegenüber seinem Feinde, obwohl ein Jude oder Heide solches seinem Feind gegenüber gewiß nicht täte. Das also bedeutet es, wenn gesagt wird: „Gib jedermann, der dich bittet!“ Bitten kann aber nicht der, der nicht bedürftig ist; es sei denn, es wäre ein Bube.

Bedürftig sein ist aber etwas sehr Verschiedenes. Es bedarf wohl zuweilen der eine oder andere sehr viel, ja über alle Maßen viel zu seiner unnützen und schändlichen Pracht und Hoffart. Denen mag der Teufel genug geben! Christus aber redet mit seinen Christen, die mit ihm zu leiden berufen sind. Sie brauchen – jeder nach seinem Stande – das Leben dieser Welt zu ihrer Vorbereitung auf das ewige Leben. Er sagt: „Ihr sollt nicht hoch herfahren!“ Wer kann denn auch genug geben, leihen oder sich nehmen lassen für all das, was ein Papst, Kardinal, Bischof, Fürst, Herr, Adliger, Bürger und Bauer zur Befriedigung seines Stolzes, seiner Pracht und seines Mutwillens, zum Verschleudern und Durchbringen bedarf oder benötigt? Es heißt: Habentes victum, daß heißt, zur Notdurft des Leibes sollen wir alle genug haben! In dieser Hinsicht soll keiner den anderen – auch nicht den Feind – in Not lassen! So spricht auch St. Paulus in seinem ersten Brief an Timotheus: „Gott gibt uns allen reichlich genug zum Gebrauch ...“.

Zu alledem ist zum Geben noch eines zu bemerken, wenn es nicht zu einer falschen Schalkhaftigkeit werden soll. Es betrifft nicht die äußerliche Hand, den Beutel oder Kasten, sondern das Herz. Hierüber sagt der Herr in Matth 6: „Wenn du Almosen gibst, so siehe zu, daß deine linke Hand nicht weiß, was deine rechte Hand tut!“ Schon früher haben wir dieses und ähnliches fleißig behandelt. Hier aber müssen wir noch ein wenig näher darauf eingehen. Es ist nämlich nicht genug, wie bisher gesagt wurde, daß Du gibst, sowohl den Freunden als auch den Feinden, vor allem aber den Bedürftigen, und daß Du dabei auch noch für die Deinen genug zum Essen behältst und auch ein anderes Mal wieder geben kannst, solange Du lebst. Hier siehe vor allem darauf, daß solches Geben so geschieht, wie es St. Paulus in Römer 12 lehrt: „Wer da gibt, der gebe einfältig!“ Das heißt, der gebe mit einfältigem Herzen und nicht um der Ehre willen! Er tue auch, was er kann, damit er es schnell wieder vergesse und es so ist, als habe er nie etwas gegeben oder niemals wohlgetan! Sonst hängt sich gar gern des Teufels Strick daran. Man bildet sich dann auf solche Wohltat etwas ein und will auch dabei gesehen werden. Diese sind es dann, die Posaunen vor sich her blasen lassen. Von ihnen sagt Christus in Matth. 6, daß sie gern von sich sagen hören: „Seht, seht wie gut gibt doch der und der; es helfe ihm Gott, er wird sich noch zu Tode geben.“ Diese Leute haben ihren Lohn verspielt; denn solches Geben ist ganz und gar verloren und umsonst!

Noch verdrießlicher aber sind die, die so geben, daß sie sich damit jene verbunden machen wollen, denen sie etwas geben. Sie suchen ihren Vorteil hierbei auf eine über alle Maßen schändliche Weise. Sie wollen, daß man sie feiere. Sie wollen, daß man dafür dann tun und leiden, reden und geschehen lassen soll, was und wie es ihnen gefällt. Sie wollen, daß man ihnen nicht genug dafür danken kann. All das ist geradeso, als wenn ich einem Bedürftigen in seiner Not zehn Gulden gäbe, um ihn damit hoch zu erfreuen, ihn daraufhin dann aber so zu gebrauchen und auszunutzen und ihn so für mich dienen zu lassen, wie ich es nicht einmal für hundert Gulden von meinem Knecht oder von meiner Magd verlangen könnte, denen ich doch für ihre Arbeit und ihren Dienst Lohn geben oder bezahlen muß. Solches Geben – in der Hoffnung, damit etwas viel billiger als anderswo kaufen zu können oder aber etwas am Lohn zu sparen – würden ich und Du selbst wohl auch nicht gern haben. Das ist übrigens genau die gleiche Art, in der jetzt etliche Junker, aber auch Städte und Dörfer ihren Pfarrherren mitspielen, obwohl sie doch deren

Pfarren weder gestiftet haben, noch etwas dazugeben. Dennoch – weil sie die Pfarre zu verleihen haben – wollen sie sich die Pfarrer einfach zu ihren Leibeigenen machen. Gleichzeitig aber wollen sie selbst es nicht dulden, daß nach solchem Beispiel, das sie selbst geben, die Fürsten, von denen sie ihrerseits ihre Lehnsgüter empfangen haben, nun auch sie zu Leibeigenen machen wollen oder zu tun heißen, was die Fürsten gelüstet. Sie wollen also vom Pfarrer, daß er aus Dankbarkeit ihnen gegenüber tut, was immer sie wünschen; gleichzeitig aber wollen sie von ihrem Oberherrn nur das erleiden, was ihnen paßt, obwohl sie diesem doch billigerweise genauso großen Dank schuldig sind wie der Pfarrer ihnen. Nun sage Du mir, was das für ein Geben ist? Es ist, wie oben gesagt, einen Pfennig für tausend Gulden geben. Das ist wahrlich sehr wohlfeil gekauft. Lieber, solchen Erwerb lehre auch mich! Dennoch wollen sie den Ruhm für sich haben, als Gebende und nicht als Nehmende bezeichnet zu werden, wollen sie als Christen gelten und selig werden.

Hieraus ersiehst Du, daß jenes Geben, das sich, wie oben gesagt wurde, nur auf die Hand oder den Beutel bezieht, sowohl Freunden als auch Feinden gegenüber nicht schwer ist. Doch das Geben aus einfältigem Herzen heraus, das ist schwer! Nur wenige erweisen sich hierbei als Christen! Dabei kostet es doch weder Geld, noch Mühe, noch Arbeit. Es erfordert allein, daß sich das Herz auf rechte Weise dareinschicke. Wer einen Pfennig aus einfältigem Herzen heraus gibt, der gibt vor Gott mehr, als gäbe er hundert oder gar hunderttausend Gulden aus einem falschen Herzen heraus; denn Gott sieht darin keine Gabe! Wo wollen da nun die Junkerlein und jene goldenen Brüder bleiben, die jetzt nur eitel Nehmende sind, trotzdem aber Gebende genannt sein wollen?

Ich habe wohl oft mit großem Unwillen gesehen, wie Fürsten, Herren, Adlige, Bürger und Bauern so schändlich viel durch Hoffart, Prassen, Spielen usw. vertun. Sie könnten gewiß vielen Bedürftigen helfen, wenn sie diesen nur den zehnten, ja den hundertsten Teil davon abgeben wollten. Doch ich habe mich darüber getröstet und denke, wenn sie auch den Armen geben würden, so würden sie es doch nur aus einem falschen Herzen heraus tun. Deshalb ist es schon viel besser, sie vertun tausend Gulden in Teufels Namen, als daß sie auch nur einen Pfennig in Gottes Namen geben! Sie sind vor Gott nicht wert, auch nur einen Heller oder den Wert eines Hellers zu Gottes Dienst und Ehre zu geben! Denn die, so tausend Gulden in Teufels Namen vertun, können sich wenigstens nicht rühmen, daß sie damit etwas um Gottes Willen oder für die Armen gegeben haben. Sie können auch keine Frohn, noch irgendeinen Dienst daraus ableiten, wie es die falschen Geber tun. Sie können sich nur selbst verdammen. Aber jene, so einen Gulden in Gottes Namen geben, wollen damit Gott schier selbst trotzen, solch großen Dank und soviel Frohn und Dienst begehren sie dafür. Es ist also nicht allein der Mammon ihr Gott, sondern sie selbst wollen überdies auch noch durch ihren Mammon aller Welt Gott sein und sich entsprechend anbeten lassen. Die Armen aber, obwohl sie den Mammon weder zum Gott haben können noch wollen, sollen nun auch noch des Mammons Göttlichkeit in seinen Götzen – ich sollte besser sagen: in seinen Göttern – anbeten, oder aber Hungers sterben. Selbst nur nach der Vernunft ist ein solches Geben kein Geben, sondern ein siebenfaches Nehmen. Sirach nennt sie deshalb Narren, d. h. gottlose Leute. Im Kapitel 20 spricht er: „Des Narren Geschenk wird dir nicht viel frommen! Mit einem Auge gibt er, und mit sieben Augen sieht er, was er dafür bekommt. Er gibt einen Pfennig, rechnet aber viele an und ruft es auch noch aus wie ein Weinrufer.“ Lies daselbst weiter, wie Sirach solche schändlichen Leute beschreibt, dann siehst Du, wie sie zum Beispiel darüber klagen, daß man ihnen nicht genügend dankbar noch treu ist für ihre Wohltat oder für das Brot, das sie einem etwa zu kosten gegeben haben, usw. Sie sind fast von jener Art, über die es im Lied von St. Martin heißt: „Du lieber Herr St. Martin, du Viellieber, was suchst du unter den großen Dieben? Sie opfern dir einen Pfennig und stehlen dir dein Pferd. Sie sind so große Diebe, daß sie wohl dermaleinst zum Hängen reif sein werden.“

In diesem Sinne, sorge ich, sind wohl auch viele Stifte und Klöster nur deshalb gebaut und viele Messen und Gottesdienste nur deshalb eingerichtet worden, um Gott sein Reich gegen böse und falsche Münze, die „unser Werk und Verdienst“ heißt, abzukaufen. Gott aber wird sie mit höllischem Feuer genauso verbrennen wie man falsche Münzen zu verbrennen pflegt! Doch davon an anderer Stelle.

Zum anderen ist auch vom Leihen im gleichen Sinne zu reden, wie schon vom Geben geredet wurde. Erstens, daß ein Christ leihen soll – nicht allein dem Freunde, sondern auch dem Feinde. Der Herr sagt (Matth. 5 und Lukas 6): „Wenn ihr allein euren Freunden leiht, was tut ihr schon Sonderliches? Leihen nicht auch die Gottlosen einer dem anderen, indem sie Gleiches wieder zurücknehmen?“ Zweitens, daß man dem Bedürftigen leihe und nicht dem Schalk, dem Faulen oder Prasser, wie auch oben vom Geben schon gesagt wurde. Hierzu erklärt Sirach: „Etliche meinen, es sei gefunden, was sie borgen. Sie denken daher nicht daran, es wieder zurückzugeben.“ Solche faulen Schelme mißbrauchen dieses Gebot Christi. Sie verlassen sich darauf, daß man schuldig sei, ihnen zu leihen. Darum soll man ihnen nichts leihen. Drittens, daß man nur leihe, wenn man auch etwas zu verleihen hat, und daß man auch nur so leihe, um morgen oder übers Jahr erneut leihen zu können. Sonst trifft das Sprichwort zu: „Gibst du es mir nicht wieder, dann kann ich es dir auch nicht mehr leihen.“ Das heißt, dann muß ich das Leihen wohl bleiben lassen, da ich ja nichts mehr zum Verleihen habe. Hier ist es so, wie Sirach im 29. Kapitel sagt, daß mancher wohl gern leiht, dabei aber fürchten muß, um das Seine zu kommen. Übrigens kannst Du dieses Kapitel vollständig hier herschreiben oder lesen. Es erklärt Dir sehr fein, wie es beim Leihen zugeht. Schon vor Zeiten ging hierüber auch in den Schulen das Sprichwort um: Si commodaveris, non rehabebis, si rehabebis, non tam cito, si tam cito, non tam bonum, si tam bonum, perdes amicum! *

* Wenn du jemandem etwas geliehen hast, wirst du es nicht zurückerhalten, wenn du es zurückerhältst, wirst du es nicht so schnell zurückerhalten, wenn du es so schnell zurückerhältst, wirst du es nicht so gut zurückerhalten, wenn du es so gut zurückerhältst, verlierst du den Freund!

Andererseits sind nun aber die Kinder Adams so erbittert darüber, daß sie auch dem einen Rutenstiel [eine Geringfügigkeit] leihen sollen, der sie beleidigt hat. Diesem geben sie lieber alles [Böse], was die Landsknechte fluchen. Trotzdem aber wollen sie Christen sein und zum Sakrament gehen.

Darum sehe jedermann zu, wann, wo, wieviel und wem er nach seinem Gewissen leihen oder geben soll oder muß! Es kann hierbei kein anderes Maß gesetzt werden als des Nächsten Notdurft und die christliche Liebe. Gott hat uns geboten, dem Nächsten die christliche Liebe so zu erweisen, wie wir sie im gleichen Falle auch von anderen erwiesen haben wollen – ganz gleich, ob wir Freunde oder Feinde sind.

Solches Leihen ist ja nicht schwer und auch nicht unmöglich. Selbst die Sophisten haben daher keine Ursache gehabt, unseres Herrn Gebot in dieser Hinsicht zu ändern oder damit nach Gutdünken – was sie dann Consilia oder Beratung nennen – zu verfahren. Auch die Vernunft lehrt uns ja schon, daß einer dem anderen tun soll, was er vom anderen auch gern getan haben will. Der Herr selbst sagt: „Was ihr wollt, das euch die Leute tun sollen, das tut auch ihnen!" Solches bestimmt das Gesetz und alle Propheten. Ja, auch alle natürlichen Rechte sagen das Gleiche. Nun ist es aber gewiß, daß ich zwar gern wollte, man gäbe mir, man leihe mir, man helfe mir in der Not. Doch andererseits ist es auch gewiß, daß mir niemand geben, leihen, helfen soll, wenn ich es nicht nötig habe, wenn ich faul oder ein Schelm bin, wenn ich nur prassen, nicht aber arbeiten will, wenn ich weder etwas tun noch erleiden will, obwohl ich es doch könnte und auch gesund und stark bin. In diesem Fall fehlt es mir an nichts, wenn die Leute gar zu fromm sind und mir genügend geben, obwohl sie mich dann eigentlich billigerweise auspeitschen, zum Land hinausjagen oder an den Galgen hängen sollten.

Aber das ist ein schweres und seltenes Leihen, wenn ich, wie schon oben vom Geben gesagt wurde, einfältig oder aus einfältigem Herzen leihen soll, wenn ich nichts dafür als Gegenleistung begehren und mir auch den Nächsten dadurch nicht verpflichten oder ihn mir gar zu leibeigen machen darf. Ich rede hier nicht vom wucherischen Leihen, wie oben, sondern vom Leihen ohne Wucher gegenüber Feinden wie Freunden, also so weit entfernt vom äußerlichen Werk als man vermag. Wie nämlich die Geber von denen gefeiert und angebetet sein wollen, die von ihnen empfangen, so wollen auch die Leiher oft gern von denen gefeiert sein, die von ihnen borgen müssen. Deshalb ist auch ein christliches Leihen genauso selten wie das christliche Geben. Die sieben Augen lassen eben, wie Sirach sagt, das eine einfältige Auge nicht sehen.

Alles in allem kommt solcher Jammer und solches Herzeleid, daß ein Mensch gern des anderen Gott wäre, vom Apfel im Paradiese her, wo ja schon Adam und Eva in des Teufels Namen Götter sein wollten. Denselben Apfel hat jeder von uns noch im Magen; er rülpst immer wieder heraus und will sich nicht verdauen lassen. Sogar die rechten Heiligen haben davon noch etwas in sich – zumindest vom Gehäuse des Apfels. Daher sehen wir, wie etliche Leute Lust dabei empfinden, wenn andere Leute Not leiden. Besonders gilt das für die Götzendiener, wie St. Paulus die Geizigen und Wucherer nennt. Ihnen tut es wohl, wenn man ihrer bedarf und sie um Hilfe ersuchen und anrufen muß. Kennst Du sie nicht? – Dann schau nur auf die, so das Korn zurückhalten; wie sie hoffen und wie froh sie werden, wenn es teurer wird; wie traurig sie werden, wenn es wohlfeil wird; wie sich etliche von ihnen sogar erhängen, weil Gott alle Wucherer und Geizhälse gleichermaßen als rechts- und urteilswidrig ansieht. – Übrigens wäre es schade, wenn sie von öffentlichen Henkern auf rechtliche und ehrliche Weise gehenkt werden sollten. Sie sollen nur ihre eigenen schändlichen Henker sein und sich selbst schändlich erhängen, auf daß sie sich selbst Teufel und Tod sind – wie sie ja auch gern aller Welt Mörder und Räuber gewesen sind.

Christus aber, unser Herr, hat geboten, keiner soll des anderen Gott sein wollen, sondern jedermann soll in Liebe des anderen Diener sein! Keiner soll des anderen Not und Unglück erhoffen, noch sich daran erfreuen! Jeder soll mitleidig und barmherzig sein gegenüber seines Nächsten Notdurft und Unglück! Christus selbst hat uns dafür ein einzigartiges Beispiel gegeben, worüber Paulus in seinem Brief an die Philipper (2) schreibt: „Obwohl er in göttlicher Gestalt und Herr über alles war, wollte er nichts als erraubt, noch erwuchert, noch ergeizt haben, sondern entäußerte sich allem und ward unser Knecht und Diener.“ Die Geizwänste dagegen erwuchern, ergeizen, errauben und erstehlen sich ihre göttliche Ehre und Herrschaft über die Armen und Bedürftigen. Sie haben Freude und Lust daran, daß sie vom Gelde reich und andere arm sind, daß sie mit dem Gelde herrschen und andere sie deshalb anbeten müssen. Sie folgen in dieser Hinsicht ja nur ihrem Vater, dem Teufel, der sich auch im Himmel die Gottheit mit seinem hohen englischen Reichtum, mit Schmuck und Herrlichkeit, worin er geschaffen und über alle Engel gestellt war, erwuchern und ergeizen wollte. Er fiel aber und verlor dabei beides – das Erwucherte und die Hauptsumme. Er ist so aus dem allerschönsten Bilde Gottes zum allergreulichsten Feind Gottes geworden.

Deshalb ist auch nach dem Teufel kein größerer Menschenfeind auf Erden als ein Geizhals und Wucherer, denn er will über alle Menschen Gott sein. Türken, Krieger und Tyrannen sind auch böse Menschen. Doch sie müssen die Leute leben lassen und anerkennen, daß sie Böse und Feinde sind. Sie können, ja sie müssen sich zuweilen wohl auch etlicher Leute erbarmen. Aber ein Wucherer und Geizwanst will mit seiner ganzen Kraft nichts anderes, als daß alle Welt in Hunger und Durst, Jammer und Not verderben solle, auf daß er alles allein für sich habe und alle anderen nur von ihm wie von einem Gott empfangen können und auf ewig seine Leibeigenen sind. Dann lacht ihm sein Herz. Das erfrischt ihm sein Blut. Außerdem will er dann auch noch in der Pracht der Edelleute mit goldenen Ketten, Ringen und Kleidern auftreten und sich sein Maul wischen. So will er sich für einen treuen und frommen Mann ansehen und rühmen lassen, für einen, der noch viel barmherziger als Gott selbst ist und auch viel freundlicher als die Mutter Gottes und alle Heiligen. Und alles das bringt er zuwege – ist die Welt nicht geplagt? – mit tausend, mit hundert, mit fünfzig Gulden oder – wenn der arme Mann [dem er leiht] nur geringeren Standes ist – sogar nur mit einem einzigen Gulden.

Von Anfang an und zu allen Zeiten haben viele kluge Männer sehr deutlich beschrieben und an Hand vieler greulicher Beispiele gezeigt, wie plötzlich und schrecklich die Wucherer untergegangen sind. Hierüber gibt es auch viele Sprichwörter in allen Sprachen. So sagt z. B. Hieronymus: Male, partum, male disperit, male quaesit, male perdit, de male quaesitis non gaudet tertius heres, omnis dives aut iniquus aut heres iniqui.* Hierfür hat man ja überdies auch heute noch täglich genügend Beispiele vor Augen, Beispiele, die zu sehen, zu greifen, zu schmecken, zu riechen, zu hören, kurz, die von allen Sinnen zu erfassen sind. Diese Beispiele zeigen, daß unrecht Gut weder gedeiht noch erbt. Sie zeigen, daß noch nie ein unrecht Gut auf den dritten Erben gekommen ist. Auch die Schrift bestätigt dies mit eitel Donner und höllischem Feuer. Sie sagt, daß Gott die Götzendiener – wie schon im ersten Gebot steht – bis zum dritten und vierten Glied ausrotten wird. Doch ohne dies alles zu beachten, gehen die Götzendiener, die Wucherer und Geizwänste einher. Blind, verstockt, wahnsinnig, toll, töricht, besessen und rasend handeln sie absichtlich dagegen. So süß ist also das Gift des Paradiesapfels, daß sie den Mammon zu ihrem Gott haben und sich selbst durch seine Macht zu Göttern über arme, verdorbene und elende Leute erheben wollen; – nicht aber, um diesen zu helfen oder sie zu retten, sondern um sie nur noch tiefer und schlimmer zu verderben.

Da nun aber in dieser Hinsicht die weltliche Herrschaft nachlässig und faul, teilweise auch zu schwach ist, um solchem Jammer zu wehren, sollen die Pfarrer das Volk lehren und es daran gewöhnen, die Wucherer und Geizwänste als leibhaftige Teufel anzusehen und sich zu bekreuzigen, wo immer es sie hört oder sieht. Sie sollen das Volk erkennen lehren, daß Türken, Tataren und sonstige Heiden, gemessen an einem Wucherer, die reinsten Engel sind. Desgleichen sollen auch die Schulmeister die Knaben und Jugendlichen lehren und daran gewöhnen, daß sie erschrecken und vor dem Namen Wucherer pfui sagen wie vor dem ärgsten Teufel. Hierbei können sie sich sehr vieler schöner Fabeln bedienen, in denen sich auch schon die Heiden über Geiz und Wucher beklagt haben. Sie können etwa daran erinnern, daß Zerberus, der Höllenhund, drei Mäuler hat. Sie können auch wiederholen, was uns die Heiden von den großen Taten des Herkules berichten, der bekanntlich soviele greuliche Ungeheuer bezwungen hat, um Land und Leute zu retten. Auch der Wucherer ist so ein großes Ungeheuer! Er ist wie ein Werwolf, der mehr noch als jeder [von Herkules bekämpfte] Cacus, Gerion oder Anteus alles verwüstet. Er schmückt sich obendrein auch noch und tut fromm, damit man nicht erkennen soll, wo die Ochsen bleiben, die er rücklings in sein Loch hineinzieht. Doch Herkules soll das Geschrei der Ochsen und der Gefangenen hören, jenes Geschrei, das jetzt alle Fürsten und Herren so kläglich anruft! Er soll den Cacum auch in Klippen und Felsen suchen und die Ochsen wieder erlösen von dem Bösewicht! Denn Cacus, das ist ein Bösewicht, ein frommer Wucherer, der stiehlt, raubt und alles frißt, aber von alledem nichts getan haben will. Er möchte, daß ihn niemand findet und hat deshalb die Ochsen rücklings in sein Loch hineingezogen, damit sie Schein und Fußtapfen hinterlassen, als seien sie nicht hinein-

* Zu Unrecht Erworbenes geht elend zugrunde, zu Unrecht Erstrebtes richtet übel zugrunde, über zu Unrecht Erstrebtes freut sich nicht der dritte Erbe, jeder Reiche ist entweder ungerecht oder Erbe ungerechten Eigentums.

gezogen, sondern herausgelassen worden. Genauso will auch der Wucherer die Welt äffen. Er will so tun, als diene er der Welt, indem er ihr Ochsen gibt, obwohl er sie doch in Wirklichkeit an sich reißt und frißt.

Zum dritten lehrt der Herr seine Christen, daß sie leiden und sich das Ihre nehmen lassen sollen. Da sie kein neues Regiment errichten sollen und sich auch nicht selbst rächen dürfen, können sie auch das nicht wieder zurücknehmen, was ihnen mit Gewalt und Unrecht genommen wurde. Sie müssen es wohl leiden, besonders, wenn es um Christi und des Evangeliums willen geschieht. Deshalb sehen wir denn auch, daß die lieben Heiligen eher zu Märtyrern wurden und alles von den Heiden erduldeten, daß sie sich eher alles nehmen ließen, auch Leib und Leben, als daß sie Christum verleugneten oder ihn sich nehmen ließen.

„Wie aber", so fragst Du, „wenn nun etliche auch darunter gewesen sein sollten, die gar nicht gelitten haben oder sich nichts haben nehmen lassen wollen? Wie, wenn etliche von ihnen gar nicht einfältigen Herzens gelitten, sondern Ehre und Ruhm dabei gesucht haben sollten, so wie es auch die falschen Geber und Leiher tun?" Doch das bedarf keiner Frage. Natürlich hat es auch sehr viele falsche Märtyrer gegeben, z. B. Manicheus, Arianus, Donatist, Pelagianus. Wie St. Augustinus von den Donatisten schreibt, rühmten sie über alle Maßen ihre große Standhaftigkeit und ihre Leiden. So tief also ist des Satans Bosheit in Adams Kinder gleichsam wie ein Gift eingedrungen, daß nicht allein das Geben und Leihen und alle guten Werke den Menschen falsch machen können, sondern auch das Leiden und die Standhaftigkeit. Diese können sogar noch viel falscher sein als die guten Werke, denn kein Mensch ist verstockter, hochmütiger und verhärteter als ein falscher Märtyrer. Er weiß sich zu rühmen, wie groß, hoch, lang, tief, weit und breit er doch leiden und das Kreuz tragen muß – und das alles angeblich um Gottes Willen.

Nachdem sie nämlich gehört haben, daß das Leiden so ein großes und herrliches Ding vor Gott ist und daß es auch von Christus aufs höchste gelobt wird (Matth. 5), erdichteten sie sich selbst Ursachen und wollen flugs recht heilige Märtyrer sein. Deshalb sind ja auch jetzt zu unserer Zeit die Rottengeister, Wiedertäufer und dergleichen am halsstarrigsten. Sie halten sich selbst für eitel Märtyrer, wenn ihnen ihr Wüten und Toben nicht gestattet wird. Ein Barfüßermönch, der seinen fanatischen Willen nicht bekommt, würde sein Leiden nicht einmal mit St. Paulus tauschen wollen; so einen großen heiligen Märtyrer macht er aus sich selber. Also ist die Welt alle Zeit voller Märtyrer. Doch die meisten von ihnen kommen in die Hölle; sie verfehlen den Himmel.

Sie fahren daher und sehen allein auf das Leiden oder auf die Standhaftigkeit, sofern man das überhaupt Standhaftigkeit nennen kann. Sie fragen nicht danach, ob in einfältiger Weise oder aus einfältigem Herzen gelitten wird. Berechtigung und Ursache des Leidens kümmert sie nicht, obwohl doch Christus in Matth. 5 sehr klar und deutlich erklärt: „Propter me, propter iustitiam – Selig sind die, die da leiden um der Gerechtigkeit willen oder meinetwegen!" Er sagt nicht: „Selig sind die, die da leiden um ihrer Bosheit oder um ihres Eigensinnes willen, um ihrer Ehre, ihres Geizes oder Ruhmes willen, um ihrer erdichteten Frömmigkeit und selbstersonnenen Geistlichkeit willen." Die Sache, für die Du leidest, soll also von vornherein gewiß und recht sein! Es soll kein erdichtetes Leiden und auch keine erdichtete Ursache sein! Auch St. Augustinus sagt oft den feinen Spruch: „Non poena, sed causa facit martyrem – Nicht das Leiden, sondern die rechte Ursache des Leidens macht Märtyrer!" Wäre dies nicht so, dann wären ja auch der Teufel und alle Verdammten, alle Diebe, Mörder, Schelme und sonstigen bösen Leute größere Märtyrer als alle Heiligen. Man sagt ja auch, die Hölle muß von den Märtyrern des Teufels viel saurer verdient werden als der Himmel von den rechten Märtyrern. Sieh' nur hin, wie Huren, Buben und Mörder so viel mehr leiden als ein frommer, stiller Bürger und Bauer!

Aber wie wollen wir jetzigen Christen diese Lehre Christi vom Leiden halten, nachdem doch auch die weltlichen Herren Christen geworden sind? Sie dulden es nicht, daß man den Christen etwas nimmt oder ihnen etwas zuleide tut. Ihr Schutz und Schirm ist nicht zu verachten, sondern dankbar zu gebrauchen wie alle Güter und Schöpfungen Gottes. Die Christen unter der Herrschaft des Türken dagegen müssen solche Lehre wohl halten. Sie leiden daher weit mehr, als wir wissen oder glauben. Bei uns aber leiden jetzt die Papisten, diese allerheiligsten Christen, eine über alle Maßen große Marter und tragen ein großes Kreuz. Sie können weder schlafen noch ruhen, weil sie nicht vermögen, das Evangelium samt allen, die daran glauben, genugsam zu verfolgen, zu morden, zu ertränken und die Welt mit Blut zu erfüllen, um auf diese Weise angeblich Gott zu ehren und die heilige Kirche zu erhalten – wofür sie sich unzählige Kronen der Ehre im Himmel versprechen.

Doch, ohne Scherz gesprochen: Wo bleibt ein solches Leiden bei uns, da wir doch den Schutz der weltlichen Obrigkeiten haben und man uns also nichts nehmen und uns auch nicht beleidigen darf, weil ja auch die Obrigkeiten das Wort Gottes angenommen haben? Die anderen Obrigkeiten, die das Wort Gottes verfolgen, verursachen ihren Untertanen genügend Leid und Plage. Wir haben es ja vor Augen und sagten es auch eben noch von den Papisten und deren Toben. Wo bleibt also, so frage ich, unser Leiden? Das will ich Dir schnell sagen: Laufe nur einmal durch alle Stände von unten bis oben, dann wirst Du finden, was Du suchst! Du wirst nämlich einen christlichen frommen Bauern finden, der seinem nächsten christlichen frommen Bauern oder seinem armen Pfarrer christliche Liebe und Treue durch Geben, Leihen, Raten und Helfen in der Not erweist. Dagegen wirst Du mehr denn tausend unchristliche Bauern finden, die nicht einen Pfennig geben, weder dem Pfarrer, noch dem Nachbarn, und sollten diese auch Hungersnot leiden. Statt dessen geizen sie, reißen und kratzen zu sich, steigern [die Preise] und übervorteilen, fälschen, veruntreuen, nehmen, stehlen und rauben heimlich, wo sie nur können – sei es bei der Herrschaft, bei ihrem Pfarrer oder Nachbarn. Und könnten sie jedermann auch noch das Blut aussaufen, so täten sie es, um ihren Geiz zu stillen, der doch nicht zu stillen ist. Sicher könnte man alle frommen und christlichen Bauern eines ganzen Herrschaftsbereiches sehr leicht in einem einzigen Dorf unterbringen – wobei dieses noch nicht einmal allzusehr groß sein müßte. Was gilt es? – Solche Bauern werden Dich deshalb wohl auch davon überzeugen, daß Du die Lehre vom Leiden wirst halten müssen, um das

Böse mit Geduld zu überwinden. Genauso verhielten sich auch die Bauern in Israel gegenüber ihren Priestern, Leviten, Brüdern und Freunden, wie wir bei Maleachi nachlesen können.

Das Gleiche siehst Du auch unter den Bürgern. Du findest ein Rathaus, wo Bürgermeister und Ratsherren mit Ernst dem Evangelium hold sind, oder Du findest einen treuen und christlichen Bürger, der gern gibt, leiht, hilft usw. Dagegen aber wirst Du gar viele Rathäuser und noch viel mehr Bürger finden, die ebensosehr das Evangelium hassen oder verachten, die die Pfarrer und armen Bürger, wo immer sie können, schinden, plagen und martern, die sogar noch geiziger sind als jeder unchristliche Bauer. Darüber hinaus suchen sie eitel Tyrannei, Gewalt und Ehre – sowohl gegenüber dem Pfarrer, als auch gegenüber dem armen Mann. Ich achte daher, daß man wohl alle frommen und christlichen Ratsherrn und Bürger eines Fürstentums in einer einzigen Stadt unterbringen könnte, die ebenfalls nicht einmal besonders groß sein müßte. Auch diese sind Meister, denn sie lehren, das Wort Christi vom Leiden zu halten.

Danach gehe unter den Adel und unter die Amtsleute und zähle sie mir alle, die Gottes Wort ernst nehmen! Sie sind es doch, die vor allen anderen das Wort Gottes aus großer Liebe fast fressen. Findest Du einen, dem es ernst damit ist, seinem Nächsten zu geben, zu leihen und ihm zu helfen, so wirst Du wiederum auch mehr als hundert von ihnen finden, die mit großer Gewalt das genaue Gegenteil tun. Es müßte sicher kein großes Schloß sein, auf dem der christliche, löbliche und fromme Adel eines ganzen Fürstentums beieinander wohnen und leben könnte. Solltest Du übrigens noch immer nicht wissen, was nach Christi Lehre Leiden heißt, so sei nur einmal so kühn und sage einem dieser Scharrhansen das Wort Gottes, insoweit es gegen ihn spricht, oder bete ihn einmal nicht so als Gott an, wie er es gern haben will. Dann wirst Du bekommen, was Du suchst! Besonders werden wir uns um jene löblich und herrlich verdient machen, denen wir Geiz und Wucher, worin sie bis unter die Hölle tief ersoffen sind, vorwerfen und die wir deshalb als Unchristen bezeichnen, denen wir kein Sakrament reichen, noch die Gemeinschaft der Kirche gestatten – was wir ja auch vor unserem Gewissen nicht verantworten können. Siehe Dir zuletzt auch die hohen Fürstenstände an! Wo einer oder zwei von ihnen christlich sind, so sind sie selten zu finden. Die anderen aber bleiben alle mitsamt dem Teufel in der Hölle und bringen genügend Leid und Unglück über die Christen.

Obwohl der Herr allen seinen Christen im allgemeinen ein solches Leiden verkündigt und geboten hat, so hat er es doch besonders den Aposteln und den Erben ihres Amtes geboten. Diesen ist der Teufel besonders feindlich gesonnen, weil sie ihm von Amts wegen öffentlich seine Laster vorwerfen müssen. Das aber will und kann der Bauer und Bürger, der Adlige, Fürst und Herr nicht leiden. Statt dessen wollen sie wie auch ihr Gott und Herr, der Teufel, ungestraft und frei das tun, wonach ihnen gelüstet. Dafür wollen sie dann überdies auch noch geehrt und gelobt werden. Daher ist der Teufel auch nicht nur den frommen Pfarrern und Predigern feindlich gesonnen, sondern auch den bösen sowie allen, die studieren oder, wie er es nennt, die Schreiber sind. Denn er fürchtet, ein Schreiber oder

Gelehrter könnte auch einmal ein Prediger und ein böser Pfarrer dermaleinst auch ein frommer Pfarrer werden. Das ist ihm unerträglich in seinem Reich. Das ist auch kein Wunder, denn wenn er eitel Laien hätte und niemand studierte, so weiß er, daß bald beide, sowohl Pfarrer als auch Bücher zugrunde gehen würden. Gerade deshalb ist er allen Gelehrten und Schreibern so feindlich, selbst jenen, die ihm nicht einmal schaden, sondern sogar mächtig dienen. Er wird deshalb vielleicht sogar noch allen Gänsen feindlich gesonnen sein, und zwar wegen der Schreibfedern, die von diesen Vögeln kommen.

Deshalb führt er jetzt auch den Spruch ins Feld: „Man muß die Pfaffen nicht Herren werden lassen!" Solches reden sie nicht etwa, weil sie befürchten, die Pfaffen möchten Herren werden. Sie selbst wissen es am besten, daß es den Pfarrern streng verboten ist, Herren zu werden. Niemand kann ja auch leugnen, daß ein Pfarrer keinerlei Eigentum an seiner Pfarre hat. Jedermann weiß, daß alle Pfarrer nur Gäste in ihren Pfarrgütern sind. Sie müssen daher auch alles hinter sich lassen, wenn sie sterben. Falls es einem oder zweien von ihnen vielleicht doch einmal gelingen sollte, ihren Witwen und Waisen etwa ein Häuschen zu kaufen, so sind doch alle anderen nichts weiter als eitel Bettler. Mit ihren Witwen und Waisen hinterlassen sie daher auch nur Bettler. Und sollten sie sich wirklich schon einmal etwas Eigenes mühsam erwerben, so müssen sie hienieden dennoch unter geringen Bauern und Bürgern leben, denn mit zehn Gulden können sie weder hoch fahren, noch hoch sitzen. Dies alles wissen, sehen, hören und begreifen sehr wohl auch die Spötter; sie begreifen es sogar überaus sehr wohl. Trotzdem aber beschimpfen und verspotten sie solche armen Leute und sagen: „Pfaffen müssen nicht Herren sein!" Das erscheint geradeso, als wenn der reiche Mann im Evangelium vom armen Lazarus, dem er nicht einmal die Rinden und Krumen gönnt, die für die Hunde von seinem Tische fallen, sagt: „Lazarus muß nicht Herr in meinem Hause sein!" Lieber, wie weit entfernt sind diese Spötter eigentlich von jenen, die einst unseren Herrn mit Dornen krönten, ihn dann anspieen und dazu sagten: „Grüß dich, lieber König!"?

Darum sage ich, reden sie solches, nicht, weil sie etwa Sorge hätten, die Pfarrer könnten Herren werden. Sie erfinden solche Vorwände aus reinem Mutwillen, um das Predigtamt zu dämpfen, damit sie um so freier und sicherer sein können und nicht die Wahrheit über ihr sträfliches Verhalten hören müssen. Doch solche Leute kann das Evangelium nicht entbehren, wenn es nicht bald untergehen soll. Wir brauchen sie, wenn wir um Christi willen Böses erleiden wollen. Von den Unseren muß doch erfüllt werden, was der Herr sagt: „Kein Prophet ist seinem Vaterlande angenehm." Auch Christus lehrt: „Es kommt nicht vor, daß ein Prophet außerhalb Jerusalems umkommt." Und bei Johannes (1) heißt es: „Er kam in sein Eigentum und die Seinen nahmen ihn nicht an." Ist unser Evangelium das rechte Licht, dann muß es wahrlich auch in der Finsternis scheinen; doch die Finsteren können es nicht begreifen. Sollten wir das nicht leiden und die Welt anders haben wollen, dann müssen wir entweder zur Welt hinausgehen oder aber uns eine andere Welt erschaffen, die das tut, was wir wollen oder was Gott will. Diese Welt hier aber will es nicht tun und wird es nicht tun. Darein mögen wir uns fröhlich ergeben und schicken!

Man liest nicht, daß ehedem ein Prophet von benachbarten Heiden oder Feinden erwürgt worden wäre, sondern das Volk Gottes und seine Könige verfolgen sie auch bis in fremde Länder, wie Ahab den Elias. Und Jerusalem, die heilige Stadt Gottes, die Brautkammer Christi, die liebste Frucht auf Erden, die fröhliche Wirtin aller Engel, die Hausmutter aller Heiligen, ja dieses Jerusalem mußte die Propheten Gottes ermorden und zuletzt auch selbst den Herrn kreuzigen. Die Kirchen könnten der Welt Macht und Kunst nicht dämpfen; auch nicht das Römische Reich, als es am allermächtigsten war und greulich dawider tobte. Die heiligen Väter, Bischöfe und Lehrer haben es anfangs selbst mit der Ketzerei und danach dann auch mit der Gewalt gehalten, bis schließlich der allerheiligste Vater selbst Kirche, Gott und alles in einem geworden ist. Auf diese Weise wurde Christus erst recht gekreuzigt und wurden alle Propheten, Apostel und Heiligen begraben.

Soll nun unserem Evangelium sein Recht werden und soll es zu Ehren kommen, dann müssen unsere Prediger, Pfarrer und Christen selbst dafür sorgen. Erstens [müssen sie aufräumen] mit der falschen Lehre und zweitens mit der Gewalt, zumal beide – nämlich Lüge und Mord – von Anfang an des Teufels Rüstung waren. Gott weiß es, wie auch unsere Rottengeister mit Lügen weidlich angefangen haben. Bauern und Bürger, Adlige und Herren halfen noch getrost dazu mit Undankbarkeit, Verachtung, Haß, Stolz und sonstiger Tücke. Ist aber das Vorspiel schon fein angefangen, so wird nun bald auch das rechte Lied beginnen – falls es nicht sowieso schon zur Hälfte gesungen und gespielt ist. Doch laß es Dir ruhig Deinen Hals kosten! Nenne sie getrost Unchristen! Bezeichne sie als Feinde Gottes, die sein Wort verachten! Sie werden es noch viel weniger dulden, als es Jerusalem, die heilige Stadt, dulden wollte, da sie von Jesaja (56) Hurenhaus und Mordgrube genannt wurde. Genauso verhalten sich jetzt auch die meisten unserer heutigen Christen. Sie wollen zwar evangelisch sein, halten scheinbar das Wort hoch und sind eitel Heilige, gleichzeitig aber bekämpfen sie die Pfarrer und Prediger, die das Wort predigen und ihnen die Wahrheit sagen. Auch Jerusalem hielt ja Gottes Wort hoch, nur die Propheten sollten es nicht predigen; und taten sie es dennoch, dann mußten sie dafür sterben und verderben.

Doch was wollen wir Prediger, Pfarrer und Schreiber klagen? Siehe nur die Welt selbst an! Siehe, wie ein Land das andere haßt – die Welschen, Spanier, Ungarn und Deutschen! Siehe, wie ein Fürst den anderen, ein Herr den anderen, ein Bürger den anderen, ein Bauer den anderen mit christlicher Liebe und Treue behandelt, indem er ihn beneidet, haßt, hackt, plackt, schadet und ihm jedes nur denkbare Unglück zufügt oder es ihm doch jedenfalls wünscht! Siehe auch, wie jeder gern alles allein wäre und für sich hätte! Wer ihr Treiben und Tun mit evangelischem Herzen ansieht, der muß schier denken, daß hier nicht Menschen, sondern lauter Teufel in Menschenlarven oder -gestalt herumtoben. Man wundert sich, wie die Welt das auch nur ein Jahr lang aushalten kann. Wo ist nur die Macht, die trotz solcher Uneinigkeit und Feindschaft, trotz dieses Hasses und Neides, dieses Raubens, Stehlens, Kratzens, Reißens, Schadens und trotz all dieser unsäglichen

Bosheit die Welt erhalten kann und verhindert, daß sie nicht täglich in Trümmer geht? Es ist Gottes wunderbare und allmächtige Gewalt und seine Weisheit, die man hierin spüren und greifen muß; sonst könnte es ja nicht so lange gehen.

Darum sorge nicht, wo Du Leiden finden wirst! Damit hat es keine Not. Sei Du nur ein frommer Christ, Prediger, Pfarrer, Bürger, Bauer, Adliger und Herr! Versieh Dein Amt fleißig und getreulich! Lasse den Teufel sorgen, wo er ein Hölzchen findet, um Dir ein Kreuz daraus zu machen; und lasse die Welt sorgen, wo sie ein Reißlein findet, um eine Geißel daraus für Deine Haut zu machen, obwohl Dir die Obrigkeit wohl will.

Denn so klug und mächtig wird keine Obrigkeit sein – und wäre sie auch noch so fromm und fleißig –, daß sie Dich vor dem Teufel, vor bösen Leuten und vor allem Übel schützen und behüten könnte. Sei daher nur ein rechter Christ, der um Gottes Willen aus einfältigem Herzen leidet und sich nicht selbst Ursache zum Leiden gibt, wie es die falschen, ruhmsüchtigen Märtyrer und Mönche tun oder die losen Buben, die sich mit ihrer Bosheit selber ins Unglück oder an den Galgen bringen!

Denke nur einmal an das Hühnchen bei Äsop, das von den Hähnen gebissen wurde! Als es sah, daß sich auch die Hähne untereinander bissen, tröstete es sich und sprach: „Ich will meine Leiden nun um so lieber tragen, da ich sehe, daß sie sich auch selbst untereinander beißen." Sollte etwa die Welt uns Christen nicht beißen und treten, wo sie sich doch selbst auch untereinander so schändlich beißt und tritt? Warum wollen wir es also besser haben in der Welt, als es die Welt für sich selbst hat, da sie doch auch selbst, mehr als sie ertragen kann, aushalten muß? Das sei genug gesagt zum Recht und zur Lehre Christi, wie man geben, leihen und leiden soll, damit unter den Christen kein Raum für Wucher und Geiz sei. Verbreiten sich aber dennoch Wucher und Geiz, so handelt es sich dabei gewiß nicht um Christen, und mögen sie sich dessen auch rühmen, so viel sie wollen. Denn Christus sagt in Matth. 6: „Ihr könnt nicht Gott und dem Mammon zugleich dienen!" Und St. Paulus erklärt: „Götzendiener oder Abgöttische können das Reich Gottes nicht erben." Dabei nennt er den Geiz Abgötterei, wie jedermann nun – gottlob! – weiß.

Kann aber des Mammons Diener nicht selig werden, da er doch nichts anderes als eben ein Geiziger ist, sein Leben also eitel Abgötterei ist, wo will dann der Wucherer bleiben? Wessen Diener soll er dann heißen, wenn schon der Geizige des Teufels Diener heißt? Ein Geiziger und ein Wucherer sind doch schließlich nicht das gleiche. Es kann einer geizig sein mit seinem eigenen Gut. Damit nimmt er noch niemandem etwas. Er erwürgt niemand und verdirbt niemand durch positive Tat oder Zugriff. Er tut dies dann nur – wie der reiche Mann im Evangelium – insofern, als er nicht dort hilft, wo er eigentlich helfen sollte. Er stiftet also Verderben und Schaden nur dadurch, daß er zusieht, wie es geschieht, obgleich er es verhindern könnte und sollte, wie es der bekannte Spruch des Ambrosius bezeugt: „Pasce esurientem, si neon pavisti, occidisti – Speise den Hungrigen; speisest du ihn nicht, so ist es geradeso, als hättest du ihn erwürgt." Ein Wucherer dagegen ist ein positiver Mörder. Er hilft nicht nur dem

Hungrigen nicht, er reißt ihm auch noch den Bissen Brot vom Munde, den ihm Gott und fromme Leute zu seines Leibes Notdurft gegeben haben. Er fragt nicht danach, daß alle Welt Hungers stirbt, wenn er nur seinen Wucher hat.

Ja, sprichst du: „Ich geize und wuchere aber doch nichts dem armen Manne ab, sondern nur dem reichen, also nur jenen, die es haben; darum morde und verderbe ich doch niemand." – Hab Dank, mein liebes Früchtchen, erstens dafür, daß du dich immerhin selbst als einen Geizwanst und Wucherer bekennst, also zugibst, daß du des Teufels Diener und Gottes und aller Menschen Feind bist; zum anderen dafür, daß du uns darüber belehrst, wie du nicht die Armen verdirbst und mordest, sondern „nur" die Reichen und Wohlhabenden aussaugst, dich also doch als Dieb und Räuber erweist! Das ist wahrlich fein und wohl entschuldigt, denn das hätte ich zuvor nicht gewußt! Du solltest mich schier auch noch bereden, daß ich geirrt habe, als ich dich einen großen Mörder und Räuber schalt, und daß ich dies daher auch widerrufen müßte. Aber höre erst einmal meine Antwort, du neunmalkluger Wucherer und Mörder! Über wen geht es denn vornehmlich, wenn du wucherst? Geht es nicht ganz und gar allein über die Armen? Sind sie es nicht, die infolge deines Wuchers keinen Heller noch Bissen Brot behalten können, weil durch deinen Wucher alles gesteigert und verteuert wird? Über wen ging der Wucher z. B. in Nehemia 5, wo die armen Leute zuletzt Haus, Hof, Weinberg, Äcker und alles, was sie hatten – sogar ihre Kinder – an die Wucherer verkaufen mußten? Desgleichen: Über wen ging es zu Rom, Athen und anderen Städten, wo doch die Bürger – wie oben gesagt wurde – infolge des Wuchers zu Leibeigenen wurden? Ging es nicht auch dort über die Armen? Ja, sie waren einst reich gewesen, doch der Wucher hatte sie bis auf ihren eigenen Leib gefressen.

Der Teufel danke dir dafür, daß du den Armen nichts abwucherst. Was wolltest du denn auch dort erwuchern, wo nichts ist? Man weiß recht gut, daß du deinen Wucher an keinem leeren Beutel ausübst, sondern bei den Reichen anfängst und sie zu Bettlern machst. Und folgt nicht gerade aus deiner schönen Entschuldigung, wonach du den Armen nichts abwucherst, daß du lauter reiche Leute ermordest? Du machst sie zu Bettlern und treibst sie in Armut, obwohl du ihnen doch aus der Armut heraushelfen solltest. Also machst du dich mit dieser hübschen Entschuldigung nicht nur zum Mörder der Armen, sondern auch zum Mörder der Reichen, ja sogar allein der Reichen. Du bist also ein solch gewaltiger Gott in der Welt, daß du arm und reich zu einem Ding machst. Du mordest sie nicht eher, bevor du sie nicht arm gemacht hast – darin besteht deine große Liebe und Freundschaft!

Überdies: Wenn auch die Reichen die infolge deines Wuchers heraufbeschworene Teuerung ertragen können, so kann das der arme Mann jedoch nicht. Er hat in der Woche oft genug nicht einmal einen Gulden zu verzehren und muß überdies auch noch viele Kinder ernähren. Er kann sich daher mit seiner schweren Arbeit nicht einmal genügend Brot erwerben, weil dein Geiz und Wucher alles so steigern und verteuern. Über wen geht also auch in diesem Falle dein Wucher? Lieber, entschuldige dich jetzt nur abermals und sprich, du verteuerst oder wucherst ja nur deshalb, damit die Reichen Ursache haben, den Armen um so mehr Almosen zu geben und sich auf diese Weise also das Himmelreich verdienen können. Also wucherst du die Reichen sogar auf zweifache Weise aus: einmal direkt, zum anderen über jene Armen, denen sie geben müssen, auf daß du am Ende alles desto eher noch bekommst. Rühme dich nun nur noch, du hättest damit ein gutes Werk getan und auch den Reichen einen Dienst erwiesen, indem du ihnen Ursache zu guten Werken gegeben hast. Wie könntest du auch einen noch besseren Ruhm erlangen, einen Ruhm, der einem Wucherer noch mehr anstünde? Genauso gibt uns auch der Teufel Ursache, ohne Unterlaß gute Werke zu tun, indem er nämlich viele Leute plagt, denen man dann um Gottes willen helfen muß.

Durch deinen Wucher und Geiz ist es nun schon in kurzer Zeit dahin gekommen, daß, wer sich vor etlichen Jahren noch mit 100 Gulden hat ernähren können, sich jetzt nicht einmal mehr mit 200 Gulden ernähren kann. Die Wucherer sitzen zu Leipzig, Augsburg, Frankfurt und in dergleichen Städten und handeln mit Geldsummen. Aber wir fühlen sie gleichwohl hier auf unserem Markt und in der Küche, so daß wir weder Pfennig noch Heller behalten. Wir Pfarrer und Prediger und die, welche von Zinsen leben und kein Gewerbe haben, ihr Einkommen also weder steigern noch mehren können, fühlen wohl, wie nahe uns die Wucherer sitzen. Sie fressen mit uns aus unserer Küche, trinken aus unserem Keller das meiste, schinden und schaben uns, daß uns Leib und Leben wehe tun. Bauern, Bürger und Adlige können [wenigstens den Preis für] ihr Korn und ihre Arbeit steigern und damit ihr Einkommen verdoppeln und verdreifachen. Sie können den Wucher daher leichter tragen. Aber jene, die, wie man sagt, von der Schnur zehren müssen [das Ersparte aufzehren], die müssen herhalten und sich schinden und würgen lassen.

Aber es hilft nun kein Predigen mehr, denn sie haben sich schon taub, blind und sinnlos gewuchert; sie hören, sehen und fühlen daher auch nichts mehr. Doch wir Prediger müssen dafür sorgen, daß wir an jenem Tage entschuldigt sind, an ihrem letzten nämlich, wenn sie zur Hölle fahren müssen. Sie sollen dann keine Entschuldigung haben oder gar uns, ihren Seelsorgern, die Schuld aufladen können, weil wir sie nicht ermahnt, gestraft und belehrt hätten. Es soll nicht sein, daß auch wir dann mit ihnen um ihrer Sünde willen zum Teufel müssen! Nein, sie sollen allein in die Hölle! Wir haben das Unsere getan; wir haben sie unserem Amte entsprechend mit viel Fleiß bestraft und belehrt. Ihr Blut und ihre Sünde sei deshalb und bleibe auf ihrem Kopf; sie komme nicht auf uns!

Zuletzt, damit die Geizhälse und Wucherer nicht etwa denken, wir wollten ihnen das Handwerk gar zu sehr legen oder sie vielleicht gänzlich zugrunde richten, wollen wir ihnen noch einen guten und treuen Rat geben, auf daß sie sich satt, ja übersatt geizen und wuchern können. Da Ihr Prediger einen reichen Herrn anzugeben wißt, der sich sehr gern etwas abwuchern läßt, so sucht und ruft überall, wo Geizige und Wucherer sind, auf daß sie getrost kommen, um mit ihm zu geizen und zu wuchern, so viel und so hoch sie können! Er wird ihnen genug zu wuchern geben, nicht nur Zehn oder Zwanzig aufs Hundert, sondern Hundert auf einen Gulden, ja Tausend auf ein Hundert! Er hat so unendlich viele Silber- und Goldberge, daß er dies leicht und wohl tun kann. Dieser Herr heißt Gott, der Schöpfer des Himmels und der Erden. Er läßt uns durch seinen Sohn im Evangelium anbieten: „Gebt und leiht, so soll euch wieder gegeben werden, nicht nur das Gleiche, sondern viel mehr, nämlich ein volles Maß, ein gerütteltes Maß, ein vollgestampftes Maß, ein überfließendes Maß!“ Bringe nun Sack und Beutel, Faß und Boden her, hörst du wohl! Es soll dir so viel wiedergegeben werden, daß dir alle Säcke und Fässer zu wenig und zu klein sind und so voll werden, daß nichts mehr hineingehen kann, sondern sie überfließen werden. Und abermals: „Wer einen Acker oder ein Haus um meinetwillen läßt, soll hundertfältig wieder zurückbekommen und das ewige Leben dazu!“

Warum geizt und wuchert man hier nicht, wo man doch den Geiz und Wucher stillen und sättigen kann? Warum sucht man statt dessen den unersättlichen Geiz und Wucher bei den Menschen, die doch nur wenig zurückgeben können und daher auch den Geiz nicht sättigen, sondern ihn nur noch mehr reizen und durstiger machen? Liegt es nicht an dem leidigen Teufel, wenn man diesem reichen Herrn nichts abgeizen und abwuchern mag, obwohl er sich doch erbietet, für jedermann zum schuldigen Zins- und Lehensmann zu werden, obwohl er doch gern Wucher treiben und ein Niemand sein will und mag? Er nennt es auch selbst einen Wucher und wünscht sich solche Wucherer. In den Sprüchen Salomos (19, 17) heißt es: „Qui miseretur usw. – Wer dem Armen gibt oder wohltut, der wuchert dem Herrn ab!“ Wo seid ihr geizigen, unersättlichen Wucherer? Kommt hierher und erwuchert euch das Leben und alle Seligkeit; hier zeitlich und dort ewiglich, ohne jeden Schaden für den Nächsten! Kommt hierher, die ihr mit eurem verfluchten Wucher zu Mördern und Dieben an den Menschen und zu den ärgsten, schlimmsten und verachtetsten Leuten auf Erden werdet. Kommt hierher, die ihr eures Wuchers wegen Leib und Seele ewiglich verliert und doch auch, wie oben schon gesagt wurde, das erwucherte Gut nicht behalten oder auf den dritten Erben bringen könnt! Hier könnt ihr eitel heilige Wucherer werden, Wucherer, die Gott, allen Engeln und Menschen gleichermaßen lieb und wert sind und die überdies auch noch das auf diese Weise von ihnen Erwucherte nimmermehr verlieren können.

Da siehe nun, ob nicht doch die Menschenkinder unsinnig und von allen Teufeln besessen sind, da sie solchen reichen Herren mit seinem reichen, ewigen Angebot zum Wucher verachten und sich stattdessen dem schädlichen, verdammten, mörderischen und diebischen Wucherer zuwenden, der doch nicht bleiben kann und sie nur zur Hölle stößt! Darum ist ein Wucherer und Geizhals wahrlich kein rechter Mensch; er sündigt auch nicht eigentlich menschlich! Er muß ein Werwolf sein, schlimmer noch als alle Tyrannen, Mörder und Räuber, schier so böse wie der Teufel selbst! Er sitzt nämlich nicht als ein Feind, sondern als ein Freund und Mitbürger im Schutz und Frieden der Gemeinde und raubt und mordet dennoch greulicher als jeder Feind und Mordbrenner. Wenn man daher die Straßenräuber, Mörder und Befehder rädert und köpft, um wieviel mehr noch sollte man da erst alle Wucherer rädern und foltern, alle Geizhälse verjagen, verfluchen und köpfen –, sonderlich jene, die rücksichtslos Teuerung verursachen, wie es gegenwärtig die Adligen und Bauern auf das allermutwilligste tun!

Wohlan, laß sie fahren! Sieh Du zu, Pfarrer, daß Du Dich, wie oben gesagt, an ihren Sünden nicht beteiligst! Lasse sie wie die Hunde sterben! Sollen sie mit

Leib und Seele vom Teufel gefressen werden! Lasse sie nicht zum Sakrament, zur Taufe und auch nicht zu irgendeiner christlichen Gemeinschaft! Denn es wird eine Plage über Deutschland kommen, die nicht mehr lange ausbleiben kann. Dann werden Geiz und Wucher die Haupttodsünde sein, für die wir alle Gottes Zorn und Rute werden erleiden müssen, weil wir solche verdammten Leute unter uns geduldet haben und sie weder straften noch zügelten, sondern Gemeinschaft mit ihnen hielten. Besonders aber die Fürsten und Herren werden sich dafür schwer verantworten müssen, daß sie das Schwert so vergeblich führen und solche Mörder und Räuber, Wucherer und Geizhälse in ihren Ländern mit Wucher und mutwilliger Teuerung ungehindert morden und rauben lassen! Und sollten sie auch ihrer eigenen Sünde wegen ungestraft bleiben, so wird sie Gott doch um solcher fremder Sünde willen strafen! Sie werden verarmen und verderben, von Land und Leuten kommen oder doch mit ihrem Geschlecht und Stamm verdorren und versiegen, wie es so vielen von ihnen schon geschehen ist!

Gott ist dem Wucher und Geiz feindlicher noch als je ein Mensch sich vorstellen kann, weil diese eben, wie wir oben gehört haben, nicht nur einfacher Mord und Raub, sondern vielfacher und fortwährender Mord und Raub sind. Darum sehe ein jeglicher auf sein Amt, dem es – weltlich und geistlich – befohlen ist, die Laster zu strafen und die Frommen zu schützen!

Das sei für diesmal genug zur Erklärung des Wuchers! Ein Prediger kann wohl noch viel mehr den Büchern entnehmen, die zu allen Zeiten wider Wucher und Geiz geschrieben worden sind. Er kann dann alle die [dort angeführten] greulichen und schrecklichen Beispiele predigen, um zu zeigen, wie Gott – und auch selbst der Teufel – allewege mit den Wucherern und Geizwänsten verfahren ist, wie er sie schändlich an Leib und Seele umbrachte und ihren Stamm bis auf die Wurzel ausrottete, wie er ihr Gut völlig zerrinnen ließ, obwohl sie damals noch gerade so wenig wie unsere heutigen Wucherer glaubten, daß Gottes Zorn über sie so stark wäre. Sie erfuhren es dann aber, wie es auch jene erfahren werden, die wir heute täglich vor Augen sehen und die uns auch in Zukunft noch mehr solcher Beispiele bieten werden.

Den Zinskauf habe ich hiermit nicht gemeint; denn was ein rechter und redlicher Kauf ist, das ist kein Wucher. Man weiß gottlob sehr wohl, was nach den weltlichen Rechten ein Zinskauf ist, nämlich, daß ein Unterpfand dabei sein soll und auch, daß nicht zuviel aufs Hundert genommen werde. Davon aber war hier nicht zu reden; ein jeglicher achte daher für sich darauf, daß es ein rechter und redlicher Kauf ist! Wenn man jetzt den Zinskauf auch wieder in allen anderen Kaufhändeln so erstaunlich stark mißbraucht, so mag uns das ein anderer ausführlich erklären; ich habe das schon vor etwa fünfzehn Jahren getan.

Gott sei uns gnädig und mache uns fromm, daß wir seinen Namen ehren, sein Reich mehren und seinen Willen tun! Amen.

VERZEICHNIS DER WICHTIGSTEN SCHRIFTEN LUTHERS ZU POLITISCHEN UND ÖKONOMISCHEN FRAGEN

Kleiner Sermon vom Wucher [1519]
Großer Sermon vom Wucher [1520]
An den christlichen Adel deutscher Nation von des christlichen Standes Besserung [1520]
Sermon von den guten Werken [1520]
Von der Freiheit eines Christenmenschen [1520]
Von weltlicher Obrigkeit, wie weit man ihr Gehorsam schuldig sei [1523]
An die Bürgermeister und Ratsherren aller Städte in deutschen Landen, daß sie christliche Schulen aufrichten und halten sollen [1524]
Ermahnung zum Frieden auf die zwölf Artikel der Bauernschaft aus Schwaben [16. IV. 1525]
Wider die räuberischen und mörderischen Rotten der Bauern [6. V. 1525]
Sendbrief von dem harten Büchlein wider die Bauern [1525]
Brief Luthers an die Danziger Gemeinde zur Wucherfrage [5. V. 1525]
Ob Kriegsleute auch in seligem Stande sein können [1526]
Vom Kriege wider die Türken [1529]
Vermahnung an die Pfarrherren, wider den Wucher zu predigen [1540]

FSC
www.fsc.org
MIX
Papier | Fördert
gute Waldnutzung
FSC® C083411

Kolibri 360 GmbH
Ferdinand-Jühlke-Straße 7
99095 Erfurt, Deutschland
produktsicherheit@kolibri360.de